KOBIETY DYKTATORÓW 2

Diane Ducret

KOBIETY DYKTATORÓW 2

przekład
Anna Maria Nowak

Wydawnictwo Znak
KRAKÓW 2013

Tytuł oryginału
Femmes de dictateur 2

Projekt okładki
Paweł Panczakiewicz / PANCZAKIEWICZ.ART.DESIGN / www.panczakiewicz.pl

Zdjęcie na okładce
Aleksandar Nakic / Getty Images

Opieka redakcyjna
Kamil Janicki

Weryfikacja merytoryczna
Rafał Kuzak
Rafał Szmytka

Konsultacja orientalistyczna
Marcin Rzepka

Adiustacja
Anastazja Oleśkiewicz

Korekta
Barbara Gąsiorowska
Aurelia Hołubowska

Łamanie
Katarzyna Leja

ISBN 978-83-240-2162-8

Książki z dobrej strony: www.znak.com.pl
Społeczny Instytut Wydawniczy Znak, 30-105 Kraków, ul. Kościuszki 37
Dział sprzedaży: tel. (12) 61 99 569, e-mail: czytelnicy@znak.com.pl

Nie ma nic bardziej nieokiełznanego
niż uśmiech mężczyzny w szponach własnej krwiożerczości.
Może z wyjątkiem uśmiechu kobiety, która go kocha.

Ta książka nie powstałaby
bez merytorycznego i redakcyjnego
wsparcia Antony'ego Dabili

Spis treści

ROZDZIAŁ 1

FIDEL CASTRO – DON FIDEL, CZYLI KAMIENNY GOŚĆ

Jeśli jest takim samym przywódcą
jak ojcem, współczuję Kubie!

Mirta Díaz-Balart,
żona Castro

Zakochany Castro

Santiago de Cuba, rok szkolny 1944. W czasie przerwy na podwórku szkoły średniej jezuitów Colegio de Belén wybucha gwałtowna kłótnia.

– Zabraniam ci się z nią spotykać!

– Stary, tego może mi zabronić jej ojciec albo ona. Na pewno nie ty![1]

Przebrała się miara. Rywala trzeba przywołać do porządku. Zawsze porywczy, a teraz na dodatek zakochany Fidel postanawia udzielić mu natychmiastowej lekcji. Tymczasem rozjuszony przeciwnik ubiega go i sprawia mu baty. Po kilku potężnych – bardziej męskich niż młodzieńczych – ciosach rzuca siedemnastolatka na ziemię. Pokonany kipi z wściekłości. Nie widzi nic, słyszy jedynie szyderstwa kolegów, których cieszy jego publiczne upokorzenie. Wtem z rykiem zrywa się z ziemi i wyciąga pistolet. Nie na darmo nazywają go *El Loco*, Narwaniec. Trzyma na muszce konkurenta do wdzięków ślicznej panny San Pedro, gdy zostaje powalony przez dzielnego profesora.

Ten syn zamożnego plantatora trzciny cukrowej wciąż nie potrafi odnaleźć się w mieście ani przyswoić sobie tutejszych zwyczajów. Urodzony prawdopodobnie w 1926 roku Fidel nie znosi, kiedy się z niego drwi. Jako trzeci z siedmiorga dzieci Angela, emigranta z hiszpańskiej Galicji, który przybył do niegdysiejszej kolonii w poszukiwaniu szczęścia, musi stale walczyć o swoją pozycję. Dom w Biranie, niewielkiej miejscowości w dzikim regionie Oriente na wschodzie Kuby, nieustanie rozbrzmiewa odgłosami sprzeczek rodzeństwa. Cztery siostry regularnie sprzymierzają się przeciwko Fidelowi i prowokują go, wymyślając dlań najdziwniejsze przezwiska. Z lubością wywołują u niego napady złości, po których albo szlocha, albo zapada w milczenie.

Sytuacja nie poprawia się także, kiedy Fidel śladem starszego rodzeństwa wyrusza do szkoły w Santiago. Natychmiast rozpoczyna wojnę z właścicielami bursy, w której mieszka, skarżąc się w listach: „Nie dają nam nic do jedzenia, wciąż chodzimy głodni. Mieszkanie jest paskudne, a gospodyni to ślamazara. Tylko tracimy czas"[2].

Jednak w czerwcu 1945 roku Fidel Alejandro Castro Ruz zdaje maturę ze znakomitym wynikiem, budząc w matczynym sercu uzasadnioną dumę. Lina Ruz, typowa Kubanka, która jako szesnastolatka skromnie przekroczyła progi domu Angela Castro, rozpoczynając u niego służbę, straciła już nadzieję, że w końcu zobaczy w todze niesfornego syna, wielokrotnie wyrzucanego ze szkoły. Nigdy nie wyglądała piękniej niż w dniu rozdania świadectw, kiedy pojawiła się w ciemnej koronkowej sukni, starannie umalowana i uczesana, promiennie uśmiechnięta. Fidel dostarczył jej kolejnego powodu do dumy, zapisując się na uniwersytet w Hawanie, gdzie zamierza studiować prawo.

W kampusie, górującym nad miastem niczym sanktuarium niedostępne dla maluczkich, Fidel szybko odnajduje wolność, której tak mu brakowało w szkole średniej. Nie może narzekać na nudę. Dzieje się tu wiele, gorące dyskusje toczą się w łonie Federacji Studentów, prawdziwego przedsionka władzy, gdzie najtęższe głowy zaczynają karierę polityczną. Przeciwnicy nie posługują się jedynie argumentami słownymi. Dyskusje kończą się także wyciągnięciem rewolwerów, uprowadzeniami i zabójstwami. Na szczęście Fidel może liczyć na przewodnika po tym labiryncie: swojego nowego przyjaciela, pochodzącego z tej samej prowincji, Rafaela Diaza-Balarta.

Ten dawny i bliski współpracownik Fulgencia Batisty chętnie wyświadcza przysługi młodemu Castro, a pewnego dnia ukrywa go nawet w mieszkaniu swojej rodziny, kiedy to Fidel po nazbyt gwałtownym ataku na władzę musi salwować się ucieczką. Rafael postanawia wykorzystać zapał i niebywałą wręcz zuchwałość wichrzyciela i proponuje mu spotkanie ze swoim protektorem, który od 1940 roku rządzi wyspą. „Za duży demokrata", krzywi się Fidel, któremu jezuici wpoili podziw dla hiszpańskiego dyktatora generała Franco. Przychylność przyjaciela woli wykorzystywać w inny sposób: by dotrzeć do osobistości najwyższej rangi, czyli jego siostry, jasnowłosej Mirty. Ta śliczna studentka filozofii już wcześniej wpadła mu w oko. A przecież rozpoczynając studia, żył jak mnich, dochowując wierności postanowieniu, że nie będzie tracił czasu na swawole, że miłość może poczekać.

Mimo to aura spowijająca młodą kobietę oczarowuje rozpalonego Fidela. „Była bardzo ładna, choć nie miała tradycyjnego kubańskiego typu urody, raczej skandynawski"[3], wspomina znajomy z czasów uniwersyteckich. Mirta i Rafael bardzo wcześnie stracili matkę. Ojciec, wpływowy burmistrz Banes, ożenił się powtórnie. Macocha okazała się tyranką. Próbowała kontrolować każdy aspekt życia Mirty, która – w przeciwieństwie do braci – miała tylko jedną ucieczkę z tego więzienia: małżeństwo. Jeśli wierzyć zauroczonemu nią sąsiadowi, mogła do woli wybierać: „Blondynka o zielonych oczach, najładniejsza dziewczyna pod słońcem, istna dusza Boga. Jej śmiech był jak promień słońca... Uwielbiała tańczyć!"[4]. Mirta siała zatem spustoszenie w sercach uniwersyteckich przyjaciół Rafaela. Troskliwy brat podsuwał jej pretendentów o odpowiednim statusie społecznym. „Poznałem ją nawet z młodym, przystojnym inżynierem, który potem zbił miliony w Wenezueli", wspomina. Jednak serce Mirty pozostało niewzruszone.

W tamtym okresie gust Fidela jeszcze nie jest ukształtowany. „Naprawdę nie potrafię wybrać między blondynką a brunetką"[5], wspomina. Jednak to nie wątłe istoty, takie jak Mirta, wywołują u niego silniejsze bicie serca. „Woleliśmy nieco pełniejsze dziewczęta o szerokich biodrach. Mieliśmy dość prymitywny gust. Przedkładaliśmy ilość nad jakość. Wtedy jeszcze Wenus z Milo nie była naszym ideałem urody", przyznaje szczerze. Nieskończenie nudne godziny u jezuitów Fidel wypełniał poetyckimi próbkami, w których rozpływał się nad ponętnymi kształtami młodej koleżanki o pełnych pośladkach. Pochłonięty tworzeniem panegiryku, nie zdążył go schować przed nauczycielem, który przechwycił wiersz i wygłosił surowe kazanie. „Przeżyłem taki wstyd i upokorzenie, gdy ksiądz odkrył me najbardziej intymne sekrety, że już na zawsze zarzuciłem poezję. (...) Chodziło o utwór o podtekście erotycznym. Ale nieprzekraczającym granic przyzwoitości".

Fidel nie został więc poetą, ale któż by pamiętał o młodzieńczych upokorzeniach? Zakochał się. Jego urok w mgnieniu oka podziałał też na Mirtę. „Wydaje mi się, że to była miłość od pierwszego wejrzenia – wspomina Juanita Castro, młodsza siostra wytrawnego uwodziciela. – Przypuszczam, że uległa mu, ponieważ był naprawdę bardzo przystojny", mówi dalej. Być może jednak przyczyny tej nagłej miłości należy szukać też gdzie indziej. „Sądzę, że wybrała Fidela, aby rozwścieczyć macochę", precyzuje Rafael. Siedemnastoletnia Mirta zaręcza się w październiku 1946 roku. Wreszcie będzie mogła się wyrwać z oków rodzinnej niewoli.

Fidelowi tymczasem się nie spieszy. Mija rok, zanim przedstawi wybrankę swoim filuternym siostrom. Spotkanie odbywa się w szkole urszulanek przy okazji pokazu tańców greckich, w którym biorą udział Juanita i Enma Castro. Fidel i Mirta oklaskują występ, po czym zapraszają dziewczęta na kolację w mieście, żeby lepiej się poznać.

– Chciałabym, Mirto, ale nie mogę zjawić się w restauracji w stroju Greczynki – waha się Enma.

– Nie przejmuj się, wstąpimy do mojego wuja, pożyczę ci ubranie. Będziesz tylko musiała zatrzymać sandały, bo moje buty nie będą na ciebie pasować – odpowiada narzeczona brata.

Ten przejaw kobiecej solidarności da początek znakomitym relacjom między dziewczętami. Enma zasiada do kolacji w eleganckiej niebiesko-białej garsonce, którą Mirta pozwala jej zatrzymać. Obie siostry są zauroczone ukochaną brata. Już trójka przedstawicieli rodziny Castro znalazła się pod urokiem Mirty Diaz-Balart. Z dwiema sojuszniczkami u boku Fidel może oficjalnie przedstawić wybrankę rodzicom.

Zbliżają się wakacje, przyszli teściowie przysyłają Fidelowi pieniądze, by kupił bilety na pociąg do Biranu. On jednak, pochłonięty studenckimi walkami politycznymi, na śmierć o tym zapomina i muszą się zadowolić kuszetkami najgorszej klasy. „Oczywiście podróż była koszmarna. Nie mogliśmy zasnąć, dotarliśmy do Biranu wyczerpani, zwłaszcza Mirta, która – jako osoba dobrze wychowana – nie poskarżyła się ani słowem", opowiada Juanita. Lina Ruz jest zachwycona grzeczną studentką o nienagannych manierach. Widzi w niej wymarzone lekarstwo na szalone pomysły syna, który właśnie oświadczył, że zamierza obalić dyktaturę generała Trujillo na Dominikanie, deklarując, co gorsza, że jest gotów ponieść śmierć za sprawę. „Wiem, że kochasz Mirtę, a ona ciebie. Jesteście młodzi, czas już założyć rodzinę. Może się pobierzecie?" Małżeństwo zamiast śmierci – rozwiązanie spadło jak z nieba.

Trzeba tylko przekonać do tego rodziców Mirty. A to niebywale trudne zadanie. Kiedy narzeczona w mocnej asyście klanu Castro informuje ojca o zaręczynach, ten zwolennik Batisty nieoczekiwanie wpada w furię. Doskonale zna krętą ścieżkę, jaką podążał Fidel, kierując związkami studenckimi. Sam już nie wiedział, co bardziej go oburza u jakże niepożądanego kandydata na zięcia: jego zmienność czy dorównująca jej zaciekłość, czy wreszcie związki z hawańskimi gangami. W każdym razie patriarcha rodu Díaz-Balart absolutnie nie wyraża zgody na związek. Spłoszona Mirta widzi, jak uchylone drzwi klatki znów brutalnie się zatrzaskują. Pozostaje tylko jeden sposób złamania nieugiętego ojca: szantaż. Jeśli dalej będzie się sprzeciwiał, Mirta z pierwszym lepszym ucieknie do Stanów. Nie może liczyć na pomoc brata. O ile bowiem Rafael nie odmawia Fidelowi talentów oratorskich, o tyle dostrzega też słabości jego charakteru: „Mirto, doskonale go znasz. Jest błyskotliwy, nie brak mu wyjątkowych zalet, ale równocześnie wiesz, jak łatwo popada w paranoję! Jednego dnia podaruje ci futro, a drugiego zepchnie z dziewiątego piętra!"[6].

Na szczęście reakcja koleżanek utwierdza Mirtę w przekonaniu, że dobrze wybrała: wszystkie zazdroszczą jej narzeczonego. Jedna tak tłumaczy tę fascynację: „Był bardzo przystojny, typowy kubański *macho*. Robił na nas, nastolatkach, olbrzymie wrażenie"[7]. Nauczycielka angielskiego Mirty również obserwuje parę w domu państwa Diaz-Balart: „Był niezwykle wprost uwodzicielski. Całą uwagę skupiał na niej, a nas kompletnie ignorował".

Fidel dokonał wyboru i już się nie wycofa. Okazuje się wytrwały, gotów zaakceptować przepych świata Mirty. Wszystko, by osiągnąć cel. W szykownym Klubie Amerykańskim, który upodobała sobie elita, usiłuje naśladować styl życia burżuazji. „Przychodził tańczyć, ale nigdy nie tańczył"[8], wspomina przyjaciel z tamtego okresu. Wytłumaczenie jest proste: „Nie nadawał się ani na tancerza, ani na bawidamka. Niezgraba w królestwie tańca, nie lubił ani rumby, ani pachangi"[9]. Z obowiązku podreptał z Mirtą trochę po parkiecie i natychmiast wracał do stolika na męskie rozmowy o polityce.

Po długich miesiącach narzeczeństwa i obowiązkowych kontredansów bariera między Fidelem a przyszłym teściem wreszcie zostaje przełamana. Być może przeważyło to, że rodzinie Díaz-Balart – jednej z najbardziej znanych i szanowanych w Banes – rozpaczliwie brakowało pieniędzy. Tymczasem Angel Castro, uważany za wieśniaka bez manier, miał ich w kieszeni pod dostatkiem.

11 października 1948 roku Fidel żeni się z Mirtą Franciscą de la Caridad Díaz-Balart Gutiérrez. Po ślubie kościelnym odbywa się cywilna ceremonia w domu panny młodej. Zrezygnowanemu panu Díazowi-Balartowi humor poprawia kosztowny prezent ślubny od Batisty: para wielkich alabastrowych lamp. „Batista musiał sporo za nie zapłacić. Najwyraźniej chciał się pokazać. Ale, Bogiem a prawdą, wcale nie były ładne", krytycznie zauważa Lina Ruz.

Fulgencio Batista przebywa właśnie w Stanach Zjednoczonych. Ten bezkompromisowy żołnierz i jego junta wprowadzili na Kubie reżim proamerykański, posuwając się aż do skopiowania Konstytucji Stanów Zjednoczonych. Batista zaczynał karierę polityczną jako szef sztabu generalnego. W latach trzydziestych XX wieku był szarą eminencją kolejnych prezydentów. Wreszcie po wyborach w 1940 roku sam objął najwyższy urząd. Po porażce w następnych wyborach, cztery lata później, schronił się u swego mistrza i sąsiada. Jedne przegrane wybory nie zdołały przekreślić dziesięciu lat budowania wpływów: w 1948 roku Batista dostaje się do senatu i liczy na rychły powrót na szczyt oraz stanowisko skrojone dokładnie na jego miarę.

Ojciec pana młodego nie może uczestniczyć w ceremonii: lekarz kazał mu pozostać w łóżku. Angel jest zrozpaczony, że nie może zobaczyć ślubu swojego wybitnego syna. „Mój najdroższy Castro – pociesza go Lina – nie przejmuj się tak, bo sobie zaszkodzisz. Wyobraź sobie, że to zwykły wyjazd, taki jak inne. Zresztą wszyscy myślami będziemy przy tobie. Wezmę dziesięć tysięcy dolarów, twój prezent ślubny. Zobaczysz, dzieci ogromnie się ucieszą".

Wesele, na które zaproszono elitę miasta, odbywa się w Klubie Amerykańskim. „Ogromnie się ucieszyłam, bo pierwszy raz od bardzo dawna widziałam Fidela zakochanego i szczęśliwego", raduje się ta, która wciąż liczy, że z chwilą ożenku syn porzuci szaleńcze pomysły. Kulminacyjnym punktem jest ogłoszenie, że państwo młodzi spędzą miesiąc miodowy w Stanach Zjednoczonych. Akcję „Odciągnąć Fidela od polityki" Lina kończy, wręczając młodej parze kasetkę od męża.

– Dziesięć tysięcy dolarów! Ależ, mamo, tata chyba oszalał! Nie mogę przyjąć takiej sumy.

– Siedź cicho i bierz, Fidel. Castro daje wam te pieniądze ze szczerego serca. Przydadzą się wam na podróż i twoją naukę w Nowym Jorku.

Mirta rzuca się teściowej na szyję.

– To najpiękniejszy prezent, jaki dostaliśmy. I najbardziej przydatny.

Do tej sumy dochodzi jeszcze czek na tysiąc dolarów od Batisty – błogosławieństwo dla młodych, o których ślubie pisano we wszystkich kronikach towarzyskich. Upojeni tym nagłym zalewem dobroci Mirta i Fidel w asyście dwóch uzbrojonych ochroniarzy ruszają na niewielkie lotnisko. Fidela poszukuje szef miejscowego gangu, któremu młody polityk za bardzo zaszedł na skórę. Jego ludzie z pewnością będą czyhać na największych lotniskach wyspy, ale Mirta nic o tym nie wie[10].

Tak oto w tajemnicy udają się do Miami Beach, gdzie już czeka na nich pokój w hotelu Wersal. Tam odkrywają dotychczas nieznane rozkosze. „Po raz pierwszy jadłem steki z kością, wędzonego łososia, przysmaki, które młody mężczyzna o zdrowym apetycie potrafi docenić", wspomina Fidel[11]. Pierwszym wspólnym zakupem staje się niebieski lincoln za dwa tysiące dolarów, który dowiezie ich aż do Nowego Jorku. „Nie martwcie się o nas, znakomicie się bawimy – zapewnia teściów Mirta. – Nie jesteśmy sami. Fidel zaproponował mojemu bratu Rafaelowi, żeby przyłączył się do nas z żoną. (...) Kiedy się zmęczy, Rafael zastępuje go za kółkiem i wszystko idzie znakomicie". Wycieczka jest luksusowa, zatrzymują się w słynnym hotelu Waldorf Astoria. Dla Mirty życie małżeńskie zaczyna się pod najlepszymi auspicjami: nie tylko zdobyła wymarzoną wolność, ale jeszcze zyskała rodzinę, która kocha ją jak rodzoną córkę. „Twój ojciec jest najhojniejszym człowiekiem pod słońcem. Nikt nigdy nie dał mi tyle pieniędzy", nie posiada się ze zdumienia i zachwytu.

Nowy Jork staje się źródłem nieustannych radości i odkryć. Przemierzają idealnie wytyczoną siatkę ulic. Dziecięcy zachwyt, z jakim Fidel podziwia gigantyczną choinkę, rozśmiesza jego żonę niemal do łez. Mnóstwo samochodów na ulicach, dynamizm wielkiego miasta – wszystko tutaj go zdumiewa. Młodzi nie przyjechali tu jednak tylko zwiedzać. Muszą jeszcze zapisać się na uniwersytet. Przenoszą się do mieszkania Rafaela przy 82. Ulicy na Manhattanie.

Dwudziestojednolatek odkrywa w Nowym Jorku coś jeszcze: wolność słowa. Kupuje angielskie wydanie *Kapitału* Marksa, nie pojmując, jak Stany Zjednoczone, które tak gorąco sprzeciwiają się komunizmowi, mogą zgadzać się na publikację dzieła zachęcającego do obalenia ich systemu gospodarczego. Amerykanie zdecydowanie mają dziwaczne obyczaje. Na kampusie Princeton z kolei szokuje go widok par, które bezwstydnie całują się na oczach wszystkich.

Jednak po dwóch miesiącach – dla Mirty pełnych odkryć, porażek dla Fidela – wsiadają do lincolna i wracają na Kubę, rezygnując z marzeń o studiach w Ameryce. Nie oznacza to, że zamierzają w ogóle rzucić naukę. Fidel proponuje żonie coś jeszcze lepszego niż Nowy Jork. Paryż. „Następnym etapem, Mirto, będzie Sorbona. Wystąpię o stypendium i zamieszkamy w Paryżu", obiecuje jej z przekonaniem. Mirta jest w siódmym niebie. Natychmiast pisze do teściów przekonana, że wybitne zdolności intelektualne męża rychło zapewnią im przeprowadzkę do Europy. „Jak się domyślacie, na pewno z łatwością otrzyma stypendium. Skaczę z radości na samą myśl, że wkrótce wyjadę do Francji". Lina podziela entuzjazm synowej: „Nie przejmuj się, gdyby nie dostał stypendium. Już rozmawiałam z mężem. Zdobędziemy się na dodatkowy wysiłek, byleby wasze pragnienie się ziściło".

Mimo to zaraz po powrocie nowożeńców do Hawany obie kobiety szybko muszą pogodzić się z klęską swoich marzeń o odciągnięciu Fidela od polityki. Castro zrzuca na żonę troskę o urządzenie pokoju w hotelu przy ulicy San Lázaro, a sam czym prędzej angażuje się w działalność Partii Ludu Kubańskiego (PPC – Partido del Pueblo Cubano), nazywanej też Partią Ortodoksyjną. Ugrupowanie głosi konieczność moralnego uzdrowienia władzy i oczyszczenia kubańskiego systemu politycznego, przeżartego korupcją. Mirta nie wtrąca się do działalności politycznej męża. Podczas gdy on uczestniczy w kolejnych wiecach i podróżuje po kraju, godzinami wiernie czeka sama w samochodzie[12].

Wkrótce przenoszą się do dzielnicy Vedado, gdzie wynajmują mieszkanie na rogu Drugiej i Trzeciej Ulicy. Fidel zapisuje się na uniwersytet jako wolny słuchacz. Obsesyjnie się uczy, więc młoda żona może zwierzyć się z typowych objawów ciąży jedynie szwagierkom, które odwiedzają ją co weekend.

Lato 1949 roku to dla przyszłej matki miesiące prawdziwej sielanki. W Biranie cała rodzina Fidela radośnie przyjęła nowinę, którą zwiastował jej zaokrąglony brzuch. Przyszły ojciec pracuje bezustannie, by – jak wierzy Mirta – zapewnić im świetlaną przyszłość. Wieczorami para chodzi na plażę, gdzie spotyka się z Rafaelem i jego paczką. Mężczyźni piją piwo, palą cygara i rozprawiają o polityce, grając w domino. Fidel unosi się, peroruje, podczas gdy Mirta słucha cierpliwie – często do późnej nocy. Wakacje kończą się najpiękniejszym prezentem, jaki można sobie wyobrazić. 1 września przychodzi na świat Fidelito. „Fidel dosłownie promieniał ze szczęścia", wspomina Juanita. Kobiety z otoczenia błyskotliwego studenta wierzą, że odcięły łeb politycznemu smokowi. „Czegóż więcej możemy sobie życzyć, Castro? – pyta Lina męża. – Fidel ma syna, wkrótce zdobędzie dyplom, nie angażuje się już w działalność polityczną na uniwersytecie. (...) Mamy wszystko, czego nam potrzeba do szczęścia".

Fidel tak skutecznie się kamuflował, że nawet matka uwierzyła w jego przemianę w mola książkowego. Tymczasem on nie tylko prowadzi działalność polityczną, ale jeszcze wciąga brata Raula w kręgi marksistowskie i do Związku Młodych Komunistów. Jego postawa coraz bardziej się też radykalizuje. Na znak protestu przeciwko Batiście zakazuje żonie przyjmowania upominków od Diazów-Balartów, choć te często mogły jej się przydać. Nawet jeśli prawość męża, wiernego swym zasadom, budzi w Mircie zachwyt, to musi ona stawić czoło rzeczywistości i pogodzić się z tym, że rodzina zmuszona jest żyć na garnuszku klanu Castro.

Chciałaś zobaczyć Paryż... Nie zobaczyliśmy Paryża

– Mirto, nie pojadę do Paryża. Nie tam jest moje miejsce. Postanowiłem, że nie będę studiował na Sorbonie. Zostanę tutaj, na Kubie. Będę walczył, by z ramienia partii trafić do Izby Reprezentantów jako delegat okręgu hawańskiego, tam będę działać, a pewnego dnia przejmę władzę.

– Ależ Fidelu, nie możesz, ot tak, zniweczyć wszystkich planów! Obiecałeś twoim rodzicom i mnie, że pojedziemy do Paryża i tam dokończysz studia! Nie możesz teraz zrezygnować, Fidelu... Zrozum[13].

Jedno zdanie męża niczym ostrze gilotyny ucina marzenia o życiu wśród paryskiego luksusu i cyganerii. Mirta łzami próbuje skruszyć Fidela, ale ten szybko poskramia żoniny bunt: chwyta lampę – prezent od Batisty – i ciska nią o ziemię. Nie czekając, aż obeschną łzy zawodu i rozpaczy, zostawia Mirtę, aby ustalać terminy wieców i oświadczeń dla prasy. „Fidel stał się gościem w domu, jego światem jest polityka i partia. Czuję się samotna i porzucona. Prawie wcale nie rozmawiamy, całe dnie spędza na mieście. Nie wiem, jak wykarmiłabym siebie i Fidelita, gdyby nie Wasze pieniądze", skarży się teściom. Lina załatwiła synowej kredyt w kilku hawańskich sklepach. Zabrała ją też do salonu meblowego i na pociechę zafundowała wymarzoną jadalnię w odcieniu perły.

Skończyły się też wieczory we dwoje. Nawet jeśli Mirta i Fidel gdzieś wychodzą, nieodmiennie towarzyszą im jego przyjaciele – a zwłaszcza przyjaciółki. Na przykład Martha Frayde, zamożna studentka medycyny, wspierająca walkę charyzmatycznego młodzieńca. „Już wtedy potrafił czarować kobiety"[14], zauważa. Fidel często zabiera towarzystwo do najmodniejszego lokalu Hawany „12 y 23", gdzie – nasyciwszy się płomiennymi przemowami – można schrupać kilka tartinek. A kiedy pozostali ruszają na parkiet, siedzi przy stoliku jak przykuty. Już nawet nie udaje, że porwie żonę w tany. Nawet wyjściami do kina rządzi polityka. Fidel wlecze drugą połówkę na swój ulubiony film – *Dyktatora* Chaplina[15].

Przyciąga kobiety jak magnes. Szybko otacza go wianuszek zagorzałych wielbicielek. Conchita Fernández nie potrafi mu się oprzeć: „Natychmiast mnie oczarował. Pod każdym względem. (...) Wprost emanował magnetyzmem, nawet jeśli stał odwrócony plecami"[16]. Fidel nauczył się czarować nie tylko głosem, ale i wyglądem. Młoda kobieta natychmiast wpada w sidła tego mężczyzny „w marynarce z szerokim krawatem w prążki". On zaś tak bardzo interesuje się losem kobiet w nowym społeczeństwie, które będzie budował, że już na początku lat pięćdziesiątych dochowa się dwójki dzieci z nieprawego łoża. Tłumacząc się matce ze swojego „grzechu", usprawiedliwia się działaniem sił nadprzyrodzonych: „Zobaczyłem ją na ulicy i po prostu nie mogłem się jej oprzeć. To spadło na mnie jak grom".

Dalsze wydarzenia z jednej strony nadają rozpędu karierze Castro, z drugiej zaś – coraz bardziej zagrażają trwałości jego małżeństwa. 16 sierpnia 1951 roku przywódca PPC, z którą Fidel był związany, popełnia spektakularne samobójstwo, strzelając do siebie podczas audycji radiowej. Wraz ze śmiercią swojego politycznego protektora Fidel może pożegnać się z marzeniami o miejscu w Zgromadzeniu Narodowym. 10 marca następnego roku, kilka miesięcy przed wyborami prezydenckimi, Fulgencio Batista i jego wojskowi, witani entuzjastycznie przez żołnierzy, zajmują największe koszary na Kubie. Zostaje ogłoszony stan wyjątkowy i Batista bez najmniejszego oporu ze strony Kubańczyków wprowadza się do pałacu prezydenckiego. Rafael Díaz-Balart dzwoni do szwagra, informując go o swoim poparciu dla nowego rządu i zachęcając, by Fidel też przeszedł na jego stronę. Wściekły Castro strąca aparat na podłogę i wypada z domu, skazując Mirtę na bezsenną, pełną niepokoju noc. Rano wystosowuje do niej list-ultimatum.

> Najdroższa Mirto!
> Wydarzenia ostatnich godzin nie pozostawiają złudzeń co do postawy Twojej rodziny. Postawy kłócącej się z tym, o co walczę. Nie wyobrażam sobie że miałbym mieszkać pod jednym dachem z wrogami. Postanowiłem więc, że nie wrócę, dopóki Twoi bracia nie opuszczą domu.

Przez cały sierpień kolportuje ulotki zachęcające do wojny z Batistą. Przyjaciółki odwiedzające zdesperowaną Mirtę są przerażone warunkami, w jakich żyje dwudziestodwuletnia dziewczyna. Kiedy jedna z nich prosi, by pozdrowiła Fidela, Mirta odpowiada: „Będzie przejeżdżał samochodem, to ci pomacha”[17]. To jedyny kontakt, jaki ma z mężem. Jej dobry nastrój znika bez śladu, żyje oddzielona od rodziny. „Całe dnie spędzam w mieszkaniu z Fidelitem – pisze do teściowej – podczas gdy mój mąż walczy z tym, co najcenniejsze dla mojego ojca i brata”.

Działaczki spod znaku Moncady

26 lipca 1953 roku Martha Frayde nie spodziewa się gości. Zbliża się kolejny wieczór cudownego kubańskiego lata. Wracając do domu, zauważyła kilka wojskowych dżipów, ale w Hawanie to o niczym nie świadczy. Wtem ktoś zaczyna

się dobijać do drzwi. Martha otwiera. Widzi roztrzęsioną Mirtę z synem, która blada jak ściana bez słowa podaje jej gazetę wieczorną: Fidel z towarzyszami zaatakowali koszary Moncada w Santiago de Cuba, drugim mieście kraju.

Z pierwszych komunikatów wynika, że atak się nie udał, a straty wśród zamachowców są znaczne. Wiedząc, na jakie ubóstwo Fidel ostatnio skazywał żonę, Martha przede wszystkim niepokoi się o los przyjaciółki: „A czy chociaż opłacał składki, żebyś dostawała wdowią rentę?". Wyczerpana Mirta przyznaje, że nie ma pojęcia, co robił Fidel ani co się z nim dzieje. Ani słowem nie uprzedził jej o zamachu, od dłuższego czasu nie dostaje też od niego żadnych wiadomości. Kobiety postanawiają więc odwiedzić rodziny jego towarzyszy niedoli. Nie znajdują tam jednak życzliwości ani współczucia. Padają okrzyki: „Fidel to morderca! Zaprowadził naszych synów na śmierć!". Niektóre matki i narzeczone grożą im nawet pobiciem.

Załamana Mirta dowiaduje się z radia, że wielu zamachowców rozstrzelano zaraz po schwytaniu. Może jednak Fidel przeżył? Trzeba ubłagać żołnierzy, którzy będą polować na nielicznych ocalonych, żeby się nad nim zlitowali. Tylko duchowny może zmiękczyć serca wojskowych: Mirta błyskawicznie organizuje zbiórkę pieniędzy, które pozwolą wkupić się w łaski arcybiskupa Santiago i zachęcą do chrześcijańskiego miłosierdzia. Niestety, niezbadane są ścieżki Opatrzności... Poszukiwania Fidela trwają. Wreszcie dzięki wsparciu ojca zdesperowanej Mircie udaje się uzyskać od Batisty zapewnienie, że schwytają Fidela żywego.

Rozradowana Mirta uspokaja teściową, ujawniając treść rozkazu wysłanego do wszystkich dowódców: „Do oddziałów poszukujących uczestników zamachu na Moncadę i jej okolice. Fidela i Raula Castro należy doprowadzić żywych".

Wśród zaginionych znajdują się też dwie kobiety, które razem z Fidelem uczestniczyły w akcji. Jedną z nich jest Haydée Santamaría, która uciekła z domu do Hawany, gdzie Fidel – tak bardzo zaangażowany w obronę uciśnionych – natychmiast wzbudził jej sympatię. Jej mieszkanie szybko stało się miejscem tajnych spotkań ruchu[18]. Ona też przedstawiła swojego najnowszego guru najlepszej przyjaciółce. Uczucie między nimi wybuchło natychmiast. Melba Hernández, młoda absolwentka prawa, miała dobrą posadę w sądzie. „Już sam uścisk ręki Fidela robi wrażenie. (...) Ma silną osobowość, której nie sposób się oprzeć. (...) A kiedy zaczął ze mną rozmawiać, po prostu musiałam słuchać. To było silniejsze ode mnie"[19].

Castro potrafi przemawiać do tłumów, ale przede wszystkim do kobiet. Choć głosi ekstremistyczne poglądy, twarde przesłanie podaje głosem miękkim jak aksamit. „Fidel mówił cicho, krążył wśród słuchaczy, często zbliżał się do wybranej osoby i zwracał się do niej, jakby powierzał jej sekret", wspomina Melba Hernández, której Fidel wkrótce zaczyna dobierać lektury. Podsuwa jej filozofów „burżuazyjnych" – naturalnie nie bez ostrzeżenia: „Pamiętaj, by nie czytać bezkrytycznie. U niektórych autorów znajdziesz argumenty, które mogą wydać się przekonujące, ale ty, z twoją inteligencją, na pewno je odeprzesz".

Trzy dni przed zamachem Fidel uprzedza swoją nową sojuszniczkę: „Melba, spakuj kilka drobiazgów; coś, co będziesz mogła udźwignąć. Ucieszysz się, bo tam, dokąd się wybieramy, spotkasz Haydée. A przede wszystkim zabierz to". Pokazuje jej palcem skrzynkę z kwiatami, w której ukryją broń. Dzień przed atakiem sytuacja nieco się klaruje: „Kiedy już rozdaliśmy mundury, mężczyźni zaczęli ćwiczyć z bronią. Haydée i ja podeszłyśmy do Fidela, prosząc o instrukcje. Kazał nam czekać (...) na dyspozycje. Byłyśmy ogromnie rozczarowane. Spodziewałyśmy się, że wyruszymy razem z nimi, tymczasem poczułyśmy się odsunięte na boczny tor. Zaczęłam protestować, tłumaczyć Fidelowi, że też jesteśmy rewolucjonistkami jak oni, że to zwykła dyskryminacja. Aż się zachwiał. Trafiłam w czuły punkt"[20].

Wola kobiety – rzecz święta. W rezultacie cała czwórka – Fidel, Raúl, Haydée i Melba – zostaje zatrzymana i umieszczona w więzieniu o zaostrzonym rygorze na wyspie Pinos[21]. Tam obie kobiety zostają wystawione na ciężką próbę. Pewnego dnia wyjątkowo sadystyczny sierżant wkracza do celi i pokazuje im jeszcze pulsujące ludzkie oko. „To oko twojego brata. Jeśli nie powiesz tego, czego nie chciał zdradzić, wyłupimy mu i drugie". Haydée, która kochała brata nade wszystko, odpowiada z godnością: „Skoro wyłupiliście mu oko, a on niczego wam nie powiedział, to i ja nie powiem".

Wtedy sierżant gasi na jej ramieniu papierosa. „Nie masz już narzeczonego. Jego też zabiliśmy". „Nie umarł – odpowiada hardo kobieta – ponieważ ci, którzy oddają życie za ojczyznę, żyją wiecznie". Fidel wpatruje się w nią jak oniemiały, podziwiając jej oddanie dla sprawy. Od tej chwili staje się dla niego ideałem kobiety. „Nigdy przedtem Kubanki nie wspięły się na takie szczyty heroizmu i godności”[22].

Wspominając pobyt w celi, Haydée po raz kolejny daje świadectwo przywiązania do tego, który z tamtą chwilą przeszedł do historii: „Nie pamiętam szczegółów, ale wiem jedno. Od aresztowania myślałam wyłącznie o Fidelu. (...) Resztę spowijała chmura dymu i krwi”[23].

Mirta, która nie może rywalizować z taką bohaterką, rzadko korzysta z prawa do odwiedzin. Woli pozostać w cieniu i nie ustawać w wysiłkach o uwolnienie męża. Próbuje nawet wstawiać się u sędziego Nieto, który we wrześniu 1953 roku będzie przewodniczył procesowi: „Błagam tylko, by go nie zabijać. Nieważne, na ile lat pan go skaże. Może nawet i na sto, jeśli taka pańska wola”[24].

16 października 1953 roku Fidel występuje przed sądem ze swoją płomienną mową obrończą, późniejszym bestsellerem *Historia mnie uniewinni.* Historia – być może, ale nie sędzia Nieto, który skazuje go na piętnaście lat więzienia. Mirta zostaje bez grosza przy duszy, samotnie wychowując syna, podczas gdy jej mąż w więzieniu zmywa krew z dłoni.

Listonosz zrobiłby lepiej, dzwoniąc tylko raz

W więzieniu Fidel prowadzi ożywioną korespondencję z wielbicielkami. Ani przez chwilę nie podejrzewa, że może paść ofiarą intrygi, i bez zahamowań przelewa na papier płomienne wyznania – w tym także do pięknej nieznajomej. Zauroczona dziewczyna w odpowiedzi przysyła mu powieść Somerseta Maughama *Cakes and Ale*, nie zapominając umieścić w środku swojej fotografii w wydekoltowanej sukni wieczorowej i w bardzo korzystnym oświetleniu. Fidel nie potrafi panować nad uczuciami, więc – oprócz listów poświęconych wyłącznie kwestiom politycznym – pisze ogniste epistoły, w których otwarcie daje wyraz pragnieniu gorącej miłości.

Zamieszanie z pocztą burzy kruchą równowagę epistolarną. Pewnego ranka Mirta dostaje list przeznaczony dla roznamiętnionej korespondencyjnej kochanki. Fidel, który w listach do żony głównie czepiał się tego, jak kształci syna, nie wykazując przy tym żadnego zainteresowania jej sprawami, tu okazuje się troskliwy i czuły. Tymczasem piękna nieznajoma czyta chłodne słowa skierowane do żony: „Wyobraźcie sobie, jaką kobietą musi być Mirta! Fidel napisał do niej nudny list, całkowicie pozbawiony poczucia humoru... Podczas gdy do mnie...", chełpi się. Ktoś, komu zależało na wywołaniu skandalu, specjalnie podmienił listy, wzbudzając słuszną wściekłość Mirty.

Gniew wybucha ze zdwojoną siłą, gdy okazuje się, że Mirta zna osobiście korespondentkę Fidela. „Rozmawiałam z tą zdzirą, nagadałam jej do słuchu – informuje teściów. – Jak można uganiać się za żonatym mężczyzną? A już szczyt szczytów: sama jest mężatką!"[25].

Fidel musi natychmiast zrehabilitować się przed żoną za nieszczęsną wpadkę. Zadanie powierza zawsze oddanej Melbie Hernández. Sam podczas wizyty przypadającej następnego dnia robi wszystko, by zyskać przebaczenie. Mirta opuszcza Pinos ze wspomnieniami namiętnych chwil przekonana, że małżeństwo zostało uratowane. Tymczasem już w następną sobotę słyszy w radiu Reloj przerażającą informację, jakoby złapano ją na przyjmowaniu łapówek i zwolniono ze stanowiska w rządzie. A przecież nigdy nawet nie przestąpiła progu pałacu Batisty. Wiadomość dotarła też do Fidela, który natychmiast pisze: „Mirto, właśnie usłyszałem w radiu, że minister odwołał Cię ze stanowiska. Nie pojmuję, jak mogłaś dopuścić, by w ogóle zasugerowano, że pracujesz w ministerstwie".

Namawia, aby opublikowała ostre *dementi*, a nawet pozwała własnego brata, który niemal na pewno maczał w tym palce. „Działaj zdecydowanie, nie wahaj się twardo walczyć. (...) Rozumiem, jak wielki smutek i ból przeżywasz, ale możesz niezachwianie polegać na mnie i na moim uczuciu". Fidel czuje się tak zagubiony i zdruzgotany, że mówi dziennikarzowi: „Niech pan przekaże Rafaelowi, że odbiorę sobie życie".

Mirta czuje się osaczona. Tego samego popołudnia ojciec i brat zjawiają się u niej z ultimatum: „Dość zabawy, Mirto. Rzuć to wszystko, wyjedź z nami. Musisz wybrać: mąż albo rodzina". Przytłoczona, naciskana z każdej strony, stawia na rodzinę i razem z pięcioletnim Fidelitem ucieka do Stanów Zjednoczonych. Nic nie zdoła opisać furii Fidela: „Nie dopuszczam myśli, że mój syn miałby spędzić chociaż noc pod jednym dachem z moimi najgorszymi, najbardziej odrażającymi wrogami; że ci żałośni judasze mieliby składać pocałunki na jego niewinnych policzkach". Między Mirtą a Fidelem zaczyna się wojna.

Świt nowej jutrzenki

10 marca 1952 roku Natalia Revuelta ubrała się od stóp do głów w czerń. Młoda zielonooka żona doktora Orlanda Fernandeza Ferrera bynajmniej nie otrzymała wiadomości o śmierci męża. Ta idealistka przywdziała żałobę, usłyszawszy w radiu, że władzę w kraju przejął Batista. Tak dramatyczna sytuacja wymaga drastycznych kroków. Młoda kobieta udaje się do ślusarza i zamawia trzy komplety kluczy. Następnie pierwszy zestaw wysyła przewodniczącemu Partii Ortodoksyjnej, drugi kandydatowi na prezydenta, trzeci zaś Fidelowi Castro. „Pierwszych dwóch odpowiedziało natychmiast, nie kryjąc wdzięczności. Fidel oczywiście nawet nie podziękował”[26].

Castro, którego spotkała tylko raz w czasie manifestacji studenckiej, zaintrygował Natalię. Od dawna już szukała patrioty, który myślałby podobnie jak ona. Czyżby był nim ten charyzmatyczny polityk? Minął prawie rok, zanim pewnego styczniowego popołudnia 1953 roku wreszcie zdecydował się przyjąć propozycję współpracy i zastukał do drzwi pani Revuelty. Stawił się w nienagannie wyprasowanych spodniach i najlepszej guayaberze, tradycyjnej koszuli kubańskiej. Kiedy Natalia pojawia się w przedpokoju, „zauroczenie spada na nich jak grom, odbierając słuch i wzrok”[27].

Ona częstuje go pieczoną szynką z ananasem – daniem, którego Fidel nigdy nie zapomni[28] – on zaś dzieli się swoją wizją ruchu rewolucyjnego. Nie może dłużej znieść bierności opozycji, a ponieważ Batista zdobył władzę przy użyciu siły, tak samo też powinien ją stracić. Ożywioną dyskusję przerywa Orlando wracający z kliniki. Przez chwilę słucha gorącej dysputy ideologicznej, po czym w trosce o swoje interesy wyciąga z kieszeni sto dolarów i wręcza je młodemu działaczowi. Orlando widzi, że Castro zauroczył jego zapalczywą żonę, i woli przyciągnąć jego uwagę ku sobie. „Gdyby pan czegokolwiek potrzebował, może pan zawsze na mnie polegać”, rzuca na odchodnym mężczyźnie z wąsikiem.

Natalia zaprasza Fidela do klubu tenisowego, ale ten się nie zjawia. Dość się nachodził po klubach, kiedy zabiegał o względy Mirty. W rewanżu za to przysyła jej zaproszenie na manifestację studencką. Pani Revuelta stawia się w ustalonym terminie przy pikiecie strajkowej. Fidel porywa ją w tłum, a potem z prowizorycznej trybuny wygłasza przemówienie. Natalia upaja się atmosferą rewolucji i przygody, podczas gdy Orlando siedzi na nocnym dyżurze w szpitalu. Dla Mirty to kolejna samotna noc pełna lęku i niepokoju. Fidel wraca bardzo późno i zastaje ją pochyloną nad Fidelitem, który raz za razem gwałtownie wymiotuje.

Kilka tygodni później ten wiecznie nieobecny ojciec coraz częściej organizuje u Natalii konspiracyjne spotkania z towarzyszami. Mieszkanie Haydée Santamarii bowiem przestaje już wystarczać. W tym ulu, którego jest królową, Naty odkrywa nowe, bardziej emocjonujące życie. Od początku uważa, że Fidel zginie w walce, co nadaje tej namiętności dodatkowy posmak fatalizmu. Wspólnie układają plan: kiedy już rewolucjoniści Fidela zdobędą koszary Moncada, na falach eteru zostanie odczytany manifest, aby usłyszał go cały naród. Naty w tajemnicy przepisuje dokument i przygotowuje się, by w stosownej chwili rozdawać hawańczykom jego kopie.

Również ona wybiera muzykę, która poprzedzi i zakończy manifest odczytany przez samego Fidela: III symfonia *Eroica* Beethovena oraz fragmenty Prokofiewa, Mahlera i Berlioza. Wspiera też dzieło przyjaciela, sprzedając biżuterię wartą sześć tysięcy pesos i z zimną krwią wykorzystując hojność męża, by zaspokajać najmniejszy kaprys Fidela. Potrzebuje pokoju, żeby spędzić noc w ukryciu, albo samochodu, by udać się gdzieś z tajną misją? Naty od razu wyciąga książeczkę czekową i spełnia prośbę.

24 lipca, przed wyjazdem do Santiago, przyszły bohater zjawia się rano u Naty i przekazuje jej ostatnie dyspozycje: „Do niedzieli rano nie ruszaj się z domu. Wtedy nastąpi atak. Jeśli wcześniej dasz się aresztować, zostaniemy zdemaskowani jeszcze przed zamachem". Po raz pierwszy okazuje czułość oddanej „towarzyszce ideologicznej". „Wiesz, bardzo trudno się z tobą rozstać. Stałaś mi się ogromnie bliska. Nie wiem, co nas czeka, ale pamiętaj, w moim sercu zajmujesz ważne miejsce, stawiam cię na piedestale". Powierza jej również zadanie pierwszej wagi: jeśli polegnie, Naty ma się zająć Mirtą i Fidelitem. Właśnie wtedy, w ostatnich dniach lipca 1953 roku, Natalia Revuelta zakochała się w żołnierzu ruszającym na wojnę.

W niedzielę o trzeciej nad ranem niepokój nie daje jej spać. Uzbrojona w papierosy i mocną kawę Naty czeka wschodu słońca. W myślach powtarza nazwiska polityków, działaczy opozycyjnych, redaktorów i dziennikarzy, którym musi dostarczyć manifest, swoją chlubę. O dziesiątej, wraz z innym zwolennikami Castro, dowiaduje się o klęsce zamachu i pędzi do najbliższego kościoła. Wciąż oszołomiona i przerażona, dzieli się swoim niepokojem z księdzem, który udziela jej rozgrzeszenia: niech przyjmie Komunię w intencji wszystkich przyjaciół, którym być może nie będzie dana taka możliwość. Wyczuwając, że rozdygotanie żony ma związek z jej udziałem w nieudanym przewrocie, doktor Ferrer wysyła szofera, żeby jej pilnował.

Szybko jednak poczucie rewolucyjnego obowiązku bierze górę nad emocjami. Mimo niepokoju o los ukochanego Naty dostarcza ulotki tym, których nazwiska tak pracowicie zapamiętała. Przyjmują ją wyłącznie z grzeczności, a choć liczy, że przeciągnie ich na swoją stronę, wszędzie słyszy to samo: lepiej niech ucieka, zerwie kontakty z tym mącicielem. Fidel tymczasem nie pozwala, by jej zielone oczy zniknęły z jego życia, i tak pisze z więziennej celi:

> Naty!
> Mój pierwszy list, od którego zaczęła się nasza radosna korespondencja, był krótki, ponieważ nie miałem Ci już nic więcej do powiedzenia. Wyznałem wszystko szczerze, nie oczekując niczego w zamian. Byłem Twoim dłużnikiem, nie wierzycielem. Niczego nie żądałem. Przeciwnie, oddałem się Tobie całkowicie[29].

Ona z kolei dopilnowuje, by dotarł do niego przekład wierszy jego ukochanego Rudyarda Kiplinga. Żeby zaś wnieść trochę kolorów w szarość więziennej egzystencji, przysyła mu kalejdoskop. „Ogromnie mnie bolało, że nie mógł oglądać zachodów słońca, nie widział nieba ani drzew". Naty umie sprawić, by życie Fidela nawet w celi nabrało barw i nie było tylko smutną wegetacją. Przysyła mu programy koncertów, artykuły o literaturze i renesansie włoskiego kina. To intermedium sztuki o niewinnej miłości dwóch mieszczańskich małżeństw. Wspólnie czytają *Jana Krzysztofa* Romaina Rollanda, modną wówczas powieść rzekę o losach młodego muzyka. Dyskutują o tym idealiście oraz o doświadczeniach, przez jakie musi przejść, nim osiągnie pełną harmonię. Naty dobrze wybrała lekturę. Powieść głęboko porusza Fidela. W pełni utożsamia się z bohaterem, który woli samotność i niezrozumienie od przeciętności. Naty obu ich zresztą uważa za „wyższe istoty".

Fidel i Naty uzupełniają się tak dobrze, że Castro zwierza się jej nawet ze swoich problemów małżeńskich. „Powiedziałam Mircie, że dzięki pobytowi w więzieniu mogę oderwać się od przyziemnych trosk i znajduję wewnętrzny spokój. Napiszę skargę do sądu, że skazał mnie zaledwie na piętnaście lat. Wolałbym dwadzieścia pięć"[30]. Z jego listów Naty wnioskuje, że Mirta nie nadaje się na jego żonę, i w tej małżeńskiej niezgodzie dostrzega w oddali nadzieję na własne szczęście. Najwyraźniej Mirta go nie rozumie, nie jest jego pokrewną duszą.

Czytając listy Naty, Fidel widzi przed sobą jej uśmiechniętą twarz i promienne zielone oczy: „Czuję Twoją obecność na każdej stronie, w każdym zdaniu, każdym słowie. Pragnę dzielić z Tobą całą rozkosz lektury. Czy to znaczy, że naprawdę towarzyszysz mi na każdym kroku i nigdy nie zaznam samotności?". Fidel docenia jej polot, lubi jej styl. „Widzę, jak gestykulujesz, słyszę Twój głos. Powiedz, skąd u Ciebie ta niezwykła wiedza?" Znalazł w niej całkowite przeciwieństwo żony, choć przecież kiedy się poznali, Mirta też pasjonowała się filozofią. Wreszcie spotkał kobietę, która nie boi się odważnie myśleć, nie ulęknie się broni. Ona z kolei czuje, że spotkała swój ideał: błyskotliwego, czystego mężczyznę, jakże innego niż jej obojętny, wiecznie zapracowany mąż. „Widzisz ludzi, jacy naprawdę są, a nie za jakich się podają", pisze do niej.

We dwoje podbiją świat. „Będziemy czytać wszystko po kolei, metodycznie. Spokojnie, cierpliwie będę wybierał największe dzieła literatury hiszpańskiej, francuskiej i rosyjskiej. Ty zajmiesz się angielską. Ja wezmę na siebie ciężkie i żmudne kwestie związane z rządzeniem: gospodarkę i politykę społeczną. Ty będziesz odpowiadać za muzykę. Podoba Ci się ten pomysł? Mam przed sobą piętnaście lat. Aż nadto, by ze wszystkim zdążyć". Już wtedy platoniczna miłość przeradza się w marzenie o podboju i dominacji. W obliczu tej więzi przewyższającej wszystko każdy się im podporządkuje, nawet jeśli Fidel będzie musiał przymknąć oczy na pewne mieszczańskie ograniczenia. Tak oto przed Bożym Narodzeniem Naty pisze, że kupiła dla Fidelita zdalnie sterowany wóz strażacki z migoczącymi reflektorami, zestaw figurek kowbojów i Indian, a do tego jeszcze ubranko. „Szukałam też większego rozmiaru dla Ciebie, żebyście mieli takie same", dodaje niewinnie. Czy zdaje sobie sprawę, że po dojściu do władzy Fidel zamierza znieść Boże Narodzenie?

Romans kwitnie przez całą zimę. Naty zaniedbuje obowiązki zawodowe w Esso, gdzie wówczas pracuje. Koledzy z lubością plotkują o jej potajemnej sympatii i częstych nieobecnościach, a szefowie pozbawiają ją dostępu do tajnych dokumentów finansowych. Nie dowierzają Naty, uważając, że za bardzo angażuje się w ruch rewolucyjny.

Niezliczone listy, jakie Fidel wysyła do innych kobiet, wystawiają jej cierpliwość na próbę. Nie igra się z korespondencyjną miłością. Wreszcie Naty ma dość i wybucha. Fidel próbuje rozładować sytuację żartem: „Gdyby od Ciebie zależało zaprowadzenie pokoju na świecie, skończyłoby się wojną". Zapewnia ją o całkowitym oddaniu. „Czy ten list dojdzie w święta? Jeśli naprawdę jesteś mi wierna, nie zapomnij o mnie przy wieczerzy. Wypij kieliszeczek, myśląc o mnie, a ja będę przy Tobie, ponieważ ten, kto kocha, nie zapomina". Rok kończy się zapewnieniami o wiecznej odwzajemnionej miłości.

Odosobnienie coraz bardziej daje się Fidelowi we znaki. Teraz to on jest zazdrosny o czas, który Naty spędza bez niego. „27 lutego 1954. Najdroższa Naty, nie podoba mi się, gdy tłumaczysz, że Twoje listy stały się krótsze, bo jesteś strasznie zajęta. Kłamstwo! Kłamstwo! Kłamstwo! Przyznaj, mścisz się na mnie okrutnie".

Jego ukochana nie jest jednak cichą, pokorną niewiastą. Fidel otrzymuje buńczuczną odpowiedź: „Nie zapominaj, że pisze do Ciebie nowoczesna kobieta, bezwzględna – *femme terrible* – twór epoki atomowej, rewolucji przemysłowej; dziecko dziwnego pokolenia, które dla wolności gospodarczej pozwala się skazywać na niewolniczą pracę biurową".

Naty prowadzi też swoją grę, wspominając o spotkaniach z dobrą znajomą Fidela – jego żoną Mirtą. „Nigdy nie brakuje jej dykteryjek, które chętnie opowiada mimo wyraźnej rezerwy, z jaką do mnie podchodzi. Ale czy można ją winić? Jest urocza, przyjacielska, nigdy nie słyszałam z jej ust obraźliwego słowa. A przecież wiesz, że gdyby coś powiedziała, przekazałabym Ci to. Albo, kto wie?, może zachowałabym dla siebie". Rozwścieczyć ukochanego – oto niezawodny sposób, by ugrać coś dla siebie. „Zamówiłam szykowny jedwabny szlafroczek", dodaje na końcu, podpisując list: „Natasha".

Tymczasem rzeczywistość wygląda zupełnie inaczej. Ona ma męża, on jest żonaty. Historia z zamienionym listami – choć rodem z bulwarowej farsy – uświadamia Naty, że w jej interesie leży, aby małżeństwo Fidela przetrwało. Chociażby dlatego, że lepiej nie ściągać na siebie gniewu rodziny Diazów-Balartów. Przede wszystkim jednak dlatego, że gdyby Fidel rozstał się z żoną, Orlando również zażądałby rozwodu. Naty radzi więc, aby traktował Mirtę „delikatnie i z czułością". „Jeśli jeszcze jej nie przeprosiłeś, zrób to jak najszybciej, by złagodzić jej gorycz i smutek. Proszę, zrób to dla mnie".

Po telefonie Mirty jej lęk rośnie jeszcze bardziej, a instrukcje stają się dokładniejsze: „Bardzo Cię proszę, wyjaśnij tę sytuację. Przekonaj ją, że wciąż wiele dla Ciebie znaczy, przekonaj, że zbyt surowo Cię oceniła. Liczę też, że sprawisz, by zmieniła zdanie na mój temat. Jej obecna opinia jest krzywdząca". Jako znawczyni tajników kobiecej duszy podpowiada Fidelowi, jak manipulować żoną: „Pamiętaj, że ucierpiała jej duma. Poza tym Mirta broni swojej własności. (...) Wszystko zależy od Ciebie, od Twojej cierpliwości, a nade wszystko opanowania". A oto rady urodzonej kłamczuchy przyłapanej na gorącym uczynku: „Udawaj, że w ogóle o mnie nie słyszałeś. Jeśli za mężczyzną ugania się tysiąc kobiet, żona wybaczy mu tylko, gdy będzie je wszystkie ignorował. Jeśli jednak mąż zwróci uwagę chociażby na jedną, najmniej znaczącą, jej wściekłość nie będzie znała granic. Nie próbuj mnie bronić. Uspokoi się tylko, jeśli uwierzy, że kochasz ją jak dawniej". Wysiłki Naty idą jednak na marne: kilka miesięcy później Mirta występuje o rozwód.

W maju 1955 roku, w Fort Lauderdale na Florydzie, Mirta pracuje na dwa etaty, by się utrzymać. Jest kelnerką i uczy w szkole prywatnej[31]. Tymczasem w Hawanie Naty niecierpliwie odlicza godziny dzielące ją od wyjścia Fidela na wolność. Jej małżeństwo wytrzymało skandal, ale musiała skończyć z miłosną grafomanią.

W czerwonej spódnicy oraz białej górze odsłaniającej ramiona i podkreślającej szczupłą talię czeka na tego, który dzięki zabiegom Liny został ułaskawiony przez Batistę i wychodzi na wolność, spędziwszy na Pinos zaledwie dwadzieścia jeden miesięcy. Wymyka się o świcie, żeby nie budzić podejrzeń Orlanda, i udaje prosto do portu Batabano. Tam jednak czeka ją rozczarowanie: Fidela otacza chmara fotografów i tłumy studentów skandujących jego imię. Naprędce zostaje zorganizowana konferencja prasowa. Fidel w blasku fleszy obiecuje rewolucję. Siostry towarzyszą mu do pociągu, którym wraca do Hawany. Nie spotka się dziś z Naty.

Po miesiącach namiętności na odległość Fidel i Naty widzą się wreszcie w skromnym mieszkanku, które wynajęły dla niego siostry. Wtedy też zostają kochankami. To jednak nie wystarcza, by go zatrzymać. Wkrótce przez mieszkanie przewinie się rzesza kobiet: Fidel będzie w dwójnasób odbijać sobie przymusową więzienną abstynencję. Któregoś popołudnia po zajęciach na uczelni Enma postanawia złożyć bratu niespodziewaną wizytę. Trafia zdecydowanie nie w porę: Fidel siedzi na kanapie, a u jego stóp klęczy kobieta, adorując go. Scena tak przeraża siostrę, że ucieka w popłochu. Następnego dnia Fidel pyta z wyrzutem:

– Jak mogłaś się tak prostacko zachować? Odwróciłaś się do niej plecami.

– Uważam, że nie wypada, by mężatka, matka dzieciom klęczała u twoich stóp.

– Mylisz się. Jestem dżentelmenem. Między nami do niczego nie doszło.

To dyżurna wymówka, jak się dowiadujemy od Juanity: „Zawsze tak się tłumaczył, gdy przyłapywałyśmy go z jego zdobyczami". A rzeczywistość kryjąca się za kłamstwami? Mieszkanie, gdzie za całe umeblowanie wystarcza stół i łóżko, w ciągu kilku tygodni staje się najbardziej znaną garsonierą Hawany. Dwa miesiące po wyjściu na wolność Fidel opuszcza stolicę i Naty, udając się na wygnanie. To nie jedyna niespodzianka, jaką rok 1955 przyniesie młodej kobiecie. Naty jest w ciąży. „Nikomu, żywej duszy się nie przyznałam, że Fidel i ja spodziewamy się dziecka. Byłam pewna, że to chłopiec, gwarancja jego nieśmiertelności".

Słowik Meksyku

Lotnisko Rancho Boyeros pod Hawaną, 7 lipca 1955 roku.

Za chwilę Fidel wsiądzie do samolotu – rejs 566 do Meksyku. Uparł się, by towarzyszył mu Fidelito, choć wiadomo było, że chłopiec nie może z nim polecieć. Na wszelki wypadek, w obawie, by nieprzewidywalny ojciec nie uprowadził syna, uzgodniono z Mirtą, że małemu będzie towarzyszył adwokat w przebraniu opiekunki. Fidel staje w progu kabiny, ostatni raz przytula dziecko i obiecuje, że pewnego dnia wróci z dalekich stron. Śmiała deklaracja, zwłaszcza że nie ma pojęcia, co będzie robił na wygnaniu. W Meksyku nie ma ani dachu nad głową, ani znajomości. Został mu tylko wierny Raúl, który na niego czeka, i niezmienny lejtmotyw: kontynuować wojnę partyzancką.

Oczywiście myliłby się ten, kto sądziłby, że Meksyk to „sto lat samotności" Fidela. Tam, jak wszędzie, będą mu towarzyszyły kobiety.

Meksykańskie gniazdko

Przyjmuje go María Antonia Sánchez, kubańska emigrantka, przez której dom przy ulicy Emparan 49 przewija się cała opozycja antybatistowska. Ta dobrodziejka spada mu jak z nieba. Jest żoną zapaśnika, dla której nie liczy się czas, lecz działalność polityczna. Wieść o przyjeździe dryblasa – bagatela! metr dziewięćdziesiąt – rozchodzi się lotem ptaka i dwa dni później u Marii zbiera się spora grupka ciekawych przybysza. Ten zaś, jak to ma w zwyczaju, monopolizuje towarzystwo, przemawiając od dwudziestej aż do świtu.

Wśród słuchaczy znajduje się dwudziestosiedmioletni Ernesto Guevara, argentyński alergolog i rewolucjonista, który zdarł zelówki, przemierzając szlak bojowy od Andów aż po Meksyk. To on staje się pierwszą ofiarą oratorskiego talentu Castro. Rozmawiają przez dziesięć godzin, bez chwili przerwy. Guevara nie ukrywa entuzjazmu. Zwierza się jednej z przyjaciółek: „Fidel to wielki przywódca polityczny nowego typu. Skromny, wie, co chce osiągnąć. Jest uparty i wytrwały. (...) Zrobi rewolucję. Zgadzamy się ze sobą we wszystkich kwestiach. Właśnie komuś takiemu jak on dałbym z siebie wszystko"[32]. Z tego intelektualnego zauroczenia narodzi się niezwykły związek. Mężczyźni widują się niemal codziennie. Fidel będzie potrzebował lekarzy, więc natychmiast proponuje Ernestowi, by razem z nim przygotowywał rewolucję socjalistyczną, która – jeśli ziszczą się jego pragnienia – obejmie nie tylko Kubę, ale i całą Amerykę Łacińską.

Jednak stała obecność i podziw nowego przyjaciela nie wystarczają, by Fidel rozpostarł skrzydła. O ile nieudany zamach na koszary Moncada mógł obrócić w sukces, o tyle rozwodu z Mirtą nie może w ten sposób potraktować. Dusi się w podrzędnym pensjonacie w centrum miasta i wpada w depresję. Jedynym jasnym punktem są wizyty Marii Antonii Sánchez. Kobieta co dzień zagląda do nieszczęśnika, cienia dawnego Fidela.

Na szczęście Ernesto wyciąga go z samotni, gdzie Fidel spędza czas, studiując rewolucję meksykańską i przeredagowując swój program zmian dla Kuby. W tej misji wspierają go młode, ponętne bojowniczki, kobiety o nieprzeciętnych osobowościach. W skład nierozłącznej trójcy wchodzą Hilda Gadea, Metyska o peruwiańsko-chińskich korzeniach, jej współlokatorka Lucila Velásquez, wenezuelska poetka, oraz przyjaciółka Myrna Torres, córka nikaraguańskiego politologa[33].

Ernesto proponuje kolację u swoich *compañeras*. Fidel nie zjawia się na czas, czym od razu naraża się jednej z gospodyń. Znużona oczekiwaniem Lucila wraca do sypialni. Kiedy spóźnialski wreszcie się pojawia, przyjaciółki próbują namówić ją do powrotu, prosząc, by zechciała przeczytać fragmenty swoich wierszy. „Tylko traciłyśmy czas", wspomina Myrna. „Będziesz czytała moją poezję, kiedy zostanie wydana!", wydarła się tamta z pokoju.

Nie przejmując się nieobecnością jednej z gospodyń, Fidel oczarowuje pozostałe dwie. „Był młody, (...) wysoki, dobrze zbudowany. Miał świetlistą cerę, lśniące kruczoczarne włosy i wąsy. Poruszał się szybkimi, pewnymi ruchami. Nie wyglądał jak typowy przywódca – przyznaje Myrna. – Przypominał raczej przystojnego mieszczańskiego turystę. Jego rewolucyjny zapał uwidaczniał się dopiero, gdy zaczynał mówić. Wtedy w jego oczach pojawiał się ogień".

Pod koniec wieczoru Fidel miał już w Myrnie wielbicielkę gotową walczyć u jego boku. „Spytałam Ernesta, czy Fidel przyjmuje w swoje szeregi kobiety. Przyjrzał mi się i od razu zrozumiał, co to oznacza. »Może kobiety takie jak ty, ale nie będzie łatwo. Najlepiej sama z nim pogadaj«". Myrnie jednak brakuje odwagi. Hilda okazuje się bardziej odporna na retorykę Kubańczyka. Mierzy go wzrokiem i pyta wprost:

– W takim razie wyjaśnij, co robisz tutaj, skoro twoje miejsce jest na Kubie?

– Dobre pytanie. Już tłumaczę[34].

Odpowiedź zajmuje cztery godziny. W tym czasie Fidelowi udaje się również przekonać narzeczoną Che. Teraz i ona jest już gotowa włączyć się do walki zbrojnej. Kilka dni później Guevara, który wciąż analizuje argumenty Castro, rozmawiając z narzeczoną o planach na przyszłość, pyta:

– Co sądzisz o tym szalonym pomyśle Kubańczyków? Dokonać inwazji na wyspę, której broni znakomicie wyposażona artyleria przybrzeżna?

Hilda wie doskonale, że narzeczony tak naprawdę pyta, czy powinien wziąć udział w tej misji. „Wiedziałam, co ryzykujemy, rozstając się, i na jakie niebezpieczeństwo się naraża". Mimo to nie mogła zatrzymać ukochanego tylko dla siebie.

– Oczywiście, pomysł jest szalony. Tym bardziej powinniśmy to zrobić – odpowiada śmiało.

Ernesto całuje ją uradowany.

– To prawda, ale chciałem poznać twoje zdanie. Postanowiłem przyłączyć się do jego korpusu ekspedycyjnego. Na razie wszystko jest w sferze planów, lecz wkrótce rozpoczniemy trening. Pojadę tam jako lekarz.

Podniesiony na duchu aprobatą ukochanej Guevara postanawia, że powinni na zawsze połączyć losy.

A przecież inaczej planowali wspólną przyszłość: on miał studiować parazytologię, potem zaś mieli zwiedzić Europę, Chiny i wreszcie Indie, o których Hilda marzyła od dziecka. Naturalne, wszystkie te projekty poszły w zapomnienie z chwilą, gdy poznali Fidela. W tę ideologiczną noc poślubną plany Ernesta zostały zastąpione planami Hildy.

Miłość Che

Sielanka Ernesta Guevary i Hildy Gadei rozpoczęła się złą wróżbą. 20 grudnia 1953 roku młoda Peruwianka stanowi jednoosobowy komitet powitalny argentyńskiego wygnańca, dwudziestopięcioletniego lekarza, który właśnie uciekł z Boliwii, gdzie najpierw oświadczył, że ważne placówki demokratyczne działające z upoważnienia Narodowego Ruchu Rewolucyjnego ignorują interesy Indian, po czym skrytykował rodzący się system, a następnie oznajmił, że przenosi się do Gwatemali, by tam kontynuować walkę. Ten kraj, gdzie większość stanowiła rdzenna ludność indiańska, przechodził właśnie głębokie reformy społeczne, co przyciągało licznych działaczy. Hilda, żarliwa socjalistka, ma liczne wpływy w środowisku skrajnej lewicy. Jest zaprawioną w bojach marksistką i posłuszną trockistką, podczas gdy Ernesto to raczej marzyciel i poeta, którego polityka właściwie nie interesuje.

Mimo to Guevarze udaje się zdobyć młodą Metyskę. „Miał ciemnobrązowe włosy, okalające bardzo bladą twarz, i piękne rysy, podkreślające czarne rozżarzone oczy. (...) Mówił władczym tonem, ale wyglądał przerażająco krucho. (...) Moją uwagę przykuł jego wzrok – inteligentny i przeszywający – oraz precyzja wypowiedzi". Jednak po pierwszym spotkaniu Hildzie zostaje niesmak. Uważa Ernesta za „płytkiego, egoistycznego i zakompleksionego". Opinię o nim zmienia dopiero, gdy od znajomego dowiaduje się, że Guevara nie znosi prosić o pomoc, a tamtego dnia cierpiał na silny atak astmy. Wybaczać – piękny gest, ale Hilda postanawia unikać tego pomyleńca.

Tymczasem młoda Peruwianka zauroczyła Ernesta. Regularnie do niej dzwoni, co trzy dni składa jej wizyty w pensjonacie za pałacem prezydenckim, gdzie wynajmuje pokój. W połowie marca 1954 roku zjawia się, licząc, że zastanie ją samą. Jego uroczysty ton staje się ostentacyjnie surowy, gdy odkrywa, że akurat odbywa się u niej zabawa. Postanawia zobaczyć, jak się sprawy mają, udaje się na miejsce i cóż widzi? Oto kobieta, do której zaleca się od miesięcy, tańczy! Obserwuje ją z drugiego końca pokoju, po czym oznajmia sarkastycznie:

– Nie wiedziałem, że jesteś aż tak frywolna... Ty naprawdę lubisz tańczyć!

Zuchwałym gestem wciska jej do ręki swój wiersz z oświadczynami. Ta niezręczna zagrywka świadczy, że Guevara chyba rzeczywiście nie zna się na kobietach. „Wywarło to na mnie olbrzymie wrażenie, ale nie mogłam wykazać entuzjazmu, bo równocześnie wyznał, że romansuje z pielęgniarką". Reakcja Hildy przypomina smagnięcie biczem: „Powiedziałam, że skoro woli pielęgniarkę, niech się z nią zabiera do diabła". Rozbawiony jej urażoną miną Ernesto wybucha śmiechem. Obiecuje, że rzuci kochankę, i prosi, by została jego przyjaciółką. Próbuje ryzykownej obrony, tłumacząc, że romans z pielęgniarką wymyślił, aby „sprawdzić jej reakcję". W końcu odnosi zwycięstwo w tym miłosnym pojedynku. Hilda ostatecznie składa broń i też wyznaje mu miłość, choć uprzedza, że nie czuje się jeszcze gotowa do małżeństwa. Dla niej liczy się wyłącznie walka polityczna. Ernesto nie poddaje się łatwo. Wytacza ciężką artylerię: zdaniem Marksa i Lenina małżeństwo w żaden sposób nie kłóci się z walką o sprawę. Przeciwnie, żony zawsze bardzo ich wspierały.

Guevara konsekwentnie zabiega o Hildę. Zaprasza ją do kina – wyłącznie na komedie albo na *Romea i Julię* w wykonaniu radzieckiego baletu. Potem siadają razem, by dyskutować o uniwersalizmie sztuk Szekspira. Dopiero w Meksyku ta studencka przyjaźń się zacieśnia. Pół roku po przybyciu do Gwatemali kończy się okres względnej równowagi, jaką wprowadziły nowe władze. 27 lipca 1954 roku, przy wsparciu CIA, w kraju dokonano przewrotu wojskowego. Obalono prezydenta Jacoba Arbenza i zorganizowano gigantyczną obławę na działaczy politycznych z innych państw.

Ernesto ucieka do Meksyku i zasypuje Hildę listami, błagając, by do niego dołączyła. Ta kilkakrotnie przekłada podróż, ale w końcu przyjeżdża. Tam poznaje młodą Wenezuelkę Lucilę Velásquez. Obie są samotne, z dala od ojczyzny. Postanawiają wspólnie zamieszkać. Szybko znajdują mieszkanko, w którym Ernesto staje się częstym gościem. Bawi je swoimi opowieściami o przygodach ulicznego fotografa. Czyta z Lucilą wiersze, spędza urocze chwile. Rozmowa jednak nieodmiennie schodzi na rewolucję.

31 grudnia 1954 roku Lucila zaprasza Hildę i Ernesta na sylwestra. Guevara się wykręca. Przychodzi tylko na kolację od dziewiątej do dziesiątej, tłumacząc się nadmiarem pracy. Hilda uznaje to za przejaw obojętności i znudzenia, więc postanawia z nim zerwać. Oznajmia Ernestowi, że tak czy owak pójdzie na imprezę u przyjaciół. „Znakomicie, nie ma sprawy. Idź z Lucilą", brzmi jego odpowiedź. „To jeszcze bardziej mnie zraniło", wspomina kobieta. Na zabawie poznaje wenezuelskiego poetę, który wykazuje stokroć większe zainteresowanie jej osobą niż Ernesto, i umawia się z nim na następny dzień. Nie zdąży jednak zdradzić niecnego Argentyńczyka, bo następnego ranka o dziewiątej ten już stuka do jej drzwi. Przynosi noworoczny upominek. Po śniadaniu wręcza Hildzie książeczkę w zielonej skórzanej oprawie. W środku zamieszcza dedykację:

> Hildzie, aby – nawet jeśli pewnego dnia się rozstaniemy – sens moich marzeń i walki wciąż przy Niej został.
>
> Ernesto, styczeń 1955

Tym razem udaje mu się przemówić wprost do serca wybranki. Lucila taktownie opuszcza pokój, aby mogli oddać się „bardziej intymnym czynnościom". Sprzeczka odchodzi w niepamięć. Hilda zgadza się na ślub pod warunkiem, że odbędzie się w marcu, dokładnie rok po pierwszym spotkaniu w Gwatemali. „Ty i te twoje daty! Dlaczego ślub musi być dokładnie w rocznicę, a nie teraz albo pod koniec miesiąca?", przekomarza się z nią przekonany, że odniósł zwycięstwo. Popełnia jednak błąd. Zostawia u Hildy książeczkę Einsteina, którą właśnie tłumaczy, zapominając o włożonej do środka fotografii dziewczyny w stroju kąpielowym. „Nie wiedziałam, o kogo chodziło, ale z całą pewnością to nie byłam ja", pisze wściekła Hilda. Odsyła zdjęcie roztrzepanemu narzeczonemu, chłodno oświadczając, że ostatecznie z nim zrywa. Po raz kolejny żart Ernesta omal nie doprowadza do rozstania. Na początku sierpnia Hilda zachodzi w ciążę. Nie ma już pretekstu, by odkładać ślub.

Mój najlepszy przyjaciel się żeni

18 sierpnia 1955 roku w Tepotzotlán Fidel jest świadkiem na ślubie Ernesta i Hildy. Na skromnej uroczystości pojawia się grupka uchodźców spod sztandaru Ruchu 26 Lipca, założonego przez braci Castro parę miesięcy wcześniej. Dla Fidela jednak tego dnia liczy się przede wszystkim obecność Lucili Velásquez. Ma nadzieję, że Hilda wstawi się za nim u urażonej poetki. Po ślubie uszczęśliwiony Ernesto przygotowuje pieczyste dla najbliższych przyjaciół. Sytuacja między Fidelem a Lucilą powoli się klaruje.

Następna okazja do spotkania trafia się dopiero w październiku. Młode małżeństwo wydaje kolację pożegnalną dla Fidela, który wyjeżdża do Stanów. Hilda przygotowuje danie peruwiańskie, a Lucila uzupełnia menu wenezuelskim specjałem. Zapraszają też Melbę Hernández, od pierwszej chwili oddaną sprawie rewolucji. Fidel gratuluje kucharkom, zachwyca się odtwarzaczem płyt winylowych, których puszczanie ożywia wieczorek. Ostentacyjny brak zainteresowania młodą kobietą okazuje się genialną zagrywką.

„Fidel wpadł Lucili w oko – przyznaje Hilda. – Byliśmy niemal pewni, że między nimi do czegoś doszło, bo często razem gdzieś wychodzili. Jego jednak tak pochłonęła polityka, że zapomniał o całym świecie. Albo... – dodaje złośliwie – znalazł sobie inne przyjaciółki".

W pewnym momencie Lucila decyduje się na śmiałe zagranie i zwraca się do przyjaciółki:

– Powiedz, Hildo, jak złapałaś Ernesta.

Jej odwaga budzi wesołość towarzystwa. Wszyscy w lot chwytają aluzję. Na pytanie odpowiada sam Guevara.

– Cóż, to było tak. Mieli mnie zamknąć za kratkami, ale nie zdradziła mojej kryjówki i zamiast mnie trafiła do celi. Z wdzięczności musiałem się z nią ożenić.

Żart wywołuje kolejną falę śmiechu. Upojony sukcesem Ernesto brnie dalej. Zwraca się z powagą do żony:

– A kto jest twoim przyjacielem i kochankiem?

– Ty.

– Oczywiście, że ja. I to już na zawsze, pamiętaj.

Związkowi Fidela i Lucili rytm – niczym nerwowe uderzenia werbla – wyznaczają spotkania wybuchowej pary Guevara – Castro. Młoda kobieta odkrywa, na czym polega szczególna więź obu mężczyzn: „Bez Che Fidel nigdy nie zostałby komunistą, a bez Fidela Che do końca życia byłby jedynie teoretykiem marksizmu i idealistą-intelektualistą"[35].

Romans z Lucilą mógłby rozwijać się bez przeszkód, gdyby nie przeszłość Fidela, która prześladowała go nawet na wygnaniu. Kilka tygodni po tym uroczym wieczorku ambasada Stanów Zjednoczonych w Meksyku przyznaje mu wizę turystyczną. Castro planuje kolejną zbiórkę pieniędzy. Przed pobytem w Nowym Jorku zamierza wpaść do Miami, gdzie zobaczy się z Mirtą i Fidelitem. Nie widzieli się od dwóch lat. Może spotkanie w cztery oczy wreszcie zaleczy dawną ranę – wyjaśni ponurą historię o łapówkach, która ich poróżniła. „To była zagrywka polityczna. Wierz mi – zaklina Mirta. – Padłam ofiarą spisku rodziny, która postanowiła wykorzystać sytuację, by nas rozdzielić, ale nigdy nie przestałam cię kochać".

Już po kilku dniach Fidel odnawia stosunki z tą, którą nazywa swoją największą miłością, i proponuje, by powtórnie pobrali się w Meksyku. Mirta nie waha się długo i zgadza się wyjechać z nim, kiedy tylko zakończy amerykańską wędrówkę[36]. 20 listopada 1955 roku Fidel występuje w sali kina Flagler. Tłumy kubańskich uchodźców ściągają, by zobaczyć swojego zbawcę. On zaś z dumą prezentuje łup swojej małżeńskiej wojny: sześcioletniego Fidelita.

Po powrocie do Meksyku wciąż nie posiada się z radości: „Mirta i ja wszystko sobie wytłumaczyliśmy. Padła ofiarą intrygi ze strony swojej rodziny i wierzę, że tak było. Zawsze ją kochałem. Wbrew wszystkim i wszystkiemu postanowiłem znów się z nią ożenić". Tymczasem przeszłość ponownie daje o sobie znać. Z Hawany odzywa się druga kobieta Fidela. Naty Revuelta informuje go w liście, że zostanie ojcem. Wiadomość od kochanki, do której nie odzywał się od miesięcy, spada na niego jak grom, ale cieszy się z rychłych narodzin: „Marzył o synu. Synu, którego wychowałby i wykształcił po swojemu"[37].

Ponieważ Mirta wciąż jeszcze nie dotarła do Meksyku, Fidel proponuje Naty, by do niego dołączyła, i jej również obiecuje małżeństwo. Kochanka odmawia: jaka mężatka, do tego w ciąży, rzuciłaby wszystko dla porywczego kochanka? Przede wszystkim zaś ukrywa przed Fidelem, że ciąża jest zagrożona i że lekarze zabronili jej ruszać się z łóżka.

19 marca 1956 roku Naty rodzi córkę, której daje na imię Alina. Nie odpocząwszy nawet po trudach porodu, dzieli się z Fidelem radosną nowiną, a potem otwiera z jego matką szampana, pijąc za przyszłość córeczki. Tymczasem w Meksyku szczęśliwemu ojcu niespieszno do toastów – obawia się, że to nie jego dziecko.

Wysyła na przeszpiegi siostrę Lidię, znaną jako Perfidia. Każe jej bacznie przyjrzeć się Alinie i odszukać na małym ciałku jego „znak fabryczny". Naty przyjmuje siostrę Fidela w dobrej wierze.

– Jak dałaś jej na imię?

– Alina. A-Lina, po babce.

– Mogę ją zobaczyć? Fidel prosił, żebym dokładnie ją obejrzała.

Wzrokiem mierzy dziecko i natychmiast dostrzega rysy brata. Oglądając malutkie ramionko, woła:

– Zgadza się, trzy pieprzyki ułożone w trójkąt!

Potem kładzie dziewczynkę na brzuszku i pochyla się nad prawą nóżką. Pierzchają wszelkie wątpliwości.

– Widzisz to znamię pod kolanem? Castro z krwi i kości.

Naty milczy triumfalnie. Zwycięsko przeszła próbę. Emisariuszka wyciąga paczuszkę.

– Proszę, to prezent od Fidela.

Bransoletka z meksykańskiego srebra dla matki i platynowe kolczyki dla córeczki. Nic szczególnego, ale Naty widzi w tych drobiazgach nadzieję na odrodzenie miłości.

Tymczasem w Meksyku Fidel co dzień czeka na wieści od Mirty. Rok po nietrwałym pojednaniu, w październiku 1956, znajduje w hawańskim dzienniku informację o drugim małżeństwie Mirty Díaz-Balart. Fidel ukrywa ból i wybucha gniewem, wściekle rycząc: „Nigdy już nie dam żadnej kobiecie swojego nazwiska! Już nigdy! Mirta mnie zdradziła! To było odrażające!". Znów wysyła na przeszpiegi jedną z sióstr, która uzyskuje od Mirty zgodę na pobyt Fidelita u ojca w czasie jej podróży poślubnej do Paryża[38].

Więzienny rock

Fidel nie wierzy własnym uszom. Bunt w łonie jego grupy rewolucyjnej?! Czy naprawdę wszyscy się przeciwko niemu sprzysięgli? Tym razem odwrócił się od niego jego własny żołnierz. Nieszczęsny wieśniak, który – jak cała reszta – bez słowa skargi znosił wielodniowe marsze, jakimi Fidel od kilku tygodni katował rekrutów, teraz siedzi na kamieniu i spokojnie pali papierosa. Wycieńczony, odmawia dalszej wędrówki. Od „zdrady" Mirty Fidel narzucił swoim ludziom mordercze treningi. Biada jednak tym, którzy chcieliby opuścić szeregi armii rewolucyjnej.

W obliczu tak ewidentnej złej woli postanawia na miejscu rozprawić się ze zdrajcą. „Uwięziony", a następnie postawiony przed „sądem" nieszczęśnik męczy się, szukając innego wytłumaczenia niż zmęczenie. Fidel tymczasem rozpoczyna długą przemowę o tym, że rewolucja wymaga absolutnej dyscypliny. Ten zaś, kto się nie podporządkuje, musi zginąć. Żąda kary śmierci. Raúl, który wciela się w prokuratora, murem staje za bratem, niemal histerycznie domagając się egzekucji zdrajcy. Nieszczęśnik życie zawdzięcza miłosierdziu towarzyszy i obawie przed dochodzeniem policyjnym.

Drugą ofiarą czystek Fidela, który nie tolerował najmniejszych przejawów nielojalności, pada Melba Hernández, towarzyszka pierwszych zmagań rewolucyjnych. Pewnego dnia nieopatrznie śmiała skrytykować Che, co usłyszał Fidelito bawiący się w tym samym pokoju. Chłopak zapamiętał każde słowo i nie omieszkał powtórzyć wszystkiego ojcu. Fidel postanawia oskarżyć Melbę o „spisek". Proces odbywa się nocą, między dwudziestą pierwszą a siódmą. Wysłuchawszy obrony oskarżonej, cały skład sędziowski jednoznacznie uznał ją za winną. Melba ma jednak szczęście: ponieważ jest kobietą, nie zostanie rozstrzelana. „Ale pamiętajcie, od tej pory nie wtajemniczamy ani nie angażujemy jej w naszej plany", oświadcza Fidel.

Patronka spraw beznadziejnych

Meksyk, 21 lipca 1956 roku.

Teresa Casuso, Kubanka na wygnaniu, czyta w porannej prasie o aresztowaniu grupy rodaków. Młodych Kubańczyków zatrzymano na ranczu, gdzie szkolili się przed planowaną ekspedycją, która miała na celu obalenie rządów Batisty. Teresa, niepoprawna idealistka i orędowniczka wszelkich spraw beznadziejnych, czyta te słowa z szerokim uśmiechem na twarzy. Nie może się doczekać powrotu młodej współlokatorki Lilii, która akurat nocuje poza domem. Decyzja zapadła: musi spotkać się z tymi śmiałkami. Niestety, władze nie zezwalają na odwiedziny uwięzionych rewolucjonistów. Tak się jednak szczęśliwie składa, że Lilia spędziła noc z fotografem, który następnego dnia ma robić zdjęcia aresztowanych buntowników.

Lilia pojawia się w więzieniu ubrana jak spod igły. Ze „starannie umalowanymi rzęsami i zielonymi oczami obwiedzionymi czarną kredką, zgodnie z nakazami »włoskiej mody«"[39], wygląda na modelkę. Zadbała też, by we włosach połyskiwały złociste refleksy. Teresa z kolei „pierwszy raz od miesięcy" włożyła sukienkę. Tak wystrojone przyjaciółki wita na dziedzińcu pięćdziesięciu Kubańczyków. Jeden wyróżnia się już na pierwszy rzut oka. „Wyglądał na szlachetnie urodzonego, pewnego siebie, zdecydowanego. Przywodził na myśl nowofundlandczyka". Młode kobiety zauroczyło nie tylko jego podobieństwo do poczciwego psa. „Emanował łagodnością, budził zaufanie i poczucie bezpieczeństwa". Pod łachmanami galernika odkrywają prawdziwego dżentelmena. „Miał kojący głos, twarz pełną powagi i nieskazitelne maniery. Zauważyłam, że lekko przechylał głowę jak arystokrata czystej krwi".

Fidel czuje się zaszczycony, że dwie tak wybitne Kubanki zechciały poświęcić swój cenny czas i złożyć mu wizytę. Swoją klęskę przedstawia jako sukces i nie zapomina o najważniejszym. „Przedstawiał mi współtowarzyszy, a równocześnie patrzył przeciągle na Lilię. Uśmiechałam się w duchu. Mimo pozorów solenności reagował jak każdy młody chłopak, który spotka czarującą pannę". Ma jednak pecha. Młodziutka Lilia Amor przywykła do hołdów płci przeciwnej i pozostaje obojętna na jego awanse.

Na szczęście nie brak chętnych, które pomogą mu zapomnieć o tym afroncie. Wśród więźniów Teresa dostrzega Ernesta Guevarę ubranego w golf i pogrążonego w lekturze jakiegoś podręcznika medycznego. Wpada jej w oko. Zamierza poflirtować z interesującym „doktorem Guevarą", gdy plany krzyżuje jej „grubaska o indiańskich rysach". Hilda i jej córeczka Hildita zostały aresztowane razem z mężczyznami. Che natychmiast przypomina sobie o ojcowsko-mężowskich obowiązkach i odsyła Teresę do Fidela. Czas odwiedzin dobiega końca, Teresa zdąży tylko podać Castro wizytówkę, zapewniając, że gdyby potrzebował pomocy, śmiało może się u niej zjawić. Jej dom stoi przed nim otworem.

Dwa dni później o siedemnastej Teresa wchodzi do mieszkania i widzi w salonie Fidela Castro. Mężczyzna siedzi na kanapie i kręci głową z wyrzutem: czeka na nią już od godziny. Rekompensuje to sobie, rozmawiając z nią aż do dwudziestej trzeciej. Przez te sześć godzin Teresa bacznie mu się przygląda, analizuje jego słownictwo, sposób mówienia i wie już ponad wszelką wątpliwość: ten człowiek wyzwoli Kubę. Tamtego wieczoru Fidel o nic nie prosi. Chce tylko poznać opinię gospodyni starszej od siebie o piętnaście lat. Właśnie bagaż lat i doświadczeń pozwala jej stwierdzić, że Castro – owa „naiwna dusza" – nie opracował żadnej strategii, daje się porwać własnej zapalczywości. „Próbowałam go namówić, by opracował inny plan wyzwolenia Kuby, a w końcu to on mnie przekonał". Przyczyny rezerwy Teresy należy szukać raczej w jego „dziecięcej naiwności" niż w argumentach. Castro przeciąga rozmowę, licząc, że dotrwa do powrotu Lilii, której ku swemu rozczarowaniu nie zastał. Kiedy wreszcie wychodzi, zostawia Teresę do głębi poruszoną jego słowami, rozmarzoną, w patriotycznym uniesieniu.

Następnego dnia wraca z towarzyszem. Prosi, żeby Teresa przechowała „ze dwie, trzy rzeczy". Nie wiedząc, na jakie ryzyko się naraża, prowadzi gości do sypialni na piętrze, otwiera szafy i pyta, czy to go urządza. „Z grubsza", uśmiecha się uspokajająco Fidel. Wystarczyło kilka godzin, „zafrasowana mina świadcząca o powadze sytuacji i urok osobisty, aby zarekwirował mój dom".

I rzeczywiście, jeszcze tego samego wieczoru Fidel pojawia się z kilkunastoma partyzantami i siedmioma furgonetkami wyładowanymi po brzegi. Ukrywają u Teresy amunicję i nieznany jej śmiercionośny arsenał: rewolwery, pistolety, karabiny z wizjerami optycznymi i bagnetami. Lilia włącza głośno muzykę, by sąsiadom wydawało się, że organizuje imprezę. Rozładowawszy towar, mężczyźni opuszczają dom, ale Fidel zostaje, aby jeszcze z nią pogawędzić, pamiętając o ściszeniu muzyki.

Teresę, która położyła się u siebie, budzi huk. To półka nie wytrzymała ciężaru broni. Kobieta wyławia ubrania spośród kolb i ostrzy. Będzie jeszcze musiała ułożyć jakieś trzydzieści tysięcy ostrych nabojów. Idzie do salonu, gdzie zastaje śpiącą Lilię i perorującego, natchnionego Fidela Castro.

Ta błyskotliwa, żywa osiemnastolatka zachwyca nadzwyczajną urodą. Teresa traktuje ją po trosze jak córkę. Choć Lilia doskonale zna klasyków – zwłaszcza Bacha, Vivaldiego i Mozarta – ma słabość do muzyki popularnej, co wyjątkowo drażni Teté. Co wieczór ze sklepu, w którym pracuje, przynosi nowe płyty i katuje przyjaciółkę hiszpańskimi, francuskimi czy meksykańskimi piosenkami miłosnymi, rozpływającymi się nad tym, jak cudny jest skradziony całus i taniec policzek przy policzku.

Fidel pozostawia Lilię w objęciach Morfeusza, a sam dyktuje artykuł, który zamierza opublikować następnego dnia, z wrodzoną skromnością nazywając siebie „niezrównanym przywódcą", „wybitnym strategiem". Teresa próbuje go od tego odwieść, radzi, by nieco spuścił z tonu. „Wyglądał na rozdrażnionego, ale szybko się opanował i już grzecznie wyjaśnił, że trzeba budzić w narodzie kult jednostki. Co prawda, on sam nie jest tym zachwycony, lecz to konieczność..." Od tamtego dnia Fidel i jego ludzie pojawiają się u Teresy bez uprzedzenia o najdziwniejszych porach.

Mijają tygodnie, miłość Fidela do Lilii rozkwita. Jej brak zaangażowania z jednej strony go pociąga, a z drugiej – doprowadza do szału. Fidel nienawidzi, kiedy kobieta pozostaje obojętna na jego wdzięki. Zaprasza Lilię i Teresę do malowniczych restauracji, ale o zachodzie słońca znika z ukochaną, zostawiając Teté samą.

13 sierpnia, na trzydzieste urodziny, wierna towarzyszka ofiarowuje swojemu absorbującemu buntownikowi kosztowny prezent: niemiecką brzytwę. Co prawda jest mu ona potrzebna jak łysemu grzebień, ale okazuje wzruszenie, stwierdza, że to jedyny prezent, jaki dostał, i zapewnia, że zachowa go po kres swoich dni. Teté podarowała mu jednak coś więcej niż bezużyteczną brzytwę: dzięki jej koneksjom Fidel może rozmawiać o finansowaniu przyszłych ekspedycji powstańców z Carlosem Prío Socarrasem, byłym prezydentem Kuby obalonym w 1952 roku przez Batistę. Prezent początkowo nie został doceniony, ponieważ Fidel nie patyczkował się z politykiem i nieraz żądał kary śmierci dla tego „sprzedawczyka". Wywalczywszy zgodę na spotkanie, Teresa głosi pochwałę wielkoduszności Carlosa Prío, nazywając go swoim „najlepszym przyjacielem", czym z kolei naraża się Fidelowi, który zawsze musi być pierwszy. „A ja? Kim jestem? Prawie najlepszym przyjacielem?", oburza się Castro.

Fidel i Lilia często umawiają się na basenie, żeby przepłynąć kilka długości. Dziewczyna trenuje pływanie synchroniczne w klubie Chapultepec. Zespół dostał od firmy Catalina, kalifornijskiego producenta kostiumów kąpielowych, skąpe, połyskliwe dwuczęściowe stroje najlepszych francuskich projektantek. Kiedy młoda towarzyszka wyłoniła się z przebieralni, mieniąc się niczym zorza, Fidel omal się nie zadławił. Przy następnym spotkaniu wręczył jej paczuszkę: „Mam nadzieję, że ci się spodoba. Zapewniono mnie, że to ostatni krzyk mody". Dziewczyna się dąsa: to jednoczęściowy kostium, szczelnie zakrywający wszelkie wdzięki. Przesłanie jest jasne.

W czasie niełatwych negocjacji prowadzonych przez Teté Fidel oświadcza się Lilii. Wie, jak zmiękczyć serce wybranki: ofiarowuje jej nową garderobę i flakon francuskich perfum.

Zajęty planami matrymonialnymi Fidel nie zaniedbuje bynajmniej przygotowań do desantu na Kubę i we wrześniu poświęca narzeczonej zaledwie po kilka minut dziennie. Po miesiącu wykrętów dziewczyna uświadamia sobie, że nie ma najmniejszej ochoty na udział w operacji wojskowej, w której musiałaby narażać życie. Fidel próbuje ją zatrzymać, łechcąc jej próżność i w obecności towarzyszy broni nazywając ją „przyszłą pierwszą damą Kuby".

Pewnego ranka Teté zastaje przyjaciółkę w stroju podróżnym, ze spakowaną walizką. Poprzedni narzeczony chce się z nią ożenić chociażby w tej chwili. Lilia zrzuca na Teresę obowiązek poinformowania Fidela o zmianie planów. Prysznic jest lodowaty, ale Castro po raz kolejny zamienia klęskę w zwycięstwo, przyjmując wiadomość z imponującym spokojem. „Podsuwał do dotknięcia dłonie, żebym się przekonała, że nie są chłodne ani nie drżą. Twierdził, jakoby już dawno zrozumiał, że Lilia nie nadaje się dla niego i że to tylko wyjdzie im na dobre", wspomina Teté. Rozmowę przerywa dzwonek telefonu. Na lotnisku Lilię opadły wątpliwości. Fidel bierze słuchawkę i prosi tylko o ostatnią przysługę: żeby nie zdradziła tajemnic, które jej powierzył. Następnego dnia dziewczyna wychodzi za poprzedniego narzeczonego.

Kwiat zła

Lilia Amor opuściła dom Teresy Casuso, zostawiając po sobie zapach fiołkowych perfum. Ta, która kochała kwiaty tak bardzo, że wybrała je na swój pseudonim bojowy, odeszła, zabierając ze sobą prawdziwą tożsamość. Od tamtej pory świat znał tylko przybrane imię jedynej, która dała Fidelowi kosza. Dziś sama przedstawia swoją wersję meksykańskiej przygody, bo Teté nie powiedziała całej prawdy.

„Mam na imię Isabel. Ładnie, nie mogę narzekać, ale zawsze marzyłam, by nosić imię bohaterki *Pustelni parmeńskiej* Stendhala, Klelia. Uważałam ją za uosobienie kobiecości: posłuszna, dyskretna, czysta i zakochana"[40]. Uciekinierka nazywała się więc Isabel Custodio. Płynną, niemal nienaganną francuszczyzną opowiada, jak młoda dziewczyna z zamożnej, mieszczańskiej rodziny hiszpańskiej, która uciekła przed wojną faszystów z republikanami, trafiła do Meksyku, zaczęła studiować filozofię i zakochała się w Fidelu Castro.

Teté też nie zdradziła wszystkich swoich sekretów. Zanim trafiła na wygnanie do Meksyku, była aktorką, występowała na Kubie w zaangażowanych, obrazoburczych przedstawieniach ojca Isabel. Obie zatem wiodły całkiem inne życie. „Teresa mieszkała w hawańskiej dzielnicy Vedado, w domu z ogrodem i basenem. Miała dwa psy, sześcioro służby, dwa samochody, mnóstwo zegarków wysadzanych brylantami – i żadnego dziecka". Isabel zapełniła tę pustkę. Wskakiwała do limuzyny z szoferem i towarzyszyła Teresie w zakupach przy bulwarze Malecón. Teté proponowała, że kupi jej, co zechce. „Mnie jednak najbardziej podobała się ona, jej perfumy i papierośnica z kości słoniowej". Ten model odtworzyły też w Meksyku, gdzie mieszkały razem owego pamiętnego 1956 roku. Isabel popełniła jednak względem przyjaciółki „grzech zaniedbania": zapomniała powiedzieć jej o rodzącym się romansie z Fidelem. Pewnego dnia jednak – gdy Isabel wymykała się z domu w czerwonej jedwabnej sukni w kwiaty i szpilkach w tym samym odcieniu, z ustami pociągniętymi karminową szminką i mocno umalowanymi oczami – dyskretna Teté zmusza ją do zeznań.

– Ale o co ci chodzi? Nie rozumiem, czemu się tak złościsz? – broni się Isabel, zasypana pytaniami.

– Aha! Udajesz niewiniątko? Pytam o twój związek z Fidelem! Przyznaj, co naprawdę jest grane?

Isabel nie zamierza jednak odpowiadać. Czmycha Teresie. Przyganiał kocioł garnkowi: tamta też nieustannie mówi o Fidelu. „Ona również spędzała z nim mnóstwo czasu, ponieważ tam, gdzie był Castro, tam była rewolucja", wyznaje Isabel[41].

Trzeba przyznać, że miała dość siedzenia u siebie w towarzystwie książek i czekania, aż Fidel raczy złożyć jej wizytę. Od początku stawiał sprawę jasno: „Swoje życie poświęcam rewolucji, muszę obalić tyrana. Dlatego nie mam czasu na tradycyjne zaloty. Oto moje oświadczyny: przed desantem na wyspę pobierzmy się. A dopóki to się nie stanie, naszym jedynym celem... powiedzmy... jest robota rewolucyjna".

Isabel na studiach odkrywa Rousseau, Hobbesa i Ciorana, skąd rodzi się jej namiętność do idei rewolucyjnych. „Nigdy niczego mi nie narzucał. Nasze idee rewolucyjne zawsze współbrzmiały w idealnej harmonii". To związek podporządkowany nieobecnościom Fidela i jego przemowom: „Proszę mi wierzyć, nie tak długim jak te, z których zasłynął, gdy doszedł do władzy!".

To związek, którego rytm – niczym nerwowe uderzenia werbla – wyznaczają rewizje, bójki z policją, szyfrowane wymiany. „Ilekroć śledziła nas policja, czułam się jak Hermes w swoich skrzydlatych sandałach".

Pewnego dnia, gdy właśnie gawędzili u sympatyków Castro, w sali nagle wybuchł zgiełk. Fidel chwycił Isabel za rękę i pociągnął na schody. Biegła, nie rozumiejąc, co się dzieje. „Był przeciek. Ktoś doniósł, że ukrywamy tu broń. Musimy uciekać, zanim zjawi się policja". Jak uciec z potrzasku? Przeskakując z dachu na dach. Ale przecież Isabel ma lęk wysokości, panicznie się boi przestrzeni rozciągającej się pod nogami. Wściekła, przerażona, wrzeszczy na cały głos, że nie zrobi już ani kroku. Jej krzyki niemal zagłuszają piekielny ryk syren i jazgot megafonów zapowiadających obławę. Rozdarty między uczuciem a obowiązkiem Fidel chwyta dziewczynę w ramiona i próbuje ją uspokoić. Trudno, schwytają ich razem. Isabel wierzy, że swoją młodością i zuchwałością zamiesza w głowie policjantom. Przekonuje go, by uciekał sam, i daje mu numer przyjaciółki, u której powinien ją zastać. „Pocałowaliśmy się. Wpatrywał się we mnie intensywnie, jakby pytał wzrokiem, czy sobie poradzę. Moje oczy odparły: Tak".

Innym razem gdy jechali samochodem, Fidel nagle rozkazuje: „Pocałuj mnie". Pcha ją na podłogę i przykrywa ciałem. Isabel ma wrażenie, że huk strzałów trwa w nieskończoność. Lekko ranna, ucieka razem z nim między samochodami. Ważny szczegół: nigdy nie rozstają się z karabinem automatycznym. Trudno w takiej sytuacji uchodzić za zwykłą parę.

Najwięcej jednak kosztowały ją spotkania nie tyle z policją, ile z niektórymi członkami najbliższego otoczenia ukochanego. Doktor Guevara od początku traktuje ją wrogo: jak na jego gust jest zbyt mieszczańska i używa za silnych perfum, które drażnią jego astmatyczne gardło. Nie omieszka dzielić się swoją dezaprobatą z Fidelem.

„– Przyznam, że coś w tym jest. Nie mogę całkowicie odmówić ci racji...

– Nie zaprzeczysz! Nie zaprzeczysz!

– Owszem, nie zaprzeczę. Miłość zaskoczyła mnie znienacka, choć wiem, że to nie jest właściwy czas. Człowiek jednak nigdy nie wybiera ani kiedy, ani gdzie...

– Fakt, nie wybieramy kiedy, ale możemy wybrać z kim! Ta dziewczyna nie jest rewolucjonistką! Nie poświęci wszystkiego dla sprawy jak my!

– Dość! Mówisz o mojej przyszłej żonie, a ta pójdzie drogą rewolucji jak wszyscy. (...)

– Zdradzasz sprawę! Do tego jeszcze z taką mieszczką! Ani przez chwilę nie wytrzyma zniewag ni krzywd, które nas spotkają...

– Ostatni raz o tym rozmawiamy. Zrobimy, co powiedziałem, i nikt nie będzie się wtrącał ani wyrażał opinii. To moje życie, moja decyzja".

Isabel, która podsłuchuje pod drzwiami, wkracza triumfalnie do pokoju i z satysfakcją posyła Che mściwe, wyniosłe spojrzenie. Doktor Guevara rewanżuje się, jak gdyby nigdy nic opowiadając o rzeszach wielbicielek, które durzą się w Fidelu i chodzą za nim jak cień. Trwa jednak wojna, a w czasie wojny nie wolno dopuszczać do głosu zazdrości. Isabel musi w milczeniu znosić niezliczone adoratorki. „Tylko Melba Hernández (...) traktowała mnie po ludzku. (...) Rozmawiając ze mną, próbowała się uśmiechać, a moje imię zawsze wypowiadała z sympatią".

Dopiero wizyta rodziców zmienia sytuację i sprawia, że w sercu Isabel rodzą się wątpliwości. Matka opowiada jej bowiem o ucieczce przed generałem Franco: ojca Isabel aresztowano, a ona została sama w Barcelonie. Żeby się ratować, musiała włożyć ubranie zabitego żołnierza. „Opowiadam ci o tym, córko, żebyś zrozumiała, co znaczy towarzyszyć mężczyźnie w dobrej i w złej doli, wspierać go w walce o ideały".

Isabel wkrótce przekona się o tym na własnej skórze. Pewnego dnia zostaje uprowadzona. Zatrzymuje się przy niej samochód i od tej chwili wspomnienia giną w oparach chloroformu. Teté pierwsza zawiadomiła Fidela o zniknięciu dziewczyny. Castro natychmiast pyta, czy porywacze zażądali okupu. Wszyscy są zdruzgotani, tylko on zachowuje spokój, próbując w ten sposób podnieść przyjaciół na duchu. Mimo to Guevara nie potrafi się powstrzymać od zjadliwości.

– Zawsze mówiłem, że ta dziewczyna wszystkich nas narazi na niebezpieczeństwo.

– Wystarczy, Ernesto, już wiemy – przerywa mu Raúl. – Nie warto teraz tego wyciągać. Lepiej szukajmy wyjścia.

– Jakiego? Damy się wystrzelać jak kaczki, żeby ją odbić? I po co? Żeby odzyskać trupa?

– Milcz! – ryczy Fidel. – Takie domysły niczemu nie służą. Czekajmy na wiadomości. Najlepiej w milczeniu.

Kiedy wreszcie porywacze się odzywają, Fidel – wbrew radom Guevary – bierze dwóch mężczyzn i jedzie odbić narzeczoną. Spotkanie okazuje się zasadzką, padają strzały. Fidel wygrywa starcie, znajduje nieprzytomną Isabel leżącą na ziemi. Porywacze podali jej silny środek nasenny. Pogodzeni przyjaciele przez pięć dni na zmianę czuwają u jej wezgłowia.

Kiedy wreszcie dziewczyna odzyskuje przytomność, widzi przed sobą Fidela, jego ściągnięte rysy twarzy. „Pochylił się nade mną i zajrzał mi głęboko w oczy. Nie ruszaliśmy się przez kilka minut, (...) w milczeniu wymieniając spojrzenia. Wreszcie odwrócił się i bez słowa wyszedł z pokoju". Ich uczucie straciło beztroski smak, Isabel musiała odejść. Kwiat wiądł na suchej, nieprzyjaznej glebie rewolucji.

Dzień po odejściu Isabel Teté weszła do pokoju przyjaciółki i zobaczyła tam Fidela. Stał wśród rozrzuconej broni i z miną uradowanego dziecka wpatrywał się w karabin.

– Wreszcie znalazłem najpiękniejszą narzeczoną – oświadczył radośnie.

– Kolejną?

– Tak! Rewolucję.

Rewolucja okazuje się jednak wymagającą kochanką. Na początku listopada Teté zostaje aresztowana. Przesłuchanie trwa osiem dni, ale ona pierwej by umarła, niźli zdradziła Fidela. Nie mówi ani słowa. Zamknięta w tym samym więzieniu, gdzie pierwszy raz spotkała Castro, widzi w dzienniku tytuł, który mrozi ją bardziej niż ujemna temperatura panująca w celi: „Rewolucja na Kubie". Na dziedzińcu podchodzi do niej uśmiechnięta Melba Hernández z oczami lśniącymi od łez: „Tak, stało się. Wyjechali w niedzielę".

Kuba, ojczyzna zdrajczyń

25 listopada 1956 roku Fidel wchodzi na pokład jachtu „Granma" i wraz z grupą osiemdziesięciu jeden rewolucjonistów, których wyszkolił w Meksyku, bierze kurs na Kubę. Mijają dni. Nie ma żadnych informacji. Żona Guevary nie

potrafi dłużej powstrzymać łez. Tak twarda i nieugięta w obliczu prześladowań, nie wytrzymuje niepewności. Przygotowuje się do powrotu do Peru z malutką Hilditą. Jest przekonana, że jej Che nie żyje. Straciła go na zawsze[42].

Tymczasem na drugim końcu świata, w Paryżu, matczyne serce Mirty ściska przerażenie. Podano informację o śmierci Fidela, a ona nie ma pojęcia, co się dzieje z Fidelitem. Skraca podróż poślubną i natychmiast wraca na Kubę. Nie wie, że syn, który miał się znaleźć na pokładzie „Granmy", został w porcie pod opieką ciotek. „Nie płaczcie – próbuje je uspokoić siedmiolatek. – Tata nie umarł. A jeśli zginie, to kiedy dorosnę, sam zabiję Batistę"[43].

Przed wejściem na pokład jachtu Fidel sporządza testament, w którym przypieczętowuje los syna: „Jeśli zginę, wyzwalając Kubę, życzę sobie, by mój syn (...) pozostał w Meksyku. (...) Nie zgadzam się, by wrócił do ojczyzny, dopóki ta nie odzyska niepodległości albo dopóki nie będzie na tyle dorosły, by sam o nią walczyć". Ostatnie słowa listu nie pozostawiają wątpliwości: „Moim siostrom powierzam misję. Jeśli będzie taka potrzeba, mają ukryć syna w górach. Nie może trafić w ręce Mirty".

Kryptonim „Norma"

30 listopada 1956 roku w zatoce Niquero Celia Sánchez niecierpliwie wygląda jachtu Fidela Castro, ale na horyzoncie nic się nie pojawia. Ta trzydziestosiedmioletnia rewolucjonistka ma kruchą posturę, lecz twardy charakter. To ona poradziła Fidelowi, żeby kupił w Meksyku starą łajbę, którą przypłynie w umówione miejsce na południowo-zachodnim krańcu wyspy. Ona wyznaczyła spotkanie w tym niedużym, nadmorskim mieście, zapewniając, że będzie tam czekać z grupą rewolucjonistów gotowych na wszystko.

Problem w tym, że „Granma" nadaje się do transportu piętnastu pasażerów, a nie osiemdziesięciu dwóch uzbrojonych partyzantów. Celia czeka zatem w mroku wraz z gotowymi powstańcami, dżipami i bronią. Tymczasem kilka mil morskich od nich jacht zbliża się do brzegów Kuby. Zapasy paliwa i czasu kurczą się w zastraszającym tempie. Radio na łodzi nie działa, a śmigłowiec Batisty patrolujący morze dostrzega jednostkę. Rewolucjoniści przybijają do brzegu dwa dni po czasie, dwadzieścia pięć kilometrów od ustalonego punktu gdzie zostają ostrzelani przez wojsko dyktatora. Ocaleje tylko dwunastu, którzy rozpaczliwie przedzierają się przez namorzyny. Tam muszą stawić czoło innemu wrogowi: moskitom, które upodobały sobie te wilgotne tereny.

Zaalarmowana przez wieśniaków Celia zjawia się z posiłkami i podejmuje walkę z żołnierzami Batisty. Jednym z pierwszych rozbitków, na jakich trafia, okazuje się zakrwawiony, ciężko dyszący Ernesto Guevara, którego dopadł atak astmy i dwie nieprzyjacielskie kule. Celia – córka lekarza – dobrze się przygotowała. Ma bandaże, środki odkażające, a nawet lek na astmę. Che zostaje ocalony, ale co się dzieje z Fidelem?

Niepewność trwa cztery dni. Reżim chełpi się, że zabił przywódcę buntowników. W końcu Celia otrzymuje radosną wiadomość: Fidel żyje i chce się z nią spotkać. Kobieta ukrywa twarz w dłoniach i płacze ze szczęścia[44]. 18 grudnia u stóp Sierra Maestra Celia Sánchez po raz pierwszy spotyka się twarzą w twarz z Fidelem Castro. „Nawet w najtrudniejszych chwilach nie ulegałam słabości ani wzruszeniu – zwierzy się później przyjaciółce. – Ale gdy spojrzałam na Fidela, nogi się pode mną ugięły. (...) Musiał mnie przytrzymać, chwytając mocnymi rękami za ramiona. Nie przypominam sobie, bym cokolwiek powiedziała. On też". Ten urodzony orator wypowiada tylko jedno słowo:

– Wreszcie.

– Wreszcie – co? Wreszcie możesz mnie dotknąć... pomóc mi?

Fidel potakuje bez słowa. Jest pod wrażeniem tego, ile zdołała osiągnąć jedna kobieta: zorganizowała sieć zaopatrzenia, dzięki której przetrwają w tej dziczy do czasu, gdy on opracuje plan przewrotu.

Tymczasem Mirta dociera na Kubę i natychmiast apeluje do sióstr byłego męża w Meksyku, żeby oddały jej Fidelita. Kiedy odmawiają, organizuje uprowadzenie własnego syna. Pewnego ranka, kiedy chłopiec jedzie z ciotkami do Chapultepec, zajeżdża im drogę czarny samochód. Wyskakują z niego uzbrojeni mężczyźni, chwytają dziecko i w parę sekund znikają. Ciotki dostają z Ministerstwa Spraw Wewnętrznych telefoniczną informację, że Fidelito przebywa z matką w ambasadzie kubańskiej, w związku z czym sprawa nie leży w gestii władz Meksyku. Umawiają się na następny dzień w biurze ambasadora, dokąd mają dostarczyć paszport chłopca. Mirta puszy się:

„Biedactwa! Nieszczęsne! Oto jak fortuna kołem się toczy. Teraz wy jesteście na dnie, a ja na szczycie!”. Dyplomata musi interweniować, by zahamować ten potok złośliwości.

Fidel całkowicie polega teraz na starszej od siebie o siedem lat Celii, która swoim poświęceniem i odwagą zyskuje uznanie wśród rewolucjonistów, a przede wszystkim zaskarbia sobie szacunek przywódcy. Zajmują wspólną lepiankę na szczycie góry. Jest pokryta liśćmi, za umeblowanie musi wystarczyć wąskie łóżko i krzesło. Fidel śpi na sienniku, a Celia w hamaku nad łóżkiem. Udało im się wygospodarować kącik kuchenny i coś w rodzaju biurka. Celia łączy funkcje sekretarki, adiutantki i powiernicy. Kiedy Fidel upewnia się, że amerykański rząd wspiera Batistę, pisze do niej:

> 5 czerwca 1958
>
> Celio, poprzysiągłem sobie, że Amerykanie zapłacą za swoje obecne postępki. Kiedy zakończy się ta wojna, wypowiem drugą, jeszcze większą – wojnę przeciwko nim. Zrozumiałem, że to moje prawdziwe przeznaczenie. Fidel[45]

Wkrótce nadarza się okazja, by dowieść swej determinacji: po dziesięciodniowej batalii udaje mu się odeprzeć ofensywę Batisty, który postanowił zrobić porządek z rewolucjonistami panoszącymi się w górach. Rzeczywiście, w ciągu dwudziestu pięciu miesięcy garstka rozbitków z „Granmy” rozrosła się do niemal tysięcznej Armii Powstańczej. Po raz pierwszy wojownicy Castro stawiają skuteczny opór. Celia jest pod wrażeniem męstwa swojego Dawida walczącego z Goliatem. Pisze do przyjaciółki: „Żaden dowódca odwagą ani geniuszem nie dorównywał temu, czego dokonał Fidel pod El Jigüe. (...) Wtedy nabrałam pewności, że następnym krokiem będzie Hawana! Mała rewolucja stała się potężna”.

Żmija

7 stycznia 1959 roku zwycięski Fidel Castro wjeżdża do Hawany, z dżipa pozdrawiając tłumy. Żołnierze triumfalnie prężą się u jego boku, podczas gdy na tylnym siedzeniu Celia Sánchez cieszy się w milczeniu. Mirta obserwuje

pochód ze swojej willi w stylu *art déco* w szykownej dzielnicy nad plażą Tarará. Towarzyszy jej grupka przyjaciół i dwie córeczki z drugiego małżeństwa. Kiedy Fidel pyszni się i pokazuje Fidelita niczym łup wojenny, jego była żona ubolewa: „Ach, nieszczęsna Kubo! Jeśli jest takim samym przywódcą jak ojcem, współczuję!”[46].

31 grudnia Batista ucieka z wyspy. Dawny sztab generalny rewolucjonistów zyskuje status rządu tymczasowego Kuby, a jego kwaterą główną staje się apartament 2406 w hawańskim Hiltonie, drapaczu chmur dominującym nad miastem. Opuszczając Meksyk, Fidel wydał jasne instrukcje: po upadku Batisty Teté Casuso ma pierwszym samolotem przylecieć do stolicy. Tymczasem od przyjazdu Teresy minęły dwa dni, a ona wciąż błąka się po korytarzach hotelu i czeka na audiencję u *Lidera Maximo*. A przecież zza drzwi, których pilnują włochaci i groźni strażnicy, słyszy jego głos.

Teresa uświadamia sobie, że straciła status uprzywilejowanej współpracownicy. Teraz o spotkanie z Fidelem musi zabiegać u Celii Sánchez. Pierwszy kontakt z nową ulubienicą wodza budzi w niej mieszane uczucia: „To ździebełko, nie kobieta, w nieokreślonym wieku, o powolnych, opanowanych ruchach”. Dziękuje jej za opiekę nad Fidelem w tych trudnych latach. „Sądzę, że jeszcze zanim mnie poznała, wiedziała o siostrzanym, (...) niewinnym oddaniu, jakim go darzyłam”. Jak przystało na zaprawioną w bojach rewolucjonistkę, Teté natychmiast wyczuwa, że lepiej nie wchodzić rywalce w paradę.

Trzeciego dnia rano, przeszedłszy pomyślnie wstępne spotkanie z Celią, wreszcie zostaje dopuszczona do apartamentu prezydenckiego na dwudziestym trzecim piętrze. Celia osobiście wprowadza ją do pokoju. Drzwi się otwierają i Teresa widzi Fidela w mundurze: wydaje rozkazy towarzyszom Che Guevary. Wpatruje się w niego ze wzruszeniem, szukając w jego oczach wdzięczności za dwa lata, które dla niego spędziła w więzieniu. On tymczasem przelotnie zahacza o nią wzrokiem, „jakbyśmy widzieli się wczoraj”, precyzuje Teté. „Nie ruszaj się, zaraz przyjdę”, rzuca do niej przez ramię.

Wrzeszczy na towarzyszy, że mają „przywołać do porządku kupców” w mieście. Teté nie poznaje romantycznego idealisty z Meksyku: „Na jego twarzy malowało się okrucieństwo, niemal szaleństwo. (...) Potem odwrócił się do mnie z okropnym, sztucznym grymasem, który od tamtej pory udawał uśmiech.

Szukał u mnie aprobaty". Osłupiała, wpatrywała się w niego, nie wiedząc, co odpowiedzieć. Wrócił więc do wydawania rozkazów. Ona zaś pod pretekstem oglądania widoków wyszła na balkon. Guevara, który rozumiał jej zawód, wyszedł za nią i położył jej dłoń na ramieniu. Jej przyjaciel zmienił się nie tylko wewnętrznie, ale i zewnętrznie. Wyhodował sobie brodę w komplecie z „brzuszyskiem", wyglądał na „sflaczałego". Na domiar złego, „dwa lata w górach popsuły mu zęby".

Następnego dnia ubrany w swoją ulubioną piżamę w paski, wypytuje Teté o najświeższe nowiny z Meksyku, po czym wzywa ministra spraw zagranicznych i każe mu mianować Teresę Casuso ambasadorką do specjalnych poruczeń. Oświadcza też, że od tej pory będzie jego doradczynią do spraw zagranicznych. Otrzyma gabinet w Hiltonie i dostanie do dyspozycji nowiutkiego cadillaca byłego burmistrza Hawany.

Fidel proponuje też, by zajęła się zagranicznymi dziennikarzami, tłoczącymi się w korytarzu i czekającymi na wywiad. Celia, która zatwierdziła tę decyzję, ma znaleźć starej, poczciwej Teté pokój na piętrze El Commandante. Najbliższe pomieszczenia jednak zajęły już dwie siostry Celii, ona sama zaś nocuje w jego apartamencie. Teresa szybko przekonuje się, że powierzono jej niewykonalne zadanie: prośby o wywiad się mnożą, Fidel nie ma ani chwili spokoju, a co gorsza, nieustannie zmienia plany. Ustala termin, po czym regularnie się nie zjawia albo bez słowa przeprosin przychodzi spóźniony o wiele godzin. „W jego apartamencie panuje bałagan, napięcie i rozdrażnienie", notuje Teté. Nie sposób przewidzieć, czy będzie się trzymał wcześniej ustalonego planu. „Zachowywał się jak primadonna. Rano Celia informowała, w jakim nastroju się obudził. Najczęściej w burzliwym".

Oprócz dziennikarzy korytarze oblegają amerykańscy specjaliści od reklamy, którzy koniecznie chcą „zarządzać" wizerunkiem Castro. Ale jego, który w lutym nosi już tytuł zwierzchnika sił zbrojnych i premiera, guzik obchodzi wizerunek. Tymczasowym prezydentem mianuje Manuela Urrutię, swojego ambasadora w Waszyngtonie, który potrafił przypodobać się Amerykanom. W obecności Teresy poucza też Celię: to ona go zmusiła, by przyjął stanowisko, które mu nie odpowiada. Od sukcesu rewolucji jej rola się zmieniła. Nie była już adiutantką, ale prawdziwą szefową gabinetu, wręcz pierwszą damą.

Linę, matkę Fidela, niepokoi władza, jaką ta obca kobieta ma nad jej synem. „Ktoś mi mówił, że Fidela i Celię Sánchez łączy coś więcej niż stosunki służbowe. Podobno pobrali się w Sierra Maestra *in articulo mortis*". Kubańskie prawo zezwala, by w razie bezpośredniego zagrożenia życia zwykły obywatel mógł dokonać ceremonii zaślubin mających moc prawną. Kobiety z klanu Castro panicznie się bały, czy Fidel w chwili śmiertelnego zagrożenia nie ożenił się z Celią.

Pewnego dnia Juanicie, która przyszła odwiedzić brata, drzwi otwiera Celia. Fidel bierze prysznic. Nagle w apartamencie rozlega się ryk: „Ceeeeeeliaaaaa! Przynieś mi slipy!". Oddana współpracownica natychmiast porzuca gościa i zanosi bieliznę głowie państwa.

Siostry Castro stawiają sobie za cel przeniknąć tę nieznajomą z gór. „Wystarczy jedno spojrzenie, aby domyślić się, że to kobieta zagadka. Jest nieprzenikniona, rzadko się odzywa, co od razu przykuło moją uwagę. (...) To ktoś, z kim lepiej nie zadzierać", notuje Juanita.

Choć Celia znakomicie włada angielskim, przerzuca na Teté ciężar odpowiedzi w tym barbarzyńskim języku, oświadczając: „Nie używam języka wroga".

Od tej pory Celia Sánchez staje się obiektem zazdrości kobiet z otoczenia Fidela. Ta kobieta, jak opisuje Juanita, „całkowicie pozbawiona uroku" szybko wchodzi w rolę cerbera monopolizującego dostęp do wodza. „Chciała zagarnąć go wyłącznie dla siebie. Inni musieli zabiegać u niej o pozwolenie". Kwitną podłostki i małostkowość. Celia pali chesterfieldy, amerykańskie papierosy potępione przez nową władzę, i strasznie jej przeszkadza, że Juanita też je kopci. Tę z kolei bawi ta cicha wojna i z premedytacją drażni domniemaną bratową: „Zawsze przynosiłam jej paczkę dla ocieplenia atmosfery. Przyglądała się jej, miętosiła, dopiero po dłuższej chwili dziękowała i wreszcie słodziutkim głosikiem, skrywającym furię, pytała: »A ty gdzie je zdobyłaś?«".

Zapanować nad kobietami z otoczenia wodza w ogóle nie było łatwo. Po triumfalnym wjeździe do Hawany zaczęło się dziwne zjawisko: w hotelu co dzień pojawiały się kobiety, błagając o spotkanie ze swoim bohaterem. „Wołały: »Chcę spędzić z nim noc, począć jego dziecko!«", relacjonuje Juanita. Celia przezornie nie dopuszcza do Fidela dawnych kochanek, ale jest bezsilna wobec rzesz wielbicielek, które przewijają się przez apartament 2406 i bezceremonialnie nadają El Commandante nowe imię: Królik. Jego geneza jest prosta. „Twierdzą, że kocha się jak królik, nie ściągając butów, nie przejmując się strażnikami przy drzwiach; szybko, bez czułości"[47], wspomina osoba z bliskiego otoczenia. Fidel każdą minutę poświęconą na zaspokojenie chuci intrygantek uważa za zdradę wobec rewolucji.

Celia przymyka na to oko i stara się nie dopuścić do dłuższego zauroczenia. Pewnego dnia, kiedy Juanita z przyjaciółką odwiedza brata, na Fidela znów miłość spada jak grom. Dwa dni później przyjaciółka składa Juanicie zdumiewającą relację. Po południu Fidel wysłał po nią ludzi, a kiedy już się spotkali, nie zabrał jej do hotelu. „Krążyliśmy tylko samochodem po Hawanie! Miałam wrażenie, że przed czymś ucieka". Juanita domyślała się, przed czym brat tamtego dnia uciekał. Jeden z żołnierzy uprzedził Celię o schadzce. „A wiedząc, do czego jest zdolna, Fidel wolał nie ryzykować".

Jednak najtwardszy orzech do zgryzienia stanowiły dawne związki. Piękna, arystokratyczna Naty Revuelta nie miała w sobie nic z miękkiej, podatnej trzciny. Jej córka Alina dopiero teraz dowiaduje się, kto jest jej prawdziwym ojcem. Tymczasem na trzecie urodziny dostaje od niego tylko czeskie dwukolorowe buty i szlafrok. Przygotował co prawda dwie walizki prezentów, ale tak się „niefortunnie złożyło", że Celia niechcący rozdała je dzieciom kombatantów, tłumaczy, widząc zawiedzione spojrzenie córeczki, Castro.

Naty musi znosić liczne zniewagi. Kiedy Fidel choruje, matka z córką chcą go odwiedzić w bunkrze, który kazał wybudować przy Pierwszej Ulicy. Tymczasem Celia złośliwie zakazuje im wstępu. Upokorzone, zostają na chodniku. Alina tak gwałtownie próbuje ubłagać znienawidzoną współpracownicę wodza, że „jej koński ogon podskakuje i opada na spiczastą głowę".

Naty pada też ofiarą kolejnego ukazu Celii: rywalka odsuwa ją od Fidela, wysyłając na rok do Paryża. „To cała Celia", komentuje Lina. Oficjalnie Naty jedzie tam jako pierwszy sekretarz kubańskiej ambasady, ale tak naprawdę ma wykraść tajemnice francuskiego przemysłu chemicznego. Nie liczy się, że Fidel ją porzucił, a Celia doprowadziła do jej zwolnienia. W oczach wodza najważniejsze jest poświęcenie sprawie i wierność ideologii. Tak oto z pięciuset dolarami w kieszeni i skromną walizką Natalia Revuelta i jej córka Alina wprowadzają się do hotelu przy rue des Acacias. Następnie agentka spędza kilka miesięcy, próbując przekonać André Voisina, którego koncepcja wypasu intensywnego zafascynowała Fidela, by przeniósł się na Kubę i zmienił ją w kraj nowoczesnego rolnictwa.

Po roku spędzonym w Paryżu mała Alina nie może odnaleźć się na Kubie. Dawni kochankowie kłócą się na temat jej przyszłości. Fidel okazuje się bezwzględny. Radzi, by opuściły kraj. Próbując pocieszyć córkę, Naty zabiera ją na tygodniowe wakacje do gospodarstwa w Biranie, gdzie urodził się Fidel. I tym razem rywalka ją ubiega. „Nie wpuszczono nas. Wstęp miały wyłącznie osoby z imiennym zaproszeniem wystawionym przez Celię Sánchez".

Każda kobieta jest podejrzana; każda to potencjalna złodziejka, która chce odebrać Celii Fidela. Pewnego ranka Teresę Casuso budzi łomot do drzwi. Rozjuszona Celia szuka Fidela i przypuszcza, że zastanie go tutaj. Wpada do sypialni, a nie widząc tam rozrzuconej pościeli, wściekła, przeszukuje resztę mieszkania. Wreszcie opuszcza je bez wytłumaczenia i bez przeprosin. „Choć sytuacja była komiczna, nie rozśmieszyły mnie te insynuacje", narzeka Teté.

Fidel potrzebuje aprobaty silnych kobiet. Po każdym jego telewizyjnym maratonie Teresa zostawia u niego w pokoju różę, jeśli przemówienie było konstruktywne i zasługiwało na pochwałę. Castro cieszy się z upominku niczym „dziecko, które dostało piątkę w szkole". Jeśli jednak Teresa uzna przemówienie za niekonstruktywne, Fidel nie znajduje w pokoju róży i pochmurnieje.

Ofiarą wszechmocnej Celii pada również dawna przyjaciółka uniwersytecka Martha Frayde, która w nowym rządzie odpowiada za sektor zdrowia. Któregoś dnia umawia się na robocze spotkanie na statku. Zastaje Fidela śpiącego, wyczerpanego po bezsennej nocy. Zniecierpliwiona, szarpie starego towarzysza, wyrywając go z drzemki. Jej bezpośredniość nie podoba się Celii.

– Jak śmiesz go budzić? – oburza się Sánchez.

– Nie przyszłam tu czuwać nad snem Fidela, ale z nim pracować.

Martha staje się więc niepożądana. Oskarżona o szpiegostwo, trafia na trzy lata do więzienia. Pod koniec 1959 roku szaleństwo kobiet na punkcie Fidela wymyka się spod kontroli. W sklepie, gdzie Teresa Casuso kupuje sukienki, pracownice chwytają ją za ramiona, dłonie, barki, wołając: „Och, niech pani pozwoli się dotknąć! Może został na pani ślad jego obecności". Teté nazywa ten pierwszy rok rządów rokiem „chorobliwego pożądania". Dziennikarze opisują objęcie władzy przez Fidela wręcz jako „zmysłową rewolucję".

31 grudnia 1959 roku, sylwester, godzina dwudziesta druga, hotel Hilton. Teté przychodzi z życzeniami. Fidel jest w sypialni, zdecydowanie nie sam. Kobieta czeka kilka minut, aż *Lider Maximo* skończy. I rzeczywiście, wkrótce wynurza się z radosną miną, wołając: „Chodź, chodź ze mną!". Ciągnie ją do domu, do którego wprowadziła się Celia z siostrami, gdzie trzyma swoje najpiękniejsze mundury. Zamierza się tam przebrać przed wieczorną galą w Hiltonie. Celia odmawia udziału w zabawie, choć, jak precyzuje Teté, „była w sukni wieczorowej. Czekała tylko na jego powrót z eskapady". Nie okazując rozdrażnienia, pyta rywalkę o jej plany małżeńskie, o których wcześniej była mowa. „Kiedy odparłam, że je zarzuciłam, przyznała mi rację, mówiąc, że wolność jest najcenniejsza". Jednak tamtego wieczoru Teresa Casuso popełniła niewybaczalny błąd: wyszła na wspólniczkę niewiernego Castro. Kilka miesięcy później Celia jej również się pozbyła.

Moja kochana zabójczyni

Maj 1960 roku. Artykuł w amerykańskim dwutygodniku „Confidential" działa jak iskra na kubańską beczkę prochu. Nosi tytuł *Fidel zgwałcił moją córkę*[48] i jest podpisany przez niejaką Alice Lorenz. Kobieta relacjonuje, jak El Commandante uprowadził i wykorzystał jej dwudziestoletnią córkę Maritę. Pierwsze słowa zrozpaczonej matki brzmią rozdzierająco, przeszywając serca Amerykanów współczuciem: „Nie, Fidelu, nie! Nie pozwól, by zabili nasze dziecko! Nie możesz im pozwolić!". Alice Lorenz przywołuje rozpaczliwe krzyki półprzytomnej córki, kiedy 20 stycznia w nowojorskim Szpitalu Roosevelta lekarze musieli dokonać łyżeczkowania, by wyciągnąć ją z posocznicy. Kobieta oskarża niejakiego doktora Ferrera, że na rozkaz Fidela usunął w Hawanie pięcioipółmiesięczny płód Marity. Przerażonemu lekarzowi, który dokonywał zabiegu pod groźbą pistoletu, drgnęła trzęsąca się ręka. Krwawiącą dziewczynę zostawiono na śmierć w pokoju hotelowym. Akt oskarżenia Alice obejmuje również tego „przestępcę", który dalej prześladuje jej córkę i „grozi jej śmiercią, gdyby próbowała nagłośnić sprawę".

W młodości Alice Lorenz wyjechała do Francji w nadziei na karierę aktorską. Tam poznała Heinricha Lorenza, kapitana niemieckiej marynarki, i razem osiedlili się w Bremie. Co strzeliło do głowy temu młodemu oficerowi, żeby w połowie lat trzydziestych XX wieku sprowadzać do Niemiec amerykańską żonę? Podczas uroczystości otwarcia igrzysk olimpijskich w Berlinie w 1936 roku Adolf Hitler wywołał Heinricha Lorenza, zasiadającego na trybunie honorowej, i spytał, czy niemieckiemu żołnierzowi bardziej nie przystoi germańska małżonka. „*Mein Führer*, nie spotkałem w Niemczech kobiety, która dorównywałaby mojej żonie urodą i mądrością. Poza tym spodziewa się dziecka"[49]. Ta lekka odpowiedź rozbawiła Führera i sprawę uznano za zamkniętą. Do wybuchu wojny małżeństwo dochowało się dwojga dzieci. Pewnego ranka gestapo aresztowało Alice oraz pięcioletnią Maritę i wysłało je do obozu Bergen-Belsen. Obie cudem przeżyły. Po wojnie rodzina znów się połączyła, a Heinrich Lorenz został kapitanem żeglugi transatlantyckiej.

27 lutego 1959 roku Heinrich, Alice i Marita na pokładzie MS „Berlin" wyruszyli w rejs po Karaibach – był to prezent dla córki przed rozpoczęciem studiów na uniwersytecie w Heidelbergu. „Kiedy MS »Berlin« wszedł do Zatoki Hawańskiej, statek mojego męża nagle okrążyły kubańskie kanonierki, a na pokład wkroczył Fidel Castro z czterdziestką uzbrojonych *barbudos*"[50], wspomina Alice. Chcąc uniknąć kłopotów, kapitan zaprasza Castro do swojego stolika. Przedstawia mu żonę i młodą córkę. Potem w bezsilnym gniewie patrzy, jak po kolacji El Commandante prowadzi córkę za rękę na mostek kapitański. Stamtąd pokazuje jej światła Hawany. „To wszystko należy do mnie. Kuba należy do mnie. Czyż nie jest cudowna? Podoba ci się, to co widzisz?", upewnia się słabą angielszczyzną. Potem przyciąga ją do siebie i zadaje ostateczny cios: „Ja jestem Kubą".

Kiedy kilka dni później statek ruszył do Nowego Jorku, rodzice sądzili, że niebezpieczeństwo zostało zażegnane. Nie docenili jednak przeciwnika: „Od wyjazdu z Hawany Castro nieustannie wydzwaniał. (...) Obiecywał jej gwiazdkę z nieba".

Grom z nieba na pełnym morzu

27 lutego 1959 roku na mostku kapitańskim MS „Berlin" Marita Lorenz zdążyła poznać kubańskiego przywódcę bliżej, niż jej matka sądziła. Podchmielona dziewiętnastolatka zdobyła się na śmiałość, która ją samą zaskoczyła. „Pod pretekstem podziwiania fantastycznej panoramy stolicy zaciągnęłam go między szalupy. (...) Kiedy się tam obejmowaliśmy, ujął moją twarz w dłonie i powiedział: *Te quiero, mi cielo*".

Oczywiście nie wypuści z ramion nowej miłości, nie zaopatrzywszy się przezornie w numer telefonu do jej mieszkania przy 87. Ulicy w Nowym Jorku, dokąd wysyła dziesięć kubełków lodów kokosowych. Dzieła dopełnia, wypowiadając sprawdzoną formułkę – słodką, acz treściwą: „Będziesz królową Kuby". Więcej nie trzeba.

Niecałe dwa tygodnie później Fidel wysyła do Nowego Jorku samolot. „Czułam się niepewnie. Dlaczego wybrał właśnie mnie? On, który każdą kobietę mógł mieć u swych stóp". Na lotnisku w Hawanie dwudziestu umundurowanych mężczyzn czeka, by ją zabrać do słynnego pokoju 2406 w Hiltonie. W prezydenckim apartamencie Maritę Lorenz witają przede wszystkim obłoki cygarowego dymu. Na podłodze walają się listy, papiery i płyty. Najbardziej jednak zaskakują ją porozrzucane dziecięce samochodziki wojskowe. Wkrótce tajemnica się wyjaśnia. „Fidel pozostał dużym dzieckiem. Lubi bawić się modelami pojazdów wojskowych i czołgów". Poruszona i podekscytowana Marita ponad godzinę wygląda pojawienia się Fidela. Siedzi w tym samym przedpokoju, w którym kilka tygodni wcześniej na audiencję czekała Teté. Wreszcie Castro raczy się zjawić. Zaciąga zasłony, bierze Maritę za rękę i włącza płytę z romantyczną muzyką. Choć od tamtego spotkania minęło ponad pięćdziesiąt lat, w pamięci bohaterki zachowało idylliczny charakter. „To moje najlepsze wspomnienie związane z Fidelem. Leżałam w jego ramionach na łóżku w Hiltonie, słuchając piosenki *Piano mágico*"[51].

Muzyka milknie dopiero pięć godzin później, kiedy do drzwi łomocze Raúl, wzywając brata w jakichś niecierpiących zwłoki sprawach państwowych. „Nie wychodź, czekaj tu na mnie. Kocham cię", mówi na odchodnym Fidel.

Mija jednak cały dzień, a on nie wraca. Następnego ranka Marita robi się na bóstwo i znów czeka w nieskończoność. Fidel, który zawsze potrafił wykorzystywać zaślepienie kobiet, traktuje ją jak osobistą sekretarkę. Długie godziny oczekiwania Marita spędza więc, sortując pocztę i nie bez irytacji czytając płomienne listy wielbicielek.

Licząc na wsparcie Celii Sánchez, pyta ją, kiedy kochanek będzie miał wolną chwilę. „Jest bardzo zajęty", stosuje unik Celia. „Celia Sánchez zawsze była dla mnie bardzo miła i uprzejma. Przykrości i złośliwości spotykały mnie wyłącznie ze strony amerykańskiej aktorki Avy Gardner".

Marita rzeczywiście trafia na list niejakiej panny Gardner, hollywoodzkiej gwiazdy. Piękna Ava po rewolucji na jakiś czas przeniosła się na Kubę, znajdując lokum na drugim piętrze hotelu Nacional. Wiosną 1959 roku zaaranżowano spotkanie w Hiltonie; Fidel okazał się bardziej niż czarujący. Oprowadził Amerykankę po swojej kwaterze głównej, a potem zaprosił na koktajl na swoim balkonie. Ava była zauroczona. „Po powrocie wyrażała się o nim w superlatywach – wspomina jej przyjaciółka Betty Sicre. – Zaimponował jej, twierdziła, że miał mnóstwo znakomitych pomysłów"[52].

Marita nie życzy sobie, żeby ta „kobieta w pewnym wieku"[53] zawracała sobie głowę Fidelem. Pewnego ranka, wychodząc z hotelu, trafia na jakąś kompletnie pijaną aktorkę, przyciskającą wszystkie guziki windy. Ciąg dalszy jest klasyczny: „Podeszła do mnie, zataczając się, i powiedziała: »Więc to ty jesteś tą suką Fidela, która zawłaszczyła go tylko dla siebie?«. A potem z całej siły dała mi w twarz!"[54].

O ile Ava w oparach upojenia alkoholowego zapewne nic nie pamięta z tej rozmowy, o tyle Marita nie potrafi puścić zniewagi w niepamięć. Podczas następnych odwiedzin, kiedy Fidel zjawia się z bukietem orchidei, grozi mu zerwaniem. Ale Castro to wytrawny gracz, który potrafi rozbroić kochanki: „To jak, pobierzemy się? Przyjmiesz mnie, moja najmilsza Niemko?", pyta, osuszając jej łzy. Tydzień później pierścionek z osiemnastokaratowego złota potwierdza szczerość jego intencji.

Równocześnie jednak Fidel nie szczędzi wysiłków, by czarować zagraniczne aktorki przybywające na Kubę. Silvana Pampanini, modna włoska aktoreczka, pozna szeroki gest El Commandante: „Wszędzie mnie zapraszał, przysyłał tyle róż, że nie mieściły się w cudownym apartamencie, który dał mi do dyspozycji. Kiedy jednak zrozumiał, że ja... że byłam gotowa posunąć się tylko do określonego punktu i ani trochę dalej... zniósł to z godnością. Pod moimi drzwiami zawsze stał brodacz z karabinem...". Fidel – oprócz bogactwa – miał jeszcze jedną kartę, którą zagrywał, gdy chciał, by wybranka poczuła się wyjątkowa. „Oczywiście nigdy nie zaprosił innej kobiety w Sierra Maestra. Tylko mnie. Widocznie miałam w sobie coś, co poruszyło najgłębsze struny jego duszy"[55].

Nie tylko Marita przechodzi piekło. Fidel wygląda na przytłoczonego obowiązkami politycznymi. Raz budzi młodą towarzyszkę dobrze przed świtem i każe jej wsiadać do dżipa.

– Co się stało? Dokąd jedziemy?

– Jeszcze nie wiem. Po prostu muszę się urwać.

W końcu lądują dwieście kilometrów od stolicy, na moczarach Playa Girón. Tam Fidel musi się zatrzymać. Wygląda na skrajnie wyczerpanego, ukrywa twarz w dłoniach. Długo milczy, wreszcie przyznaje się: „Nie wiem, jak dalej sobie radzić". Marita słucha uważnie. „Jego problem polegał na tym, że tysiące lekarzy, wykładowców i ekonomistów uciekało do Miami. Emigrowała cała elita, a środowiska gospodarcze wrogo się do niego odnosiły". Kochanka radzi, żeby zwrócił się do jej ojca i podjął dialog z rządem amerykańskim. Reakcja Fidela nie pozostawia złudzeń. „Wziął rewolwer i strzelił do aligatora". Brnąc po kolana w wodzie, próbuje przemówić mu do rozumu. „To moje najgorsze wspomnienie. Chciał polować w miejscu znanym jako Ciénaga de Zapata, trzęsawiskach, gdzie pełno było aligatorów. Panicznie się o niego bałam, nie wiedziałam, czy nie stanie mu się krzywda"[56].

Nocami jest bardziej niespokojny niż za dnia. „Godzinami obserwowałam go, gdy spał. Przez kilka minut leżał odprężony, po czym nagle zrywał się zlany potem i krzyczał: »Gdzie ja jestem?«. Wciąż prześladowały go koszmary". Marita uspokajała go jak małe dziecko. Wkrótce jednak zastąpi ją inna kochanka, bo ona jest już w zaawansowanej ciąży.

21 kwietnia w Nowym Jorku odbywa się międzynarodowa konferencja prasowa Castro. Wokół samochodu gromadzą się tłumy, ludzie skandują jego imię od dworca Grand Central po hotel Statler na Harlemie. Choć Fidel zaledwie od kilku miesięcy stoi na czele rządu, spotyka się z chłodnym przyjęciem ze strony

amerykańskiej administracji. Prezydent Eisenhower nie zamierza rezygnować dla niego z partyjki golfa i oddelegowuje wiceprezydenta Nixona, by słuchał wielogodzinnych wystąpień energicznego, porywczego Kubańczyka. „Musisz ich przekonać swoją postawą, inaczej ci nie zaufają", ostrzegała Fidela Marita.

Zostaje w pokoju hotelowym i cierpliwie czeka na jego powrót z konferencji. Castro nie zjawia się jednak z pustymi rękami. Wkracza do hotelu w towarzystwie dwudziestu sześciu ujmujących dziennikarek. „Był rozpromieniony, tryskał entuzjazmem. »Wszystkie mnie kochają!«, wykrzykiwał". Potem bacznie przygląda się sobie w lustrze i przeżywa olśnienie: „Jestem jak Jezus! Noszę brodę, mam podobną sylwetkę i trzydzieści trzy lata jak on". Marita jest rozdarta między miłością a nagłym rozbawieniem. Wkrótce zaś ulega grzechowi zazdrości, gdy słyszy, jak kobiety wydzwaniają do niego pod byle pretekstem. Najchętniej udusiłaby te okropne baby, tłoczące się na korytarzu. Rozładowuje wściekłość, rycząc na dziennikarzy: „Żadna kobieta nie przekroczy tego progu! Ja będę decydować, kogo wpuścimy. Jestem Marita, a to prywatny apartament Fidela! Jasne?!".

Dzięki temu wybuchowi agent wywiadu ustala, że przyjaciółeczka Fidela Castro jest Amerykanką. Dlatego kilka miesięcy później, w sierpniu, niczego niepodejrzewająca Marita poznaje niejakiego Franka Sturgisa. Ten agent CIA, specjalista od Ameryki Łacińskiej, stacjonował już w Meksyku, Wenezueli, Kostaryce, Gwatemali, Panamie i Hondurasie. Jego zadanie polegało na umieszczaniu wtyczek w rządach, by nie dopuścić do ich uniezależnienia się od Waszyngtonu. Tym razem trafia na Kubę. Przenika do otoczenia Fidela i Raula. Korzystając z chwili samotności, szepce Maricie do ucha: „Wiem, kim jesteś. Mogę ci pomóc". Później Sturgis nawiązuje niebezpieczne kontakty z mafią, jego nazwisko trafia nawet do notesu Lee Harveya Oswalda, domniemanego zabójcy Kennedy'ego. Ten specjalista od podejrzanych afer i zasłon dymnych był też zamieszany we włamanie do Watergate w 1972 roku.

Wróćmy jednak do sierpnia 1959 roku i do baru hotelu Riviera, gdzie odbywa się pierwsze spotkanie młodej kochanki Fidela i niepokornego asa amerykańskiego wywiadu. Frank Sturgis przedstawia nieco inną wersję wydarzeń. Ponoć to Marita miała zapytać go cicho: „Wyciągnie mnie pan stąd?"[57]. Sturgis wkrótce pomaga dziewczynie, nie omieszkając przy tym wykorzystać jej dostępu do Fidela Castro. „Frank powiedział: »Wynieś tyle dokumentów, ile zdołasz«. Tak też zrobiłam"[58], wyznaje.

15 października, kiedy Marita postanawia zjeść kolację samotnie, Fidel czuje, że idzie w odstawkę. Jakiś czas po posiłku dziewczynę ogarnia słabość. Z trudem się porusza i myśli. Pogrąża się w dziwnym półśnie. Pamięta jazdę samochodem, lekarza, krzyk i przeraźliwy ból. Kilka dni później budzi się w nieznanym pokoju w Hiltonie. „Brzuch miałam pusty i płaski, nie było w nim dziecka". Dopiero jeden z najbliższych towarzyszy Fidela, Camilo Cienfuegos, znajduje kobietę tonącą we własnej krwi. Nie wiedząc, jak jej pomóc, ze łzami w oczach próbuje chusteczkami powstrzymać krwotok, nakarmić ją, a równocześnie dodzwonić się do Castro. Zdobywa nawet antybiotyki i sprowadza lekarza. U Marity pojawiają się objawy sepsy. Zostaje przewieziona do Stanów Zjednoczonych, gdzie natychmiast trafia do szpitala. Niemal równocześnie Kubę opuszcza Frank Sturgis, udając się w tym samym kierunku. Dopiero w Nowym Jorku Alice Lorenz widzi swoją córkę bliską śmierci. Lekarzom udaje się odratować dziewczynę. Marita wraca do Niemiec, kraju dzieciństwa, szukając tam wewnętrznego spokoju. Z przerażeniem jednak odkrywa artykuł matki, w którym została przedstawiona jako ofiara okrutnego tyrana, nowego władcy Kuby. Tak znajduje się w samym środku wojny psychologicznej między Stanami Zjednoczonymi a ich niedawnym terytorium zależnym, które coraz wyraźniej skłania się ku komunizmowi. Kilka dni później samolot Camila znika z radarów strącony przez kubańskie siły zbrojne.

Ostatnia misja

Październik 1960 roku. John Edgar Hoover, szef FBI, wysyła pismo do Richarda Bissella, wysokiego urzędnika CIA.

> Po rozmowie z przyjaciółmi Sam Giancana potwierdza, że nie należy zwlekać ze zlikwidowaniem Castro. On sam już trzykrotnie spotkał się z przygotowanymi zamachowcami. Plan jest opracowany, rzeczeni zamachowcy już skontaktowali się z kimś, kto umieści śmiercionośny produkt w napoju lub posiłku Castro[59].

Marita Lorenz uświadamia sobie, że nie ma ucieczki – ani przed CIA, ani przed Fidelem Castro. Wiosną 1960 roku zostaje zrekrutowana przez agenta Aleksa Rorke'a, który okazuje się mistrzem psychologicznej zagrywki i urabia dziewczynę. Następnie Marita trafia do ośrodka szkoleniowego na Florydzie, gdzie uczy się strzelania. Jest przygotowywana w ramach operacji „40", która miała na celu powstrzymanie komunizmu w państwach sąsiadujących ze Stanami Zjednoczonymi – także poprzez zamachy, jeśli taka będzie konieczność. Młoda agentka wkrótce poznaje cel swojej misji: ma otruć Castro.

Za zdradę Marita otrzyma niebagatelną nagrodę: dwa miliony dolarów na szwajcarskim koncie i aureolę bohaterki narodowej. Przekonana, że Fidel ją porzucił i skazał na śmierć własne dziecko, przyjmuje zadanie. Na pokładzie samolotu linii Cubana de Aviación zmierzającego do Hawany ogarnia ją niepokój. Będzie musiała zadzwonić do Celii Sánchez i poinformować, że chce się spotkać z Fidelem. Tamta oczywiście ją przesłucha i będzie próbowała uniemożliwić jej kontakt z kochankiem.

W hotelu Colina, gdzie czeka na decyzję, prowadzi takie rozważania: „Jeśli zastanę go u boku innej, ogarnie mnie taka zazdrość, że oboje zastrzelę na miejscu, a potem sama się zabiję". Może te myśli to zasługa „witamin", którymi karmiono ją od tygodni: „Ten lek powoduje, że człowiek kompletnie mięknie. Jakby to pani wytłumaczyć...? Człowiek nie czuje się już sobą... Dryfuje bezwolnie"[60].

Wszelkie obawy i niepokoje znikają z chwilą, gdy staje twarzą w twarz z dawnym kochankiem. W apartamencie 2406 podejmuje decyzję: wrzuca do bidetu pigułki przeznaczone dla Fidela. Pokonana, na nowo ulega czarowi mężczyzny z cygarem i z płaczem rzuca mu się w ramiona. Spędza z nim ostatnią noc, żegna się z Hawaną i wraca do Miami, nie wykonawszy zadania. Pozostaje ostatnie pytanie, które zadajemy jej dziś, pięćdziesiąt dwa lata później:

– Naprawdę mogłabyś to zrobić, Marito?

– Nie, uczucia wciąż były zbyt mocne... Jak miałabym go zabić? Nie dał mi powodu. Za nic bym go nie zabiła. Nie jestem morderczynią... Kochałam go.

Żegnaj, Guevara

Kuba, październik 1967 roku.

> Na jaki adres mam pisać? Odpowiesz: wszystko jedno. Mogę wysłać ten list dokądkolwiek. Zaadresować go do boliwijskiego górnika albo do peruwiańskiej matki. (...) Wiem to doskonale, Che, sam mnie tego nauczyłeś. Ten list nie będzie skierowany do Ciebie. Jak Ci powiedzieć, że nigdy jeszcze nie wylałam tylu łez? (...) To nie mieściło mi się w głowie. (...) Przecież to niemożliwe. Kula nie może zabić tego, co jeszcze nieskończone. Fidel i Ty musicie żyć. A gdybyście Wy umarli, jakże ja miałabym żyć? Od czternastu lat patrzę, jak giną ci, których kocham z całego serca. Dziś jestem już po prostu zmęczona życiem. Zbyt wiele doświadczyłam. Słońce już nie wydaje się piękne, widok palm nie sprawia przyjemności. Czasem (...) najchętniej zamknęłabym oczy na zawsze, jak Ty[61].

Haydée Santamaría nie wie, dokąd wysłać list, w którym zamknęła cały swój ból. Kilka dni wcześniej, 9 października, Ernesto zginął z rąk boliwijskich żołnierzy w szkółce w miejscowości La Higuera. Jego misja się nie powiodła: nie zdołał w tym górzystym kraju wskrzesić ognia rewolucji. Został okrążony, schwytany w pułapkę; nie było dla niego ucieczki. CIA i armia boliwijska skorzystały z okazji, aby pozbyć się rewolucjonisty, który marzył, by płomień ogarnął całą Amerykę Łacińską. Aby dowieść, że faktycznie to ten przeklęty Argentyńczyk, oprawcy odrąbali mu dłonie. Zmasakrowane zwłoki wrzucili do wspólnego grobu.

Dla Haydée to potworny szok. Podczas ataku na koszary Moncada widziała śmierć narzeczonego. Nie może pogodzić się z tym ostatnim ciosem. „Nie wyobrażam sobie rewolucji bez niego. Jak Fidel sobie poradzi bez wsparcia Che?”[62], pyta córkę. Tymczasem śmierć zbiera kolejne żniwo wśród osób bliskich sercu Haydée. 11 stycznia 1980 roku Celia Sánchez, namiętna palaczka chesterfieldów, umiera na raka płuc. Fidel próbował wszystkiego, by ją ratować. W tajemnicy zabiegał wręcz o umieszczenie jej w amerykańskiej klinice specjalizującej się w leczeniu tej choroby. Dla ratowania wiernej towarzyszki zwrócił się nawet do odwiecznego wroga.

Haydée budzi córkę zapłakana jeszcze bardziej niż owego pamiętnego dnia 1967 roku, gdy dowiedziała się o śmierci Che. Szlochając rozpaczliwie, podchodzi do jej łóżka. „Kto teraz zaopiekuje się Fidelem?”[63].

Kiedy po przejęciu władzy sytuacja się ustabilizowała, Celia stała się najbardziej zaufaną współpracownicą Fidela. Hilton zasypywał ich kolejnymi rachunkami, to na sto tysięcy dolarów, to na pięćdziesiąt tysięcy. Nie mogąc ich uregulować, nierozłączna para przeprowadziła się do domu przy Jedenastej Ulicy. Ta kryjówka stała się ich prawdziwym gabinetem. W jej zaciszu nieraz aż do świtu pracowali nad najważniejszymi dokumentami. Choć na co dzień Celia ubierała się prosto i skromnie, występując w roli pierwszej damy – by nie przynieść Fidelowi wstydu – sięgała po długie, wieczorowe suknie i lekkie perfumy Rive Gauche Yves'a Saint Laurenta.

Przez ponad dwadzieścia lat wspólnego życia nigdy żadna kobieta nie stała się przyczyną kryzysu w ich relacjach. Jeśli coś mogło zagrozić ich symbiozie, to tyko polityka. Tak było pod koniec 1961 roku, kiedy Sowieci próbowali podporządkować sobie Kubę. W ramach przygotowań do instalacji na wyspie głowic nuklearnych dalekiego zasięgu skierowanych na Stany Zjednoczone nowi protektorzy zażądali, by osobistą sekretarkę Fidela zastąpić „elementem proradzieckim”. Castro nie zamierzał dawać Związkowi Radzieckiemu aż takiej władzy nad Kubą. Zapewnił wielkiego radzieckiego brata o swojej wierności marksistowskim ideałom i w marcu 1962 roku pozbył się z ekipy ludzi narzuconych przez Moskwę. Nie potrafił rządzić bez Celii, natychmiast wezwał ją z powrotem. Razem z nią stawił czoło Kennedy'emu podczas kryzysu październikowego, który przez chwilę groził wybuchem światowego konfliktu nuklearnego. Ona jedna umiała mu doradzić i potrafiła go wspierać.

W ostatnich listach do przyjaciółki Nory Peters zrzuciła maskę zawsze opanowanej, obdarzonej niezmąconym spokojem i przyznała, co od dwudziestu lat było źródłem nieustannej udręki: kochanki Fidela. Maritę Lorenz nazywała wulgarną „igraszką”. Teté Casuso uważała za sekretarkę „na tyle inteligentną i na tyle ładną, że potrafiła udawać, jakoby nie nudziła jej jego… nasza polityka". Z tymi kochankami potrafiła jakoś się pogodzić. Naprawdę bała się tylko jednej i jej nie ufała. „Byłam zazdrosna o jedną, jedyną kobietę w życiu Fidela: o Naty. Laluniami się nie przejmowałam, ale Naty – tak. Sądzę nawet, że zasługiwała na to, by mieć go wyłącznie dla siebie. Ja sama ją kochałam, ogromnie szanowałam. Ale nie mogłam pozwolić, by do niej odszedł. Kocham go. Nade wszystko jednak jest potrzebny Kubie i jej musi służyć".

Miłość do Fidela zlewała się u niej w jedno z miłością do rewolucji. Dlatego – aby bronić swego ideału – Celia musiała znienawidzić Naty i wszystkie pozostałe. Zapłaciła za to niezwykle wysoką cenę. „Och, Noro! Nie chciałam zostać rewolucjonistką. A już na pewno nie chciałam zostać politykiem. (…) Walka z Batistą, mafią, rządem amerykańskim czasem wydaje się banalnie prosta w porównaniu z tym, ile kosztuje mnie godzenie miłości do Kuby z miłością do Fidela. Kobieta nigdy nie płaszczy się dla władzy ani dla pieniędzy"[64].

Jeszcze przez kilka miesięcy Haydée będzie odczuwała nieobecność Celii niczym ból fantomowy po utracie kończyny. Pewnego kwietniowego dnia zdesperowany kierowca autobusu zawraca z trasy i kieruje pojazd pod ambasadę Peru. Tak wraz z grupą pasażerów automatycznie wydostaje się poza terytorium Kuby, uwalniając się spod władzy Fidela. Desperacki czyn bohaterskiego szofera wywołuje falę ucieczek Kubańczyków. Castro, pozbawiony mądrości Celii, nie potrafi zapanować nad buntem, po raz pierwszy skierowanym przeciwko „wujaszkowi Fidelowi". Nieszczęśni manifestanci, którzy odważyli się lżyć przywódcę, są kopani, okładani pałkami, upokarzani. Haydée przygląda się temu wstrząśnięta. Nie poznaje dawnego towarzysza broni. Próbuje wziąć biedaków w obronę, wstawia się za nimi u braci Castro. Na próżno. Ich uszy pozostają głuche na jej apele.

26 lipca 1980 roku, w rocznicę ataku na koszary Moncada, Haydée Santamaría siada w gabinecie, wyjmuje karabin i wkłada sobie lufę do ust. Rozlega się kanonada. Rewolucja traci swoją ostatnią muzę.

Rok później, we wrześniu 1981 roku, Fidel po raz ostatni spotyka się z Maritą Lorenz. Upłynęło dwadzieścia lat od ich sielanki. Marita zdążyła w tym czasie związać się z dyktatorem Wenezueli Marcosem Perezem Jimenezem.

Dochowali się razem dziecka – co nie udało jej się z Castro. „Fidel był czułym i wrażliwym kochankiem. Marcos zachowywał się bardziej samolubnie. Zrobił swoje, »dziękuję bardzo, jestem zmęczony, muszę już iść«". Miała materiał porównawczy. Po dwudziestu latach milczenia zdobywa się na odwagę, by udać się na Kubę i zobaczyć z Castro po raz ostatni. Fidel obejmuje ją – ale nie jest to gest czułości, tylko nawyk przejęty z sowieckiego protokołu dyplomatycznego. Ostatnio coraz częściej wzoruje się na przyjaciołach z Moskwy. Marita wciąż nie traci nadziei, że ich dziecko przeżyło brutalną aborcję. Apeluje do Fidela, zaklina go, ale on nie chce roztrząsać dawno zapomnianych spraw. Proponuje, by przeprowadziła się na Kubę i wreszcie znalazła przyzwoitego męża. Słuchając jego monologu, Marita pozwala sobie na chwilę nostalgii. „Pamiętasz, Fidel?" Żadnej reakcji. „Zdajesz sobie sprawę, ile zrobiłam z miłości do ciebie?" Kładzie mu rękę na ramieniu, ale audiencja dobiega końca. Kobieta sama już nie wie, po co właściwie przyjechała.

Cichy ślub, cicha żona

Mirta, Naty, Teresa, Marita, Isabel i Celia zniknęły z horyzontu, ale zawsze znajdzie się jakaś kobieta, która zaopiekuje się Fidelem. Wódz, choć zwierzył się kiedyś przyjacielowi Maksowi Lesnikowi: „Rozwodnik, który ponownie się żeni, to skończony osioł"[65], postanawia wreszcie poślubić kobietę, która od dwudziestu prawie lat niezauważona mieszka w jego rezydencjach. „Dopiero po śmierci Celii, najdotkliwszej stracie jego życia, w 1980 roku postanowił po raz drugi się ożenić", mówi dawny ochroniarz El Commandante Delfin Fernández[66].

Castro poznał Dalię Soto del Valle pod koniec października 1959 roku, po śmierci rewolucjonisty Camila Cienfuegosa – tego, który przyszedł z pomocą Maricie wykrwawiającej się w hotelowym pokoju. Samolot Camila został zestrzelony nad zatoką w pobliżu Trynidadu. Kiedy na czystym morzu zauważono wielką plamę ropy, rodzina natychmiast się tam udała, licząc, że znajdzie samolot i jego pilota. Dalia, siostrzenica szefa akcji ratunkowej, jest wysoka, ma jasną cerę i znakomicie nurkuje. Natychmiast zostaje włączona do poszukiwań. „Kiedy Fidel dotarł na Trynidad, został przedstawiony dziewczynie i zakochał się od pierwszego wejrzenia"[67].

Od Delfina Fernandeza dowiadujemy się nieco więcej na temat tajemniczej syreny: „Dalia była zahukaną nauczycielką szkolną, smętną, nieprzykładającą wagi do wyglądu. Jasne włosy zawsze miała źle ufarbowane, nie uznawała manikiuru". Po trzydziestu latach od rozwodu Fidel dojrzał do powtórnego ożenku, ale nie zamierzał robić z Dalii pierwszej damy. „Zawsze żyła w cieniu. Zgodnie z wolą męża nigdy nie występowała publicznie. Fidel dbał, by nikt nie miał dostępu do jego tajemniczego ogrodu". Ich związek był tajemnicą aż do lata 2001 roku, kiedy w jednej z gazet ukazało się zdjęcie jasnookiej blondynki towarzyszącej Fidelowi na jakimś przyjęciu. „Wcześniej nigdy nie publikowano wizerunku Dalii. To ja udostępniłem tamte fotografie i ujawniłem, że mają pięciu synów", chwali się były ochroniarz.

Oficjalne zdjęcie otoczonej aurą tajemnicy Dalii przedstawia żonę Castro w roli ogrodniczki, pielęgnującej egzotyczne róże w tropikalnym ogrodzie w Jaimanitas na przedmieściach Hawany. Dom, usytuowany w eleganckiej dzielnicy, niczym się nie wyróżnia. Jest urządzony wygodnie, ale prosto: skórzane kanapy, drewniane meble. Na ścianach wiszą spokojne pastelowe obrazy. Fidel zadbał o kort tenisowy i boisko do koszykówki dla synów. Tylko sprzęt elektroniczny – na Kubie artykuł luksusowy – zdradza, że mieszka tu ktoś ważny.

Wizerunek drugiej pani Castro tylko z pozoru wygląda nieskomplikowanie. Dalia jest kobietą pełną sprzeczności: „Sprowadzała ubrania z najlepszych paryskich butików, Chanel i Diora. Używała drogich perfum i nosiła biżuterię, ale wyłącznie w czterech ścianach, w obecności synów i personelu, bo nigdy nie wychodziła na ulicę", zdradza Delfin Fernández. Mimo to jej życie trudno nazwać sielanką. „Musiała w milczeniu znosić zdrady męża, o których na szczęście wiedziały jedynie osoby z najbliższego kręgu". Małżeństwo bynajmniej nie utemperowało Fidela. Oprócz krótkich przygód i stałych kochanek miał pewien zwyczaj, znany dawnemu ochroniarzowi.

> Kiedy zauważył na ulicy kobietę, która wpadła mu w oko, pokazywał ją szefowi eskorty, jakby wybierał rybę na straganie; ten dawał znak ochroniarzom na końcu konwoju. W tym momencie rozpoczynała się wstępna weryfikacja „ofiary". Pierwszy etap: śledzenie. Kiedy już udało się ustalić adres, zaczynał się drugi etap: ustalenie, czy jest mężatką, a jeśli tak – to kim jest jej mąż. Jeśli

należał do partii, powierzano mu jakąś misję, najczęściej zagraniczną. Kiedy już zneutralizowano męża, nadchodził czas na „rutynową kontrolę" Ministerstwa Zdrowia. Pod pretekstem groźby epidemii przeprowadzano kompleksowe badania krwi, robiono prześwietlenia. Jeśli wyniki okazywały się zadowalające, stawała się przyjaciółką El Commandante. Nie musiała się o nic troszczyć, zaspokajano wszelkie jej potrzeby i zachcianki.

Fidel dba też o dyskrecję, by wieści o jego przygodach nie przedostały się do opinii publicznej, a zwłaszcza do zazdrosnej żony: „Urządził kryjówkę znaną jako »pokój 160«. Nawet Dalia nie miała do niej wstępu. Właśnie tam zawsze czekała jakaś ślicznotka, by zaspokoić jego apetyt".

Najważniejszy jednak pozostaje dom, do którego Castro ucieka przed zgiełkiem Hawany i swoimi zmysłami. Tam znajduje odpoczynek u boku żony – uosobienia dyskrecji. „Dalia jednak potrafi być też podstępna i bardzo cierpliwa. Długo czekała, żeby odsłonić pazury i przejąć rządy. Ta chwila nadeszła podczas choroby Fidela w pierwszych latach XXI wieku", opowiada Delfin Fernández. A mimo to Castro zakazał nazywania Dalii żoną, podkreślając, że żonę miał tylko jedną. Nie wyjaśnił, czy chodzi o Mirtę, Celię czy rewolucję.

ROZDZIAŁ 2

SADDAM HUSAJN – ROPA ZA ŻYWNOŚĆ

Ufam kobietom.
Nie wierz mężczyznom, mogą cię zdradzić.
Kobiety zaś są wiernymi przyjaciółkami,
na których zawsze można polegać.
Jeśli masz za przyjaciółkę kobietę,
nigdy cię nie zdradzi.

Saddam Husajn

Narzeczona Tygrysa

Bagdad, zima 1993 roku.

Pałac Saddama Husajna nad Tygrysem. W niewielkim pokoju przerobionym na gabinet lekarski trwają przygotowania do zabiegu wysokiego ryzyka. Pierwsza dama czeka opanowana i spokojna. Podjęła decyzję: pozbędzie się tego szkaradnego pieprzyka na ramieniu. Skalpel został już starannie odkażony, nowotwór przygotowany do usunięcia. Strzykawka ze środkiem znieczulającym leży na stole. Koncentrując się na przygotowaniach do zabiegu tak ważnej osobistości, doktor Ala Baszir nie pamiętał jednak o pewnym drobiażdżku. Operacja przebiega sprawnie i łatwo, ale lekarza zaskakuje obficie tryskająca krew. „Zapomniałem podać znieczulenie miejscowe"[1].

Zdumienie lekarza jest tym większe, że Sadżida nic nie powiedziała. „Z jej ust nie wyrwał się najcichszy krzyk, najmniejsza skarga". Zaniepokojony o pacjentkę, a zapewne także o własny los, etatowy chirurg Husajnów próbuje ukryć przeprosiny w pytaniu:

– Bardzo bolało?

– Tak… Ale kiedy człowiek nauczy się stawiać czoło Saddamowi, coś takiego też wytrzyma.

Sadżida Talfah nie odczuwa zbyt boleśnie skutków niedawnej wojny w Zatoce Perskiej. Amerykańskie bomby od ponad roku nie spadają na iracką stolicę, a siły rządowe wciąż się trzymają, choć straciły dwieście tysięcy żołnierzy, gdy zostały wypędzone z Kuwejtu. Irak słono płacił za marzenia o Kuwejcie jako swojej dziewiętnastej prowincji. Powrót osłabionych oddziałów, które musiały zmierzyć się z powstaniem szyitów na południu, a potem z kurdyjskimi partyzantami na północy, wcale nie oznaczał końca walk.

Ta wojna, już trzecia podczas czternastoletniego panowania, całkowicie uodparnia Sadżidę na ból. Aby przeżyć, pierwsza żona dyktatora potrafiła wyrzec się dobrobytu i wygód. Nigdy jednak nie wyrzekła się Saddama, którego znała od zawsze.

Raj, mój kuzynie!

Tikrit, 1946 rok.

Saddam Husajn al-Tikriti opuszcza dom rodzinny, przysięgając sobie, że więcej tam nie wróci, i szuka schronienia u wuja, Chajra Allaha Talfaha. Dziesięcioletni chłopak, który stracił ojca, jeszcze zanim przyszedł na świat, ucieka przede wszystkim przed nowym panem domu.

> Matka powtórnie wyszła za mąż. (...) Źle trafiła: Hadż Ibrahim al-Hassan nie miał nad nią litości. Z pewnością to wina jego mentalności wieśniaka. (...) Wstawałem bardzo wcześnie i od razu ruszałem zbierać drwa. To był mój codzienny obowiązek; latem i zimą, bez względu na pogodę. Pomagałem też matce wypasać nasze stadko krów i owiec. Skrupulatnie wykonywałem rozkazy Hadża Ibrahima al-Hassana[2].

Mimo to stosunki między pasierbem a ojczymem, który często okładał chłopca laską, są fatalne. Młody Saddam nie ma wyjścia. Całe dnie spędza poza domem, jak najdalej od rodzinnego tyrana.

Subha Talfah za to jest energiczną kobietą, dominującą nad mężem. Ta Beduinka, która wybrała osiadły tryb życia, pielęgnuje tradycje i zwyczaje koczowników, dumnie nosząc na policzkach oraz czole wytatuowane kręgi. Śmiało odsłania również ramiona, co na głębokiej wsi musi budzić zgorszenie. W swoim czasie krążyły plotki, że jej pierwszy mąż i ojciec pierworodnego uciekł od tej nieugiętej wyznawczyni matriarchatu. Subha do końca życia uparcie odmawiała noszenia zachodnich ubrań. Nigdy też nie dała się sfotografować. Nie uległa prośbom Saddama, by pozwoliła się uwiecznić na obrazie. Zdesperowany, uciekł się do podstępu: po całym kraju rozesłał ludzi, aby znaleźli malarza umiejącego sportretować osobę, która nie zgadza się pozować. „Artysta pracował ukryty za lustrem fenickim, żeby Subha nie zorientowała się, że ktoś ją maluje"[3], opowiada dawny szef protokołu Saddama.

Dom wuja Talfaha wydawał się gościnniejszy, zwłaszcza za sprawą rówieśników: kuzynek Sadżidy i Ilham oraz ich brata Adnana. Pierwsza, starsza z sióstr, podobnie jak Saddam, kończy dziesięć lat. Wspólnie się bawią, wspólnie też stawiają pierwsze kroki w szkole.

Chłopiec szybko odkrywa rozkosze nauki i staje się bardzo dobrym uczniem, choć jego postawa małego herszta nie pasuje do zachowania rówieśników z rodzin notabli. Wiele lat później Saddam opisze parze przyjaciół swój pierwszy dzień w szkole i podniecenie, jakie odczuwał, gdy z tej okazji pierwszy raz w życiu włożył bieliznę. „Tamtego dnia nieustannie podciągał diszdaszę – długą, białą tunikę, noszoną w Iraku – żeby pokazać kolegom bieliznę. Uważał, że to coś najwspanialszego pod słońcem, i koniecznie chciał się nią pochwalić"[4].

Sadżida też aż nadto dobrze wie, co znaczy nieobecność ojca. Chajr Allah Talfah jest nacjonalistą i bojownikiem walczącym z brytyjską okupacją, zaprowadzoną w Iraku w 1920 roku. Korzystając z chwilowej słabości Anglików, tuż po szóstych urodzinach córki Chajr Allah wraz z grupą oficerów próbuje dokonać przewrotu i osadzić pronazistowski rząd, który stawia sobie za cel wypędzenie z kraju Brytyjczyków. Podporucznik zostaje schwytany i na pięć lat trafia do więzienia. Sadżida musi radzić sobie bez ojca. Rodzina dotkliwie odczuwa brak jego żołdu, mimo to znosi biedę z podniesionym czołem.

Po wyjściu na wolność w 1946 roku Chajr Allah Talfah zostaje wydalony z armii i znajduje posadę nauczyciela w Bagdadzie. Siostrzeńca – dodatkową parę rąk – traktuje jak błogosławieństwo. Tak oto na początku lat pięćdziesiątych rodzina, wraz z Saddamem, osiedla się w wielowyznaniowej dzielnicy Al-Charach. Saddam ima się różnych zajęć. Sprzedaje papierosy, nagania klientów taksówkarzowi, pracuje jako kelner. Wciąż jeszcze jest wątłym nastolatkiem, który musi odpierać awanse mężczyzn zauroczonych chłopcami.

Sadżida z kolei, wzorowa uczennica, uczęszcza do chrześcijańskiej szkoły Rahibat at-Takdoma. U niej i jej siostry wykuwa się nieugięty charakter; wuj Chajr Allah wychowuje córki na prawdziwe bojowniczki. Od najmłodszych lat nasiąkają opowieściami bohaterskiego ojca, autora dzieła *Trzy gatunki, które Bóg niepotrzebnie stworzył: Persowie, Żydzi i muchy*, które staje się inspiracją dla młodych nacjonalistów. Irakijczycy, owi „Prusacy Arabii", powinni zjednoczyć świat arabski, tak samo jak Prusacy zjednoczyli Niemcy. Autor opisuje Persów jako „zwierzęta, którym Bóg nadał ludzką postać", a nad muchami wzdycha: „Nie sposób pojąć, jaki cel przyświecał Bogu, kiedy je stwarzał"[5].

Pod skrzydłami wuja Talfaha

Sadżida ma zaszczyt obserwować początki działalności politycznej ciotecznego brata, urodzonego wichrzyciela. Pilny uczeń swego przybranego ojca angażuje się po uszy w intifadę 1952 roku, skierowaną przeciwko wojskowej obecności Wielkiej Brytanii, która wciąż nie chce ograniczyć swoich wpływów w Iraku. Walka Arabów o całkowitą niezależność staje się dla obu mężczyzn niemalże religią.

Idąc w ślady mistrza, dwa lata później Saddam składa papiery na akademię wojskową, ale nie zalicza egzaminów wstępnych. Sadżida, która chce pracować w szkole, kontynuuje naukę. Jemu natomiast niespełnione marzenia każą szukać szczęścia w roli herszta. Angażuje się w działalność podziemną. W październiku 1959 roku wreszcie trafia się okazja, by się wyróżnić: młody bojownik, który nie unika rozboju, otrzymuje podrzędne zadanie: premier Abd al-Karim Kasim odmówił udziału Iraku w projekcie Nasera, który marzył o stworzeniu republiki panarabskiej. Przez to przysporzył sobie wrogów, którzy przygotowują grupę komandosów. Saddam ma stać na czatach i dać sygnał do ataku. Zamach kończy się klęską. Tylko Husajnowi udaje się zbiec, mimo kuli w łydce. Tak przechodzi swój chrzest bojowy. W przebraniu kobiety ucieka z Bagdadu i rozpoczyna mozolną wędrówkę przez pustynię, kierując się do Syrii. Sadżida nie po raz pierwszy jest świadkiem tego, jak mężczyzna porzuca dom dla sprawy.

Po krótkim pobycie u Beduinów zbieg szybko dociera do Kairu, gdzie wegetuje, utrzymując się ze skromnych zasiłków od sympatyków Nasera. Podejmuje naukę w liceum znajdującym się w bardzo eleganckiej dzielnicy Dokki, dostaje się na Wydział Prawa Uniwersytetu Kairskiego. Czasy działalności podziemnej wydają się odległe, młody student popija herbatę na tarasach kawiarń Indiana i Triumph, prowadzi dyskusje o socjalizmie oraz jedności arabskiej albo gra w szachy. „Cechuje go powściągliwość granicząca z nieśmiałością. Jest bardzo zamknięty w sobie", wspomina bliski znajomy[6]. Nic nie wiadomo o jego podbojach erotycznych. „Nie traciłem czasu na wyjścia, cały czas spędzałem na lekturze", wspominał tamte czasy. Zamierza jednak szybko to zmienić. Kilka miesięcy po przybyciu do Kairu informuje ojczyma o zamiarze ożenku. Pisze też, że wybrał już przyszłą żonę: to kuzynka Sadżida Chajr Allah Talfah. Decyzja spotyka się z entuzjastycznym przyjęciem: „Chwała Najwyższemu, chłopak dobrze zrobił! Albowiem każda pobożna rodzina w naszym kraju ceni wczesne małżeństwo, które chroni przed niebezpieczeństwem młodzieńczych wybryków i przed uwiedzeniem"[7]. Szczęśliwy ojczym niezwłocznie udaje się do Chajra Allaha, by w imieniu Saddama prosić o rękę córki, na co ten natychmiast się godzi.

Skwapliwość ojca wybranki może mieć nieco inne źródło niż radość ojczyma. Saddam zakochał się w innej kuzynce, już obiecanej innemu. „Mówił i myślał o ożenku z nią. To była młodzieńcza miłość. W Sadżidzie dostrzegał raczej siostrę. Trudno mu było myśleć o niej jako o kobiecie", wspomina jeden z przyjaciół. Ta naturalna skłonność groziła rozbiciem klanu. Zgodnie z beduińskim zwyczajem, znanym jako „podarunek ojca", jeszcze kiedy dzieci były małe, Chajr Allah przeznaczył najstarszą córkę dla przybranego syna. Dla wspaniałomyślnego wuja i nauczyciela fakt, że Saddam wolał inną, był zdradą, policzkiem.

W tym małżeństwie na odległość pojawia się jednak nowoczesny, zachodni element: obrączka przesłana wybrance. Państwa młodych dzielą trzy tysiące kilometrów, więc o nocy poślubnej nie może być mowy. Nieobecność głównej zainteresowanej nie oznacza jednak, że nie można zorganizować hucznego przyjęcia zaręczynowego. Zajął się tym krewniak, zapraszając na uroczystość licznych uchodźców irackich[8]. Następnie Saddam wyrusza w swoistą podróż poślubną – samotny rejs po Nilu aż po piramidy.

Tymczasem w Bagdadzie Sadżida jest świadkiem sporu, który dzieli rodzinę i rozbija jedność klanu Tikriti. Chajr Allah i jego szwagier Hassan al-Bakr mają odmienne poglądy na nowego przywódcę partii BAAS, której nazwa oznacza Odrodzenie. W lutym 1963 roku BAAS i CIA wspólnie organizują zamach stanu, brutalnie kładąc kres rządom Kasima, zdrajcy interesów arabskich. Saddam wraca do kraju, nie mogąc się doczekać, kiedy „skonsumuje małżeństwo z Sadżidą"[9].

Swój związek celebrują na sposób zachodni, pozując przed fotografem wynajętym na tę okazję. Panna młoda ma broszkę i kolczyki, delikatny makijaż i naturalną krótką fryzurę. Saddam pozwala sobie na lekki uśmiech. Wyjątkowo zgolił wąsy. Jest w garniturze i pod krawatem.

Młoda para przeprowadza się do dzielnicy Ragiba Chatun. Mieszkają w niedużym, bardzo nowoczesnym domu z różanym klombem, tarasem na dachu i prętami w oknach. Krótko jednak cieszą się wspólnym życiem. W listopadzie 1964 roku Saddam zostaje aresztowany przez policję polityczną. Wojskowy rząd uznał, że pora się pozbyć BAAS-u. Tym razem Saddama nie czeka przyjemne wygnanie do Kairu. Trafia do ciasnej więziennej celi. Młoda żona spodziewa się pierwszego dziecka. Często odwiedza męża, przynosząc mu to, czego najbardziej potrzebuje: książki. Przede wszystkim jednak jest pośredniczką między nim a ideologiem Michelem Aflakiem i Hassanem al-Bakrem, którzy opracowują plan ucieczki. Z odwagą godną bojowniczki o sprawę przekazuje mężowi wiadomości, szmuglując je w ubrankach pierworodnego Udaja. Szczególnym sprytem wykazuje się, najważniejsze informacje ukrywając w pieluszce kilkumiesięcznego synka.

Saddam ucieka w lipcu 1967 roku, spędziwszy w więzieniu dwadzieścia parę miesięcy. Tym razem nie musi pożyczać stroju od żony. Kiedy strażnicy transportują więźniów do sądu, korzysta z okazji i zaprasza ich na suty obiad do restauracji. Podczas gdy są pochłonięci jedzeniem, on wymyka się tylnymi drzwiami[10].

Następnie znów działa w podziemiu, wspierając puczystę Hassana al-Bakra w dojściu do władzy. Tym razem misja kończy się sukcesem. Wdzięczny krewniak obejmuje rządy w 1968 roku. Utalentowanego siostrzeńca żony mianuje ministrem oświaty i propagandy, a także wiceprzewodniczącym Rady Dowództwa Rewolucji, jasno dając w ten sposób do zrozumienia, kogo widzi w roli swego następcy. Saddam całkowicie angażuje się w działalność polityczną, zaniedbując przy tym Sadżibę i troje ich dzieci. Po Udaju bowiem w 1966 roku na świat przyszedł jeszcze Kusaj, a rok później dziewczynka Ragad.

Choć sytuacja finansowa rodziny znacznie się poprawiła, na Sadżidę spada cały ciężar prowadzenia domu. Sama chodzi kupować sprzęt elektryczny do mieszkania. „Bardzo nieśmiała i małomówna. Wchodzi do sklepu w czarnej abai – tradycyjnym, skromnym stroju – i tylko wskazuje palcem przedmioty, które chce kupić, zapowiadając, że Saddam później za nie zapłaci", wspomina szwagier sprzedawcy[11].

Saddam, który wszystko podporządkowuje karierze politycznej, błyskawicznie wchodzi w nową rolę. Chce być postrzegany jako lider nowoczesnych przemian, otoczenie zaś natychmiast przejmuje jego styl ubierania. Regularnie pojawia się w garniturze i pod krawatem. Szczególną wagę przykłada do butów – eleganckich i błyszczących. Potrafi nadążać za modą i wie, jak ważną rolę odgrywają detale: jeśli jasny prążkowany garnitur, to zapinany na cztery guziki; jeśli garnitur w pepitkę, to ciemny z guziczkami przy mankietach. Do tego jeszcze imponująca kolekcja krawatów, które dopasowywał do swoich rozmówców, nie unikając przy tym żywych kolorów. „Zawsze był bardzo elegancki. Preferował zwłaszcza francuskich krawców. Za punkt honoru stawiał sobie właściwy dobór krawata do koszuli. Buty nosił wyłącznie skórzane. I nie zapominał nigdy o delikatnych perfumach"[12], zwierza się jego architekt Libijczyk Fauzi Czalhub i precyzuje: „Potrafił przebierać się nawet trzy razy dziennie". Chodziło jednak o coś więcej niż zwykła próżność. Saddam świadomie zrywał z wizerunkiem tradycyjnych przywódców Bliskiego Wschodu, wybierając ten, dzięki któremu łatwiej omota zagranicznych dyplomatów.

Dandyzm i panarabizm

Saddam zawdzięcza rodzinie Sadżidy wykształcenie i status społeczny. Teraz osiągnął już dojrzałość, musi więc pokazać się jako przykładny mąż i ojciec. Przyjście na świat Hali w 1972 roku wykorzystuje jako okazję, by zaprezentować się w roli głowy nowoczesnej rodziny. Gazety do znudzenia rozpływają się nad narodzinami trzeciej córki wodza socjalistycznej rewolucji. Na pierwszych stronach zamieszczają zdjęcia rodziców i ich najmłodszej latorośli. Sadżida – dyskretna i wyrafinowana kobieta, matka pracująca – jest stawiana za wzór Irakijkom, obywatelkom nowego państwa Hassana al-Bakra. „Żyjemy tak samo jak wiele innych małżeństw", zwierza się Saddam Husajn w wywiadzie dla gazety „Al-Mar'a".

Nie zapomina jednak o swoim więcej niż skromnym pochodzeniu. Wizerunek głowy rodziny nie wystarcza, potrzebne są jeszcze bliskie więzi z młodą elitą Bagdadu. Wkrótce po narodzinach Hali świeżo upieczony patriarcha postanawia umocnić swoją pozycję towarzyską. Okazją staje się huczne przyjęcie wydane przez pewną parę na wynajętym jachcie. Goście tańczą, śmieją się i piją. Jacht spokojnie sunie po wodach Tygrysu, gdy jeden z uczestników każe kapitanowi przybić do Wyspy Świń.

„Kiedy wysiedliśmy na plażę – wspomina uczestniczka imprezy – zaskoczył nas widok gospodarza, który tam na nas czekał. Był ubrany cały na biało. Miał biały garnitur, białą koszulę, spodnie, wszystko. Promieniał w księżycowej poświacie. Zastanawialiśmy się, kto zacz. (...) Za nim stało dwóch mężczyzn, którzy wyjaśnili: »To Saddam Husajn«. Popatrzyliśmy po sobie, ale nazwisko nic nam nie mówiło. Dopiero ja zdobyłam się na odwagę i spytałam: »A kim jest ów Saddam Husajn?«"[13]. Jeden z gości ratuje sytuację, wyjaśniając, że to wiceprzewodniczący Rady Dowództwa Rewolucji. Saddam się nie mylił: iracka złota młodzież jeszcze go nie zna i trzeba ją przeciągnąć na swoją stronę.

Zaczyna się wymiana uścisków dłoni. Husajn proponuje wspólnego drinka. Ze statków, które wcześniej kazał przycumować w różnych punktach wyspy, błyskawicznie zostają przyniesione kieliszki. Gospodarz otwiera szampana za szampanem. „Nikt nie potrafił się oprzeć jego ujmującej osobowości. Spędziliśmy uroczy wieczór", opowiada dalej Alia Salbi, której mąż za kilka lat awansuje na osobistego pilota Saddama. Przyszły dyktator tymczasem podchodzi do każdej pary i zamienia z nią kilka słów, stosując przy tym własną, oryginalną taktykę: „Na pierwszy ogień szły pary z atrakcyjnymi partnerkami. Najpierw obtańcowywał wszystkie blondynki". Stara się zdobywać przyjaźń mężczyzn, nie pozostawiając jednak ich żon na uboczu. „Nigdy nie ufał mężczyźnie, jeśli najpierw nie obdarzył zaufaniem jego żony". Zawieszona między flirtem a podejrzliwością przyjaźń Saddama jest podarunkiem, którego nie można odrzucić. Często i chętnie zaprasza gości. Zwykle do Racing Clubu, gdzie czasem przyprowadza też Sadżidę, choć ta „nie była szczególnie towarzyska", zdradza Alia Salbi.

Pewnego wieczoru, w drodze z kolacji, Saddam z żoną wstępują do przyjaciela. Jest dwudziesta trzecia. Saddam monopolizuje towarzystwo. Zabawia je przez trzy godziny, przechwalając się, opowiadając o swoich pasjach – zwłaszcza o namiętności do polowania – i o ideałach. Jednak to nie słowa robią na słuchaczach największe wrażenie: „Wciąż widzę jego oczy. Zatrzymywał wzrok na każdym z nas, bacznie się nam przyglądając". Jeszcze tego samego wieczoru w geście przyjaźni każe dostarczyć cierpliwym gospodarzom cenną strzelbę. Uważał, że broń palna jest najbliższa sercu każdego Araba. Drugie miejsce zajmowała żona, a trzecie wierzchowiec. Nie powinno zatem dziwić, że broń brał z sobą na przyjęcia częściej niż żonę.

Owe nocne eskapady to również idealna okazja do spotkań z kochankami. Pewnego wieczoru opowiadał nowo poznanym przyjaciołom o swoim ostatnim podboju, niejakiej Hanie. „Była kimś więcej niż przyjaciółką. Twierdził, że potrafiła zaspokoić każde jego pragnienie. Chwalił się, jak ją zabił. Poznała innego. Saddama ogarnęła straszliwa zazdrość. Udał się więc do niej i zastrzelił z rewolweru, podczas gdy jej matka spała u siebie w łóżku". Choć nie zachowały się dowody rzekomej zbrodni, Saddam chętnie o niej opowiada. Uważa, że musi budzić w przyjaciołach podziw tak silny jak lęk. Krążą legendy o tym, że razy rozdaje równie hojnie jak upominki.

Latem 1979 roku wiceprzewodniczący Husajn nakręcony własnymi opowieściami, które snuje w obecności elity, wrzuca wyższy bieg. Wieczorami krąży po Bagdadzie, odwiedzając rodzinę za rodziną. Znajomych przestaje właściwie dziwić, gdy w środku nocy budzi ich telefon od Saddama, zapowiadającego wizytę i żądającego, aby natychmiast sprosić gości. W tamtym okresie sporo też pije. „Najbardziej lubił whisky Chivas Regal. Na każdą imprezę, na której się pojawiał, zawsze przysyłał jej całe skrzynki". Saddam przepada za tańcem, zwłaszcza w rytm muzyki zachodniej. „Nigdy się nie męczył, choć nie tańczył nadzwyczajnie. Był wyjątkowo silny, miał energię dziesięciu ludzi", wspomina Alia.

Pewnego lipcowego wieczoru Saddam siedzi u przyjaciół. Humor mu dopisuje. „Mam już dość starucha", rzuca w pewnym momencie, mówiąc o Hassanie al-Bakrze. Do furii doprowadza go, że kuzyn każdą decyzję polityczną konsultuje z niewidomą wróżką. Nie zamierza dłużej tolerować wpływów wieszczki z dzielnicy Al-Dubdżi. „Oświadczył, że kazał ją sprowadzić do pałacu i sam zabił". Prawda czy konfabulacja? Saddam manipuluje otoczeniem z precyzją znawcy duszy ludzkiej. „Znała za dużo tajemnic", stwierdza ponuro. Nikt nie podaje jego słów w wątpliwość. „Lubiliśmy go, bo umiał być czarujący, a równocześnie baliśmy się go. Tak bardzo, że nie potrafiliśmy mu niczego odmówić".

Feminista imieniem Saddam

Umocniony powodzeniem u żon przyjaciół Saddam podwaja wysiłki, zabiegając o polityczne poparcie płci żeńskiej. Sukces związku z Sadżidą to jego zdaniem wystarczające kwalifikacje, by ogłosić się naczelnym doradcą małżeńskim Irakijczyków. W wywiadach chętnie mówi, jak powinien wyglądać idealny związek. „W małżeństwie żona nie może czuć się gnębiona z tego jednego powodu, że jest kobietą, a mąż mężczyzną", oświadcza na łamach „Al-Mar'y" w 1978 roku.

Wprowadzając rodaczki na ścieżkę emancypacji, Saddam apeluje zwłaszcza do ich serc: „Całkowite i pewne wyzwolenie kobiety z więzów narzuconych im w czasach obskurantyzmu i ucisku to jeden z naczelnych celów partii i rewolucji. (...) Kobiety to połowa naszego społeczeństwa. Jeśli one nie staną się wolne, świadome i wykształcone, ono również wciąż będzie zacofane i pozbawione praw"[14]. Swoje przemyślenia podsumowuje jednym, zdecydowanym hasłem: „Pogarda dla kobiet – zdradą rewolucji". Ten, kto upiera się przy roli „opiekuna kobiet, szkodzi partii i narodowi", zapewnia od samego początku. Rzadko używa samego słowa „kobieta". Zwykle okrasza je serdecznymi dodatkami, takimi jak: umiłowana, szlachetna, czcigodna, męczennica.

Tak ten zadeklarowany feminista skutecznie buduje kult jednostki, odpowiadający wielu Irakijkom. Widzą w nim kogoś więcej niż przywódcę politycznego: członka rodziny. Poetka Sadżida al-Musawi tak opiewa tę rodzącą się więź:

„Jest przyjacielem i przykładem, domem i synem. Saddam jest sercem, płonącą świecą, wspomnieniem, łzą, ziemią i swoim ludem z czystej wody zmieszanej z różami. Saddam to Irak cały”[15].

Na kongresie Związku Kobiet Iraku wygłasza płomienne mowy bądź apeluje do mężczyzn, by „szanowali żony oraz liczyli się z ich potrzebami”. Kiedy pewnego dnia ląduje śmigłowcem z niezapowiedzianą kontrolą pewnej komendy policji, zastaje naczelnika rozchełstanego, z zaniedbanym zarostem, ziejącego fetorem z ust. Wyrok zapada. Wódz zbiera cały personel i oświadcza z powagą: „Trzeba o siebie dbać, golić się i myć zęby. Pomyślcie o swoich żonach. Irakijki nie muszą znosić czegoś takiego”[16]. Saddam natychmiast wysyła na dietę wszystkich wysoko postawionych działaczy partyjnych, ze sobą na czele. Nieszczęsny komendant zrzuci prawie trzydzieści kilogramów, Saddam kilkanaście.

Doktor Husajn na tym nie kończy swojej działalności na rzecz poprawy higieny osobistej rodaków. W jednym z wystąpień telewizyjnych grzmi: „Mężczyzna nie może stawiać się na zebraniu czy spotkaniu rodzinnym, cuchnąc potem! Musi co dzień się kąpać! Kobiety powinny myć się dwa razy dziennie, ponieważ ich zapach jest bardziej wyczuwalny niż woń mężczyzny. Jeśli kobieta nie potrafi się posługiwać szczoteczką do zębów, niech czyści je palcem”.

W rzeczywistości jednak Saddam okazuje się mniej postępowy – i w kwestiach higieny, i równości płci. Z miesiąca na miesiąc jego wystąpienia przybierają coraz bardziej konformistyczny charakter. Idee rewolucyjne zostają przełożone na później. Saddam, który przygotowuje się do przejęcia władzy, nie może pozwolić sobie na to, by zrazić do siebie płeć brzydką. Z jego wystąpień znikają kontrowersyjne pomysły: „Kobieta powinna uznawać autorytet męża, ponieważ do niego – jako głowy rodziny i pana domu – należy ostatnie słowo”. Wraca też pochwała tradycyjnego modelu rodziny: „O ile mężczyzna spełnia się jako żołnierz, o tyle kobieta realizuje się jako nauczycielka. To dwie uzupełniające się role, a zarazem podstawowe obowiązki obywatela wobec społeczeństwa”. Żądania zniesienia „kurateli nad kobietami” nazywa wydumanym problemem, który może „sprowokować do ataku środowiska prawicowe oraz agentów imperializmu, wszędzie doszukujących się słabości”. Nadmierna szczodrość wobec kobiet groziła rewolucji paraliżem.

Cel zostaje osiągnięty. 16 lipca 1979 roku, po rewolucji pałacowej, Saddam Husajn odsuwa krewniaka al-Bakra od władzy i zostaje głową państwa. Zaślubiny Saddama z Irakijkami stają się faktem.

Saddam i jego dziwne wybranki

Zawsze noszę Pana w sercu. Słucham Pańskiego pięknego głosu i czuję, jakby był Pan przy mnie. Kiedy widzę Pańskie spojrzenie i uśmiech, mam wrażenie, jakby to na mnie Pan patrzył, do mnie się uśmiechał. (...) Stale gości Pan w moich myślach. Budzę się, myśląc o Panu, myśląc o Panu zasypiam. Panu zawdzięczam sukces, ponieważ Pan podkreślał, jak ważna jest nauka. W tym roku przyznano mi tytuł najlepszej uczennicy w klasie[17].

Młodziutka licealistka Aszti Marben w liście zapewnia nowego prezydenta o swojej miłości i oddaniu. Jak większość Irakijek odkrywa oblicze nowego przywódcy owego pamiętnego 16 lipca, siedząc przed odbiornikiem telewizyjnym. Kobiety zebrane wokół czarno-białych monitorów żywo komentują szykowny strój Saddama. Ten mężczyzna o „płomiennych oczach, który z uśmiechem witał największych światowych mocarzy, walcząc o odzyskanie naszych bogactw, natychmiast podbił me serce", pisze Aszti.

Urokowi uwodzicielskiego wodza nie oparło się młode pokolenie Irakijek, oglądających jego wystąpienia pilniej niż telenowele. On zaś codziennie pojawia się na ekranach, mówiąc „wolno i spokojnie, melodyjnym głosem"[18].

Tak oto polityczne porywy łączą się z porywami serca. „Bardzo lubiłam też Fidela Castro, bo był skromny i dżipem podróżował po kraju, rozmawiając z prostymi ludźmi", wyznaje Aszti, tworząc własny ranking najbardziej uwodzicielskich mężów stanu. „Podobał mi się również niemiecki kanclerz Willy Brandt i francuski prezydent Valéry Giscard d'Estaing. Wcale się nie dziwiłam, że wygrał wybory: był znacznie przystojniejszy od rywala. Moim faworytem zawsze jednak był nasz prezydent Saddam Husajn, który górował nad wszystkimi przywódcami państw, zwłaszcza elegancją i urokiem osobistym".

Kobiety lgną do Saddama jak muchy do miodu. Być może tajemnicą jego powodzenia było spojrzenie: „Prawdziwy drapieżnik! Ma najpiękniejsze oczy na ziemi, miękkie niczym jedwab", zachwyca się kolejna wielbicielka wodza. Selma Muszin, młoda żona irackiego polityka i humanisty, która znała Saddama jeszcze na wygnaniu w Egipcie, również nie potrafi się oprzeć tym „oczom jak rewolwer". „Uśmiechnięte, kontrastowały z surowym mundurem. Gawędził beztrosko z towarzystwem, ale nie spuszczał ze mnie wzroku. »Nie może być zły«, powiedziałam sobie. A mimo to pod jego spojrzeniem człowiek czuł się bezbronny"[19].

Także mężczyźni padają ofiarą jego przenikliwego spojrzenia. „Nikt nie mógł bezkarnie patrzeć mu w oczy. Były bardzo piękne, niemal kobiece, ale równocześnie miały w sobie coś tak fascynującego, że człowiek aż się ich bał, nawet gdy Saddam się uśmiechał"[20], zwierza się Fauzi Czalhub.

Husajn oczarowywał nie tylko spojrzeniem. Wielbiciele pieją peany na temat całej jego twarzy. „Prezydent stał w słonecznej poświacie. (...) Nagle jego uszy zafascynowały mnie tak bardzo, że przestałem słuchać, co mówi. W promieniach słońca płatki stawały się przezroczyste niczym wosk", opowiada jego chirurg Ala Baszir. Trzeba przyznać, że Husajn pracuje nad wyglądem. Kiedy we włosach pojawiają się pierwsze siwe włosy, osobisty lekarz przywódcy niebacznie proponuje rozwiązanie, które nie znajduje uznania u szefa: zgolić wąsy i baczki. „Saddam zmierzył mnie wzrokiem. (...) Trzeba było trzymać buzię na kłódkę. Ale i tak wiedziałem, że farbował włosy i wąsy".

Być może warto zobaczyć coś więcej w jego pędzie za modą, czterystu paskach, skórzanych butach tak wąskich, że powodowały odciski, które regularnie trzeba było operować. Może właśnie w nich należy szukać źródeł jego czaru, któremu nikt nie potrafi się oprzeć. Pod urokiem tego „arabskiego de Gaulle'a" jest nawet Jean-Marie Le Pen: „Ilekroć się z nim spotykałem, wyglądał bardzo szykownie, ubrany w błękitny lniany garnitur miękki jak jedwab, z doskonale dobranym krawatem. Nieodmiennie zachowywał się z klasą, okazywał uprzedzającą grzeczność"[21]. Jego garderoba – niewyczerpana niemal jak irackie zasoby ropy naftowej – staje się przyczyną oskarżeń o dandyzm. Osobisty krawiec – Sarkis Sarkis, z pochodzenia Ormianin – odpowiada za sprowadzanie najwykwintniejszych modeli ze stolic europejskich.

Saddam opracowuje własny arsenał sztuczek, dzięki którym oczarowuje i zachwyca kobiety. Urasta on niemal do rangi filozofii. „Kobiety uwielbiają posiadać więcej, niż naprawdę potrzebują. Codziennie widujemy je na targu.

Jedna zdobycz nigdy ich nie zadowala. To ich cecha wrodzona. Mają ją wszystkie. Głupie i inteligentne, prowincjuszki i mieszkanki stolicy – wszystkie. Ten, kto by próbował je zmienić, tylko traciłby czas”[22].

O jego talentach uwodzicielskich najlepiej świadczą słowa bliskiego przyjaciela: „Nawet rodzona siostra się w nim zakochała!”[23].

Saddam dba o to, by pokazywać się w jak najlepszym świetle, potrafi i lubi oczarowywać kobiety. „Uwielbiał kobiece towarzystwo! Pewnego wieczoru, pod koniec 1979 roku, zadzwonił do mnie jego szef gabinetu, informując, że przywódca organizuje przyjęcie. Przysłał po mnie szofera, a kiedy dotarłem do pałacu, zastałem tam siedem fantastycznych Brazylijek. Jedna z nich napisała wcześniej do prezydenta list, że jest zachwycona tym, czego dokonał w Iraku, i że bardzo chciałaby go poznać. Saddam zaprosił ją więc razem z przyjaciółkami i osobiście zorganizował ich przyjazd oraz pobyt”, opowiada niezawodny Fauzi Czalhub.

Tajemnice gabinetu Saddama

Nie wszystkim Irakijkom jednak było dane poznać nowego prezydenta osobiście. W lutym 1979 roku pojawia się zagrożenie ze strony Iranu. Dokuczliwego szacha Mohammada Rezę Pahlawiego zastępuje bojowy Chomejni, który postanawia eksportować swoją wersję rewolucji, gdzie zgoła odmiennie postrzega się kwestię emancypacji kobiet.

Saddam, który często pojawia się z Sadżidą w kółkach myśliwskich stolicy, rezygnuje ze swoich nocnych eskapad. „Od tamtej pory oddaje się zabawom wyłącznie w gronie rodzinnym, nie ruszając się z pałacu. Nie chciał dawać islamistom pretekstu do oskarżenia o hołdowanie liberalnym, zachodnim obyczajom”[24], opowiada Ijad Aflak, doradca prezydenta oraz syn współtwórcy partii BAAS Michela Aflaka. Między innymi dlatego Saddam zaczyna przyjmować kobiety w swoim prywatnym gabinecie w Pałacu Republiki.

Pewnego dnia Aszti Marben, zakochana licealistka, postanawia poznać swojego idola osobiście. Myje włosy, perfumuje się i nakłada delikatny makijaż – zgodnie z upodobaniami Saddama, który lubi pachnące, ale niezbyt mocno umalowane kobiety. „Znajdowałam się trzy, może cztery metry od niego. Pochłaniałam go wzrokiem. Był piękny, jeszcze piękniejszy niż na zdjęciach! I ten szyk! (...) Przeszył mnie dreszcz, jakby między nami przebiegł ładunek elektryczny. Emanował nadzwyczajną siłą, której nie mogłam się oprzeć, a która powodowała, że każda najmniejsza komórka mojego ciała wibrowała". Przed nią zbliżyła się do niego inna kobieta, której mąż chciał poślubić drugą żonę.

– Tylko pan może przywrócić pokój w moim małżeństwie – zaklina.

– Porozmawiam z nim – odpowiada łaskawie przywódca.

Kiedy dziewczyna wreszcie staje twarzą w twarz z wodzem, nie może wydobyć słowa.

– Podejdź bliżej, przywitaj się – zachęca Saddam, wstając i okrążając biurko.

Zatrzymuje się przed dziewczyną i opiera ręce na jej ramionach. „Położyłam głowę na jego barku, na policzku poczułam łaskotanie jego marynarki, w nozdrzach woń jego perfum. To był niebiański zapach! – zachwyca się dziewczyna, a dopiero potem przechodzi do szczegółów: – Nie z tych, co to kupuje się w sklepie, woda po goleniu też nie. Po prostu niebiańskie perfumy, których woń mnie upajała. Myślałam, że się rozpłynę z rozkoszy". Saddam zaczyna roztaczać swój urok.

– Dostałem twój list, Aszti. Aszti to kurdyjskie imię?

– Nie jestem Kurdyjką. Jestem chrześcijanką – spieszy z odpowiedzią.

Saddam nie wygląda na zadowolonego, ale odpowiada gładko:

– Kurdowie, chrześcijanie czy Arabowie, co za różnica? Wszyscy jesteśmy Irakijczykami.

Odprawia dziewczynę, dając jej zdjęcie z autografem i datą: 18 września 1980 roku. Aszti nie odchodzi z pustymi rękami. Dostaje od wodza szkatułkę z wygrawerowanym złotymi literami napisem: „Za szczególne zasługi". W środku leży złocony szwajcarski zegarek z portretem Saddama na czarnym cyferblacie. Do tego Husajn dorzucił jeszcze tysiąc dinarów.

Ku wściekłości mężczyzn prezydent regularnie przyjmuje kobiety. Nie toleruje tylko jednego: by rozmawiały z nim o polityce. „Można było płakać, nawet podnosić głos. Nie złościł się, znosił to w spokoju", wspomina Selma Muszin, która też zachowała pamiątkę z wizyty u Saddama. Nie przychodzi do niego w roli wielbicielki. Jej mąż, polityk, któremu poprzednik Husajna chciał powierzyć stanowisko ministra spraw zagranicznych, został aresztowany. Rodzina nie ma od niego żadnych wiadomości. Młoda żona udaje się do wodza, by wstawić się za małżonkiem. Ona też nie zapomniała o muśnięciu ust szminką i pociągnięciu rzęs odrobiną tuszu.

– Wiem, co cię sprowadza. Jeśli chodzi o męża, rzuć go. To nic niewarte ladaco, nie zasługuje na wolność.

– Takie jest zdanie Waszej Ekscelencji. Cokolwiek Ekscelencja powie, podporządkuję się i postąpię zgodnie z rozkazem.

– Jest przemądrzały, wydaje mu się, że wszystko wie.

Saddam wstaje, okrąża biurko i podchodzi do Selmy. Dalszą część spotkania kobieta wspomina jako koszmar, z którego nie mogła się obudzić: „Brutalnie chwycił mnie w talii i zaczął całować, pieścić mnie. Dotykał mnie wszędzie, nawet najbardziej intymnych miejsc. Piersi, pośladki... Wreszcie powiedział: »Masz dobre ciało, pilnuj go i dbaj o nie. Jesteś ładna«", pada nieśmiały komplement. Selma przez dziesięć minut znosi pieszczoty wodza.

– Wie pan, kim jestem? – odzywa się, próbując odwrócić jego uwagę.

– Ależ oczywiście. Saddam Husajn zna każdego Irakijczyka – odpowiada dyktator ze śmiechem.

Kobieta obiecuje, że mu się odda, jeśli wypuści męża na wolność.

– Nie potrzebuję twojej zgody. Wezmę cię, jeśli tylko będę miał ochotę. Nie liczy się, czy twój mąż będzie w więzieniu czy na wolności. Jeśli będę cię pragnął, będę cię miał – pada odpowiedź.

Mimo to ostatecznie nic jej nie zrobił. Wypuścił ofiarę, odprowadzając ją aż do prezydenckiego białego mercedesa. Szofer oświadczył tylko: „Możesz palić". Mąż Selmy nieoczekiwanie wyszedł na wolność. „Saddam nie chciał mnie wziąć, tylko upokorzyć z powodu męża. No i pokazać – mnie i mojemu mężowi – że ma władzę nad nim, nade mną. Zresztą – zauważa dalej Selma – nie byłam w jego typie. Jestem drobniutką brunetką, a on wolał dobrze zbudowane blondynki"[25].

Saddam potrafi wykorzystywać kobiety do swoich celów: jako narzędzie walki dyplomatycznej albo propagandy. One zaś okazują się wiernymi sojuszniczkami. Dlatego lubi otaczać się współpracownicami, którym powierza strategiczne stanowiska. I tak oto w jego otoczeniu nagle pojawia się tajemnicza farmaceutka, która ponoć opracowała maść mogącą uratować żołnierzy przed zgorzelą dziesiątkującą armię. Wyśmiewana i narażona na drwiny w środowisku lekarskim, postanawia zwrócić się do samego wodza, który odpowiada bystro: „Wiem z doświadczenia, że w naszym kraju postęp i nowatorskie pomysły, takie jak ten pani, często trafiają na biurokratyczne bariery"[26]. Każe sekretarce, by udostępniła „badaczce" laboratoria, w których ta będzie mogła jak najszybciej dopracować preparat i zastosować go w praktyce.

Najpierw jednak osobisty ochroniarz prezydenta prowadzi „uzdrowicielkę" do kliniki kardiologicznej Saddama, którą kieruje profesor Saleh. Kobieta nakłada cudowną maść na objęte zgorzelą nogi bohatera narodowego, generała. Nieufny dyrektor ośrodka dyskretnie pobiera próbkę mazidła i oddaje do badania. Okazuje się, że preparat jest nieskuteczny, a co gorsza – stanowi istną wylęgarnię bakterii. Szarlatanka zostaje wyrzucona z hukiem i czym prędzej udaje się na skargę do Pałacu Republiki. Dyrektor kliniki kardiologicznej zostaje natychmiast zdymisjonowany, dobra pani doktor otrzymuje własne laboratorium, a nieszczęsny generał traci obie nogi.

Jeśli kandydatki na oddane współpracownice nie pojawiają się same, Saddam wyławia je z grona studentek albo działaczek partyjnych. Wykorzystuje ich talenty i przydziela funkcje w zależności od zasług. Oprócz obowiązkowego uwielbienia liczy się bowiem jeszcze to, co mogą dać Irakowi i jego żołnierzom.

Rok 1980 zaczyna się dla Saddama jak najlepiej. Wódz chwilowo nie musi przejmować się irańską armią, gdzie Chomejni przeprowadza czystki. Postanawia więc uprzedzić ruch nieprzyjaciela, który – jak się spodziewa – będzie próbował odebrać Irakowi tereny szyickie ze świętym miastem Nadżaf. 22 września 1980 roku wypowiada więc wojnę odwiecznemu perskiemu wrogowi. Pretekstem staje się dawny spór graniczny o ujście Tygrysu i Eufratu. Co zaskakujące, pierwsze miesiące wojny z Iranem to okres nieustannych zabaw. Saddam prawie co dzień świętuje na mieście, organizuje przyjęcia z tancerkami i śpiewaczkami, które nie żałują dla niego gardeł. Siadają u jego stóp i zachwycają tradycyjnymi pieśniami chłopskimi i melancholijnymi utworami, które szczególnie go wzruszają. „Kiedy wychodziliśmy, głowy nam pękały od beduińskiej muzyki i gorących dyskusji o wojnie. (...) Chciał wtedy mieć wokół siebie jak najwięcej ludzi", wspomina Alia Salbi.

Wraz z wybuchem konfliktu z Iranem Irakijczycy masowo ruszają na front. Wojna stanowi kolejne zaślubiny prezydenta Saddama Husajna z kobietami. Musi znów zyskać zaufanie „partnerek", by pomogły mu kierować krajem i przygotowały go do walki na śmierć i życie. Dlatego do zakazu poligamii i możliwości rozwodu dorzuca im jeszcze w prezencie prawo wyborcze. Podnosi rangę kobiet, uświęca je, czego przejawem jest rzeźba umieszczona w Muzeum Męczenników. Zatytułowana *Panna młoda, męczennica Mendeli*, przedstawia kobietę, która ginie w dzień ślubu, zabita przez irański pocisk. Część instalacji stanowią jej buty i ślubna suknia. Rzeźba ukazuje, jak oblubienica wznosi się ku niebu. Poetka Sadżida al-Musawi wychwala przywódcę: „Saddam jest niczym rzeka dobra oddzielająca ogień od światła. Saddam to nasz klucz do raju". Nowy prezydent Iraku nie koncentruje się teraz na mocarstwach zachodnich, lecz na swoich granicach. Porzuca więc modne garnitury i zamienia je na oliwkowy mundur partii BAAS, który będzie nosił aż do upadku.

Skupiony na morderczej wojnie i kierowaniu krajem Saddam zaniedbuje obowiązki rodzinne i troskę o klan Tikriti. Sadżida musi przejąć zadania głowy rodziny.

Przykładne dziewczynki

Choć Sadżida nie towarzyszy mężowi w nocnych eskapadach do lokali, gdzie alkohol leje się strumieniami i gdzie nawiązuje się ważne kontakty, odgrywa ważną rolę w jego dojściu do władzy. Pracuje jako nauczycielka, a potem dyrektorka postępowej szkoły koedukacyjnej[27], do której elita Bagdadu chętnie posyła swoje dzieci. Uczęszczają tam latorośle najlepszych irackich rodzin. Sadżida rezygnuje z pracy w szkole, dopiero kiedy Saddam zostaje prezydentem, by pomagać mężowi w sprawowaniu nowej funkcji. W ten sposób uwiarygodnia głoszoną przez niego politykę emancypacji kobiet, ułatwiania im dostępu do edukacji. Następny ruch Husajna to walka z analfabetyzmem. Wkrótce już

95 procent dziewcząt chodzi do szkół. Wojsko i akademie wojskowe witają je z otwartymi ramionami. Niektóre absolwentki siadają nawet za sterami myśliwców.

Podczas gdy mąż oddaje się swojej największej pasji – polityce – Sadżida zajmuje się córkami i codziennym funkcjonowaniem pałacu. Z determinacją, władczo przewodniczy też oficjalnym przyjęciom. Klan Tikriti zaś podejmuje gości chętnie, nie żałując grosza. Zaproszeni uniżenie zbliżają się do pierwszej damy, która wita ich łaskawym skinieniem głowy i niezobowiązującym uśmiechem. Żony ministrów tańczą wokół niej do wtóru pieśni narodowych granych przez orkiestrę. Matki panien na wydaniu zabiegają, by przedstawić jej swoje córki w nadziei, że którąś z nich upatrzy sobie na żonę dla Kusaja albo Udaja, którzy w tym momencie stanowią najlepszą partię w Bagdadzie.

Podczas gdy matrony tłoczą się wokół pierwszej damy, ich córki kręcą się wokół Ragad i Rany. Starsza córka Husajna wyrosła na upartą, zaangażowaną pannę, która uczyła zasad baasizmu w pałacowej szkole. Zainab Salbi, córka pilota prywatnego samolotu Saddama, przypomina sobie przykładne córeczki prezydenta: „Rana, młodsza ode mnie o dwa lata, była typową, grzeczną środkową siostrą. Najmłodsza Hala, młodsza ode mnie o siedem lat, była oczkiem w głowie Saddama". W czasie przyjęć w pałacu córki na swój sposób odtwarzały znajome role. „Pamiętam, jak Ragad paradowała korytarzem i tonem nieznoszącym sprzeciwu wygłaszała tyrady na tematy tak błahe jak moda. Dziewczęta zaś i ja dreptałyśmy za nią, jakby była Saddamem, a my jej eskortą".

Rozmowy ograniczały się zwykle do plotek i mody. Latif Jahja, kolega z klasy Udaja, wspomina, jak na tych przyjęciach prezentowała się pierwsza dama: „Tylko jedno fascynowało ją bardziej niż ubrania – jak zdobyć jeszcze więcej biżuterii. Jeśli już pojawiła się na zabawie, rozprawiała wyłącznie o błyskotkach. Potrafiła długo i z entuzjazmem opowiadać, skąd pochodzi dany kamień albo w jakiej miejscowości kupiła te czy inne kolczyki"[28].

Ponieważ trwa wojna, córki prezydenta nie mogą opuszczać kraju. Skończyły się więc zakupy w londyńskich i paryskich butikach. Na pociechę mają dostęp do niezliczonych katalogów. Wystarczyło, że pokazały coś palcem, a natychmiast to dostawały. W pałacu toczyły się mroczne „wojny sukienkowe". „Często pożyczały sukienki od Tamary, najmodniej ubranej dziewczyny z naszej paczki. Czasem je oddawały, czasem nie. Jednej na przykład nie mogła już włożyć, bo krawiec dostał rozkaz, by ją skopiować. Pociął ją więc i już nie dało się jej uratować". Wizyta u młodych elegantek przypominała pokaz mody, na którym komentowano każdy strój. „Pokazać się dwukrotnie w tej samej rzeczy – to byłby skandal", opowiada Zainab.

Żona prezydenta

Sadżida również stara się nadążać za modą. Przekazuje zamówienia kobietom, które swobodnie mogą podróżować po świecie, między innymi żonie pilota Saddama Alii Salbi. Niektóre jednak narzekają: Sadżida nie spieszy się ze zwrotem pieniędzy. Pewnego dnia wreszcie nadchodzi upragniona chwila: prezydent pozwala małżonce, by w asyście dwóch ciotek na kilka tygodni opuściła kraj. Każda uczestniczka eskapady dostaje po dziesięć tysięcy dolarów na szaleństwo w butikach. A to wszystko dlatego, że Sadżida, której „mocno przyczernione, łukowate brwi nigdy nie uniosły się ani o milimetr", musiała budować własny kult jednostki, nie żałując upominków dla pozostałych mieszkanek pałacu: ubrań i biżuterii.

Tak oto na początku 1981 roku żona irackiego prezydenta udaje się do Londynu. Towarzyszy jest dwudziestoosobowa grupka najbliższych przyjaciółek z pałacu. Kobiety rozpierzchają się po luksusowych butikach Bond Street. Ich ulubiony to Hermès, gdzie zostawiają setki tysięcy funtów. Zaspokoiwszy nieco swój głód zakupów, miesiąc później wraz z ambasadorem Iraku przy ONZ[29] Sadżida udaje się do Nowego Jorku na pokładzie nowiuteńkiego jumbo jeta Boeing 747 kupionego od Stanów Zjednoczonych przez osobistego pilota Saddama. Zielono-biała wykładzina z godłem prezydenckim prowadzi do nowocześnie urządzonych salonek. W apartamencie prezydenta króluje gigantyczne łóżko. Znalazło się też miejsce na salę konferencyjną, gabinet i łazienkę. Tak oto Sadżida wyrusza do Nowego Jorku, tym razem z trzydziestoosobową świtą zakupoholików. Na czele ekipy stoi obecny faworyt Sadżidy Husajn Kamel al-Tikriti. Pierwsza dama zakochuje się w Bloomingdale i wydaje tam niewyobrażalne sumy.

Rozłąka sprzyja pogłębieniu więzi. Małżonkowie co dzień rozmawiają ze sobą przez telefon. Być może Saddam w ten sposób zręcznie kontroluje poczynania Husajna Kamela, który ma w Nowym Jorku potajemnie uzupełnić zapasy broni do wojny z Iranem. Plenipotent dyktatora podpisuje z firmami krzakami kontrakty, dzięki którym Irak – mimo amerykańskiego embarga – powiększy arsenał. Nawet jeśli Sadżida bezpośrednio nie prowadzi rozmów, ochoczo wydaje hojne łapówki otrzymane od Amerykanów[30].

To, co wydaje się bezsensownym uzależnieniem od luksusowych drobiazgów, tak naprawdę może stanowić próbę zagłuszenia bólu, odreagowania obojętności męża. W tamtym okresie bowiem wychodzi na jaw jego romans z apetyczną żoną ministra informacji i komunikacji, zmysłową tenisistką.

Po powrocie do Iraku Sadżida podejmuje kolejną nieudaną próbę odgrywania roli typowej żony i gospodyni. Postanowiła mianowicie posadzić kilka krzaków pomidorów, a ponieważ kompletnie się na tym nie znała, umieściła je w pełnym słońcu zamiast w cieniu. Sześciu strażników, oddelegowanych do opieki nad sadzonkami, daremnie je podlewało. Wkrótce sami zwiędli jak nieszczęsne rośliny. Finał zabawy pierwszej damy? Niekompetentnych ogrodników wysłała na dziesięć dni do karceru.

Klan Tikriti

W pałacu rosną też inne nieudane latorośle. O ile trzy córki pary prezydenckiej zachowują się wzorowo, o tyle Udaj i Kusaj nieustannie przysparzają problemów. Sadżida zupełnie sobie nie radzi z synami, których wychowuje właściwie samotnie. Być może jednak Saddam nie popisał się przezornością, kiedy od piątego roku życia kazał chłopcom obserwować egzekucje.

Udaj wykorzystuje każdą okazję, by zaszpanować przed kolegami. Na przykład pojawia się przed szkołą w luksusowych limuzynach, czasem parkuje porsche na samym środku dziedzińca, a w przypływie fantazji każe szoferowi wjechać na dziesięciostopniowe schody, bo nie chce mu się fatygować tak wysoko.

Na lekcjach podstawową troską nauczycieli nie była dyscyplina, ale zapewnienie ochrony synowi prezydenta. Jeden z kolegów tak opisuje tę sytuację: obu synów Husajna „nadmiernie pilnowano. Do tego stopnia, że to przeszkadzało nie tylko dzieciom, ale nawet rodzicom, którzy jednak nawet nie ważyli się myśleć o zmianie szkoły"[31], bo Saddam uznałby to za osobistą obrazę. „Kompletnie się nie uczyli, a zawsze byli pierwsi", narzeka jeszcze.

Synowie prezydenta na wiele sposobów podkreślali swoją ekscentryczność. Choć w szkole surowo przestrzegano obowiązku noszenia mundurka, oni w ogóle nie zaprzątali sobie tym głowy. Udaj czasem zamiast paska nosił bandanę z nabojami rewolwerowymi. „Któregoś dnia zjawił się nawet w plecionym kapeluszu bambusowym. Wszyscy udawaliśmy, że tego nie widzimy"[32], wspomina kolega. Na egzaminach też cała klasa bez szemrania podporządkowuje się woli Udaja: „Nauczyciel musiał mu ustępować. Raz Udaj wydłużył całej klasie czas o kwadrans. Innym razem zaś skończył w sześć minut i zabronił innym pisać dalej".

Pierworodny Sadżidy szybko próbuje naśladować ojca. W wieku piętnastu lat pali cygara, domaga się identycznego gabinetu jak Saddam. Podejmuje studia na Wydziale Architektury Uniwersytetu Bagdadzkiego. Nie przykłada się do nauki, ale bez trudu uzyskuje dyplom, otrzymując 98,5 punktu na sto możliwych. Nieliczni profesorowie, którzy ośmielili się przyznać mu niższe noty, musieli się gęsto tłumaczyć przed Muchabaratem, irackimi służbami bezpieczeństwa.

W interesie klanu Tikriti i w nadziei, że to nieco ukróci młodzieńcze wybryki, zapada decyzja o ślubie. Udaj żeni się z córką przyrodniego brata Saddama – Barzana. Niestety, związek z kuzynką pierwszego stopnia błyskawicznie się rozpada. Rozpuszczony młodzieniec nie zamierza spędzać wieczorów z młodą żoną. Woli wypady na miasto i igraszki ze ślicznotkami. Trzeba przyznać, że Udaj od początku nie nadaje się na idealnego zięcia. „Nie chciał się żenić. Myślał o innej dziewczynie", precyzuje przyjaciel[33]. Ma swoje ulubione lokale, do których regularnie chadza na mocno zakrapiane imprezy: między innymi do słynnej bagdadzkiej lodziarni, gdzie lubiła się spotykać złota młodzież, której stara się zaimponować luksusowymi limuzynami; albo do dyskoteki na dachu hotelu Melia Mansur. Kolejne miejsce spotkań to jego barka na Tygrysie, porzucona przez brytyjski sztab generalny, kiedy Irak odzyskał niepodległość: jej wnętrza w stylu wiktoriańskim są wyłożone boazerią. Udaj traktuje ją jak swój prywatny klub, przyjmuje tam dziwki wszelkiego rodzaju i zabawia je, strzelając w powietrze z kałasznikowa. Imprezy nie zawsze dobrze się kończą; nikt już nawet nie próbuje policzyć bójek, pożarów, gwałtów, a nawet uprowadzeń dziewcząt, do jakich tam dochodzi.

Zaledwie trzy miesiące po ślubie nieszczęsna młoda żona Sadża szuka schronienia u teściowej i zostaje błyskawicznie wyekspediowana do Szwajcarii, gdzie jej ojciec przebywa na placówce. Sadżida widzi, że popełniła błąd: syn nie dojrzał do małżeństwa. Nie będzie już próbowała go wyswatać. Zwłaszcza że Kusaj właśnie zapewnił ciągłość rodu Husajnów.

Młodszy syn Saddama unika wszelkiej ekstrawagancji, nosi angielskie garnitury szyte na miarę. Spokojniejszy od Udaja i raczej zamknięty w sobie Kusaj wydaje się godniejszym następcą ojca. Wybiera inną drogę niż brat. Żeni się z potomkinią szanowanego klanu, którego nie skalał nawet cień skandalu. Kończy prawo i politologię. Jeśli nudzi się na zajęciach, nie wszczyna awantur jak Udaj, jedynie dumnie unosi głowę i bez słowa opuszcza salę. Saddam spędza z nim coraz więcej czasu, podsycając tym samym rywalizację między braćmi. „Wiedział, że jest ulubieńcem ojca, i nie musiał tego udowadniać", opowiada Latif Jahja.

Solidarność rodowa jednak bierze górę, kiedy pupil ojca wpada w tarapaty. Pewnej nocy w 1984 roku w jednym z bagdadzkich hoteli dochodzi do awantury między pijanym Kusajem i równie pijanym saudyjskim dyplomatą. Saddam boi się narazić potężnemu sąsiadowi, więc każe aresztować młodszego syna. Udaj zakopuje topór wojenny i osobiście udaje się do naczelnika, żądając uwolnienia brata. Kiedy urzędnik odmawia, wyciąga kałasznikowa i posyła nieszczęśnikowi serię w nogi. Ten błyskawicznie nabiera chęci do współpracy i wypuszcza Kusaja. W obawie przed ojcowskim gniewem bracia chronią się u krewnych matki i tam przeczekują burzę. Na wszelki wypadek barykadują wejście workami z piaskiem, a Udaj trzyma na podorędziu pistolet maszynowy.

Sadżida nieustannie musi apelować do rodziny o rozsądek – skoro pokoju nie da się osiągnąć. Niejednokrotnie wstawia się u męża za nieokiełznanymi synami, chroniąc ich przed ojcowską karą. Czasem jednak jej wsparcie nie wystarcza i młode pokolenie musi ponieść konsekwencje swoich czynów. Pewnego razu przybrany syn Sadżidy Luai, któremu nie spodobało się to, że nauczyciel zwrócił mu uwagę, wyładowuje złość na ramieniu pedagoga z takim impetem, że łamie mu kość. Na reakcję Saddama nie trzeba długo czekać: „Wezwał Luaiego i kazał złamać mu rękę. Dla przykładu", opowiada

Ijad Aflak. W swojej trosce, by sprawiedliwości stało się zadość, dyktator posuwa się nawet dalej: „Widziałem film. Biło go trzech mężczyzn, dopóki lekarz nie potwierdził, że ramię zostało złamane dokładnie w tych samych miejscach co kość profesora".

Czasem sytuacja przerasta nawet samego Husajna. Nie wie już, jak skutecznie dyscyplinować członków klanu. „Dopóki szczeniak jest mały, można go bić i karać na różne sposoby. Kiedy jednak dorośnie i nabierze siły, trzeba dwa razy się zastanowić, nim się go uderzy, bo może ugryźć. Wyobraź sobie sytuację, kiedy otacza cię sto psów", zwierza się pewnego dnia swojemu osobistemu lekarzowi Ali Baszirowi.

A jednak to Sadżida będzie odpowiadać za konflikt, który rozbije jedność klanu Tikriti. Osobisty sekretarz Udaja datuje ten epizod na ten sam 1984 rok. Kłótnia wybucha w związku z małżeństwem Ragad. Przyrodni brat Saddama Barzan – skądinąd szef przerażającego Muchabaratu – prosi o jej rękę dla swojego syna. Spotkawszy się z odmową, natychmiast rezygnuje ze wszystkich stanowisk i oficjalnych obowiązków. Wie dobrze, że za decyzją Saddama stoi Sadżida, która postanowiła wydać córkę za jednego ze swoich protegowanych. „Sadżida życzyła sobie, aby Ragad poślubiła Husajna Kamela – jej ochroniarza. Nie chciała, by córka wychodziła za kogokolwiek z rodziny Barzana"[34], wspomina sekretarz Udaja. Cała rodzina zna słabość pierwszej damy do tego młodzieńca. Jej rodzona siostra Ilham stwierdza, że Husajn Kamel „oczarował Sadżidę". Więcej: „Owinął sobie żonę prezydenta wokół palca. Stał się jej protegowanym i przyczyną naszych kłótni. (...) Wielokrotnie próbowałam ostrzec siostrę przez tym niebezpiecznym typem, ale ona nie słuchała"[35], narzeka.

Ragad nie narzeka, gdy dowiaduje się, za kogo ma wyjść za mąż. Już wcześniej postawiła warunek: będzie mogła dokończyć studia. Oblubieniec za to dorzuca swój: dziecko za każdy rok na uczelni.

Kilka miesięcy później przygotowania do ślubu idą pełną parą. „Suknię ślubną szyła u Niny Ricci. Sam towarzyszyłem Ragad do Paryża, gdy ją zamawiała – opowiada dawny szef protokołu prezydenta. – Wybrała przepiękny model, obszyty perłami, nad którym pracowało trzydzieści pięć krawcowych". Następnie trzeba było dobrać biżuterię godną pięknej dziedziczki. „Wystarczyły jej trzy minuty u al-Arbasza, oficjalnego jubilera i dostawcy wszystkich rodzin królewskich z Zatoce Perskiej. Wybrała kolię wysadzaną szmaragdami, rubinami i brylantami". Żeby dobrać pozostałe akcesoria, panna młoda musiała wybrać się na trzy dni do Kuwejtu. Towarzystwo wybrało za siedzibę hotel Méridien w stolicy.

Małżeństwo ze starszą córką Saddama nie zaspokaja ambicji Husajna Kamela. Udaje mu się doprowadzić do ślubu młodszej, Rany, ze swoim bratem. W ten sposób staje się jednym z najbardziej wpływowych mężczyzn w Iraku, o czym świadczy rychły awans na dowódcę sił zbrojnych, choć zięć pierwszej damy nie skończył studiów ani nie ma żadnego przygotowania wojskowego.

Trzepotanie skrzydłami motyla-Sadżidy nieoczekiwanie wywoła potężne burze dynastyczne. Barzan, niegdyś szef wszechobecnego wywiadu, nagle zostaje zepchnięty na boczny tor. „Trafiłem na margines życia politycznego, towarzyskiego i rodzinnego"[36], zwierza się znajomemu. W takiej sytuacji woli ukrywać przed Saddamem zamiar powtórnego ożenku z piękną Dżenan, wdową po byłym szefie wywiadu, który zmarł w niełasce oskarżony o kontakty z CIA[37]. Po uroczystości – Saddam skrył się za maską lodowatej obojętności – nie trzeba było długo czekać na dezaprobatę Sadżidy: „To zbyt wielki cios dla rodziny. Ożenił się z wdową po zdrajcy", oburza się pierwsza dama w obecności świadka pana młodego. To nie był jedyny powód wyrażania niechęci. Nowa małżonka Barzana bardzo krytycznie ocenia obecne władze. Nie ukrywa sympatii prozachodnich, co zdecydowanie oddala ją od reżimu. Dyktator w końcu przychyla się do krytycznej oceny swojej żony. Zwołuje pozostałych trzech braci przyrodnich i razem wystosowują ultimatum: „Rozwiedź się, albo przestaniesz być naszym bratem"[38]. Barzan nie ustępuje.

Na kilka lat trafia więc na zesłanie jako ambasador przy ONZ w Genewie. W końcu Saddam wzywa do siebie brata marnotrawnego i powierza mu tekę ministra spraw zagranicznych. Niestety, żona Barzana choruje na raka i musi zostać w Szwajcarii, by kontynuować kurację. Barzan prosi brata, żeby pozwolił mu do niej wrócić, ale jest potrzebny Saddamowi na miejscu. Dżenan umiera samotnie nad brzegiem Jeziora Genewskiego. „Barzan nie wybaczył prezydentowi, że nie mógł czuwać przy jej łożu śmierci"[39], dodaje znajomy.

Między nami, wrogami

20 sierpnia 1988 roku Sadżida jest świadkiem wybuchu euforii męża. Nie cieszył się tak od dziesięciu lat, od kiedy objął władzę. Wreszcie Iran zawiera pokój z Irakiem. Akcja wojskowa Saddama zakończyła się sukcesem: odparł irańskie ataki na Basrę i zmusił Chomejniego do akceptacji *status quo* – czyli powrotu do stanu sprzed ośmiu lat. Husajn otrąbia sukces, jakby odniósł miażdżące zwycięstwo. Promiennie uśmiechnięty wódz hoduje brzuszek i przyjmuje kolejne delegacje państw arabskich, które przybywają złożyć mu hołd. Wielokrotnie też daje się go zauważyć w tłumie, gdzie tańczy *czobi*, taniec ludowy towarzyszący obchodom świąt[40]. Rola wybawcy Bliskiego Wschodu przyczynia się nawet do poprawy stosunków z żoną. Nigdy jeszcze świat tak nie szanował Sadżidy.

W sierpniu Saddam organizuje uroczyste obchody zwycięstwa w pałacu. W ogrodach, zgodnie z tradycją, odbywają się dwie równoległe imprezy. Pierwszej – dla mężczyzn – przewodniczy prezydent, drugiej – dla kobiet – jego małżonka. Olbrzymie stoły uginają się pod ciężarem mięsiw, irackich specjałów i egzotycznych owoców. Bagdad od lat nie widział takiej fety. Na scenie śpiewają i tańczą Cyganki, wirując zielonymi, czerwonymi, żółtymi i fioletowymi spódnicami. Ich długie do pasa, ciemne, lśniące włosy kołyszą się w rytm tamburynów. Ostro umalowane – karminowe wargi i policzki, oczy obrysowane czarną kredką – wydekoltowane artystki potrząsają wielkimi złotymi kolczykami oraz bransoletami. Kończą występ dla pań, po czym udają się do panów. Na ten widok Sadżidę ogarnia wściekłość, lecz jak zawsze znakomicie nad sobą panuje.

– Bóg jeden wie, co teraz będzie się tam działo – komentuje Ragad ironicznie.

– Będą tańczyć i śpiewać? – podsuwa Zainab Salbi.

– Mężczyźni mają słabość do Cyganek, a mój mąż jest na przyjęciu dla panów[41].

Młodą kobietę dziwi to opanowanie. Nie znała swojej szkolnej koleżanki z tej strony. Ragad nauczyła się od matki, że nigdy nie wolno się skarżyć. Ma zaledwie dwadzieścia lat, a już urodziła troje dzieci.

Ojczulek Saddam

Mimo problemów z klanem Saddam nie traci wiary w rodzinną sielankę. W starannie wyreżyserowanych występach telewizyjnych jawi się jako wzorowy ojciec, ze łzami wzruszenia pochylający się nad dziatwą. Zresztą być może ten obraz nie jest do końca fałszywy. Prezydent stara się odtworzyć namiastkę utraconej jedności i harmonii.

Aby zapewnić sobie bliskość tych, na których mu zależy, ofiarowuje przyjaciołom „wiejskie rezydencje" przy jednej ze swoich posiadłości. W tej grupie znajduje się rodzina Salbiego, osobistego pilota dyktatora. Mieszka pół kilometra od muru okalającego rezydencję, w której Saddam często spędza weekendy. Lubi wpadać wieczorem na drinka, więc gospodarze muszą być w ciągłej gotowości, zawsze ubrani i dyspozycyjni. Scenariusz tych „chwil na łonie rodziny" jest ściśle określony: przyjąć prezydenta entuzjastycznie, uściskać go, pozdrowić, usiąść przy nim i okazać swoją radość, bezgraniczną radość; robić z siebie osła, byle go rozbawić. „Czasem ogarniało go wzruszenie, a jeśli w oczach błysnęły mu łzy, natychmiast musieliśmy okazywać współczucie. Zwykle następowało to, kiedy mówił o swojej miłości do Iraku", wspomina Zainab, córka państwa Salbich. Tymczasem najbliższa rodzina Saddama jest odsuwana od tych intymnych scen.

Dyktator specjalizuje się też w podwieczorkach dla nastolatków ze swojego otoczenia. Organizuje spontaniczne recitale fortepianowe albo konkursy, występując jako ich juror, oraz kibicuje młodym wędkarzom. Niektóre melodie wzruszają go do łez – na przykład *Nad pięknym modrym Dunajem*. „Jeśli zrobiło się coś, co wzbudziło w nim podziw, patrzył na nas wilgotnymi oczami", wspomina Zainab.

Pewnego razu Saddam pojawia się za kierownicą czerwonego samochodu sportowego w kasku kierowcy rajdowego. Ponieważ rodzice dziewcząt właśnie ucięli sobie drzemkę, proponuje im przejażdżkę. Wskakują do samochodu, a on nastawia radio na pełny regulator i szaleje po pustynnych drogach. Muzyka, słońce, prędkość – to wszystko go odpręża. „Traktował nas uprzejmie, po przyjacielsku. Był wzorowym gospodarzem, który nam, nastolatkom, poświęcał dużo uwagi", zwierza się Zainab. Pokazuje im swoje łowiska, bunkry wybudowane „na wszelki wpadek", z których wynosi soki owocowe i napoje gazowane. Jednak gwoździem programu jest wizyta na jego ogromnym jachcie, przycumowanym u brzegu jeziora: „Zapamiętajcie to miejsce, dziewczęta. Idealnie nadaje się na ślub. Możecie tu urządzić własne wesele".

Czasem Saddam obwieszcza spędzenie popołudnia nad wodą i wszyscy muszą się do niego przyłączyć z nieudawanym entuzjazmem. Gospodarz znakomicie pływa i chętnie się tym popisuje. Nic nie pokrzyżuje mu planów, nawet jeśli któraś z dziewcząt zapomni kostiumu kąpielowego.

– Nic takiego. Idź do mojej sypialni, weź moje kąpielówki i jakiś T-shirt – proponuje natychmiast. – Albo jeśli wstydzisz się wkładać mój kostium, weź moją diszdaszę. Doprawdy, szkoda marnować taką pogodę. Idź! Szybciutko – ponagla.

Żeby scenka była doskonała, nikogo nie może zabraknąć.

Wreszcie Saddam, który nie potrafi pogodzić członków własnego klanu, chętnie bawi się w rozjemcę innych zwaśnionych rodzin. Pewnego dnia, po gwałtownej kłótni rodziców, Zainab wymyka się z domu i szuka schronienia w meczecie. Saddam, który to zauważył, wzywa do siebie wybuchowych rodziców. „Córka próbuje wam coś przekazać. Uciekła, bo chce, byście zwrócili na nią uwagę. Pragnie, żebyście się pojednali. Powinniście to zrobić. Jeśli nie dla siebie, to przynajmniej ze względu na nią", przykazuje surowo.

Zbuntowany syn

18 października 1988 roku, kiedy Irak jeszcze świętuje swój „triumf" nad Iranem, w siedzibie prezydenta pojawia się Suzanne Mubarak, z którą Sadżida zaprzyjaźniła się przy okazji częstych spotkań oficjalnych. Hosni Mubarak przysłał małżonkę do Bagdadu, aby przekazała jego serdeczne gratulacje z powodu zwycięstwa. Na czas wizyty pierwsze damy biorą we władanie jeden z budynków Pałacu Republiki. Pewnego wieczoru pokojowiec, *maître d'hôtel* i główny kiper Saddama Kamel Hanna wraz ze swymi kompletnie pijanymi towarzyszami postanawia uczcić urodziny przyjaciela w pobliskim budynku. Dzięki szczególnej więzi, jaka łączy go z dyktatorem, jest

przekonany, że ujdzie mu to na sucho. Ten chrześcijanin urodzony niedaleko Tikritu cieszy się całkowitym zaufaniem Husajna – a tylko nieliczni mogą się tym poszczycić.

Zgodnie z obyczajem, goście okazują radość długimi salwami z kałasznikowa. Udaj – oburzony, że ktoś śmie papugować jego ulubioną rozrywkę – pod pozorem troski o spokojny sen Suzanne Mubarak posyła tam swojego człowieka, by przywołał towarzystwo do porządku. Ten jednak zostaje odesłany z kwitkiem. Udaj – pijany bardziej niż zwykle – postanawia sam przywrócić spokój. Wyrasta nagle wśród rozbawionych gości. Ubrany w czarną diszdaszę, w dłoni dzierży laskę z kości słoniowej, zwieńczoną srebrną gałką w kształcie łba węża z rozdziawionym psykiem. W pomieszczeniu natychmiast zapada cisza.

– To prywatne przyjęcie. Naprawdę do wszystkiego musi się pan wtrącać? Choć jeden raz, na jedną noc nie może pan zostawić nas w spokoju? – broni się Kamel Hanna, gdy ostro atakuje go syn Husajna, któremu nigdy niczego nie odmawiano.

– Ty psi pomiocie! Jak śmiesz tak się do mnie odzywać?

Udaj unosi laskę i z całej siły uderza mężczyznę w głowę. Wierny przyjaciel i sługa Saddama martwy osuwa się na ziemię. Udaj, do którego nie dociera, co właśnie zrobił, opuszcza budynek, grożąc, że o wszystkim doniesie ojcu.

Dopiero następnego ranka zdaje sobie sprawę z powagi sytuacji. Budzi go telefon ojca, który wypytuje o wydarzenia ubiegłej nocy. Udaj bąka coś, próbując sobie przypomnieć, ale Saddam przerywa mu w pół słowa:

– Zabiłeś go! Zgłosisz się na policję i poniesiesz zasłużoną karę.

Choć ojciec mówi spokojnie, Udaj uświadamia sobie, że po raz pierwszy będzie musiał stawić czoło jego furii. „Uduszę go gołymi rękoma!", ryknął Saddam do żony, usłyszawszy, co się stało. Sadżida reaguje natychmiast. Wie, że tym razem wściekłość Saddama sama nie wygaśnie. Boi się zwracać do kogokolwiek w kraju. Dzwoni więc do króla Jordanii Husajna.

– Udaj zabił Hannę, a teraz Saddam chce zabić Udaja! – płacze do słuchawki.

Poruszony szlochem przerażonej matki jordański władca czym prędzej mknie zażegnać konflikt w rodzie Husajnów. Tymczasem Udaj, który czuje, jak zatrzaskują się za nim wrota więzienia, w panice, za wszelką cenę, usiłuje wydostać się z pułapki. Najpierw połyka opakowanie leków nasennych i w obecności ochroniarzy osuwa się na ziemię. Ci zawożą go do szpitala, gdzie przechodzi płukanie żołądka i zostaje postawiony na nogi. Lekarze wypisują go następnego dnia, więc barykaduje się w domu i otwiera ogień do każdego, kto próbuje się zbliżyć. Uspokaja go dopiero wizyta matki, która zjawia się bez strażników, jedynie w towarzystwie Kusaja.

Udaj zostaje aresztowany. Saddam stara się zadośćuczynić rodzinie Hanny za grzechy syna. Podejmuje ją z honorami w pałacu prezydenckim, podczas gdy Sadżida spędza każdą noc w celi dziecka. Wreszcie pogrążony w żałobie ojciec postanawia okazać litość marnotrawnemu synowi i spędza noc pod drzwiami więzienia. Ojcowski gniew trwa czterdzieści sześć dni. Potem Udaj wychodzi na wolność i trafia do Szwajcarii jako ambasador Iraku przy ONZ. Zsyłka ma trwać kilka lat, tymczasem już po trzech miesiącach Udaj wraca do Iraku – po burdach i licznych awanturach z policją w Paryżu i Stambule.

W tym czasie Saddam zdążył zrozumieć przyczyny gorącej nienawiści Udaja do jego pokojowca. Miała to samo źródło co nienawiść Sadżidy i całej rodziny Talfahów. To przecież Kamel Hanna poznał Saddama z kobietą, która od lat cieszyła się łaskawością i względami dyktatora, teraz zaś stała się również jego żoną: blondynką i szyitką Samirą Szahbandar. A wszystko zaczęło się cztery lata wcześniej.

Brunetki, blondynki...

Bagdad, 1984 rok.

Saddam od tygodni nie potrafi wyrzucić z pamięci kobiety, którą poznał na przyjęciu wydanym z okazji dostarczenia ze Stanów Zjednoczonych jumbo jeta Boeing 747. Linie lotnicze, założone niedawno dzięki petrodolarom, hucznie świętowały przybycie maszyny do Bagdadu. Naczelnego inżyniera Nureddina al-Safiego rozsadza duma. Przed wszystkimi chce się pochwalić nowym nabytkiem, dlatego nalegał, żeby jego żona Samira Szahbandar również pojawiła się na uroczystości. Sam prezydent przyszedł obejrzeć samolot, symbol rozkwitu państwa. Bardzo szybko jednak uwagę Saddama przykuwa co innego. Znajduje wdzięczniejszy przedmiot zainteresowania.

Nie po raz pierwszy uderza go nadzwyczajna uroda sióstr Szahbandar. W 1982 roku, kiedy pilot oprowadzał go po jego nowiuteńkim prywatnym boeingu 747, Saddam zauważył wśród pasażerów młodą blondynkę o jasnych oczach: Amel, siostrę Samiry. „Oto prawdziwa piękność", zachwycił się. Męża kobiety, inżyniera lotnictwa, jakoś nie uradował ten komplement. Wszyscy znali słabość wodza do blondynek.

Siostry pochodziły z rodu szyickich kupców wywodzących się z Libanu, którzy osiedlili się w Bagdadzie. Trudno o większe przeciwieństwo rodziny Saddama – ubogich sunnitów ze wsi. Obie kobiety dobrze wyszły za mąż: za byłych pilotów wojskowych, którzy zatrudnili się w nowych liniach lotniczych jako inżynierowie. Były piękne, dystyngowane, wychowane na zachodnią modłę, zawsze jak spod igły; miały klasę, reprezentowały to wszystko, czego brakowało Saddamowi.

Wódz natychmiast zaczyna starania o wdzięki pięknej czterdziestolatki. Nie przeszkadza mu, że właściwie jej nie zna. Wszak „Saddam zna każdego Irakijczyka". Wysyła jej perfumy, ubrania, biżuterię, samochody. Początkowo Samira odrzuca upominki i zaloty. Jednak kilka tygodni później, kiedy mąż zostaje wysłany za granicę, nie może już dłużej opierać się przywódcy: „Najpotężniejszy i najbardziej wpływowy mężczyzna Iraku pojawił się z kwiatami i czekoladkami. Nie mógł wydusić słowa. Kiedy to zobaczyłam, pomyślałam: »On naprawdę mnie kocha«"[42].

Ta matka trojga dzieci twierdzi, że właśnie kwiatami podbił jej serce, nie samochodami ani innymi luksusowymi podarunkami. Zachowała też sielskie wspomnienia z ich pierwszego spotkania. Saddam miał ją dostrzec i zachwycić się jej urodą na pikniku swojej najmłodszej córki Hali. Jednak Samira podbiła jego serce nie tylko wyglądem. Prezydent kocha wykształcone, niezależne kobiety, ona zaś jest okulistką i wykładowczynią uniwersytecką.

Para spotyka się bardzo dyskretnie, tak by sielanki nie zakłócił klan Tikriti. Saddam cieszy się, że wreszcie może się pokazać od innej strony. Zwłaszcza w sferze intymnej. Sadżida była dla niego jak siostra, wychował się z nią, wiedziała o nim wszystko. Trudno o fizyczną bliskość z kimś, kogo zna się właściwie od zawsze.

Pal diabli rozwagę! Saddam przedstawia Samirę najbliższym współpracownikom i przyjaciołom. Chwali się też nową zdobyczą rodzinie swojego osobistego pilota. Tak oto Zainab staje się świadkiem pamiętnej kłótni matki i prezydenta. Alia popiera Sadżidę, która odmówiła zaproszenia kochanki. „Usłyszałam, jak mama lodowatym tonem wypowiada imię Samira. »*Dżurba*«, ryknął w odpowiedzi, aż się zatrzęsły ściany. To było wstrętne słowo, najgorszy epitet, jakim opisywano obcokrajowca". Dosłownie oznacza ono egzemę. Jednak nawet ryk Saddama nie złamał Alii. „Mama wyjaśniła, że Samira to nowa przyjaciółka wujka Saddama i że chciał, byśmy się z nią przyjaźnili. Ale rodzice jej nie tolerowali".

Siostry Szahbandar mają zdradliwy zwyczaj mówienia przesłodzonym, dziecięcym głosikiem. Jadowite słówka potrafią przecisnąć się nawet przez najbardziej niewinne gardła, a Samira była mistrzynią zniewag. Uraziła Salbich tak bardzo, że Saddam kazał jej osobiście ich przeprosić. Jednak „tata czuł się tak dotknięty, że nawet nie otworzył drzwi. Nie życzył sobie, by przestąpiła próg jego domu". Jeden telefon wodza przywołuje małżeństwo do porządku. Przyjmują zaproszenie na przyjęcie, na którym będzie również Samira.

Po kolacji na trawniku przed pałacem rozstawiono fotele. Przy każdym czuwa służący w wojskowym mundurze, gotów spełnić wszelkie kaprysy gości. „Wujkowi Saddamowi wyjątkowo dopisywał wtedy humor. Samira nie odstępowała go na krok, śmiała się i nachalnie się mu podlizywała, kłując w oczy moich rodziców swoim związkiem z prezydentem. (...) Kiedy czuła na sobie nasze spojrzenie, flirtowała z nim, pokazywała rzekomej elicie swoją wyższość, szepcząc mu coś do ucha, wodząc palcami po jego udach". Rodzina czuje się bardzo niezręcznie, zwłaszcza że na przyjęciu są obecni synowie Samiry. Kochanka zaś nie przejmuje się niczym, jakby nie obowiązywał jej protokół. Jako jedyna zwraca się do wodza po imieniu, jako jedyna pije z nim, kiedy znajduje się w towarzystwie samych mężczyzn. Któregoś dnia żartobliwie wymierza mu policzek z takim impetem, że czapka spada mu na ziemię, co stanowi dla Araba najwyższą obrazę. „Zaczął z całej siły okładać ją czapką, twardą niczym rzemienny pas. Ona zaś rzuciła mu się do nóg, całując po rękach i stopach, co sprawiało mu wyjątkową przyjemność. Bił ją więc dalej, a ona nie przestawała go całować. Wszystko to w naszej obecności", opowiada Zainab. Saddam przepada za tymi niewinnymi grami, tak odmiennymi od zwyczajów Tikriti i jego małżeństwa. „Często powtarzał, jak bardzo mu się podoba to, że Samira czasem zachowuje się jak nastolatka, a czasem jak dojrzała kobieta. Mówił, że przy niej odpoczywa", wspomina jego szef protokołu.

Saddam mógł cieszyć się romansem z Samirą bez najmniejszych przeszkód ze strony męża rogacza, który wykazywał pełne zrozumienie: „Ilekroć pojawiał się Saddam, mąż musiał opuszczać dom, by nie wchodzić rywalowi w paradę – wspomina Selma Masson. – Mówił, że już nigdy nie poślubi pięknej kobiety, żeby nikt mu jej nie ukradł".

Bardziej niż ewentualnych rywali Saddam boi się infekcji bakteryjnych, dlatego każda nowa kochanka musi przejść dokładne badania. „Spotykał się wyłącznie z Irakijkami. Nigdy nie spał z kobietami z Zachodu ani z Arabkami z innych krajów. Za bardzo się bał CIA, KGB albo innych służb wywiadowczych, które mogłyby mu podesłać szpiega, a nawet – czego panicznie się lękał – nosicielkę wirusa HIV", zdradza były szef protokołu.

W 1986 roku kobieta, która miała być jedną z wielu miłostek, staje się drugą żoną Saddama. Samira powiedziała nam, że kochanek zmusił ją do rozwodu. Twierdziła też, że kazał uprowadzić jej męża i więził dopóty, dopóki nie uzyskała separacji. Nieszczęsny mąż na otarcie łez otrzymał stanowisko dyrektora Iraqi Airways. Obie strony zgodnie twierdzą, że małżeństwo nie było udane i że Samira zrobiła wszystko, by wyjść za Saddama[43]. Po co jednak to uparte dążenie do legalizacji związku? Przecież wiedziała, że w ten sposób ściągnie na siebie wściekłość klanu Tikriti.

Po dojściu do władzy Chomejniego i ogłoszeniu rewolucji islamskiej w Iranie Saddam coraz bardziej zaczął się bać skutków podziału między sunnitami i szyitami; podziału, który wojna jeszcze bardziej pogłębiła. „To mogło go pchnąć do ślubu z Samirą. Chciał dać przykład pojednania"[44], wyjaśniają osoby z jego bliskiego otoczenia.

Przeminęło z piaskiem

„Był dobrym mężem, chętnie kupował mi złotą biżuterię", wspomina Samira, której zachcianki spełniano, jeszcze zanim zdążyła je wypowiedzieć. Miłosne uniesienia jednak nigdy nie były wolne od troski o własny los. Nowa oblubienica Saddama niuansuje barwy swojego szczęścia: „Wiedziałam, że gdybym mu odmówiła, kazałby mnie zabić".

Zanim Saddam nawiązał romans z piękną szyitką, bardzo starał się przypodobać elicie, między innymi naśladując jej sposób mówienia. Dlatego nigdy publicznie nie klął, usiłował też wyzbyć się swojego chłopskiego akcentu i wysławiać tak jak mieszkańcy miasta. Przy Samirze jednak całkowicie zmienia swoje zachowanie: „Zarzucił wcześniejsze starania i wrócił do wulgarnego języka – zarówno w rozmowach z Samirą, jak i z najbliższym otoczeniem", przypomina sobie Zainab.

To rozprężenie znajduje także odbicie w innych sferach życia. Saddam kupuje apartament w samym sercu Bagdadu, gdzie mieszkają generałowie i dostojnicy partyjni. Dwupoziomowe mieszkanie z pomieszczeniem dla służby urządza ekscentrycznie, w stylu lat sześćdziesiątych: ogród ze sztucznymi kwiatami, barek z butelkami czerwonego włoskiego wina *grande cuvée*, koniakiem i ukochaną whisky. W pokoju telewizyjnym królują żółte, różowe i błękitne poduszki. Łazienka – naturalnie z jacuzzi. W sypialni stoi ogromne łóżko, przy nim dwa lustra[45] oraz dwie lampy – rzeźby kobiety. Poza tym jest tam obraz przedstawiający blondynkę o nagich piersiach, której grozi zielony demon, palcem pokazujący mitycznego, wąsatego herosa. Na ścianach wiszą zdjęcia Saddama Husajna i blondynki: stoją obok, uśmiechając się do siebie.

Większość klanu Tikriti wątpi, by Saddam wziął potajemny ślub. Temat stanowi tabu. Jedynie Ilham – siostra Sadżidy i żona innego brata przyrodniego Saddama, Watbana – sprawia wrażenie dobrze poinformowanej. Próbuje otworzyć oczy pierwszej damie, ale ta „nie chce mnie słuchać – zwierza się Ali Baszirowi – a Saddam wszystkiego się wypiera". Dopiero w 1986 roku Sadżida godzi się z losem: przyznaje, że mąż ma romans z Samirą, ale nie wierzy w plotki o ślubie. Nie przyjmuje ich do wiadomości, choć mówi o tym cały Bagdad. Wreszcie Ilham zbiera się na odwagę: „Powiedziałam siostrze wszyściutko, bo żaden z moich braci nie potrafił się na to zdobyć. Sadżida słuchała mnie w milczeniu, z kamiennym wyrazem twarzy. Na końcu oświadczyła, że nie ma dowodów, jakoby jej mąż wziął drugą żonę. Nawet jeśli ta cała Samira rozsyłała zaproszenia podpisane: pani Saddamowa Husajn".

Przesłuchania męża nie przynoszą efektów, ale tajemnica i tak wychodzi na jaw. Upokorzona Sadżida podupada na zdrowiu. Daje wyraz dezaprobacie, „zaszywając się w swoim pałacu w Al-Oudża, sto sześćdziesiąt kilometrów od Bagdadu", relacjonuje były szef protokołu wodza. Saddama nie stać teraz na utratę tak lojalnej towarzyszki, musi złożyć samokrytykę. Bardziej niż kiedykolwiek potrzebuje wizerunku kochającej, zjednoczonej rodziny. Gromadzi domowników na północy kraju, a dziennikarze dostają zaproszenie na sesję fotograficzną małżonków w czarnych futrach, spacerujących ramię w ramię po śniegu; Saddam troskliwie podtrzymuje żonę, by nie poślizgnęła się na lodzie. To jednak za mało, by odkupić winy. Od tej pory zazdrość pierwszej damy nie będzie znała granic.

Odkrywszy słabość męża do złotych loków, Sadżida natychmiast farbuje się i zmienia uczesanie na fryzurę *à la* Marilyn. To nowe blond wcielenie ma przypominać Saddamowi: wiem o wszystkim[46]. Następnie wypowiada wojnę każdemu, kto za jej plecami przyjmował podstępną zdrajczynię. Tuż po tym jak państwo Salbi podjęli Samirę, Sadżida wprasza się do nich z córkami na kolację. Alia spędziła cały dzień w kuchni, przygotowując swoją specjalność, orientalny przysmak *sabzi*. Dumna gospodyni częstuje pierwszą damę. Ta mierzy potrawę lodowatym wzrokiem: „Och, Alio, przyrządziłaś *sabzi* na sposób »irański«", syczy. W kraju gdzie ludzie przepadają bez śladu na długie miesiące, taka uwaga mrozi krew w żyłach. Sadżida w ten niezawoalowany sposób przypomina Alii, że urodziła się Iranką i jest w Iraku ledwo tolerowana.

Sadżida czuje się zraniona, naruszono jej status pierwszej damy. Do tej pory jako kobieta poślubiona prezydentowi i partii, aktywnie włączająca się w akcje propagandowe męża, cieszyła się jego niepodzielną uwagą oraz szczególną opieką. Nie pozwoli odebrać sobie pozycji. Ofiarą nowej kampanii Sadżidy pierwsza padnie Sabiha al-Mudarris. „Moja szwagierka miała siedemdziesiąt lat, była jedną z najstarszych prawniczek i prezenterek telewizyjnych w kraju"[47], wspomina Amal al-Mudarris. Sadżida zaczyna przy byle okazji wydzwaniać do doświadczonej dziennikarki i zmusza ją do wysłuchiwania swoich uwag. Zwraca się do niej tonem nieznoszącym sprzeciwu, nudzi niemiłosiernie. Beztroska prezenterka nieopatrznie rzuca o kilka słów za dużo w swobodnej rozmowie ze starymi kolegami. Nierozważnie ośmiela się nawet stwierdzić, że Sadżida „nie zasługuje na stanowisko pierwszej damy Iraku"[48]. Jakaś usłużna współpracownica natychmiast informuje kogo trzeba. Kilka minut później sprawa jest już załatwiona: wszystkie wyjścia ze studia zostają zablokowane, a agenci zgarniają nieszczęsną dziennikarkę. „Zatrzymano ją, bo krytykowała Sadżidę. Była torturowana. W czasie przesłuchań dalej złorzeczyła Sadżidzie". Za swój brak bezkrytycyzmu zapłaciła najwyższą cenę: „Powieszono ją, a nam przysłano jej odcięty język".

To jednak nie łagodzi wściekłości Sadżidy. Upokorzona małżonka prosi o interwencję patriarchę rodu Chajra Allaha. Niech on przemówi do zięcia. Saddam jednak kategorycznie odmawia: nie oddali drugiej żony, nie ugnie się pod presją natrętnej rodziny. Przy Samirze znajduje wytchnienie od polityki. Nie pozwoli, by zobowiązania rodzinne odebrały mu tę zaciszną przystań. Chajr Allah radzi córce, by opuściła gniazdo małżeńskie. Sadżida przenosi się więc w sąsiedztwo córek. Zaczyna się wojna pozycyjna. Wszyscy zgodnie nienawidzą Samiry.

Brat Sadżidy Adnan, który również zna Saddama od dzieciństwa, także okazuje swoją dezaprobatę. Mężczyzn zawsze łączyła bliska więź. Właśnie temu błyskotliwemu kapitanowi Saddam zawdzięcza, że dwadzieścia lat wcześniej, po wyjściu z więzienia, udało mu się stopniowo przejąć kontrolę nad wojskiem. Kiedy Saddam objął władzę, Adnan wiernie towarzyszył mu w nocnych eskapadach i zaraził go słabością do whisky Old Parr. W kluczowym momencie wojny z Iranem Adnan awansował, został przeniesiony do sztabu generalnego i odegrał istotną rolę w zwycięstwie nad nieprzyjacielem. Kiedy zaś po demobilizacji wprowadził program ułatwiający rannym żołnierzom powrót do społeczeństwa, okrzyknięto go bohaterem narodowym[49]. Teraz staje po stronie siostry, wspiera ją, codziennie odwiedza. Sadżida i jej ojciec ostentacyjnie nie pojawiają się na cotygodniowych spotkaniach klanu. Sytuacja pogarsza się z minuty na minutę, a śmiertelny cios, jaki Udaj wymierzył Kamelowi Hannie, ostatecznie dzieli rodzinę.

Saddam zna zapalczywość swojego klanu i boi się o życie Samiry. Wysyła ją więc do Europy, a sam przystępuje do porachunków. Nie chce atakować zbyt ostro, więc tylko grozi teściowi, konfiskując wszystkie firmy, nad którymi ten niezgodnie z prawem przejął kontrolę. Zniszczywszy gospodarcze imperium Chajra Allaha, następnego dnia występuje w telewizji i złośliwie nazywa go największym irackim biznesmenem.

Kilka miesięcy później na północy Iraku cała rodzina prezydenta wsiada do śmigłowców, by po raz kolejny świętować zwycięstwo nad Iranem. Każda grupa dostaje własną maszynę. Wydarzenie filmuje telewizja. Tuż po starcie śmigłowiec Adnana z niewyjaśnionych powodów spada na ziemię. Bohater narodowy ginie na miejscu. W oficjalnych dokumentach za przyczynę wypadku podaje się usterkę techniczną. Na uroczystym pogrzebie płyną łzy, ale uraza nie znika. Udaj ze ściągniętą twarzą niesie trumnę. Ceremonia kończy się skandalem. Jak twierdzi Latif Jahja, Chajr Allah krzyczy Saddamowi w twarz: „Zniszczyłeś mojej córce życie i zabiłeś mi syna! Moja zemsta nie będzie znała granic!"[50]. Wszystko jednak zmieni wojna z Kuwejtem.

Operacja „Pustynna Klęska"

Bagdad, 2 sierpnia 1990 roku.

Pijany swoim – jak to określał – triumfem nad perskim nieprzyjacielem Saddam podejmuje działania zmierzające do aneksji Kuwejtu. W uszach wciąż brzmią mu echa rozmowy z amerykańską ambasador w Bagdadzie April Glaspie. 25 lipca przywódca Iraku spotyka się bowiem potajemnie z przedstawicielką swojego największego sojusznika w wojnie z Iranem. Saddam szybko zmienia pogawędkę w przesłuchanie, próbując wysondować Amerykankę. Liczy, że dzięki swojemu wdziękowi osobistemu wyciągnie z niej informacje. Dlatego kiedy pyta wprost, jak Stany Zjednoczone zareagowałyby na inwazję na Kuwejt, unik i niezdecydowany ruch brodą April Glaspie przesądzają o przyszłości regionu. Saddam dostrzega w tym grymasie milczącą zgodę. Najwyraźniej za bardzo przywykł do tego, że pytanie pociąga za sobą twierdzącą odpowiedź.

Wszczyna więc drugi konflikt za swoich rządów, uzasadniając go koniecznością obrony honoru Irakijek. W liście otwartym do egipskiego prezydenta Mubaraka, który stara się mediować między zwaśnionymi stronami, tak tłumaczy powody ataku: „Trzeba przywrócić honor Arabkom" obrażanym przez „rozpustnych przywódców"[51]. Kuwejtczycy bowiem mieli odnosić się do Irakijek bez szacunku, obdarzając je czułym mianem „ulicznic". Saddam zaiste wykazuje niezwykłą troskę o honor i szczęście Irakijek. Dedykuje im nawet swoją erotyczno-polityczną powiastkę *Zabiba i król*.

W starożytnej Mezopotamii Zabiba, „córka ludu", poznaje króla, którego „przytłacza samotność". Jego ziemie rozciągają się od Tikritu po Mosul. Młoda Zabiba oczarowuje go wyjątkową urodą i skromnością języka. „Żył zamknięty w pałacu, w okowach nieznośnego, sztywnego ceremoniału, gdzie wszystko z góry było zaplanowane. Dlatego uwiodła go prostota dziewczyny. Oto wreszcie kobieta, którą ukształtowało życie, która mocno stąpa po ziemi, zna smak codzienności; przenikliwa, naturalna i szczera". Król zakochuje się w Zabibie po uszy. Kocha ją calutką. „To naturalne, że małżonek jest zazdrosny o usta żony. Wszak to największy obiekt pożądania – pisze Saddam. – To przynęta, która go przyciąga bądź odpycha. Inteligentna kobieta posługuje się nimi, by uwodzić, by powiększyć swe majętności i schwytać mężczyznę w swe sidła!"

Zabiba skarży się władcy, że mąż traktuje ją „jak dziewkę wynajętą do zaspokajania zmysłowych potrzeb", zachowuje się „niczym tryk w stadzie maciorek". Ten zaś wielkodusznie odpowiada, że mężczyzna winien liczyć się z pragnieniami kobiet. „Bez nich nic nie byłoby możliwe. Czyż nie stanowią połowy społeczeństwa? (...) Co by było, gdyby pewnego dnia zbuntowały się przeciwko drugiej połowie, na którą mają tak wielki wpływ?" Po czym król, wobec tej prostej kobiety, która wyszła za mąż tylko po to, by nie być dłużej brzemieniem dla ojca, daje dowód męskiej słabości: „Skłoniła nisko głowę i pokrywała pocałunkami jego głowę, tors i dłonie. Kiedy się schyliła, by ucałować jego stopy, chwycił ją i podniósł tak, że ich ciała niemal się stopiły w jedno. Złożył pocałunek między jej oczami, a ona wybuchła płaczem tak wielkim, że jej łzy spływały po policzkach monarchy". Następnie miłosierny pan uwalnia Zabibę od niecnego męża. Niestety, druga miłość – polityka – szybko daje o sobie znać. 17 stycznia kobietę gwałcą jacyś obcy. Od tamtej pory król mści się za krzywdy upokorzonej „córy ludu"[52].

17 stycznia 1991 roku niebo nad Irakiem przesłaniają amerykańskie bombowce. Rozpoczyna się operacja „Pustynna Burza". Jest ona bezpośrednim następstwem „Pustynnej Tarczy", operacji rozpoczętej 7 sierpnia 1990 roku. Informacja, że Stany Zjednoczone wysyłają oddziały na pomoc Kuwejtowi, spada na Saddama niczym grom. Czuje się zdradzony i szuka schronienia w jednym ze swoich pałaców.

Wieczorem 1 lutego amerykańskie naloty na Bagdad trwają w najlepsze. Iracki przywódca próbuje ucieczki. Jadąc przez pogrążone w ciemnościach miasto, traci panowanie nad samochodem i zderza się z innym pojazdem. Zakrwawiony, zjawia się w szpitalu. Pod lewym okiem ma ranę tak głęboką, że widać kość policzkową. Podbródek też jest rozdarty. Na szczęście wąsy ocalały. Czubek najmniejszego palca wisi na włosku. Chirurg operuje pod znieczuleniem miejscowym. Saddam zgłasza tylko jedno żądanie: żadnych plastrów na twarzy.

– Rozumie pan, jutro spotykam się z Primakowem i nie chcę, żeby wszystkie telewizje świata obiegł obraz rannego Husajna.

Prezydent nie może okazać słabości ani dać się oszpecić. Zwłaszcza jeśli widzi się z doradcą radzieckiego ministra spraw zagranicznych.

Są też inne względy, niekoniecznie polityczne. Kiedy tylko wódz zostaje opatrzony, bierze chirurga na stronę i wysyła go do drugiego szpitala.

– Jest tam obywatelka, która również ucierpiała w wypadku. Proszę się o nią zatroszczyć i potraktować najlepiej, jak pan potrafi – rozkazuje.

Kobieta ma pękniętą lewą kość policzkową i podobną ranę jak Saddam, co pozwala lekarzowi się domyślić, że towarzyszyła wodzowi w samochodzie. Operacja zostaje zaplanowana na następny dzień, ale pojawiają się kłopoty: chirurgowi skończyło się paliwo.

– Proszę mu przywieźć pięćdziesiąt litrów – wydaje strażnikowi polecenie anonimowa obywatelka.

To rozwiewa ostatnie wątpliwości dotyczące jej związków z Saddamem. Kiedy Samira Szahbandar wraca do domu z zabandażowaną głową i w obstawie gwardii prezydenckiej, sąsiedzi też widzą, co w trawie piszczy. Jeden z nich powiadamia Udaja. Ten zaś, mając dość słuchania o nieznajomej, która zaanektowała ich ojca, natychmiast dzieli się informacją z bratem.

– Ani słowa o niej – odpowiada Kusaj. – Za nic w świecie o niej nie rozmawiaj.

Choć związek przywódcy z Samirą jest tematem tabu, nienawiść do niej dzieli członków klanu. Udaj raz za razem próbuje wyrządzić krzywdę jej synowi z poprzedniego związku. „Ilekroć wychodził, śledził go jeden z jego ludzi", wspomina Ala Baszir. Zdesperowana Samira proponuje radykalne rozwiązanie: „Powiedziałam Saddamowi, że mój syn musi na jakiś czas zniknąć. Można by go wysłać na wakacje poza Irak". Husajn wie jednak, jak bardzo matka odchoruje rozstanie z dzieckiem. Po długich negocjacjach stawia warunek: „Jeśli wyjedzie z kraju, nie chcę słyszeć ani słowa skargi na jego nieobecność". Potem zaś, żeby jej uświadomić, jakie spustoszenie w jej życiu to uczyni, posuwa się dalej: „To był najstraszliwszy dzień mojego życia. Mąż powiedział, że nigdy więcej nie będę mogła się widzieć z moim synem ani z nim rozmawiać".

24 lutego Stany Zjednoczone rozpoczynają ostatnią, lądową fazę wyzwolenia Kuwejtu: operację „Pustynny Miecz". Trwa ona sto godzin. Saddam zostaje osaczony. Jest pokonany. Wysyła jeszcze rakiety Scud, ale tylko dla ratowania honoru, bo marzeń o potędze już nic nie uratuje. Ofensywa okazuje się kosztowna. Irak traci prawie dwieście tysięcy żołnierzy. Saddam odnosi pierwszą porażkę na scenie międzynarodowej. Bardziej jednak obawia się innej straty: po wyjeździe syna Samira pogrąża się w rozpaczy. Chudnie w oczach. Przy mężu próbuje udawać dzielną, lecz wobec Ali Baszira nie ukrywa rozpaczy: „Ilekroć się spotykaliśmy, tylko o nim mówiła. Nigdy się nie pogodziła z wyjazdem syna"[53].

Saddam zadał Samirze najboleśniejszy cios, dając jej to, o co prosiła. Ból psychiczny swoich bliskich stara się zagłuszać bogactwami materialnymi. Zasypuje więc prezentami obie żony i córki: „Jeśli zamarzyła im się operacja plastyczna, początkowo się sprzeciwiał, ale jeśli się upierały, w końcu ustępował. Córkom niczego nie odmawiał", przypomina sobie chirurg. Wódz bowiem ponad wszelkie zwycięstwa ceni sobie uśmiech kobiety. Uważa też, że opracował niezawodny sposób, któremu żadna wybranka się nie oprze: „Ilekroć się z nim rozstawałam, na pożegnanie dawał mi mnóstwo ryb, kurczaków i wiktuałów. Zmuszał, bym je przyjęła, mówiąc: »Kobiety lubią upominki. Nawet jeśli na niczym im nie zbywa, trzeba im coś dawać. Wtedy będą szczęśliwe«". Spytawszy pewnego razu, dlaczego kobiety odgrywają tak ważną rolę w jego życiu, wierny lekarz usłyszał kategoryczną odpowiedź: „Ufam kobietom. Nie wierz mężczyznom, mogą cię zdradzić. Kobiety zaś są wiernymi przyjaciółkami, na których zawsze można polegać. Jeśli masz za przyjaciółkę kobietę, nigdy cię nie zdradzi".

Obrażona

Od kiedy w życiu prezydenta pojawiła się druga żona, wizerunek Sadżidy ucierpiał. Zmalała również jej rola, ponieważ Saddam okazywał teraz względy także tej drugiej. Choć mogło się wydawać, że jej publiczne obowiązki polegały na pozowaniu do zdjęć, uczestnictwie w oficjalnych przyjęciach oraz organizowaniu hucznych urodzin męża 28 kwietnia, w rzeczywistości nie ograniczały się do tego – jej wpływy sięgały znacznie dalej. Od dwudziestu lat godziła członków klanu, do pewnego stopnia próbowała zapanować nad ich rozpustą, zwłaszcza jeśli to naruszało pozycję i niezależność zdobyte z takim trudem.

Chadidża Badra, czcigodna ciotka Saddama, miała zwyczaj narzucać swoją wolę całemu pałacowi. Miała do tego prawdziwy talent, z którego korzystała tak umiejętnie, że spełniano nawet najmniejszą jej zachciankę. Cierpiąca na demencję, a przy tym jeszcze paranoję kobieta wmówiła sobie, że ktoś czyha na jej życie i zablokowała wjazd na swoją ulicę. Strażnicy nie mogli przepuścić nikogo, kto nie potrafił należycie uzasadnić powodu wizyty. Samochody musiały więc niemiłosiernie nadkładać drogi aż do dnia, gdy postanowiła tamtędy przejechać Sadżida. Kiedy zatrzymali ją strażnicy ciotki, urządziła piekielną awanturę. Zagroziła nieszczęśnikom, że zamknie ich w bagażniku i osobiście odstawi do więzienia. Błyskawicznie przepuścili pierwszą damę, narażając się z kolei staruszce, która – dostrzegłszy, że nie jest już „chroniona" – naskoczyła na próżniaków i kazała natychmiast zablokować przejazd. W ten sposób Sadżida znów natknęła się na barierkę. Jako że nie lubiła rzucać słów na wiatr, załadowała nieszczęsnych szeregowców do bagażnika, po czym każdy spędził uroczy tydzień w więzieniu Saddama. Od tamtej pory każdy mógł swobodnie przejeżdżać ulicą Chadżidży Badry.

Wychodząc za braci Husajnów, córki Chajra Allaha zaiste związały się z nimi na dobre i na złe. Przez dziesiątki lat pełnymi garściami czerpały korzyści ze swojej uprzywilejowanej pozycji. Wokół nich korupcja kwitnie na niewyobrażalną skalę. Konflikty interesów też, więc każdy okopuje się na swoich pozycjach. Pewnego dnia Ilham i Sadżida bez większego przekonania postanawiają więc spróbować sił w branży medycznej. Okazją staje się decyzja Saddama o wyposażeniu irackich szpitali w sprzęt do rezonansu magnetycznego. Z Ilham kontaktuje się amerykański producent, który liczy na jej wpływy u decydentów reżimu, i proponuje urządzenia w nęcącej cenie, dorzucając do tego okrągłą sumkę – prowizję dla sióstr. Choć ani Ilham, ani Sadżida nie biedują, stają do wyścigu o premię – żałosną sumę dla kobiet, które mają bezpośredni dostęp do petrodolarów przywódcy Iraku. Czyżby chciwość Sadżidy nagle jeszcze bardziej wzrosła? A może – od kiedy pojawiła się druga żona – Saddam przykręcił kurek?

Siostrom do sfinalizowania transakcji brakuje tylko zgody osobistego lekarza Saddama. Ala Baszir, oddany chirurg, który po latach wiernej służby zaskarbił sobie zaufanie prezydenta, okazuje się jednak nieprzekupny. Mimo nacisków obu sióstr, podsuwających mu pod nos opinię, którą musi tylko podpisać, mimo gróźb ochroniarza Sadżidy odmawia udziału w tym drobnym przekręciku. Tak oto upragnione pieniądze odpływają w siną dal i kończy się kariera pierwszej damy w roli łapówkarki.

W pałacu Sadżida steruje życiem klanu Husajnów skuteczniej niż mąż, zajęty sprawami państwowymi i wojną. Od nieugiętego ojca nauczyła się, jak twardo trzymać się zasad i narzucać je tym, którzy – rozpieszczeni wygodnym życiem – mogliby zapomnieć o beduińskich korzeniach rodu Tikriti. Surowość i bezwzględność – oto ich wartości. Tych zaś, którzy się od nich odwracają, Sadżida błyskawicznie przywołuje do porządku. Ostatni akt tej tragedii rodzinnej brutalnością przewyższy jednak wszystkie wcześniejsze ekscesy.

Pewnej sierpniowej nocy 1995 roku podczas orgii na swoim prywatnym statku Udaj, *enfant terrible*, kompletnie odurzony alkoholem i prochami właśnie wypróbowuje najnowszy karabin, wysyłając w powietrze serię za serią. W kraju od kilku lat panuje względny spokój, mimo klęski w Kuwejcie Saddam utrzymał się u władzy, dławiąc powstanie szyitów i Kurdów. Wydarzenia tego wieczoru jednak przebudzą uśpione upiory nienawiści.

Jeden z przyrodnich braci Saddama, Watban, zaczyna dość ryzykownie małpować bratanka, karykaturalnie podkreślając jego wydatną szczękę i wadę wymowy. Chwilę później między dwoma dygnitarzami wybucha strzelanina, której próbują zapobiec ochroniarze obu stron. Watban – minister spraw wewnętrznych – odnosi ciężkie obrażenia i traci nogę. Ragad i Rana wraz z mężami przezornie opuszczają statek. Wersja oficjalna: udają się na konferencję w Bułgarii. Tak naprawdę jednak uciekają do sąsiedniej Jordanii. Nikt nie odważa się ich skontrolować na granicy. W Ammanie każą eskorcie zostać, łapią taksówkę i jadą do hotelu, gdzie już czekają na nich agenci CIA. Zdrada przykładnych córek wywołuje skandal na gigantyczną skalę.

Dla Saddama to nie tylko cios osobisty. Husajn Kamel, mąż Ragad, kieruje potężnym ministerstwem przemysłu, a w nim komórką do spraw zaopatrzenia wojska, więc zna szczegóły programów zbrojeniowych Iraku. Z kolei jego brat i mąż Rany kilka lat wcześniej dowodził Gwardią Republikańską. Łączyła go bliska więź z teściem, towarzyszył mu w czasie operacji po wypadku samochodowym kilka lat wcześniej.

Po ucieczce córek „Sadżida znacznie podupadła na zdrowiu", opowiada jej siostra Ilham. „Do tego stopnia, że nawet nie robiłam jej wymówek. Pochodzimy bowiem z rodziny, w której – mimo naszej szczególnej pozycji w państwie – przebaczenie i więzi krwi pozostały najwyższą wartością". Choć Sadżida ukrywa cierpienia, Saddam domyśla się, co czuje żona. „Jest bardzo zamknięta w sobie. Nie okazuje emocji, zwłaszcza jeśli w grę wchodzi rodzina", informuje nas dodatkowo Ilham.

Cierpi nie tylko rodzina w Iraku. Wygnanie nie przynosi swobody, o której marzyli uciekinierzy. Przywykli do luksusu bagdadzkiego pałacu, gdzie nie musieli liczyć się z groszem. Życie w Ammanie przypada im do gustu – zwłaszcza braciom. CIA wykorzystała do cna tych opatrznościowych konfidentów. Wycisnęła z nich wszelkie informacje, po czym odsunęła się od nich jak od zadżumionych. Po aktywnym udziale w prześladowaniu szyitów i Kurdów mieli zbyt dużo krwi na rękach, by dało się z nich zrobić męczenników irackiego reżimu. Przepaść między dawnym a obecnym życiem okazuje tak wielka, że po kilku miesiącach u Husajna Kamela pojawiają się problemy psychiczne. Tymczasem Saddam wysyła wiadomość za wiadomością i namawia do powrotu, obiecując przebaczenie. W końcu czwórka uciekinierów uznaje, że nie ma innego wyjścia – musi wracać.

20 lutego 1996 roku Ragad i Rana wraz z mężami przekraczają punkt graniczny w Trabilu. Żołnierz, który sprawdzał Husajna Kamela, przypomina sobie, że „był nieogolony, poruszał się jak we śnie i miał na sobie piżamę", a mimo to

nie zapomniał o rewolwerze, który jednak został skonfiskowany. Udaj przyjechał po skruszonych uciekinierów. Siostry zabrał ze sobą, a ich mężów wysłał oddzielnie do pałacu, gdzie już czekał stanowczy teść. Potwierdził, że jest gotów im wybaczyć. Pod jednym warunkiem: muszą natychmiast rozwieść się z jego córkami. Jego wielkoduszność spotyka się ze zdecydowaną, jednogłośną odmową.

Dwa dni później, podczas obchodów święta religijnego, Saddam w obecności klanu powtarza wcześniejszą deklarację: „Obiecałem, że ich nie ukarzę". W końcu jednak Ali Hassan al-Madżid, jego sprawdzony doradca od początków kariery politycznej, przekonuje go jednym zdaniem: choć Saddam wybaczył jako ojciec i teść, „to sprawą musi się zająć rodzina". Klan po raz kolejny narzuca irackiemu przywódcy własne reguły gry.

Udaj prowadzi córki marnotrawne przed oblicze matki, ale nie ma czasu na radość ze spotkania. „Matka wyglądała na załamaną, jakby przytłaczał ją straszliwy ciężar. Próbowała chwytać nas za ręce, oszczędzić nas. »Córeczki, spadła na mnie katastrofa, zmiażdżyła mnie«, powtarzała mechanicznie"[54], wspomina z bólem Rana. Po rozmowie z Saddamem zięciowie ukryli się u sióstr na obrzeżach Bagdadu, biorąc ze sobą cały arsenał. Kiedy przywódca zaaprobował wyrok śmierci wydany przez Alego, jeszcze na tę samą noc zaplanowano atak.

O piątej nad ranem napastnicy otoczyli dom i wezwali braci do poddania się. Ci w odpowiedzi rzucili w ich stronę tradycyjne nakrycie głowy zakładane po śmierci, co w świecie arabskim stanowi gest jeszcze bardziej obraźliwy niż rzucenie butem. Reakcją mogła być jedynie natychmiastowa egzekucja. Bracia nie sprzedali tanio skóry, atak na dom trwał trzy godziny. Całej akcji przyglądali się z samochodu Udaj i Kusaj. Na pogrzebie zdrajcy Husajna Kamela „Saddam zakazał płaczu. Powiedział, że każdy, kto uroni choć jedną łzę, zostanie zabity"[55], przypomina sobie bliska krewna. Rana jeszcze przez tydzień znajduje się w stanie całkowitego otępienia. Nie może jeść ani pić, ani rozmawiać. Tkwi bez ruchu na kanapie matki. Jedyne oznaki życia to oddech i płacz. „Bezpowrotnie zniknęły rozpieszczone córeczki, które nie miały żadnych obowiązków; ukochane żony, których każdą zachciankę mężowie spełniali równie gorliwie, jakby to był rozkaz Saddama", zwierza się Rana.

Córki powoli oswajają się z nowym, ciężkim losem wdów, Sadżida zaś ugina się pod tym ciosem – okazał się dla niej zbyt bolesny. „Od tamtego dnia mama już nigdy nie była jak dawniej", podsumowuje Rana. Zabicie jej protegowanego, którego sama wybrała dla córki, to policzek, który zabolał. Zwłaszcza że wymierzył go jej klan i własny mąż. Sadżida czuje się zdradzona, jest w rozsypce, spada na nią nieszczęście za nieszczęściem.

Oto bowiem niecałe pół roku później Udaj pada ofiarą zamachu: zostaje ostrzelany z kałasznikowa w pobliżu lokalu, gdzie „poluje na dziewczęta". Sadżida oskarża Saddama. Dowiedziawszy się od Ali Baszira o tragedii, natychmiast pędzi do syna. Ona, zwykle tak starannie ubrana i uczesana, teraz rozchełstana biegnie korytarzami szpitala, krzycząc: „Chce zabić moich synów!". To mąż odpowiada za nienawiść Irakijczyków do jej dzieci. „Wiem, że to się źle skończy"[56], powtarza lekarzowi raz za razem.

Saddam i Kusaj odwiedzają chorego. Kusaj niepokoi się o stan brata, a ojciec ostrzega: „Przygotuj się na jeszcze gorsze". Oddanie sprawie irackiej słono go kosztuje. „Sadżida była inteligentną matką. Wiedziała, że życie dzieci jest w niebezpieczeństwie i że od tej pory nikt w Iraku nie może czuć się bezpiecznie – zdradza nam Ala Baszir. – Mimo to dokładała wszelkich starań, by jej rozpaczy nikt się nie domyślił".

Sadżida straciła też kontrolę nad klanem. Nikt już nie potrafi zapanować nad Udajem. „Któregoś dnia kazał mi napisać dokument obciążający wysoko postawionego urzędnika reżimu. Oczywiście odmówiłem – wspomina zacny doktor Baszir. – Następnego dnia w dzienniku, którym Udaj kierował, ukazał się artykuł na całą stronę. Krytykowano mnie w nim, stawiano w okropnym świetle. Nie zamierzałem reagować, ale tydzień później spotkałem Sadżidę. Była wstrząśnięta. Powiedziała: »Przesłuchałam Udaja, twierdzi, że to nie on. Jak w ogóle można zrobić coś takiego? Jak można w ten sposób traktować osoby zasługujące wyłącznie na szacunek i uznanie?«, oburzała się".

Życie wzorowych córeczek płynęło w rytm polityki ojca, który narodowi pokazywał wyrozumiałe ojcowskie oblicze, rodzinę zaś trzymał żelazną ręką. W innym życiu – tym, które wybrałaby Ragad – Saddam „byłby zwyczajnym adwokatem, a moja mama Sadżida nauczycielką. Dorastałabym w normalnym świecie, z dala od egoizmu i problemów, nierozerwalnie związanych z władzą. Żyłabym w szczęśliwej rodzinie, która znosi tylko to co każda inna".

Sen o rodzinie

Atakowany zdradziecko, często znienacka, przez swój klan i inteligentną żonę Saddam znajduje przy Samirze zaciszną przystań, spokojny kąt, który chce urządzić po swojemu.

Czas płynie, a wraz z nim zmieniają się troski Samiry. Lata wojenne odcisnęły piętno nie tylko na murach stolicy. Od kiedy rodzina Saddama dowiedziała się o jej ślubie z przywódcą, żyje na walizkach, w każdej chwili gotowa do ucieczki. Dopiero w 2000 roku może wreszcie rozpakować rzeczy i urządzić się w dyskretnym, prosto urządzonym domu niedaleko mostu wiszącego.

Schadzki z Saddamem trwają krótko: „Nigdy nie spędził całej nocy z kobietą. Ani z żoną, ani z kochanką", wspomina jego dawny szef protokołu. Samira zabija samotność, oglądając telewizję satelitarną. Tam trafia na program o chirurgii plastycznej. „Pojawiło mi się za dużo zmarszczek na twarzy i szyi", skarży się natychmiast Ali Baszirowi i już na następny piątek zapisuje się na lifting. Ponieważ na Bliskim Wschodzie piątek jest dniem świętym, więc operacja zostaje przeprowadzona bardzo dyskretnie. Natychmiast po zabiegu trafia do apartamentu zarezerwowanego dla Saddama i jego rodziny. Dopiero wtedy chirurg zadaje pytanie, które powinno być zwykłą formalnością.

– Pani mąż o tym wie?

– Nie.

Obowiązuje prosta zasada: Saddam musi zostać natychmiast powiadomiony o wszelkich procedurach medycznych, jakim poddają się członkowie rodziny. Lekarz obawia się najgorszego, ale nawet nie ma kiedy wymyślić linii obrony, bo na korytarzu słyszy już kroki przywódcy. Saddam wpada zaniepokojony i zasypuje pytaniami Alę Baszira, który znajduje wykręt: Samira trafiła do szpitala na usunięcie narośli, która pojawiła się za uchem. Saddam dopytuje się, jak duży był guz. Niewielki tłuszczaczek, uspokaja lekarz i wyjaśnia, że musiał usunąć fragment skóry, więc – żeby różnica nie rzucała się w oczy – naciął ją też po drugiej stronie. Uspokojony Saddam uśmiecha się, ale nie odzywa się ani słowem.

Wizyty kontrolne po operacji Samira traktuje jak okazję do spotkań i pogawędek. „Wciąż nie pojmuję, jak udało mu się zajść tak daleko. Zwłaszcza jeśli wziąć pod uwagę nędzę, w jakiej się wychował", zwierza się jednemu z lekarzy wzruszona, pełna miłości do człowieka, którego poślubiła. Dwaj młodsi synowie i były mąż mieszkają razem z nią, ale nie może dzielić się z nimi swoimi przemyśleniami. Ma też malutką córkę, za którą Saddam przepada. Wciąż się domaga jej obecności, podrzuca ją i bawi się z nią. Jednak latem 2000 roku wizyty stają się coraz rzadsze. Dwie czerwone walizki, stojące przy drzwiach wejściowych, przypominają Samirze, że nie jest jego żoną na zawsze. „Co wieczór muszę być gotowa, na wypadek gdyby przysłał po mnie gwardzistę. Nigdy nie wiem, kiedy będzie chciał się ze mną spotkać ani gdzie będę nocować. Ludzie zazdroszczą mi rajskiego życia, tymczasem właśnie tak wygląda moja codzienność".

Reżim zamiera w oczekiwaniu na nieuchronny koniec. Po pierwszych nalotach w grudniu 1998 roku, jeszcze za prezydentury Billa Clintona, mających zniszczyć nielegalne instalacje wojskowe, 19 marca 2003 prezydent George W. Bush dokonuje inwazji na Irak. Wojska Saddama stawiają opór tylko przez kilka tygodni. Tym razem przywódcy nie udaje się przedstawić klęski jako zwycięstwa.

Los kochanków zostaje przypieczętowany 9 kwietnia, w dniu kapitulacji Bagdadu. Saddam po raz pierwszy składa swój los w ręce Samiry i przyznaje się, że najbliżsi go zdradzili. „Zjawił się w mojej kryjówce przygnębiony i załamany. Wziął mnie na stronę i zaczął płakać". Uspokajał, że się nie boi, ale słowa zapłakanego uciekiniera nie mają szczególnej mocy przekonywania.

Konwój odstawia Samirę aż do granicy syryjskiej. Restauracyjka i nieduży meczet to miejsce ostatniego spotkania kobiety, która – uważana za kochankę – w ostatnich latach i tak stale się ukrywała, oraz Saddama przebranego za Beduina. „Nie pytaj, co się ze mną stanie. Najważniejsze, żebyś ty była bezpieczna". Rozmowa trwa krótko. Saddam daje jej pożegnalny podarunek: pięć milionów dolarów w gotówce, do tego szkatułkę „na czarną godzinę". Ostatni raz bierze ją za rękę i przyciska do serca. Samira płacze przez całą podróż do Damaszku. Dopiero kiedy na miejscu zagląda do szkatułki, łzy nieco obsychają: 10 kilogramów złota w sztabkach. Ona traktuje to jak dowód miłości. Saddam załatwił jej również nowy paszport libański wystawiony na nazwisko Chadidża.

Sadżida także już nigdy nie zobaczy Saddama. „Musiała patrzeć na śmierć braci, synów, wnucząt i męża... Wątpię, czy byłaby zdolna do działalności przestępczej – mówi nam Ijad Aflak. – Zapłaciła wysoką cenę za małżeństwo z Saddamem. Jej żałoba nigdy się nie skończy". Iście szekspirowska bohaterka opuściła scenę publiczną i powróciła do samotności, do życia na wygnaniu, bez pałacu.

Jego wielka grecka kochanka

Po upadku reżimu Husajna między CIA a Pentagonem wybucha wojna. A wszystko przez „przypadek" tajemniczej greckiej kochanki przywódcy Iraku. O ile CIA sceptycznie podchodzi do tych rewelacji – wszystkie znane kochanki Saddama były Irakijkami – o tyle Pentagon uważa je za główny dowód na „karygodne niedbalstwo i partacką robotę CIA, która nie zobaczyła tego, co miała tuż pod nosem"[57]. Dwie największe amerykańskie agencje wywiadowcze nie potrafiły dojść do zgody w kwestii istnienia kobiety, z którą my spotkaliśmy się w Szwecji. Ta będąca bodaj największą zagadką reżimu Saddama kobieta chętnie wpuszcza nas do skromnego mieszkania w dzielnicy kamienic komunalnych. Nikt by się nie domyślił, że kiedyś mieszkała w kapiącym złotem prezydenckim pałacu Saddama.

„Sama się dziwię, że nasz związek trwał tak długo. Saddam nie wiedział, co znaczy miłość. W dzieciństwie prawie jej nie doświadczył, podczas gdy ja wychowywałam się otoczona uczuciem i serdecznością. To właśnie było źródłem mojej siły. Władza, naturalnie, też musiała odgrywać pewną rolę. (...) Nie miałam żadnych związków z jego rodziną i klanem. Przypuszczam, że dlatego czuł się przy mnie bezpiecznie"[58].

Wszyscy z rodziny Saddama wypierali się znajomości z kobietą, która chce występować jako „Maria Greczynka". Jednak aura tajemniczości, jaką Saddam otaczał swoje życie intymne, najwyraźniej nie udzieliła się jego kochankom. Kobieta swobodnie opowiada o przeszłości. Nie szuka spóźnionej chwały, po prostu chce się podzielić swoją historią. A sceptyków, powątpiewających w prawdziwość jej słów, ucisza: „Nikt z rodziny Saddama nie stanął przede mną, zarzucając mi kłamstwo".

W pamiętnikach byłego szefa protokołu Saddama pojawia się jednak wzmianka o potajemnych spotkaniach Saddama z kochanką, którą „nieodmiennie nazywał Czakrą, czyli Blondynką".

Gorączka sobotniej nocy

Bagdad, 1969 rok.

„Od tej chwili należy do mnie, nikt inny nie ma prawa nawet na nią spojrzeć"[59], rozkazuje Saddam Barzanowi, który akurat mu towarzyszy. Bracia zrobili efektowne wejście na imprezę zorganizowaną przez Aruta al-Chajata, ormiańskiego kupca, członka bagdadzkiej elity. Ten natychmiast podsunął gościom nastoletnią, spontaniczną blondynkę Parisulę Lampsos.

Żona krawca postanawia zabłysnąć przed gośćmi, a mają jej w tym pomóc tabule autorstwa greckiej sąsiadki. Ponieważ sama nie radzi sobie z obsługiwaniem towarzystwa, prosi o pomoc córkę uczynnej Greczynki. Młodziutka, szesnastoletnia Parisula ochoczo stawia się na miejscu. Ona też ma ochotę się bawić, więc wkłada sukienkę w różowe kwadraty z dopasowanym gorsetem i rozkloszowaną spódnicą – krzyk zachodniej mody końca lat sześćdziesiątych. Włosy przewiązuje wstążką pod kolor. Efektu dopełniają złote bransoletki na nogach i ramionach. Do tego jeszcze obowiązkowe srebrzyste pantofelki i kropelka ulubionych perfum. Dumna z siebie nastolatka pokazuje się matce, która gasi jej entuzjazm: „Po co się tak stroisz do podawania sałatki? To zły pomysł, z tego nie wyniknie nic dobrego"[60]. Córka jednak bierze salaterkę i przeskakuje przez murek, szeleszcząc zwiewną tkaniną.

Zgodnie ze wskazówkami gospodyni starannie rozkłada na stole chipsy. W oczekiwaniu na gości Arut włącza płytę i w mieszkaniu rozlegają się dźwięki piosenki *Strangers in the Night.* Zaprasza dziewczynę do tańca, suną w rytm walca. Wieczór zapowiada się doskonale. Dokładnie w tym momencie, jakby to było wyreżyserowane, wchodzą bracia Tikriti. Podczas gdy Arut spieszy powitać ważnych gości, jeden z nich chwyta dłoń dziewczyny zostawionej na parkiecie i zaczyna wirować z nią w tańcu. Ta z kolei nawet nie zauważa jego towarzysza. Widzi tylko niebieski jedwabny garnitur, białą jak śnieg koszulę, podkreślającą atramentową czerń włosów. „Pierwszy raz widziałam tak niesamowite złotawobrązowe oczy. Lśniły jak metal". Zbiera się na odwagę i mówi: „Ma pan dzikie oczy i przeraźliwie zimne spojrzenie". Saddam – choć Peri jeszcze nie wie, że to on – wybucha śmiechem. Podoba mu się tupet jasnookiej. Zwłaszcza że już wtedy wszyscy przed nim drżeli. Ona tymczasem nie lęka się niczego. Z jednym wyjątkiem. Boi się, czy matka się nie dowie, że tańczy z nieznajomym.

Przyciąga ją mocniej. Dziewczyna krzyczy. „Byłam wystraszona, a zarazem oburzona. »Za to ty masz piękne oczy« – rzuca mężczyzna, rozluźniając uścisk". Blondynka to jednak nie Michèle Morgan. Oświadcza, że musi wracać. Ofiara jeszcze nie wpadła w sidła. Saddam próbuje pociągnąć Aruta za język, przesłuchuje go na temat rodziny blondynki.

Tego wieczoru na stole pojawia się danie dla smakoszy – karp. Zgodnie z arabską tradycją część za łbem uważa się za najsmaczniejszą, nazywa się ją „darem rybaka" i ofiarowuje wybrance na znak zainteresowania i atencji. Saddam odrywa kawałek mięsa i zwraca się do Parisuli:

– Otwórz usta.

Symbolika gestu zaskakuje gości bardziej niż same słowa. Zagniewana gospodyni natychmiast odsyła ladacznicę. Parisula zbiera się do wyjścia, ale on nawet nie chce o tym słyszeć.

– Nie jest pan moim mężem ani narzeczonym, nie muszę pana słuchać – odparowuje dziewczyna.

W pokoju zapada głuche milczenie. Dopiero głośny śmiech Saddama sprawia, że goście nie dławią się ością. Porywczy dandys odprowadza Greczynkę aż do drzwi.

– Jeśli mama cię zobaczy, zabije cię – ostrzega nastolatka.

– To niech mnie zabije. Mam to gdzieś.

Bawi go jej niezadowolenie.

– Nie zmieniaj się, bądź zawsze taka jak teraz. (...) Wracaj szybko, póki się nie rozmyślę.

Jeszcze ostatni raz dziewczyna rzuca okiem na tego mąciwodę i pędem wbiega na schody.

Wąs się śmieje

Parisula początkowo nie miała pojęcia, kim jest ów Saddam – mężczyzna, którego wąsy się do niej śmiały. Jej rodzina miała greckie korzenie, a ona sama urodziła się Libanie, skąd rodzice wyemigrowali w 1956 roku, kiedy skończyła trzy lata. Stawros Parisis Lampsos zamieszkał wraz z żoną i ośmiorgiem dzieci w modnej dzielnicy Bagdadu Al-Sadun. Stamtąd prowadził interesy w branży naftowej. Parisula otrzymuje staranne wykształcenie, chodzi do prywatnych szkół międzynarodowych, gdzie uczy się francuskiego.

Mimo zachodniego wykształcenia dziewczyna może wychodzić na miasto tylko w towarzystwie dwóch spośród siedmiu braci. Razem uczęszczają do Al-Wija, prywatnego klubu dla złotej młodzieży, która korzysta z gospodarczego boomu Iraku. Pije się tu, tańczy i kąpie w basenie. Cel stanowi przykucie uwagi atrakcyjnych kawalerów.

Niezrażony wielbiciel dzwoni bezpośrednio do domu. Za pierwszym razem Parisula odkłada słuchawkę, udając, że to pomyłka. Wkrótce mężczyzna znów telefonuje. Odbiera pani Lampsos. Saddam ucieka się do podstępu. Podaje się za członka klubu i twierdzi, że chce oddać książkę, którą Parisula tam zostawiła. Matce nie podoba się głos nieznajomego mężczyzny, który nawet się nie przedstawia. Podając córce słuchawkę, patrzy na nią z nieskrywaną podejrzliwością.

– Niedługo się spotkamy – zapowiada mężczyzna. – Przyjdzie po ciebie twoja koleżanka Farial i zaprowadzi prosto do mnie.

Rzeczywiście, kilka godzin później, niby przypadkowo, Farial wpada do Lampsosów i proponuje koleżance colę w klubie. Roześmiane dziewczyny jednak bynajmniej nie tam się udają. Trafiają do bogato urządzonego domu w centrum Bagdadu. Wchodzą przez garaż eskortowane przez ochroniarzy. Tam, przed masywnymi, bogato zdobionymi drzwiami Farial opuszcza koleżankę. Po chwili otwierają się i Parisula widzi Saddama królującego w salonie. „Zesztywniałam ze wstydu i tremy", przypomina sobie.

– Nigdy więcej się nie rozłączaj, kiedy do ciebie dzwonię – srogo wita ją wąsacz.

– Kim pan jest, że śmie mi rozkazywać?

– Jestem Saddam.

Parisula doskonale pamięta mieszane uczucia towarzyszące temu pierwszemu sam na sam. „Kiedy dziś o tym myślę i przypominam sobie swoją głupotę, rumienię się ze wstydu. Wtedy jednak liczyło się tylko to, jak na mnie patrzy, jak mnie dotyka. Byle muśnięcie wywoływało we mnie dreszcz".

– Jestem Saddam – powtarza mężczyzna – i niech to ci wystarczy. Nie musisz więcej wiedzieć. Zresztą wkrótce i tak zrozumiesz. Saddam jest wszędzie. Gdziekolwiek pójdziesz, cokolwiek będziesz robić, ja o wszystkim będę wiedział. – Pochyla się, całuje ją w policzek i odsyła. – Możesz już iść. Chciałem tylko cię zobaczyć.

Jego dłoń zarazem pieści i ściska. Wkrótce Parisula nie potrafi już bez niej żyć.

Przez następne dwa miesiące uczucie nastoletniej Parisuli rozkwita, żywiąc się potajemnymi spotkaniami. Organizuje je Farial, która prezencikami, ciastami i innymi łakociami usypia czujność matki. Tak oto trafiają do pałacu wiceprzewodniczącego, choć naiwna Parisula nie zdaje sobie z tego sprawy. Widzi tylko wnętrze urządzone w stylu europejskim, bogato zaopatrzony barek, a przy nim adapter, na którym puszczają płyty. Tego wieczoru odbywa się niewielkie przyjęcie. Goście bawią się przy muzyce Elvisa Presleya i Paula Anki. W końcu wychodzą, a ona zostaje sama. Gospodarz obejmuje ją w talii i prowadzi do sypialni obok. Zauroczona, wpatruje się w nieskazitelnie białe łóżko z jedną czerwoną różą.

– Chciałem, żeby wszystko było perfekcyjne. Tak żeby zadowoliło Europejkę. Podoba ci się?

Podobało się. Róża była końcem jej naiwności. „Nigdy nie zapomnę tamtej nocy. Pękła wtedy granica między dwoma światami".

Wąsacz okazuje się czuły, zapewnia nawet o miłości. „Sądziłam, że zdobyłam jego serce, ale on go nie ma", mówi dzisiaj. Wreszcie dociera do niej, że oddała się mężczyźnie, który nie zamierza się z nią ożenić. Inny zaś nie poślubi kobiety, która straciła dziewictwo. A mimo to przychodzą kolejne noce. W klubie coraz głośniej plotkuje się o ich romansie, informacja dociera wreszcie do Lampsosów. Ojciec pyta wprost:

– To prawda, że spotykasz się z Saddamem Husajnem?

– Nie.

– Znasz polityka Saddama Husajna?

– Nie, znam jednego Saddama, ale to zwykły oficer.

– Wiesz, co to za człowiek? Ma krew na rękach.

– Nieprawda, on nie jest taki.

– Jutro z samego rana lecisz samolotem do krewnych w Libanie. Będziesz się uczyła w Bejrucie. Idź się spakować.

Wilk i blondynka

Zesłanie trwa niecały rok. Rodzice, przekonani, że Parisula wyleczyła się z Saddama, pozwalają jej wrócić do Bagdadu. Znów zaczynają się wycieczki do klubu. Wszyscy oglądają się za piękną blondynką. Sirop Iskandarian, młody milioner i playboy, jest gotów poświęcić dla niej stan kawalerski. Oświadcza się i zostaje przyjęty. Na świat szybko przychodzą dwie córeczki, a dzięki majątkowi Siropa młode małżeństwo cieszy się dostatkiem, ma służbę i białe mercedesy. „Żyłam wtedy jak księżniczka", zwierza się Parisula.

Wydawało się, że Saddam odszedł w przeszłość. „Zawsze atakuje znienacka jak wilk". Pewnego wieczoru małżeństwo ogląda z córeczkami telewizję, gdy zostaje ogłoszona lista osób, których majątki zostają przejęte przez władze kraju. Na szczycie listy znajduje się Sirop Iskandarian. Mężczyzna zostaje ostrzeżony, że wkrótce do drzwi zastukają agenci Muchabaratu. Musi uciekać, choć wie, że w kraju pod rządami Saddama ucieczka równa się przyznaniu do winy. „Musisz mieć sińce, Pari. To wytłumaczy moją ucieczkę. Zadzwonisz do ojca, poskarżysz się, że cię pobiłem. Przyjmie cię z powrotem, zamieszkasz u niego". Zanim ją uderzył, jeszcze raz prosił o wybaczenie. „Tamtej nocy mój mąż wyjechał na zawsze", wspomina kobieta. Schronił się w Libanie, tam załatwił rozwód i przysłał Parisuli dokumenty, na których brakowało tylko jej podpisu.

Kilka miesięcy później do drzwi blond Greczynki zastukał gwardzista Saddama, każąc jej udać się do pałacu. „Wiedziałam, że ta chwila kiedyś nastąpi". A choć idzie na spotkanie z mężczyzną, który zrujnował jej życie, ubiera się w sukienkę podkreślającą jej wdzięki. Czeka przy samochodzie, zmuszając goryli, żeby wysiedli i otworzyli przed nią drzwiczki – ot, małe zwycięstwo nad Saddamem. Na miejscu staje w drzwiach, nie ruszając się na krok. „Jeśli chcesz, żebym weszła, musisz tu podejść i mnie zaprosić", mówi. Ochroniarze wstrzymują dech z przerażenia. Saddam mierzy ją wzrokiem, a ona ucieka spojrzeniem, próbując robić dobrą minę do złej gry. Przywódca próbuje ją zmiękczyć komplementem.

– Czakra, jeszcze bardziej wypiękniałaś.

– Nieraz to słyszę.

Wreszcie Husajn pozwala jej na małe zwycięstwo i ku zdumieniu strażników podchodzi do drzwi.

– Witaj, Parisulo. Zechcesz wejść?

Kobieta się uśmiecha – Saddamowi jest wyjątkowo do twarzy w mundurze – ale obiecuje sobie, że nie ulegnie jego awansom. Zanosi się na trudną partię. Saddam wykonuje następny ruch: proponuje poczęstunek. Nie jest głodna. Kolejne podejście: może coś do picia? Parisula złośliwie żąda wytrawnego martini – tego, które piła podczas ich ostatniego spotkania – i wykonuje unik, próbując grać na jego słabości do rodziny: „Moje dwie córeczki czekają na mnie u mamy". Osaczony Saddam przechodzi do kontrataku. Chwyta ją w ramiona. Pokonana, daje się tulić. Czuje się maleńka i bezbronna. Od jego zapachu szumi jej w głowie. Saddam czuje, że odzyskał przewagę. „Jeszcze wrócisz", oświadcza, stawiając na końcu wyraźną kropkę, nie znak zapytania. Jakże często o wolności kobiety przesądza interpunkcja. Ich romans odżywa, ale już bez dawnej naiwności. Teraz uczucia kosztują. Nienawiść i namiętność wydały na świat trwogę.

Trzy gracje

Parisula orientuje się, że jest pod stałą, dyskretną obserwacją służb prezydenta. Nie może opuścić kraju, boi się o los najbliższych. Wie, że musi nieustannie bawić Saddama, zaskakiwać go. Nade wszystko zaś wódz musi wiedzieć, że w pełni do niego należy, choć równocześnie opiera mu się. „Inne na dźwięk słów »Jestem Saddam« od razu padały plackiem u jego stóp. Ja zaś mogłam odpowiedzieć: »Dobra, jesteś Saddam. I co z tego? Ja mam na imię Parisula«. To go bawiło, odprężało". Odgrywa więc rolę matki, kochanki i powierniczki. Daje mu to, czego on potrzebuje: opiekuje się nim, rozpieszcza go i słucha.

Wkrótce wybucha wojna z Iranem. Wszystkie nie-Irakijki muszą wybierać: rozwód albo naturalizacja. W takiej sytuacji Parisula wybiera powrót do Grecji. Zostawia w Iraku spory majątek, więc w Atenach odbywa pielgrzymki do ambasady irackiej, walcząc o jego odzyskanie. „Została wezwana na rozmowę z dwoma oficerami Muchabaratu, którzy wręczyli jej pieniądze i poinformowali, że Saddam zlecił im zorganizowanie jej przyjazdu do Bagdadu", wspomina szef protokołu Haisam Raszid Wihaib. Dwa dni później Parisula znów ląduje w łóżku Saddama. „Czasem przez cały wieczór nie odzywałam się ani słowem, pozwalając mu odpocząć. Przy mnie zawsze mógł być sobą: wściekać się, trzaskając drzwiami, albo leżeć z głową na moich kolanach. Pytałam tylko, czy napije się whisky".

Umieszcza ją w bogato urządzonym apartamencie na terenie pałacu. Parisula mieszka tam z dwiema córkami, wówczas już uroczymi nastolatkami. „Przez pół roku wiodła sielskie życie oficjalnej kochanki prezydenta. Samochody, biżuteria, piękne ubrania. Miała wszystko prócz wolności", opowiada Haisam Raszid. Jednak związek z przywódcą sprawia, że Parisula musi stawiać czoło klanowi Tikriti. Kochanka Saddama to najtrudniejsza rola, jaką można odgrywać w Iraku. Na każdym kroku odczuwa jego obecność, jest mu całkowicie podporządkowana. Mimo to jednak nigdy nie spotka się z królową klanu. „Uwielbiała rolę pierwszej damy – opowiada Parisula. – Samira domagała się większej władzy, próbowała zająć miejsce Sadżidy, wypchnąć ją z serca Saddama".

O ile kobiety wodza udawały, że nie wiedzą o istnieniu Parisuli, o tyle mężczyźni chętnie ją odwiedzali – narażając ją w ten sposób na niebezpieczeństwo. „Gdyby któremuś coś się u mnie stało, uznano by, że to moja wina". Mimo to niesforni synowie Saddama chętnie składali jej wizyty. „Kusaj przepadał za moją kuchnią. Uwielbiał wpadać do mnie na pogaduszki. Potrafił zjawić się w środku nocy bez ochroniarzy, nawet bez nieodłącznego Aruta, i powiedzieć: »Pari, zrób mi dwa jajka«".

Pewnego wieczoru przyrodni brat Sadżidy zamawia u kucharza Parisuli tradycyjne dania. Nie chcąc, żeby się u niej rozchorował, Parisula pilnuje, by wszystkie składniki – łącznie z wodą – pochodziły z pałacu. Przekonana, że zwycięsko wyszła z tej próby, w końcu wyczerpana pada do łóżka. W środku nocy ktoś jednak dzwoni do drzwi. Otwiera drżącymi rękami. Przed nią stoi strażnik. Jej gość trafił do szpitala. Nieszczęsna wciąż stoi jak skamieniała, gdy przychodzi wiadomość, że chory wrócił do domu. To była zwykła niestrawność.

Innym razem wpół do drugiej w nocy zjawia się u niej pijany Udaj bez obstawy i upiera się, że zabierze ją razem z córkami nad Tygrys. Pierworodnemu prezydenta nie wolno odmawiać. Nawet jeśli koniecznie chce siąść za kierownicą sportowego samochodu.

– Proszę, nie każ mi tego robić! Wiesz, że twój ojciec się wścieknie, jeśli się dowie.

Parisula w końcu odwodzi go od pomysłu i sprawa rozchodzi się po kościach. Udaj zaś nabiera szacunku do kobiety, która potrafi stawić mu czoło, i umieszcza ją w Komitecie Olimpijskim.

Krucha równowaga w stosunkach z porywczymi synami Sadżidy legnie w gruzach z chwilą, gdy córka Elizabeth wyznaje Parisuli, że Udaj ją zgwałcił.

– Zabić go? Chcesz, żebym go zabiła?

Parisula nie wie, co robić. Jej córka przez kilka tygodni siedzi apatyczna, nie chce chodzić do szkoły. Ona nie miała białej pościeli ani pojedynczej róży. Znalazła się na przyjęciu na statku Udaja, a ten zaciągnął ją w ciemny kąt. Zdruzgotana matka sama musi zatroszczyć się o bezpieczeństwo córek. Widzi tylko jedno wyjście: ignorować Udaja. Ten jednak nie toleruje takiego zachowania.

– Odezwij się do mnie chociaż! – wrzeszczy jej któregoś dnia prosto w twarz.

Ona jedna widzi w nim tylko gwałciciela córki.

– Przestałeś dla mnie istnieć. Rozmawiam tylko z prawdziwymi mężczyznami. (...) O wszystkim powiem twojemu ojcu.

Saddam karze Udaja i dla przykładu zamyka go w więzieniu. Syn zaś nie marnuje tam czasu: obmyśla zemstę nad Parisulą. Któregoś dnia po powrocie z pracy kobieta zastaje służbę w jednym rogu pokoju, a Udaja w drugim. Kazał pobić donosicielkę. Wtedy, na początku 2001 roku, Greczynka uświadamia sobie, że pora uciekać. Wie jednak, że we dwie nie mają szans. Musi zostawić córkę, dla jej bezpieczeństwa nie wtajemniczając jej w plany. Nie może jednak opuścić kraju, nie spotkawszy się z Saddamem ten ostatni raz.

– Pari, zmieniłaś się – mówi przywódca.

– To ty się zmieniłeś, Habibi.

– Przede mną nic się nie ukryje. Nie jesteś tą Pari, którą kiedyś znałem. A przecież tyle razy powtarzałem: pozostań taka jak dawniej.

Przygląda się kochankowi. Oboje się zmienili. Sytuacja się zmieniła. Wkrótce Amerykanie rozpoczną naloty na Bagdad, Udaj zginie, Saddam trafi do więzienia, dwie przykładne córeczki uciekną i będą się ukrywać. Klan Tikriti zostanie zniszczony i już się nie podźwignie.

Alicja w krainie Saddama

Bagdad, więzienie Camp Cropper, styczeń 2004 roku.

George Piro, agent FBI oddelegowany do obserwacji i przesłuchań zatrzymanego Saddama Husajna, wciąż zachodzi w głowę, kim jest ta kobieta. Owa pielęgniarka imieniem Alice, o której Saddam nieustannie wspomina w listach.

Kiedy w grudniu 2003 roku Saddam został schwytany przez Amerykanów, miejsce jego pobytu było najpilniej strzeżonym sekretem Bagdagu. Tożsamość więźnia znali wyłącznie ci, którzy mieli z nim bezpośredni kontakt, a i oni używali wyłącznie jego nowego imienia – Victor. Jak na gust byłego przywódcy brzmiało ono za bardzo angielsko. Było jednak zbyt francuskie, by całkiem je znienawidzić.

George Piro codziennie czyta listy Victora, licząc, że znajdzie tam coś, co potem wykorzysta, by wywrzeć presję psychiczną na więźniu. Tajemnicza Alice wciąż nie daje mu spokoju. To jedyna kobieta, dzięki której Saddam Husajn wciąż potrafi się śmiać, nie traci optymizmu. Słucha go i umie podnieść go na duchu. Wnosi w jego więzienną egzystencję odrobinę ludzkiego ciepła i serdeczności. George Piro musi ustalić, czy jakaś kobieta zdołała złamać jego zabezpieczenia, czy też Saddam próbuje w ten sposób przekazać na zewnątrz zaszyfrowane wiadomości.

Ślęczy nad listami nagryzmolonymi w najpilniej strzeżonej celi Bliskiego Wschodu, aż wreszcie rozwiązuje zagadkę, która od tygodni nie dawała mu spokoju. Nie ma żadnej Alice. Jest za to Ellis. Starszy sierżant Robert Ellis. Tajemnicza przyjaciółka Saddama okazuje się czarnoskórym Amerykaninem ze stanu Missouri, pielęgniarzem, członkiem oddziału 439.

Obóz to olbrzymi kompleks. Znajdują się tam budynki z trzema pokojami przesłuchań, baraki żołnierzy, pomieszczenia administracji, a także sala gimnastyczna. Całość zajmuje powierzchnię około siedmiu kilometrów kwadratowych, choć szczegółowe dane wciąż pozostają tajne. Miejsce, w którym przetrzymywano więźniów, nazywano „laskiem”[61].

Podczas gdy amerykańskie oddziały stopniowo opuszczają Camp Cropper, Robert Ellis otrzymuje nową misję: ma za wszelką cenę utrzymać Victora w dobrej formie. Dopóki były iracki przywódca znajduje się pod opieką Amerykanów, nie może umrzeć. Musi dożyć procesu. W karcie jest napisane tylko, że więzień ma znaczne nadciśnienie, niewielki przerost prostaty i stan zapalny kostki, na który nigdy nie narzeka. Kiedy jednak Robert Ellis podchodzi do celi, jego poprzednik ostrzega: „Uważaj, znakomicie odczytuje sygnały pozawerbalne. To urodzony psycholog”.

Na widok nowego pielęgniarza Saddam wstaje, odkładając książkę, którą właśnie czytał. O kilka centymetrów wyższy od Amerykanina, robi niezwykłe wrażenie swoim wyglądem: przyprószone siwizną włosy są starannie uczesane, na ciemnobrązowych sandałach ani pyłku, diszdasza jest czysta i wyprasowana. Od tamtej pory Robert co dzień od ósmej do dwudziestej opiekuje się Victorem.

Ku jego zdumieniu Saddam okazuje się przykładnym pacjentem – na co narzeka tylko lekarz sądowy, bo więzień nigdy nie skarży się na dolegliwości, więc trudno ocenić jego stan zdrowia. Były przywódca stawia sobie za punkt honoru ukrywanie wszelkich słabości fizycznych. Woli dzielić się porywami duchowymi z opiekunem, którego przechrzcił na „siostrę Alice”. Kiedy jednak Robert próbuje zająć się jego nadciśnieniem, hamuje jego zapał: „Wiem, że pan tego nie zrozumie, ale chcę, żeby pan posłuchał”. Sięga po notatnik i melodyjnym, cichym głosem zaczyna po arabsku czytać wiersz, który właśnie napisał. Po trzech, czterech minutach z dumą spogląda na gościa, oczekując aprobaty.

Robert uśmiecha się tylko, nie ukrywa, że niczego nie zrozumiał. Ale wysłuchał, a to wystarczy. „Teraz wezmę leki", ustępuje więzień. Z Saddamem nigdy nic nie wiadomo – trzeba prowadzić z nim negocjacje w najmniej spodziewanych momentach. Co wieczór z notesem w ręku cierpliwie czeka na Roberta, żeby przeczytać, co napisał w ciągu dnia. W swoich wierszach mówi o ideałach, kwiatach, kobietach i o ptakach – towarzyszach niewoli.

Te rzeczywiście sfruwają ku niemu, ilekroć pojawia się na piaszczystym dziedzińcu, bo po każdym posiłku były prezydent zabiera kawałki chleba, którymi potem dzieli się z pierzastymi przyjaciółmi. Ledwo znajdzie się na dziedzińcu, podnosi rękę niczym dyrygent, a gdy rozlega się łopot skrzydeł, z szerokim uśmiechem zwraca się do swojego nowego powiernika: „Patrz, przyleciały".

Pewnego dnia jednak się nie zjawiają. „Musiały najeść się gdzieś wcześniej", stwierdza Saddam ze smutkiem. Jest tak przygnębiony, że rezygnuje ze spaceru i każe odprowadzić się do celi. Chcąc odzyskać miłość pierzastych przyjaciół, zakłada ogródek przy spacerniaku. Pomaga mu strażnik, który poprosił matkę, żeby przysłała nasiona. Saddam dumnie nazywa „swoim ogrodem" żałosne kępki ziół. Ptaki już więcej go nie zdradzają.

Wspólna lektura zbliża mężczyzn, którzy wkrótce zaczynają się sobie zwierzać. Robert mówi, że przed wyjazdem do Iraku ożenił się po raz drugi. Były przywódca się ożywia:

– Masz dwie żony?

– Tak, ale nie naraz – śmieje się pielęgniarz. – U nas to niezgodne z prawem.

Teraz z kolei wybucha śmiechem Saddam i chwali się, że miał liczne żony. Po czym zdradza sekret swojego powodzenia: daktyle. Jego zdaniem to afrodyzjak.

– Jeśli będziesz je jadł, żadna kobieta ci się nie oprze – żartuje z opiekuna, a potem prosi, by pokazał swoje zdjęcia ślubne.

Robert spełnia prośbę jeszcze tego samego wieczoru. Saddam bacznie przygląda się żonie pielęgniarza. „Obiecał, że napisze dla niej coś miłego". I rzeczywiście, następnego ranka daje obiecany wiersz, w którym porównuje panią Ellis do gwiazd na niebie.

U schyłku życia noc jest pokonana,
Gwiazdy giną i się rozpraszają,
Lecz poranek nieodmiennie przynosi radość.
Me serce się raduje: spełniły się jego marzenia.
Czuję błogość, wszelkie smutki pierzchły.
Ma dusza rozkwitła, jej kwiat właśnie się rodzi.
Bóg zesłał nam błogosławieństwo po kres naszych dni[62].

Porównania brzmią znajomo. Saddam lubi, gdy kobieta jest niczym kwiat – świeża i pachnąca. „Ilekroć o nich mówił, jego głos i ruchy łagodniały, uspokajał się".

Kiedy u więźnia pojawia się przepuklina, w eskorcie całego batalionu i licznych śmigłowców zostaje przetransportowany do szpitala, gdzie przechodzi zabieg chirurgiczny. Nie wyglądał na szczególnie przejętego swoim losem. „Gapił się na asystentkę anestezjologa. Miała wyjątkowo zgrabne pośladki, co nie umknęło jego uwadze. Nie odrywał od nich wzroku. Czekał go zabieg, siedział na stole operacyjnym, a widział tylko ponętną pielęgniarkę".

– Zrozum, od pięciu miesięcy nie widziałem kobiety – tłumaczy się.

– I co z tego? Ja też – odparowuje Robert.

– Naprawdę? Ty też?

Saddam jest zdezorientowany. Jak to możliwe, że strażnik musi znosić te same cierpienia co więzień?

Wciąż jednak liczy, że Amerykanie wyrażą zgodę na odwiedziny żony. Może narodziny dzieci przyniosłyby ukojenie i zapełniły pustkę? Zapomina, że ze względu na wiek żon to marzenie nie może się ziścić. Robert w towarzystwie lekarza specjalisty wyjaśnia dawnemu przywódcy, co dla kobiety oznacza menopauza. Saddam jest zaskoczony i zawiedziony.

Tęskni za swoimi przykładnymi córeczkami. Czasem jakaś błahostka działa niczym Proustowska magdalenka, wywołując dawno pogrzebane wspomnienia: na przykład lek przeciwbólowy, który pewnego wieczoru przynosi mu pielęgniarz. Taki sam podawał młodszej Hali, kiedy chorowała na żołądek.

– Przełamywałem go na pół – wspomina z niewysłowioną tęsknotą.

Ragad nie uciekła przed Amerykanami, została u boku ojca. W 2003 roku – w samym apogeum wojny – zabronił jej opuścić Irak. „Zakazałem jej – mówił adwokatowi. – Kiedy naloty przybrały na sile, a wróg deptał nam po piętach, nalegała, żebym ją puścił. Powiedziałem: »Nie. Przez trzydzieści lat korzystaliście z owoców władzy. Dziś musicie spłonąć w ogniu (...), który pochłania wasz kraj«"[63].

Zbuntowana córka nie zapomina jednak o urodzinach ojca. 28 kwietnia przysyła bukiet, który zostaje skonfiskowany przez dowództwo Camp Cropper. Oburzony obrońca Saddama jest gotów zjeść kwiaty, by dowieść, że nie zawierają niczego szkodliwego. „To była wyjątkowo uparta kobieta – zwierza się dowódca obozu Wayne Sylvestre[64]. – Kiedy otrzymała zgodę na korespondencję z ojcem, regularnie pisywała długie listy. Co miesiąc przysyłała też paczkę dla poprawy zdrowia i podniesienia na duchu. Znajdowały się tam cygara, jedzenie, odzież i drobne pamiątki rodzinne". Amerykanie przekazywali podarunki Ragad, ale zatrzymywali przesyłki od Rany, od czasu gdy w jednej z nich znaleźli kardamon, który uznali za zbyt niebezpieczny.

Płynęły miesiące, a Saddam wciąż siedział w więzieniu. „Kocham cię, tęsknię za tobą", powtarza Ragad przed kamerami. Za sprawą tych wyznań znalazła się na dobrej, szesnastej pozycji na liście czterdziestu jeden osób poszukiwanych przez amerykańską armię okupującą Irak. Ragad Husajn oskarżono o „udzielanie wsparcia finansowego powstańcom, wykorzystywanie dawnego członkostwa w BAAS do dokonywania przelewów na znaczne sumy". Trafiła też na listę Interpolu. Tam zarzuty są jeszcze poważniejsze: „Poszukiwana Al Madżid Ragad Saddam Husajn. 2006/54606 AL MADŻID. Powód: podżeganie do zbrodni przeciwko ludzkości, terroryzm".

Na siedemnastym miejscu znajduje się jej matka Sadżida, uznana przez Interpol za „znaczące źródło wsparcia logistycznego i finansowego dla powstańców irackich". Po upadku Iraku Sadżida nie opuściła męża. Oskarża się ją o nawiązanie kontaktów z przywódcami bojowników i finansowanie ich działalności z pieniędzy ukradzionych przez Saddama Husajna. To właśnie do niej szef sztabu obrońców byłego przywódcy kieruje każdego, kto chciałby pomóc Saddamowi w ucieczce.

Choć Sadżida pozostała lojalna wobec męża, ten co tydzień dzwoni z więzienia do swojej drugiej żony Samiry Szahbandar, która zdążyła uciec do Libanu.

„Jeśli nie może czegoś powiedzieć przez telefon, wiem, że za dwa, trzy dni dostanę list, w którym wszystko wyjaśni"[65], chwali się.

Zbliża się rozprawa. Saddam w tych ostatnich dniach chce jak najlepiej się zaprezentować, by zatrzeć wspomnienie wywołane przez zdjęcie z aresztowania. Nie podoba mu się garnitur, który dostaje na proces: jest źle skrojony i za ciemny na jego gust. Oddział Roberta Ellisa wyświadcza mu ostatnią przysługę: Saddam zostanie osądzony w garniturze od Christiana Diora.

5 listopada zapada werdykt, zostaje podtrzymana kara śmierci. Były przywódca odmawia przyjęcia lodów, które osłodziłyby ostatnie chwile: „Wzgórze nie potrzebuje środków uspokajających". To nie jedyna demonstracja siły w obliczu nieuchronnej śmierci. Po powrocie do celi wsiada na rower stacjonarny, „żeby pokazać siłę charakteru Araba, który kieruje się wiarą. Dlatego jak co dzień pedałowałem przez kilkanaście minut".

W dniu egzekucji układa białe koszule, czarne marynarki, obok nich zostawia pudełko cygar i notes z wierszami z prośbą, aby wręczono te rzeczy Ragad. Potem jeszcze mówi strażnikom, by przekazali córce, że idzie do raju z czystym sumieniem i takimiż rękami.

„Nie pozwolili mi z nim porozmawiać. A ja chciałam tylko powiedzieć, że go kocham i za nim tęsknię. Moja prośba została odrzucona", skarży się córka ze łzami w oczach. Tymczasem to nie amerykańskie dowództwo odrzuciło prośbę Ragad, lecz jej ojciec: „Nie chciałem rozmawiać z rodziną. Bałem się, że córki wybuchną płaczem"[66]. Napisał jeszcze ostatni wiersz, dedykując go pierwszej żonie Sadżidzie: „Me serce wciąż jest czułe, nadal potrafię kochać"[67].

ROZDZIAŁ 3

CHOMEJNI – IMAM SWOJEJ PANI

Zauroczył mnie był pieprzyk nad twą wargą.
Twe oczy rozmarzone sprawiły, żem prawie był omdlał.

Ruhollah Chomejni

Dama niekameliowa

Święte miasto Kom, północna część Iranu, 2 czerwca 1963 roku.

Małżonkowie Chomejni śpią w domostwie, które wraz z dziećmi zajmują od piętnastu lat. Z czterech dużych, choć skromnie umeblowanych pokoi wychodzi się na wewnętrzny dziedziniec. Jedyny luksus stanowią perskie dwustronne dywany – kilimy. Poza tym dom ani jego mieszkańcy nie wyróżniają się niczym szczególnym. Głowa rodu jednak ogromnie ceni ten niepozorny budynek ze względu na jedną, kluczową zaletę: stoi zwrócony w stronę Mekki.

Jak co wieczór rodzina spożywa niewielki posiłek: ryż i kwaśne mleko. Do tego jeszcze soczewica z dodatkiem kilku orzechów pistacjowych i owoców – jedyny luksus, na jaki pozwala Ruhollah Musawi Chomejni. Skrupulatnie odmówiwszy wieczorne modlitwy, małżeństwo kładzie się spać o tej samej od trzydziestu lat porze.

Tuż przed trzecią w nocy sielski sen domostwa, które pozornie niczym nie różni się od innych, zostaje brutalnie przerwany. Słychać ogłuszający huk. To oddział Savaku, tajnej policji szacha, wdziera się do środka przez dach. Hałas budzi Chadidżę Sakafi, panią domu. Kilka godzin wcześniej policjanci zaczaili się w sadzie za domem, czekając na hasło. Teraz wpadają do środka. W jednej chwili dom wypełnia się krzykami kobiet i łomotem wyważanych drzwi. Napastnicy przeczesują pokój za pokojem w poszukiwaniu męża gospodyni, ascety-jarosza. W końcu gromadzą w jednym pomieszczeniu domowników – w sumie siedemnaście osób – zadając bez przerwy to samo pytanie: „Gdzie ukrywa się ajatollah?". Mijają trzy kwadranse. Zatrzymani nie puszczają pary z ust. Hałas przyciąga sąsiadów, którzy tłoczą się na zewnątrz.

Tymczasem Chomejni, który usłyszawszy tupot policjantów w sadzie, zdążył przed atakiem ukryć się u najstarszego syna Mostafy mieszkającego naprzeciwko, teraz doskonale słyszy krzyki żony i służby. Wreszcie nie wytrzymuje i wraca na dziedziniec. Idzie prosto na policjantów i krzyczy: „Dość! Ja jestem Ruhollah Chomejni! To mnie szukacie! Dajcie spokój tym nieszczęśnikom!"[1]. Kiedy ci go aresztują i prowadzą do zaparkowanego kilka metrów dalej volkswagena, jego synowie słyszą strzał. Osiemnastoletni Ahmad wdziera się między obstawę, krzycząc, żeby jego też aresztowano. Chłopak okazuje się tak uparty, że jeden z funkcjonariuszy strzela w powietrze, by ostudzić jego synowskie oddanie[2]. Starszy syn Mostafa, który pełni też funkcję sekretarza ojca, postanawia zablokować konwój. Wdrapuje się na dach i próbuje poderwać tłum do walki z oddziałem policji. Apeluje do wiernych, którzy na widok jego ojca rzucają się do rąk i stóp ajatollaha, zasypując je pocałunkami. Wrzeszczy na całe gardło: „O, obudź się, narodzie islamski!". Tymczasem agenci z niezmąconym spokojem prowadzą zatrzymanego do auta. Przeskakując z dachu na dach, Mostafa biegnie za nimi aż do samochodu, który ma odwieźć ojca do Teheranu. Zdesperowany, grozi: „Jeśli go nie uwolnicie, rzucę się w dół!". Chomejni, świadek tego żałosnego przedstawienia, każe synowi wrócić do matki.

Chadidża jest zdruzgotana. Po raz pierwszy aresztowano męża, z którym nie rozstawała się od ponad trzydziestu lat. Nie wie, do kogo się zwrócić. Zrozpaczona, telefonuje do przyjaciółki: „Z płaczem powiedziała, że przyjechali z Teheranu po jej męża. Uzbrojony konwój związał mu ręce i zabrał do stolicy. Próbowałam ją uspokoić, więc obiecałam, że przyjadę rano. Tymczasem następnego ranka władza zablokowała drogi, zamknęła szkoły i uczelnie"[3].

Wszelkie apele i próby na nic się nie zdały: Ruhollah musi spędzić miesiąc w więzieniu. Nie ujdą mu płazem publiczne ataki na szacha. Już od pewnego czasu napięcie między tymi dwoma przywódcami – politycznym i duchowym – stale rosło. Szachinszach Mohammad Reza chce uwolnić Iran spod wpływu duchownych, których uważa za hamulcowych postępu i modernizacji. Ajatollahowie najchętniej cofnęliby Iran do czasów, kiedy podróżowało się na osłach, podczas gdy on za wszelką cenę pragnął wprowadzić poddanych w epokę samolotów odrzutowych. Dlatego brutalnie walczył z tą uprzywilejowaną kastą, nie cofając się przed najgorszymi oskarżeniami. W gazetach duchowieństwo nazywano „sodomitami i sprzedawczykami na żołdzie Brytyjczyków". Szach posunął się nawet tak daleko, że niedługo przed aresztowaniem wysłał do meczetu swojego gwardzistę, by ostrzegł niepokornego ajatollaha: „Masz siedzieć cicho albo połamiemy ci kości". Na to Ruhollah odparł niewzruszony: „Radzę Waszej Wysokości nie zapominać, że my również mamy swoich partyzantów". Tak zaczęła się otwarta wojna między tymi dwiema indywidualnościami, reprezentującymi biegunowo różne wizje przyszłości kraju.

Pierwsza riposta Chomejniego następuje jeszcze tego samego dnia po południu. Ajatollah wygłasza wtedy w meczecie płomienną mowę: „Żałosna istota. (...) Dlaczego Savak nie chce, abyśmy mówili o związkach szacha z Izraelem? Czyżby szach był Izraelczykiem? Czyżby szach był Żydem? Czyżbym, panie szachu, miał uznać cię za poganina i kazał wypędzić z kraju? Czyżbyś nie wiedział, że nadejdzie dzień, gdy twój lud powstanie, rozpocznie nowy rozdział historii, ciebie zaś opuszczą wszyscy przyjaciele?". W odpowiedzi na słowa ajatollaha władca przechodzi do czynów.

Chadidża czeka na powrót męża z więzienia Kasr. Nie ma od niego żadnych wieści. Przez trzydzieści lat małżeństwa rozstali się tylko raz: kiedy Chomejni, jak przystało na pobożnego muzułmanina, wyruszył w hadż, obowiązkową pielgrzymkę do Mekki. Było to w 1937 roku. Dotarłszy do portu Sajda w Libanie, „pamiętał, by znaleźć atelier fotograficzne. Tam zrobił sobie zdjęcie przy wazonie z kwiatami, po czym napisał na odwrocie »Marzę o Tobie«"[4]. Tylko wtedy rozstał się na pół roku z kobietą, o którą tak długo zabiegał.

Zanim Chomejni poznał Chadidżę, był pilnym studentem, który uczył się tak zaciekle, że budził podziw wszystkich wykładowców teologii w Komie. Tak jednak zapamiętał się w nauce, że przeoczył ważny aspekt życia mężczyzny: dwudziestosiedmioletni Ruhollah wciąż jeszcze się nie ożenił ani nie założył rodziny. Lawasani, jeden z jego kolegów ze szkoły koranicznej, uznał, że przyjaciel zwleka już nazbyt długo, i pewnego dnia zapytał wprost:

– Dlaczego wciąż jeszcze nie masz żony?

– Nikt nie wpadł mi w oko, a nie chcę się żenić z dziewczyną z mojej wsi – odpowiada Chomejni.

– Pan Sakafi ma dwie córki, które zdaniem mojej bratowej nadają się na żony[5].

Rzeczony pan Sakafi to ajatollah z miasta Rej, który oprócz sporego majątku ma jeszcze inny cenny walor: status sajjida, potwierdzający, że jego rodzina – podobnie jak Chomejniego – pochodzi od Proroka. Związek między takimi rodami dobrze wróżył na przyszłość. Zwłaszcza Chomejniemu, bo jego sytuacja materialna oraz pozycja społeczna znacząco by się poprawiły, przyspieszając wspinaczkę po szczeblach kariery, którą zapoczątkował jako wzorowy student.

Podjąwszy decyzję, przyjaciele wybierają się z wizytą do potencjalnego teścia doskonałego. Ruhollah odpowiada za prezenty. Kupuje między innymi szafran, turkusy, lazuryty, dywanik modlitewny, a także subhę z cennymi paciorkami wykonanymi z piasku pochodzącego z grobu szyickiego świętego[6].

Tak przygotowani studenci pojawiają się u szanownego Sakafiego i przedstawiają swoją prośbę. Pan domu uznaje adoratora za „wykształconego, skromnego, inteligentnego i pobożnego". Wszystko idzie jak po maśle. Wkrótce przed Ruhollahem staje dziewczyna w czarnej grubej chuście, pozwalającej zobaczyć jedynie oczy. W milczeniu podaje herbatę. Trzynastoletnia[7] Chadidża może dokładnie przyjrzeć się poważnemu, skromnemu pretendentowi do jej ręki. Wbrew pozorom ta nastoletnia dziewczyna, należąca do elity kraju, nie została wychowana na służącą, ale na kobietę, która ma sprawnie kierować dużym domem. Przywykła do tego, że wszyscy odnoszą się do jej ojca z szacunkiem, i mimo młodego wieku doskonale orientuje się, na czym polega hierarchia i jakiego zachowania wymaga. Młodzi nie zamieniają ani słowa. Zgodnie ze zwyczajem obcy nie może usłyszeć głosu dobrze wychowanej panny, by jego tembr nie obudził w nim pożądania.

Chadidża jednak nie zamierza wyjść za mułłę. Wtedy jeszcze marzy o ślubie z urzędnikiem i życiu w stolicy[8]. Z miejsca odmawia. „Zabiegał o jej zgodę przez dziesięć miesięcy"[9], wspomina członek jej rodziny. Ruhollah okazuje się wytrwały i prawie codziennie wysyła do rodziny Sakafich emisariusza, matkę swojego przyjaciela i swata Lawasaniego. Jednak na zmianę decyzji dziewczyny wpłynie dopiero interwencja z nieba.

Oto bowiem Chadidża miała sen proroczy, na który nie mogła pozostać obojętna. Odwiedzili ją sam prorok Mahomet, jego córka Fatima i zięć Ali. Czwarty gość pokazał ich palcem, mówiąc: „Cała ta trójka przestała cię kochać, ponieważ odmówiłaś ręki ich synowi". Następnego ranka dziewczyna dokonuje wolty: „Powiedziałam rodzicom, że zmieniłam zdanie"[10]. Błyskawiczne śledztwo wykazało dodatkowo, że Ruhollah urodził się tego samego dnia co Fatima. Wizja nie zostawiała miejsca na wątpliwości. Córka Mahometa objawiła się Chadidży w domu identycznym jak ten, który później wynajmie małżeństwo, a dokładniej: w ich przyszłej sypialni – Chadidża rozpozna zasłonki. Młoda, oświecona kobieta stawia tylko jeden warunek: mąż pozwoli jej zakończyć edukację. „Jednak jako pobożna niewiasta nie mogła sama chodzić do szkoły. Poprosiła więc, by został jej nauczycielem, a on się zgodził"[11], wspomina ajatollah Ata'ollah Mohadżerani, przyszły minister kultury i krzewienia islamu.

Wkrótce po tej szczęśliwej odmianie losu, latem 1929 roku, Lawasani przewodniczy skromnej uroczystości, po której Ruhollah i Chadidża stają się małżeństwem. Panna młoda jest ubrana w strój ozdobiony pięknym czarno-białym haftem. Przed wyjazdem do Komu, gdzie Chomejni ma znaleźć domostwo dla siebie i swojej małżonki, pan młody wreszcie odsłania twarz wybranki. Chadidża pyta, czego od niej oczekuje jako od małżonki. Ten odpowiada szczerze: „Odparł, że nie jest obskurantem, który zrzucałby na żonę wszystkie domowe obowiązki. Oczekuje tylko jednego – że będę posłuszna zasadom islamu", wspomina kobieta.

Ruhollah dotrzymuje słowa i robi, co w jego mocy, by Chadidża żyła na poziomie, do którego przywykła w domu, gdzie nie szorowała podłóg, tylko wydawała polecenia służbie. Żona staje się też muzą tego pobożnego duchownego, spod którego pióra wychodzą tak zaskakujące utwory jak *Oblubienica ogrodu:*

> Nadeszła wiosna, migdałowiec obsypał się kwieciem.
> Oczywiście oblubienicą ogrodu jest migdałowiec.
> Zjawiskowa piękność, co daje wytchnienie zmęczonym oczom. (...)

Migdałowiec to przesłanie Stwórcy,
Który nam mówi: piękność i życie rodzą się
Z błota noszącego śmiertelną maskę zimy.
Beztrosko i radośnie, młodzi i starzy biegną do sadu.
W swej naiwności sądzą, że kwiaty są wieczne[12].

W chwili ślubu Ruhollah ma dwadzieścia siedem lat. Chadidża ofiarowuje mu wiosnę życia. Ziemska miłość – odbicie miłości Boga – staje się dlań natchnieniem. Kwiat migdałowca – czas miłości – jest wieczny tylko w Bogu. Myli się ten, kto sądzi, że wiosna będzie trwała wiecznie. Chomejni przeczuwa poetycką prawdę o miłości: jest ulotna i szybko przemija.

Wtem niebo zasnuwają chmury, nadciąga burza.
Deszcz spada na migdałowiec, zrzuca jego kwiaty.
Oblubienica ogrodu stoi wyprostowana: naga i drżąca,
Niczym stara żebraczka wygnana na ulicę.
Chwila zapomnienia, moment niewdzięczności,
Bóg wypędza tych, co zapominają.

Saga rodzinna

W styczniu 1930 roku Chadidża przyjeżdża do Komu. Opuszcza rodzinę, ale wkrótce Ruhollah ma dla bliskich radosną wieść: młoda żona zachodzi w ciążę. Kom to ostoja konserwatystów, nie ma kin ani innych uciech, które wiodłyby na pokuszenie to miasto, oddające się jedynie zgłębianiu tradycji koranicznej. Na początku lat trzydziestych XX wieku pełno tam było madras, wyższych szkół muzułmańskich, gdzie uczniowie – talibowie – pod kierownictwem mistrza – ajatollaha – zgłębiali tajniki nauki, głównie teologii. Życie towarzyskie skupiało się wokół mauzoleum Fatimy, siostry ósmego imama. Grobowiec przez cały dzień jest spryskiwany wodą różaną. Kobiety przybywają tu, by prosić o szczęście w małżeństwie i o płodność. Miasto leży na obrzeżach Wielkiej Pustyni Słonej przy wyschłym jeziorze. Niewielkie ilości dostępnej wody wykorzystuje się do sprzątania ulic. System kanalizacji jest przestarzały, więc odpadki i zużyta woda płyną środkiem ulic, oblężonych przez najgorszą ludzką nędzę. Garbaci, ślepi, chromi, chorzy psychicznie, niepełnosprawni – wszyscy oni w poszukiwaniu cudownego uzdrowienia przybywają do tego perskiego Lourdes.

Łatwo więc zrozumieć rozterki młodej dziewczyny z dobrego domu, która zostaje skazana na wygnanie sto pięćdziesiąt kilometrów od stolicy. Do ślubu jej edukacją zajmował się ojciec. Pod jego okiem Chadidża osiągnęła poziom czwartej klasy gimnazjum. Ruhollah obiecał, że będzie mogła uczyć się dalej, i dotrzymuje słowa. Przez pierwsze osiem lat małżeństwa pracuje z nią, zapewniając jej wykształcenie w tamtych czasach nieosiągalne dla przeciętnej kobiety.

Ruhollah okazuje się opiekuńczym mężem, dbającym o dobre samopoczucie żony: „Zawsze proponował mi najlepsze miejsce w sali. Nigdy też nie zaczynał posiłku, dopóki nie usiadłam przy stole. Darzył mnie ogromnym szacunkiem i nie chciał, bym wykonywała prace domowe. Stale powtarzał: »Nie zamiataj!«. Ilekroć zaś chciałam zrobić pranie w miednicy, podchodził i mówił: »Zostaw, nie musisz tego robić«". Co nietypowe, imam uważał wszelkie zajęcia gospodarcze za niegodne swej małżonki: „Jeśli z konieczności czasem musiałam coś zrobić, był oburzony. Traktował to niemal jak dyshonor". Z jeszcze większą atencją traktował ją, gdy spodziewała się dziecka: „Kiedy wchodziłam do pokoju, nigdy nie mówił: »Zamknij za sobą drzwi«. Czekał, aż usiądę, dopiero wtedy wstawał, żeby je zamknąć"[13]. Pierwsze obawy Chadidży szybko pierzchają, w małżeństwie znajduje pełną harmonię. „Czułam się wolna jak ptak"[14], wspomina z rozrzewnieniem.

Jednak nawet nadzwyczajna troska Ruhollaha nie uchroniła pary przed straszliwym ciosem, który przychodzi kilka miesięcy później. Chadidża roni pierwszą ciążę. Być może przyczynia się do tego potworny upał panujący o tej porze roku w Komie, chmary much krążące w powietrzu i niedobra słonawa woda. Dziewczyna znajduje się w sytuacji nie do pozazdroszczenia. Kobietę, która nie może wydać na świat dziecka, traktuje się jak brzemię i nazywa pogardliwie *akima* – jałowa. Te, które rodzą same córki, mogą liczyć na niewiele lepsze traktowanie. Mają status „fabrykantek córek". Jedynie te, które wydadzą na świat co najmniej dwóch synów, cieszą się szacunkiem i wysoką pozycją społeczną. W czasach gdy od dziecka oczekuje się, że ulży rodzinie, nikt nie może być ciężarem. Dlatego kobieta, która nie rodzi potomstwa, jest uważana za bezwartościową. Podobnie jak córki, które będą musiały opuścić domowe ognisko, aby swoim posagiem i pracą budować dobrobyt mężowskiego rodu.

Na szczęście niecały rok później narodziny syna ratują Chadidżę przed statusem „jałowej". Ruhollah nadaje mu imię Mostafa, ku czci ojca, którego nie znał. W XVIII wieku jego rodzina w ślad za zwycięskimi Persami ruszyła do Indii, osiedlając się w Kaszmirze, gdzie przodek Ruhollaha założył madrasę. Kiedy Brytyjczycy przejęli władzę w Indiach, rodzina osiedliła się na Wyżynie Irańskiej w miejscowości Chomejn. Mostafa nie zdążył zapalić tu kaganka oświaty, bo cały czas pochłaniała mu uprawa skrawka ziemi odziedziczonego po wielkim przodku. Razem z żoną Sadiką i czworgiem dzieci mieszkał w lepiance przyklejonej do sąsiednich domów.

W marcu 1903 roku, sześć miesięcy po narodzinach Ruhollaha, Mostafa ginie podczas sąsiedzkiej kłótni dotyczącej podziału zbiorów. Część odpowiedzialności za zbrodnię zostaje przeniesiona na niemowlę: rozchodzi się wieść, że Mostafie zadano sześć ciosów nożem – tyle, ile miesięcy liczył jego najmłodszy syn. Szybko uznano więc, że dziecko przynosi pecha. Od tej pory Ruhollah budzi nieufność, domownicy odnoszą się do niego z wrogością, a w końcu umieszczają go u ciotki. Chłopiec większość czasu spędza na ulicy. Często wraca do domu bez ubrania, pokryty kurzem, podrapany. Zręczny i wysportowany wkrótce wyrasta na lokalnego mistrza zapasów. Jest też niepokonany w zabawie polegającej na przeskakiwaniu nad współzawodnikami. Najbardziej jednak lubi grę w „złodzieja i wezyra". Złodziej zostaje schwytany przez strażników i doprowadzony przed oblicze wezyra, który wymierza karę za wymyślone przestępstwo. Od najmłodszych lat widać u Ruhollaha uderzające podobieństwo do nieżyjącego ojca: wybuchowy, a przy tym uparty. Wścieka się, ilekroć czegokolwiek mu się zabrania. Nie boi się ciężkiej pracy, żyje surowo, unikając kontaktów z ludźmi. Nie dowierza światu, który uważa za zepsuty i zdemoralizowany.

Ruhollah, który miał spędzić u ciotki kilka miesięcy, zostaje pod dachem tej przybranej matki aż do piętnastego roku życia. Wkrótce po tym jak wyjeżdża do szkoły koranicznej w Komie, w odstępie miesiąca umierają matka i ciotka. Osieroconego chłopaka już nic nie wiąże z rodzinnym Chomejnem. Nie wróci tam więcej. Teraz zgłębia wiedzę duchową i rozwija filozofię oderwania od świata. Śmierć z hukiem wkroczyła w jego rzeczywistość. Wkrótce też zagości w świecie Chadidży.

Synek o imieniu Ali i dwie córeczki umierają na jej rękach. Potem jeszcze rodzina powiększa się o trzy córki, rodzące się w kolejnych trzech latach, ale dopiero narodziny Ahmada, który przychodzi na świat w 1945 roku, ponownie budzą do życia nieszczęsną matkę. Jeszcze bowiem w 1944 roku los zada Chadidży kolejny cios – kobieta traci córkę, która tonie na jej oczach. Przyjaciel rodziny doskonale pamięta tamtą scenę: „Żona Chomejniego rwała sobie włosy z rozpaczy. Kiedy zjawił się jej mąż, zaczął spokojnie modlić się nad ciałem najmłodszej z czwórki. Przyglądałem mu się. Na jego twarzy nie dostrzegłem śladu cierpienia. Wiedziałem, że głęboko kocha swoje dzieci. A mimo to nie okazał żadnych uczuć, nawet cienia bólu"[15]. Skończywszy, powiedział tylko spokojnie: „Bóg dał mi to dziecko, a teraz je wziął". Nauczył się przyjmować śmierć bez emocji. W jednym z kazań do wiernych tak tłumaczy swoją postawę: „Ten świat to tylko pewien etap naszej wędrówki, nie będziemy tu przebywać wiecznie. To jedynie ścieżka, wąska ścieżyna. To, co na tym świecie nazywamy życiem, wcale nim nie jest. Dopiero po śmierci przechodzimy do prawdziwego życia. (...) Nikt nie będzie człowiekiem, jeśli najpierw nie przemierzy wąskiej dróżki"[16].

Wobec rozpadu własnej rodziny Chomejni tworzy stoicką „sagę rodzinną" na miarę swego ideału; zbudowaną na obraz i podobieństwo rodziny Proroka, a dokładniej – Alego. Mahomet darzył szczególnym uczuciem swojego kuzyna, który mieszkał z nim pod jednym dachem. Ojciec Alego Abu Talib osierocił chłopca, gdy ten miał sześć lat. Ali zamieszkał z rodziną Proroka i stał się pierwszym wyznawcą islamu. Toczył bohaterskie boje, którym islam zawdzięczał pierwsze zwycięstwa. Dzięki jego bezprzykładnemu męstwu wielu widziało w nim następcę Mahometa. Szyici podziwiają go za nieugiętą walkę z niesprawiedliwością, którą prowadził wbrew wszystkim, sam niesprawiedliwie pozbawiony ojcowskiej miłości.

Chomejni w losach Alego rozpoznaje własne dzieje. Podobnie jak on jest sierotą. Cechuje go taka sama, wyjątkowa pobożność oraz niezłomna wierność wartościom i zasadom islamu. Mieszka skromnie, odrzucając ziemskie rozkosze. I wreszcie – tak jak Ali gorliwie, ze szczerym sercem kroczy drogą wskazaną przez Proroka. Ali, którego wychował Mahomet, od najmłodszych lat żywi się jego słowami. Sześcioletni Chomejni zna na pamięć cały Koran. Pragnąc dowieść, że zarówno w radości, jak i w smutku nie ulega pokusie tego świata, Ruhollah mówi po śmierci córki: „Gdyby Pan zabrał mi syna, mojego najdroższego Ahmada, gdyby go zabił, nie poskarżyłbym się ani słowem"[17]. Swój ascetyzm narzuca reszcie rodziny. Tu również wzoruje się na Alim i przywołuje wydarzenia z życia swojego pobożnego autorytetu: „Zapewnił córkę, która pożyczyła sobie naszyjnik ze szkatułki: »Ręczę, że będziesz pierwszą kobietą, która straci dłoń za kradzież«"[18]. To wystarcza, by w domu Chomejniego panowały spokój i uczciwość.

Pewnego razu dom w Komie ucierpiał na skutek gwałtownych zmian pogody. Na propozycję murarza, by elementy, które wypadły, zastąpić podniszczonymi cegłami z klatki schodowej, Ruhollah odpowiedział krótko: „Proszę odnieść je tam, skąd je pan zabrał"[19]. Swoją bezkompromisowością stopniowo zaskarbiał sobie podziw każdego, kto go odwiedzał. Jeden z sympatyków pamięta, jak ajatollah udzielił mu lekcji oszczędności: „Pewnego razu zauważył, że do zlewu wpadły dwa ziarna granatu. Udzielił mi surowej reprymendy za marnotrawstwo pożywienia"[20].

Chomejni bierze wzór z Alego także w życiu osobistym. Podobnie jak on, pozostanie monogamistą, choć wolno mu poślubić cztery żony. Ali ożenił się z Fatimą, jedyną córką Mahometa. Żona była jego wierną towarzyszką, zapewniła mu też potomstwo. „Fatima stanowi cząstkę mnie. Ten, kto ją rozgniewa, rozgniewa także mnie"[21], ostrzegał Ali. Chadidża również stanowi cząstkę Chomejniego. Cząstkę tak ważną, że nawet własnym dzieciom nie wolno jej urazić. „Był tak przywiązany do żony, że zajmowała w jego życiu oddzielne miejsce, a dzieci – oddzielne", opowiada jego córka Sidika Mostafawi. Druga zaś córka Faride dorzuca: „Polegał na niej, zasięgał u niej rady w kwestiach rodzinnych. Wprowadził żelazną zasadę: nie jemy, dopóki mama nie sięgnie po jedzenie. Cała rodzina musiała się do tego dostosować. Zawsze czekaliśmy, aż zacznie jeść".

Fatima miała silny charakter, potrafiła stawić czoło przeciwnikom męża. Raz oświadczyła, że nigdy więcej nie odezwie się do pierwszego kalifa Abu Bakra, ponieważ zabrał jej ziemię, którą odziedziczyła po Mahomecie, co uznała za niewybaczalne. Chadidża też wspiera męża w jego działalności. W 1936 roku szach Reza postanawia w przyspieszonym tempie upodobnić Iran do świeckiej Turcji i przystępuje do modernizacji kraju. On i jego żona pojawią się więc na uroczystości rozdania dyplomów w Teheranie ubrani w zachodnie stroje i kapelusze sprowadzone z Paryża oraz Londynu. To zachęca Iranki do zrzucenia chust, „znaku niesprawiedliwości i hańby"[22]. Wkrótce władca całkowicie zakazuje noszenia hidżabu w miejscach publicznych. Nie przebiera w środkach: każda kobieta, która ośmieli się włożyć ten symbol obskurantyzmu, zostanie zmuszona do jego zdjęcia, a w razie oporu trafi do więzienia.

Niektórym kobietom nie podoba się ten zakaz. Chadidża okazuje dezaprobatę, na rok zamykając się w domu. Woli obywać się bez publicznej łaźni i oczyszczających zabiegów hammamu, niż pokazywać się publicznie z odsłoniętą twarzą. Kiedy wreszcie jej wściekłość trochę opada, daje wyraz przywiązaniu do tradycji, przy pierwszym wyjściu wkładając nie jedną, ale dwie chusty całkowicie zasłaniające twarz. Chomejni tak komentuje decyzję szacha: „Nasze kobiety nie miały wyjścia: musiały stać się prostytutkami albo siedzieć w zamknięciu". Chadidża oczywiście nie może jawić się w oczach męża i Iranek jako „prostytutka". Żona ajatollaha musi świecić przykładem. Nie wystawi na cudze spojrzenia włosów farbowanych henną specjalnie dla męża. Zwłaszcza że ten widok może zaskoczyć: pod hidżabem bowiem pani Chomejni ukrywa ogniście rude loki.

Dom państwa Chomejnich staje się miejscem spotkań aktywnych uczniów przychodzących na seminaria ajatollaha. Z nabożnym skupieniem chłoną każde słowo mistrza, ciskającego gromy na władzę, która coraz bardziej lekceważy mułłów. Swoją nienawiść kieruje on przede wszystkim przeciwko amerykańskim oficerom szkolącym armię szacha. „Czyżby kraj znalazł się pod amerykańską okupacją? – pyta. – Jeśli tak, aresztujcie nas, wyrzućcie z Iranu!", prowokuje. Jego życzeniu wkrótce staje się zadość.

4 listopada 1964 roku, tydzień po tym buńczucznym wystąpieniu, Ruhollah zostaje przesłuchany. Chadidża po raz kolejny stawia czoło Savakowi i zbrojnym oddziałom wdzierającym się do domu. Tym razem obywa się jednak bez przemocy i komandosów wskakujących do środka przez dach. Mąż na jej oczach poddaje się, nie stawia oporu. Co zaskakujące, z miejsca odrzuca

propozycję, by na wygnaniu towarzyszyła mu część rodziny. Chadidża chce dzielić z nim los, lecz on zdecydowanie jej zabrania. Mówi, by nawet nie próbowała za nim ruszać. Nie docenia determinacji żony. Podczas gdy policja wiezie go do granicy z Turcją, Chadidża pakuje się w pośpiechu i również opuszcza Iran. Towarzyszy jej kilkoro dzieci[23].

Do Bursy w północno-zachodniej Turcji eskortuje Chomejniego irański urzędnik, który następnie przekazuje go pod opiekę oficera tureckich służb, niejakiego Alego. Na miejscu Ruhollah ze zgrozą konstatuje, że ani żona, ani córka gospodarza nie noszą hidżabu, i nie ukrywa dezaprobaty: „Chomejni od początku budował wszystko na własnym wizerunku. Podejrzewam, że gdyby (...) nie obecność irańskiego pułkownika, nie zareagowałby tak ostro”[24], uważa Turek. Wygnaniec fatalnie znosi pobyt w Turcji. Dokucza mu chłód, poza tym, jak mówi jego syn Ahmad, „czuje się niczym ryba wyrzucona na brzeg”. Jedyną otuchą jest myśl o Chadidży, do której pisze w liście:

> Kiedy Cię nie widzę, czuję się chory. Jesteś światłem moich oczu, siłą mego serca. Nieustannie rozmawiam z Tobą i Twoim pięknym licem, którego odbicie widzę w swoim sercu. Najdroższa, oby Bóg Ci błogosławił, otaczał Cię opieką, sprawiał, że będziesz szczęśliwa. Moje życie układa się jak najgorzej, choć warunki mam nie najgorsze. Obecnie przebywam w pięknym mieście Bursie. Szczerze powiedziawszy, ogromnie mi Cię brakuje. Powinienem zachwycać się cudowną panoramą miasta, a widok morza powinien cieszyć moje serce. Jednak stwierdzam z żalem, najdroższa moja miłości, że nie potrafię się nimi radować bez Ciebie. (...) Gdybyś pisała do Pana V i Pani VI, przekaż im wyrazy szacunku ode mnie. Pozdrów też (...) doktora VIII.

Chomejni często pisze też z wygnania do dwóch synów, zaklinając, by opiekowali się matką. Osiem tygodni po przybyciu do Turcji zostaje przeniesiony do Ankary, gdzie spędza kolejne miesiące bez Chadidży, która – by osłodzić mu samotność – wysyła doń syna.

> Chwała Panu, Mostafa dotarł cały i zdrowy, obaj radzimy sobie doskonale. Proszę nade wszystko, nie martw się. Pisz do każdego z nas osobno, własną

ręką, opowiadaj, co się u Ciebie dzieje. Pogoda niezła. Mam nadzieję, że zdrowie Ci dopisuje, jeśli taka wola Allaha. Napisz, jak się czuje reszta rodziny, i przekaż wszystkim moje wyrazy szacunku. (...)

„Stary rekin stracił zęby"

Nadżaf, listopad 1965 rok.

Ruhollah cieszy się, że Chadidża wreszcie złamała jego zakaz. Po prawie rocznym rozstaniu z żoną i wygnaniu do Turcji został przeniesiony w strony mniej mu obce: do świętego miasta szyitów Nadżafu, gdzie znajduje się grobowiec Alego i czeka na niego uparta Chadidża, która przedostała się do Iraku.

Próbują tu odbudować życie rodzinne. Zajmują niewielkie, dwupokojowe mieszkanko, bo tylko na to pozwalają ich skromne środki. Po raz pierwszy Chadidża musi sobie radzić bez służby. Męczy ją zwłaszcza wyjątkowo ciasna kuchnia, która od tej pory stanie się jej królestwem. Nie zna tu nikogo, jest tylko żoną jednego z niezliczonych mułłów. Atmosfera miasta, które bardziej przypomina cmentarz niż sanktuarium, działa na nią przygnębiająco. Szyici płacą krocie za grobowce, by po śmierci spocząć jak najbliżej Alego. Każdy bowiem, kto zostanie tu pogrzebany, trafi prosto do nieba bez sądu Bożego. Wszechobecny kult śmierci zabija w Nadżafie pragnienie życia.

Chadidża często pisuje do Ahmada, który został w Iranie. „Boleśnie przeżywała to rozstanie, bo była bardzo przywiązana do dzieci"[25]. Przy każdej okazji ucieka z tego miasta-cmentarza do Bagdadu. Ruhollah tymczasem narzuca sobie rytm dnia, który nie pozostawia czasu na takie eskapady. Wstaje o piątej nad ranem na modlitwę o wschodzie słońca, potem jeszcze trochę dosypia. Chadidża przy łóżku – cienkiej macie położonej na ziemi – stawia mu śniadanie: chleb z odrobiną miodu. O jedenastej przynosi mężowi sok owocowy, a w południe odrobinę ryżu z soczewicą albo sam jogurt lub czasem ser. Po posiłku Ruhollah udaje się na sjestę i wstaje na popołudniową modlitwę. Codzienną porcję ruchu zapewnia mu dwudziestominutowy marsz o świcie i o zmroku. Poza tym wykłada dla garstki uczniów, przyjmuje gości i pisze listy. Kładzie się spać zawsze o tej samej godzinie. To niezmienny porządek dnia, którego nic nie może zakłócić[26].

Sześćdziesięciotrzyletni Ruhollah wygląda jeszcze posępniej niż zwykle. Cierpi na niewydolność serca, ma problemy z nerkami, regularnie nękają go też migreny. Wszyscy w Teheranie sądzą, że jego dni są policzone. Agenci Savaku, którzy obserwują go w Nadżafie, zapewniają szacha, że „stary rekin stracił zęby". Rzeczywiście, Chomejni całymi dniami lamentuje nad „niemoralnością całkowicie zepsutego świata", w którym przyszło mu żyć. Liczba jego zwolenników się kurczy, goście coraz rzadziej go odwiedzają. W mieście, które sam wybrał na miejsce wygnania, jego przyjazd nie wzbudził entuzjazmu. Przekonany, że jego sława dotarła także tutaj, cały tydzień czekał w nowym mieszkaniu na wizytę najważniejszych ajatollahów. Na próżno. Nikt się nie pofatygował. Musiał schować dumę do kieszeni i wykonać pierwszy krok. Kolejne upokorzenie dla przygnębionego starca.

Para żyje w osamotnieniu. Nie odwiedzają jej ani przywódcy religijni, ani mieszkańcy. „Kiedy pierwszy raz udał się na grób Alego, był zawiedziony, bo nikt – albo prawie nikt – go nie zauważył. Ludzie nie podchodzili, żeby się z nim przywitać, nie otoczył go wianuszek rozmówców"[27], wspomina Abolhassan Bani Sadr, przyszły pierwszy prezydent Republiki Iranu. Rodzina też dotkliwie odczuwa skutki tej utraty prestiżu oraz środków finansowych. Nie może zatrudnić pomocy domowej, sekretarzem osobistym Ruhollaha staje się Mostafa. Ahmada, który dołączył do bliskich, nie przyjęto na uniwersytet, gdzie chciał studiować chemię. Teraz, ku zgryzocie Chadidży, ręcznie przepisuje i roznosi po mieście traktaty ojca.

Młodszy syn państwa Chomejnich bardzo różni się od brata. O ile Mostafa odziedziczył twardy charakter ojca, o tyle Ahmad ma więcej wyrozumiałości dla ludzkich słabostek. Nieugięta postawa ojca, odrzucającego wszelką emancypację, sprawia, że on z kolei odrzuca kulturę religijną, a wraz z nią język arabski, który opanował jedynie w podstawowym stopniu. Woli czytać literaturę perską, francuską i angielską. Ten młody mężczyzna, który musiał zrezygnować z osobistych pragnień, może czerpać nikłą pociechę z tego, że przekonał ojca do lektury kilku zachodnich powieści, między innymi *Braci Karamazow* Dostojewskiego. Czyżby wybór nie był przypadkowy, a historia prymitywnego, okrutnego ojca zamordowanego przez syna, który odwraca się od wiary i szuka bogactwa, stanowiła aluzję do sytuacji Ahmada?

Rodzina nie popada w zbiorową depresję jedynie dzięki Chadidży, która mężnie znosi wszelkie przeciwności, dając wzór zniechęconym, osłabionym domownikom. Krząta się po miniaturowej kuchni, przejmując wszystkie obowiązki domowe. Pomaga jej tylko mąż, biorąc na siebie zmywanie. Poza tym Ruhollah sam ścieli sobie łóżko i przygotowuje herbatę, którą popija cały dzień. Jedyny luksus, na jaki sobie pozwala, to prezent od Ahmada: butelka wody po goleniu Paco Rabanne, kupiona nie wiadomo po co, jako że w rodzinie wszyscy mężczyźni noszą bujne brody. Ajatollahowi jednak zapach tych egzotycznych perfum podoba się na tyle, że pozwala sobie i synom skrapiać nimi brody. Oczywiście nie ma mowy, by używać ich bez opamiętania. Chomejni „często podkreślał, że wychodząc z domu, nie wolno się zlewać pachnidłami – opowiada jedna z wnuczek. – Pamiętam, jak imam dał drugiej wnuczce w prezencie perfumy. Ja dostałam co innego, ponieważ: »Nie jesteś jeszcze mężatką, nie musisz się perfumować!«, powiedział”[28]. Pachnący Paco Rabanne Chomejni nadal pozostaje więźniem, nie może opuścić Iraku.

Tylko Chadidża może jeździć do Iranu. Korzysta z każdej okazji, by spotykać się z dziećmi i przekazywać im dyrektywy Ruhollaha. Przede wszystkim jednak odwiedza szkoły w Komie. Mąż niezwykle ceni emisariuszkę, która gorliwie informuje go o sytuacji w newralgicznych punktach, ośrodkach nowej myśli religijnej. Po każdym powrocie do Nadżafu Chadidża opowiada wszystko ze szczegółami, a on chłonie każde słowo.

Choć podróże Chadidży to właściwie delegacje służbowe, Ruhollahowi doskwiera tęsknota. W 1972 roku prawie miesięczne wyjazdy stają się tak częste, że uwięziony w Nadżafie Ruhollah zaczyna się niepokoić. W sierpniu pisze:

> Do Wielce Szanownej Matki Mostafy!
> Mam nadzieję, że czujesz się dobrze. Ja, chwała Panu, trzymam się nieźle.
> Nie martw się o mnie, bo to, co zsyła nam Bóg, zawsze jest dla nas najlepsze.
> (...) Mostafa również miewa się znakomicie, wszystko dobrze się układa.
> Tylko niepokoję się trochę, bo nie dochodzą wieści od Ciebie[29].

We wrześniu wreszcie dostaje wiadomość od żony, świeżo upieczonej babci. Bawi go porównanie tego, co o niemowlęciu pisze rodzina: „Ahmad twierdzi, że maluch jest »naprawdę paskudny«. Ty zaś powiadasz, że niezwykle przypomina Ahmada, co właściwie pokrywa się z jego słowami. Na szczęście w drugim liście napisał, że »chłopczyk odziedziczył oczy po matce«, co jest miłe. Opowiedz, co u Ciebie".

W Iranie tymczasem Chadidży nie brak zmartwień z powodu dzieci. Córka Faride popadła w depresję. Matka na wszelkie sposoby próbuje wyciągnąć ją ze stanu zbliżonego do katatonii. Kilka tygodni później mąż pisze więc w mniej pogodnym tonie:

> Do Najszacowniejszej i Najwspanialszej z Kobiet!
> Po pierwsze, bardzo mnie zaniepokoiło to, co napisałaś o naszej córce Faride oraz o waszym wyjeździe do Meszhedu[30]. Po drugie, ogromnie też mnie zmartwiło, że z Teheranu nie pisałaś, a jeszcze bardziej to, że ona nie odezwała się ani słowem. Dobrze zrozumiałem, że jej córka Ferechteh Wam nie towarzyszyła w podróży? Dlaczego? Daj znać, czy miała kłopoty zdrowotne, czy może chodziło o jakieś sprawy rodzinne. Nadzwyczajnie mnie to męczy. (...) Po trzecie, proszę, pisz bardziej precyzyjnie, bo brak konkretów potem nie daje mi spokoju i niepotrzebnie się zadręczam. Po czwarte, mam nadzieję, że sama podróż do Meszhedu była udana. (...) Pisz o sobie więcej niż o pozostałych, bo wieści o Tobie najbardziej mnie cieszą.

Przez długie miesiące jedynym źródłem informacji o sytuacji politycznej w kraju była dla Ruhollaha żona. Wreszcie, w tym samym 1972 roku, po siedmiu latach klepania biedy, sytuacja materialna rodziny się poprawia. Wierni znów zaczynają wpłacać datki na ajatollaha. Małżeństwo kupuje sąsiedni dom, gdzie Chomejni może uczyć studentów, którym nawet funduje stypendia. Z zewnątrz budynek prezentuje się okazale, ale wnętrze jest urządzone skromnie, jak zwykle u Ruhollaha: w największym pomieszczeniu jedynie kilim jako symbol ubóstwa i żadnych mebli. Pod sufitem najprostszy wentylator, żadnych ekstrawagancji. Gabinet pana domu wygląda równie ascetycznie: kilka książek, niski stolik i dywan.

Mostafa z trojgiem dzieci przeprowadza się do bardziej przytulnego domu przy tej samej ulicy. Chomejni czuje się osamotniony, zwłaszcza że będąca w ciągłych rozjazdach Chadidża odzywa się rzadko i nieregularnie. „Właśnie dostałem Twój długo wyczekiwany list. Mam wrażenie, że opuściłaś Nadżaf i całkowicie o mnie zapomniałaś. Nawet nie pomyślisz, że brak wieści może mnie niepokoić. Cóż, trudno. Mam nadzieję, że zdrowie ci dopisuje", pisze do żony w lipcu 1974 roku.

Wydaje się, że po latach ubóstwa, wygnania i żałoby wszystko powoli zaczyna iść ku lepszemu. Wtedy, 21 października 1977 roku, Chadidża znów otrzymuje cios w samo serce: czterdziestopięcioletni Mostafa umiera we własnym domu. Nagła śmierć spada na rodzinę jak grom z jasnego nieba. Przyczyny śmiertelnej choroby serca najprawdopodobniej należy szukać w niepohamowanym apetycie starszego z braci Chomejnich i jego skłonności do otyłości. Chadidża jest zdruzgotana. Ruhollah, który w listach szczerze pisze o poczuciu osamotnienia i porzucenia oraz każdym słowem daje wyraz głębokiej miłości do żony, w obliczu śmierci syna nie może sobie pozwolić na skargi. „Bóg nam go dał, Bóg też go wziął", podsumowuje krótko. Matka słyszy te słowa po raz drugi, więc ich siła rażenia chyba jest mniejsza.

Wierny swojej filozofii życiowej Ruhollah ze stoickim spokojem udaje się na nabożeństwo pogrzebowe w meczecie. „Kiedy weszliśmy do środka szlochający, zawodzący tłum rozstępował się przed nim. Ludzie dziwili się, szeptali między sobą: »Co to? Imam nie roni nawet jednej łzy?«"[31]. Duchowny prowadzący ceremonię domyśla się, jak bardzo cierpi Chomejni, więc aby mu ulżyć, próbuje sprowokować go do łez i siedmiokrotnie wywołuje imię Mostafy. Tymczasem imam zachowuje niewzruszony spokój. „Wypowiadając słowa modlitwy, patrzył na mnie, a ja panicznie się bałem – zwierzał się Chomejni – że jeśli zacznę płakać, to nad tragedią syna, a nie po to by spodobać się Panu".

W Teheranie krążą plotki, że za śmiercią Mostafy stoi Savak, co przysparza Ruhollahowi zwolenników. W kraju wybuchają spontaniczne, popierające go manifestacje. Chomejni otrzymuje raporty, teksty kazań, zdjęcia, nagrania i kasety wideo pokazujące tłumy, które wylegają na ulice i stawiają czoło siłom porządkowym. To zaś oznacza, że szach ponownie uzna go za zagrożenie, a opozycja zobaczy w nim przywódcę ruchu dążącego do obalenia Króla Królów. Stary rekin odzyskał zęby.

Saddam, życzliwy sąsiad

Teheran, wrzesień 1978 roku.

Boeing irackich linii lotniczych siada na pasie międzynarodowego lotniska w stolicy Iranu, wzbijając chmurę piasku i pytań. Podróżuje nim tylko jeden pasażer, w którego rękach – jak się przypuszcza – spoczywa przyszłość całego regionu. Barzan Tikriti, przyrodni brat Saddama Husajna i szef irackich tajnych służb, jest pierwszym od dziesięcioleci przedstawicielem rządu, który składa oficjalną wizytę w Teheranie. Saddam, którego tylko krok dzieli od pełni władzy w Iraku, chce zyskać odpowiedź na palące pytanie: czy ma uwolnić rządzących Iranem i Irakiem od bólu głowy i pozbyć się „fanatyka" Chomejniego, który zagraża zarówno szachowi, jak i młodej republice arabskiej?

Agenci szacha zgarniają Barzana prosto z pokładu i wiozą przez ciemne ulice Teheranu do pałacu Niawaran. Pogrążony w mroku budynek nie przypomina oficjalnej rezydencji monarchy, bliżej mu raczej do oblężonej twierdzy. Na polecenie Chomejniego jego bojownicy przerywają dostawy prądu do stolicy, doprowadzając tym szacha do furii. Wiadomość od Saddama można jednak przekazać bez pompy i ceremonii: „Niech Wasza Wysokość nie traci ducha, irackie władze zrobią, co w ich mocy, by pomóc Waszej Wysokości". Barzan daje do zrozumienia, że do likwidacji ajatollaha jest potrzebna wyłącznie zgoda szacha. „Odmówiliśmy, ponieważ obawialiśmy się, że w ten sposób tylko zrobimy z niego męczennika"[32], przyznaje Farah Diba, żona szacha. Saddam słusznie domyślał się, że Chomejni może zostać następnym władcą Iranu, i panicznie bał się jego pomysłów politycznych. „Psie pomioty! Chomejni ma plan! Zamierza skrzyknąć szyitów z Iranu, Syrii i Libanu, żeby mnie otoczyć! Chce zniszczyć sunnitów! Nikt nie wie, jak daleko się posunie. Nie mam pojęcia, jak to się skończy"[33], zwierza się w tamtym okresie jednemu ze swoich architektów Fauziemu Czalhubowi.

Kiedy szef irańskich służb bezpieczeństwa przynosi Chomejniemu notatkę o operacji, jaką szykuje przeciwko niemu Saddam, reakcja ajatollaha jest zaskakująca. Bierze kartkę, odwraca ją na drugą stronę, po czym pisze na niej wiersz. Dziesięć wersetów, a każdy przesiąknięty mistycyzmem – oto odpowiedź na pytanie o odwet na irackim przywódcy[34].

Tymczasem Husajnowi daleko do stoickiego spokoju przeciwnika. Doskonale wie, że przebywający na wygnaniu w Nadżafie ajatollah stoi za tajemniczymi gangami, które sieją niepokój w całym Iranie. Mija rok, od kiedy – po manifestacjach na wieść o zgonie Mostafy – irańska opozycja skupiła się wokół Chomejniego. Śmierć starszego syna – niewyobrażalny cios dla matki – paradoksalnie, otworzyła drogę politycznej kariery siedemdziesięciosześciecioletniemu imamowi. Tłum wybrał Mostafę na męczennika, a Chomejniego na wodza nowej rewolucji.

Miesiąc wcześniej, 19 sierpnia, w ekskluzywnym kinie Rex bogatego portu naftowego Abadan odbywa się projekcja programu dokumentalnego poświęconego szachowi, a po nim filmu modnego irańskiego reżysera. W połowie seansu zdumiona tysięczna publiczność widzi płomienie rozprzestrzeniające się z zawrotną szybkością. W jednej chwili pożar ogarnia całą salę. Wszyscy rzucają się do drzwi, gdzie z przerażeniem odkrywają, że wyjścia są zablokowane i nie można się wydostać. Strażacy, wezwani z pewną opieszałością, pojawiają się jakiś kwadrans później, ale nic nie mogą zrobić: w związku ze strajkiem ogłoszonym przez Chomejniego w wodociągach Abadanu nie płynie woda. Kiedy wreszcie dostają się do płonącej sali, udaje im się uratować zaledwie połowę nieszczęśników. W pożarze ginie czterysta siedemdziesiąt siedem osób. Kilka godzin później Chomejni wydaje komunikat: „Nie ulega wątpliwości, że odpowiedzialności za ten barbarzyński, niezgodny z prawami islamu czyn nie wolno zrzucać na przeciwników szacha. Niektóre poszlaki wskazują, że o tę zbrodnię można oskarżyć ruch islamski". Wszystkie ruchy rewolucyjne w Iranie na wyprzódki próbują oddalić od siebie cień podejrzenia i przerzucić go na obóz przeciwnika. Początkowo oczy wszystkich są zwrócone na Chomejniego, ale on tak zaciekle się broni, że wkrótce o zbrodnię zostaje oskarżony reżim szachinszacha. Irańska partia komunistyczna wykorzystuje destabilizację w kraju i przyłącza się do Chomejniego.

Tymczasem już pierwsze ustalenia komisji wskazują winnego. Zamach miał zostać przygotowany w zacisznym domku Chomejniego i Chadidży w Nadżafie. Plan miał opracować niejaki Dżawad Biszetab, Irańczyk mieszkający na wygnaniu we Francji, ajatollah Dżami z Abadanu miał zdobyć kanistry z naftą, które mieli wnieść na salę trzej zamachowcy. On również zablokował wyjścia, skazując w ten sposób wspólników na śmierć[35].

Przywódca Strażników Rewolucji Mohsen Rezaï, wyjaśnia dlaczego właśnie kino Rex znalazło się na celowniku zamachowców: „Żaden ruch utożsamiający się z islamem z założenia nie może tolerować miejsc zepsucia, takich jak kabarety, dansingi, kina, banki, księgarnie z publikacjami pornograficznymi; niczego, co zostało skażone przez zachodnią cywilizację. Dlatego właśnie podkładano ogień pod liczne sale kinowe”[36]. Cel pożaru – porównywanego do podpalenia Reichstagu – został osiągnięty. W kraju zapanował chaos, a reżim szacha oskarżono o zbrodnię.

Zamach na kino uznane za symbol zachodniego zepsucia pociąga za sobą niespodziewane skutki. W Teheranie grupki bojowników – nazywających siebie „motocyklistami Allaha” i noszących na ramionach charakterystyczne zielone opaski – znienacka atakują na jednośladach siedziby banków i instytucji rządowych. Chomejni wybiera jednak inną taktykę, może mniej efektowną, ale na dłuższą metę skuteczniejszą. Woli, żeby do walki włączyło się całe społeczeństwo.

Jego rozkazy brzmią jasno: nie przypuszczać frontalnego ataku na siły porządkowe, bo to skończyłoby się klęską. Na czele pochodu należy umieszczać kobiety, dzieci i starców, by postawić funkcjonariuszy przed dylematem: otwierać ogień do słabszych albo nie reagować. Dzięki temu właściwi bojownicy będą mogli – niezauważeni – robić swoje, doskonaląc metody intifady. „Śmierć dziecka ma szczególne znaczenie. Odsłania prawdziwe oblicze tego reżimu syjonistycznego”, wyjaśnia zwykle. Zachęca również kobiety, aby opuściły domostwa i włączyły się do walki o wyzwolenie kraju. Kiedy jednak zbyt gwałtownie bronią swoich wolności i przywilejów, bojownicy Chomejniego bez wahania okaleczają je brzytwami i oblewają kwasem[37].

Z punktu widzenia szacha propozycja Saddama przyszła za późno. Władca wie, że opinia publiczna przeszła na stronę Chomejniego, dlatego nie może się zgodzić na jego egzekucję. W końcu przywódcy osiągają kompromis: iracki rząd musi wypędzić niebezpiecznego „rekina” poza granice kraju.

W ciągu kilku miesięcy Ruhollah wyrósł na największego wroga władzy. Wierna Chadidża zna go tylko jako czułego męża, który wstaje w środku nocy i sam gasi świecę, by jej nie fatygować. Ona zaś troskliwie opiekuje się nim od pięćdziesięciu lat, a w ostatnim okresie staje się również jego pielęgniarką:

w Iraku stan zdrowia Chomejniego znacznie się pogorszył. Żona boi się, czy coraz słabsze serce wytrzyma ten morderczy wysiłek. Nie wie, w jaką awanturę polityczną się wpakował. Nie wie też, że właśnie polityka ich rozdzieli.

Paryskie wakacje

Minęło kilka tygodni od dnia, kiedy Ruhollaha wraz z synem Ahmadem przewieziono do Paryża. Chadidża zostaje sama w znienawidzonym Nadżafie, skąd nie może bronić męża. Po raz pierwszy w ich pięćdziesięcioletnim związku dzieli ich tak wielka odległość. Rozstania nie osłodzą nawet rozmowy, bo Ruhollah kategorycznie odmawia korzystania z telefonu. Małżonkowie pożegnali się 12 października 1978 roku. Kilka godzin później ajatollah ląduje w stolicy Francji i zostaje przewieziony do Cachan. Całą podróż spędza z zasłoniętymi oczami, by nie skazić ich widokiem zachodniego zepsucia. Miejsce – spokojne, zaciszne i skromne – zostało wybrane przez komitet powitalny, na którego czele stoi Abolhassan Bani Sadr, irański intelektualista studiujący na Sorbonie. „Znajomy specjalnie dla Chomejniego zwolnił swoje mieszkanie w Cachan. Tymczasem cztery dni po przyjeździe przyszedł do mnie jego syn, oświadczając, że ojciec chce się przeprowadzić do pawilonu, bo zamierza ściągnąć tu żonę”[38].

W nowym punkcie dowodzenia Chomejni dotkliwie odczuwa brak Chadidży. W oczekiwaniu na przybycie małżonki przywódcy trwają nerwowe poszukiwania godnej jej rezydencji. W końcu Bani Sadr znajduje pawilon w Neauphle-le-Château w departamencie Yvelines. Właściciele – małżeństwo francusko-irańskie – zgadzają się udostępnić go wodzowi. Przygotowania do przeprowadzki idą pełną parą, gdy Ruhollah ze zgrozą odkrywa, że łazienki są urządzone na wzór zachodni, a nie turecki, i kategorycznie odmawia zamieszkania w takim miejscu. Trzeba je przerobić, zanim pojawi się Chadidża. Przy okazji pawilon zostaje podzielony tak, by część przeznaczona dla kobiet była całkowicie oddzielona od reszty mieszkania.

Tak oto Chadidża, która pod koniec października 1978 roku przyjeżdża do Francji, najpierw mieszka w Cachan, a dopiero później przeprowadza się do najnowszej kwatery głównej męża w Neauphle-le-Château. Jeśli wierzyć świadkowi, wnętrza pawilonu nie zachwycają: „W największym pokoju króluje rustykalny kominek i zegar z kukułką, która dawno wyzionęła ducha. Dodajmy jeszcze tapetę w anemiczne kwiaty i karmazynowe zasłony oświetlone słabą żarówką, a otrzymamy pomieszczenie bez wdzięku i stylu"[39].

Małżeństwo powoli aklimatyzuje się w nowym miejscu. Żyje z dala od zgiełku miasta, za stale zamkniętymi okiennicami pawilonu. Chadidża czuje się tu prawdziwą panią domu, cierpliwie podaje herbatę dziesiątkom bojowników, którzy odwiedzają przywódcę i nadają jej przydomek Kodsi – od Kods-e Iran, matka Iranu. Częstuje ich też potrawą narodową: abgusztem, ponieważ Ruhollah odmawia spożywania francuskich dań. To purée z ciecierzycy i ziemniaków gotowane w aromatycznym bulionie. Odkrywa również nowoczesne wynalazki – pralkę oraz kuchenkę gazową – i obejmuje je w wyłączne władanie.

Naturalnie, Ruhollah nie zrzuca na żonę całego ciężaru obsługiwania tego rewolucyjnego kotła, który zamierza obalić rządy szacha z odległości pięciu tysięcy kilometrów. Pewnego dnia Chadidża zauważa, że jej zwykle tak punktualny mąż niepokojąco długo siedzi w nowiutkiej tureckiej łazience. Wreszcie po kwadransie wynurza się z zawiniętymi rękawami i wiadrem w dłoni. Troskliwa partnerka rzuca się, by uwolnić go od tego ciężaru, ale słyszy tylko: „Osoby, które tu przychodzą i korzystają z łazienek, są moimi gośćmi. Dlatego razem z tobą muszę dbać o czystość tych pomieszczeń"[40].

Rzeczywiście, utrzymanie porządku w obszernym mieszkaniu, przez które nieustannie przewijają się goście, wymaga nie lada energii. Nawet nocą pawilon nie pustoszeje. Jesień jest dość łagodna, więc strażnicy i bojownicy ajatollaha śpią na podłodze w salonie. W kwaterze głównej w Neauphle przewidziano miejsce dla kilkunastu osób. Tymczasem wkrótce zjawia się pięćdziesięciu ochroniarzy wyekspediowanych z Teheranu i w pawilonie nie ma już gdzie szpilki wcisnąć. Gospodarze wykorzystują każdy centymetr kwadratowy, w pomieszczeniu przylegającym do gabinetu przywódcy organizują nawet prowizoryczną szkółkę dla wnucząt i małych kuzynów państwa Chomejnich. Sześć linii telefonicznych i dwa teleksy nie ułatwiają skupienia ani nauki. Zdesperowany Ruhollah urządza meczet w nieużywanym biało-niebieskim namiocie cyrkowym, rozbitym przed domem.

Dary wiernych i irańskiej diaspory wkrótce pozwalają Chadidży wyrwać się z tego młyna. Małżeństwo wynajmuje niewielki dom naprzeciwko pawilonu i przeprowadza się tam z rodziną. Ruhollah skrupulatniej niż zwykle przestrzega swojego rygorystycznego planu dnia, by nie zagubić się w chaosie, który sam stworzył. Zwłaszcza że gwałtownie wzbierająca w Iranie fala protestów przeciwko szachowi w każdej chwili może wymknąć się spod kontroli. Wręcz chorobliwa punktualność imama staje się przedmiotem kpin pilnujących go Francuzów. Żartują, że jeśli nie są pewni, czy ich zegarki dobrze chodzą, śledzą rytuały Chomejniego i dzięki temu wiedzą, która jest godzina.

Gorączkowe przygotowania, napięcie, życie w zupełnie obcym środowisku zmieniają zwyczaje małżonków. Choć nie chcą się do tego przyznać, ten nieznany świat budzi ich ciekawość i zmusza do kompromisów.

Pewnego wieczoru Ruhollah postanawia, że wymknie się strażnikom i chmarze dziennikarzy, żeby samotnie odkryć uroki Neauphle, którego nazwy do tej pory nie potrafi wymówić. Ten sam człowiek, który trasę z lotniska do Cachan przebył z zamkniętymi oczami, by nie ulec „pokusom Zachodu", teraz wykorzystuje chwilę nieuwagi ochrony i znika w mroku. Agenci po pewnym czasie zauważają jego zniknięcie i szybko sprowadzają wagarowicza do domu.

Neauphle nieraz widuje małomównego duchownego. Nadchodzi zima, a wraz z nią Boże Narodzenie. Ruhollah chce przeprosić mieszkańców za zaburzenie spokoju ich sennej mieściny i postanawia ofiarować wszystkim dzieciom prezenty gwiazdkowe. Tak oto pod choinką pojawia się hojny, brodaty starzec, który jednak – jeśli wierzyć otaczającym go tłumaczom – wcale nie jest Świętym Mikołajem.

Chadidża z kolei zaspokaja swoją ciekawość, odkrywając stolicę, jej piękne, bogato wyposażone sklepy. Przemierza Paryż w towarzystwie sprawdzonych przyjaciół z dawnych lat, najczęściej z Sudabe Sodeifi, bojowniczką, która studiowała we Francji. To właśnie ona wraz z mężem Ahmadem Gazanfarpurem udostępniła ajatollahowi mieszkanie w Cachan. Młoda kobieta zbliża się do Chadidży na tyle, że ta wybiera ją na towarzyszkę zakupów. Życzenie żony przywódcy jest dla niej rozkazem. Nic dziwnego, w środowisku irańskiej diaspory Chadidża cieszy się uprzywilejowanym statusem. Oczy wszystkich są skierowane na nią, przyszła pierwsza dama Republiki Islamskiej buduje swój „sztab generalny", w którego skład wchodzą żony przyszłych ministrów i Strażników Rewolucji.

W Paryżu znajduje wszystko to, czego brakowało jej w Nadżafie. Tu wreszcie może się pokazać jako elegancka, wyrafinowana kobieta. „Miała znakomity gust"[41], wspomina Firuze Bani Sadr, córka przyszłego prezydenta Iranu. „Kompletnie nie znała się na polityce, bywała niezwykle powierzchowna – dorzuca Ozra Bani Sadr, matka Firuze, wspominając pewną rundkę po paryskich sklepach. – Odwiedziła mnie i zaproponowała wspólne zakupy. Chciała kupić buty. Szofer wysadził nas w dzielnicy Alésia i doszłyśmy pieszo aż do Denfert-Rochereau. Zatrzymywała się niemal przed każdą witryną. Mężczyźnie, który nam towarzyszył, wkrótce się to znudziło i wrócił do domu, umawiając się z nami na osiemnastą w kafejce. Kiedy nie zjawił się o umówionej godzinie, wpadła we wściekłość. Zaproponowałam, żebyśmy siadły w cieple, ale z miejsca odmówiła, twierdząc, że nie zbruka honoru, wchodząc do obcego lokalu. A przecież widziałam ją kiedyś, jak jadła z przyjaciółką ciastka w galerii Lafayette"[42].

Ruhollah za to pozostaje nieugięty. Nie chce nawet zatrzymać wzroku na symbolach zepsucia i gnuśnego życia. Kategorycznie odmawia obejrzenia współczesnej wieży Babel autorstwa Gustave'a Eiffela. „Kiedy raz jechał na zabieg chirurgiczny, zażądał, by zawieźć go okrężną drogą, żeby przypadkiem nie sfotografowano go w pobliżu wieży Eiffla"[43], wspomina irański intelektualista. „To skaziłoby mój wizerunek", miał zwierzyć się kierowcy ajatollah.

Wizerunek, który powoli odbudowywał, mimo ciążących na nim podejrzeń o rzeź w kinie Rex. Prezydenci Carter oraz Giscard d'Estaing coraz częściej dostrzegali w nim rozwiązanie problemów Iranu i oczekiwali gestów dobrej woli – Amerykanie w sprawach politycznych, Francuzi w kwestii mniejszości wyznaniowych. Zaufany tłumacz Chomejniego zdradza François Chéronowi, jednemu z trójki adwokatów nadzorujących przebieg negocjacji, tajemnicę ajatollaha[44]. Podczas spotkania w Neauphle wygaduje się, że na polecenie wodza ma kupić wodę kolońską.

– Najbardziej lubi Eau sauvage Christiana Diora – precyzuje.

Zaskoczony prawnik parska śmiechem.

– Chomejni? Christian Dior? – dopytuje się, nie potrafiąc ukryć rozbawienia.

– No tak, a co w tym dziwnego? Ktoś mówił, że nie wolno ładnie pachnieć? Zna pan żonę Chomejniego? Większość czasu spędza w Paryżu, kupując ubrania u Diora – broni mistrza oddany tłumacz.

– Nie wiedziałem, że ich budżet pozwala na takie ekstrawagancje. Pod tym czadorem pani Chomejni musi być całkiem elegancko ubrana – odparowuje Chéron.

– Owszem[45] – potwierdza tłumacz z największą powagą.

16 stycznia 1979 roku, zaraz po tym jak Ruhollah kończy poranne modlitwy, współpracownik ogłasza mu nowinę, na którą czekał przez piętnaście lat wygnania: „Nasi bracia mówią, że szach uciekł z kraju. Radio Teheran potwierdziło informację". Chomejni siedzi spokojnie ze skrzyżowanymi nogami. Dłuższą chwilę przetrawia wiadomość i pyta: „Co jeszcze?". Rozentuzjazmowany herold nie ma nic do dodania, więc audiencja zostaje zakończona. Kolonia z Neauphle wkrótce będzie mogła wrócić do Iranu.

Tajemnicza dama i jej poeta

Teheran, 1 lutego 1979 roku.

Bojownicy Chomejniego wylegli na lotnisko stolicy. Cały naród czeka na powrót świętego męża. Wszędzie są rozprowadzane kasety z piosenką *Chomejni ej Emam* – „Chomejni jest naszym przywódcą". Utwór, jeszcze do niedawna zakazany, teraz rozbrzmiewa w każdym domu. Kobiety, które widzą w ajatollahu obrońcę swojego honoru i które po raz pierwszy wychodzą na ulice, przygotowują się na upragniony powrót pani Chomejni w nadziei, że zostaną przez nią przyjęte.

Mąż wraca liniami Air France, nie zapominając wziąć na pokład setki dziennikarzy jako gwarancji bezpieczeństwa. Tylko to daje mu pewność, że siły wierne szachowi nie zestrzelą samolotu. Po raz kolejny każe żonie zostać, żeby nie narażać jej na ryzyko ewentualnego ataku. Iranki będą musiały więc uzbroić się w cierpliwość. Dopiero za kilka dni zobaczą oblicze nowej bohaterki.

Chadidża zaraz po przylocie widzi, że ich rola diametralnie się zmieniła. Już nie kierują z daleka powstaniem. Muszą się stać akuszerami Iranu – pierwszej na świecie republiki islamskiej. Z pawilonu na przedmieściach Paryża przenoszą się do pałacu, kwatery głównej rodzącej się rewolucji. Dziwny to pałac – szkoła dla dziewcząt w Refah, południowej części Teheranu, położona kilkaset metrów od madżlisu, parlamentu. Budynek, w którym mieszkało trzysta uczennic i grono pedagogiczne, pomieści licznych współpracowników Chomejniego oraz zalążki instytucji „republiki doskonałej".

Już kilka godzin po przyjeździe żona nowego przywódcy znajduje się w otoczeniu ośmiuset bojowników Hezbollahu – „Partii Boga", polityczno-militarnej organizacji założonej w Libanie, grupującej islamskich fundamentalistów – którzy odcinają dzielnicę od reszty miasta. Ruhollah nalega, aby rodzina mieszkała razem z nim w pałacu albo chociaż przy tej samej ulicy, dzięki czemu kochająca matka i babcia ma w zasięgu ręki dzieci i czternaścioro wnucząt. „Wolałaby okazalszą rezydencję o wyższych standardach, do których przywykła. Akceptowała jednak surowe warunki, bo tego wymagała sytuacja"[46], wspomina przyjaciółka rodziny.

Nowy przywódca Iranu jest nieustannie zagrożony, niemal co dzień dochodzi do prób zamachu. Ruhollah co noc śpi więc w innym pokoju. Każe też przekopać tunele do sąsiednich budynków, które również wykorzystuje jako kryjówki. Szkoła w Refah staje się miejscem pielgrzymek dla tysięcy zwolenników rewolucji, którzy tłoczą się wokół ogrodzenia.

Początkowo Chadidża ucieka od zgiełku i zamieszania życia politycznego. Tworzy swój „salon" w Darrus, zamożnej, spokojnej dzielnicy willowej na północy Teheranu. Przyjmuje tam żony dygnitarzy, odbiera hołdy od obywatelek podekscytowanych spotkaniem z żoną świętego. „Babka zabrała mnie do niej – wspomina po latach jedna ze szczęśliwych uczestniczek audiencji. – Kiedy przyszła nasza kolej, siedziała już na podłodze. Uklęknęłyśmy przed nią, pocałowałyśmy ją w policzki i wyraziłyśmy radość z jej powrotu do Iranu. Babka popchnęła mnie lekko w jej stronę, tak że wylądowałam prosto na kolanach pani Chomejni. Po wszystkim powiedziała, że na pewno spoczęło na mnie jej błogosławieństwo"[47].

Nie tylko kobiety przychodzą oddać cześć nowej pierwszej damie. Zjawiają się też mężczyźni, między innymi przyszły szef Rady Rewolucji Ali Chamenei we własnej osobie. Polityk na tyle często odwiedza małżonków, że Chadidża nazywa go przyjacielem, co u tak powściągliwej kobiety stanowi nadzwyczajne wyróżnienie.

Ku zaskoczeniu Ruhollaha wyznawcy widzą w nim też cudotwórcę. Przed bramami szkoły w Refah tłoczą się kobiety, wierząc, że samo pojawienie się boskiego mściciela wypędza złe duchy. Trudno się dziwić, że tak łatwo dały się omotać Chomejniemu. W końcu w przemówieniach kusił obietnicą darmowej wody, elektryczności, nawet mieszkań. „Gromadziły się olbrzymie tłumy. Tylko jednego ranka w tej chmarze ludzi zemdlało osiemset siedemnaście kobiet", wspomina świadek. W fanatycznym uniesieniu nie myślały, że narażają swoją skromność, nawet cześć. „Mdlały, więc nie mieliśmy wyboru, musieliśmy brać je na nosze, starając się tylko zasłonić włosy, dłonie i stopy. Mówiliśmy o tym przywódcy, prosiliśmy: »Daj nam zgodę, a zabronimy kobietom przychodzić pod pałac«". Odpowiedź Chomejniego brzmiała twardo. „Sądzicie, że to moje wystąpienia obaliły szacha? Nie, to te kobiety strąciły go z tronu. Odnoście się do nich z szacunkiem!"[48].

Obalenie monarchy to zaledwie pierwszy krok. Trzeba jeszcze wprowadzić nowy ustrój i go zalegalizować. Nawet wśród duchownych jest liczna grupa mułłów apelujących o umiar i otwarcie polityczne. Należy do nich między innymi Mohamed Sakafi, ojciec Chadidży. Niezrażony dezaprobatą teścia Ruhollah w przemówieniach dalej obiecuje, że „wybije zęby" każdemu, kto stanie na drodze rewolucji. Wysyła też oddziały, by ogniem niszczyły siedziby opozycji, a nawet domy ostatnich bojowników imperium. Głoszenie poglądów niezgodnych z oficjalną linią robi się niebezpieczne. Drukarnie niepokornych dzienników i przeciwnicy polityczni muszą się liczyć z atakami przy użyciu noży, tasaków i łańcuchów. Latem 1979 roku Chomejni przejmuje pełnię władzy nad Iranem.

Po miesiącach totalnego chaosu para uznaje, że zasłużyła na odpoczynek, i planuje podróż do Komu, by odnaleźć atmosferę religijności, która towarzyszyła im przez pierwsze czterdzieści lat małżeństwa. Natychmiast pojawiają się problemy logistyczne. Ponieważ cała rodzina ma przebywać razem, trzeba ustalić, ile wziąć samochodów. Jedni chcą wyruszyć wcześniej, drudzy z kolei wolą później wrócić. Negocjacje się przeciągają, a decyzji ciągle brak. Wreszcie Chadidża, która bez słowa przysłuchuje się dysputom, zaskakuje rodzinę: „Uderzyła ręką w kolano, zawołała: »Zróbmy tak!«, i to wystarczyło, żeby natychmiast zapanowała jednomyślność – wspomina młody Adnan Tabatabai. – Rzadko się odzywała, ale kiedy już przemówiła, wszyscy milkli!".

W Komie Chadidża czuje się bezpiecznie, Ruhollah też nie potrzebuje tam ochrony. Pierwsza dama odbudowuje dwór, którzy stworzyła na wygnaniu. Zaprasza na posiłki żony bliskich współpracowników męża. Przyjmuje je w gustownym, kwiecistym czadorze – stroju zarezerwowanym na spotkania w wąskim kręgu bliskich znajomych – i pozwala sobie nawet na pewną serdeczność. Sztywną atmosferę oficjalnych audiencji zostawia za kurtyną.

Jednak i na wakacjach odczuwa ciężar nowych obowiązków. Mąż, który nawet na co dzień przestrzega wszelkich nakazów islamu, oczekuje od niej tego samego. Musi „świecić przykładem" narodowi. Młoda, wówczas piętnastoletnia Firuze Bani Sadr na własnej skórze odczuwa skutki tej postawy:

„Mama przetłumaczyła jedną z książek Chomejniego i wydawca przysłał Francuzkę, by uzyskała zgodę na jej wydanie. Poszłyśmy we trzy do nich na kolację, którą podano w części zarezerwowanej dla kobiet. Służba wniosła owoce, ale okazało się, że brakuje talerzyków. Powiedziałam, że to nic takiego, podzielę się moim z sąsiadką Francuzką. Gospodyni natychmiast surowo mnie skarciła: »Jak możesz? Przecież nie jest muzułmanką!«"[49]. Słowo „tolerancja" zniknęło ze słownika Chomejniego, a Chadidża musi przestrzegać w domu tradycyjnych zasad.

Jesień przynosi triumf Republiki Islamskiej. Władza zostaje podzielona między dwa urzędy. Przywódca Rady Rewolucyjnej sprawuje faktyczne rządy w kraju, ale potrzebny jest świecki prezydent, który stanie na czele instytucji politycznych. Odbywają się wybory i w styczniu 1980 roku wierny Abolhassan Bani Sadr zostaje pierwszym prezydentem nowego państwa. Chomejni popiera go, ale na wszelki wypadek pozbawia możliwości manewru, dorzucając premiera.

Kobieta pod presją

Lata osiemdziesiąte zaczynają się znakomicie dla Chomejniego, który wkrótce dobije osiemdziesiątki. Wreszcie sprawuje władzę nad krajem. Nie pozwala teraz na najmniejszą zdradę ani nielojalność ze strony najbliższych współpracowników. Najskuteczniejszym zaś sposobem zapewnienia sobie stuprocentowej lojalności sprzymierzeńca jest jego likwidacja. Tak oto w najbliższym otoczeniu przywódcy zaczyna się fala aresztowań i egzekucji. Tłumacz, który towarzyszył mu we Francji, zostaje zatrzymany. Bani Sadr, uważając to za przejaw nadmiernej cenzury, próbuje ratować nieszczęśnika. Żona prezydenta, Ozra, która dzwoni do Chadidży z prośbą o interwencję, słyszy nieśmiałą, mętną odpowiedź: „Uznał, że dobrze mu zrobi, jeśli trochę posiedzi w więzieniu"[50].

Ci, którzy zwracają się do pierwszej damy w nadziei, że zmiękczy serce przywódcy, mogą liczyć na jej współczucie, ale nic poza tym. Jej wiary w męża nic nie skruszy. Głęboko wierzy, że jego decyzje są słuszne i kierują wiernych na ścieżkę dobra, więc nawet nie śmiałaby ich podważać. Pewien poszukiwany bojownik uciekł i przebywał w ukryciu. Jego krewny, a zarazem pociotek pani Chomejni, udał się do niej, żeby się za nim wstawić. „Niech się ujawni i odda w ręce władz, a będzie wolny"[51]. Mężczyzna zrobił, jak poleciła, i został aresztowany.

Innym razem z kolei, kiedy jakaś kobieta zaczęła przy niej oburzać się na egzekucję członka dawnego reżimu – jej zdaniem, niewinnego – usłyszała lodowatą odpowiedź: „Jeśli był niewinny, poszedł prosto do nieba, więc nie widzę problemu". Władza najwyraźniej nałożyła wiernej małżonce Ruhollaha klapki na oczy.

Pewnego dnia Ozra Bani Sadr, oficjalna pierwsza dama, udała się z wizytą do pani Chomejni, ale zatrzymali ją strażnicy.

– Jestem żoną prezydenta – przedstawiła się, sądząc, że zostanie natychmiast przepuszczona.

– I co z tego? – odparowali, ona zaś musiała prosić Chadidżę o bezpośrednią interwencję.

Grupa wojskowych próbowała dokonać przewrotu. Żony mułłów komentowały to wydarzenie. Panią prezydentową zdumiała ich zaciekłość: „Były oburzone na zamachowców. Zgodnie twierdziły, że zasłużyli na karę śmierci. Przeraziła mnie gwałtowność ich słów".

Kiedy Chadidża budziła się z letargu dogmatycznego, osoby słuchające jej pokrętnych tłumaczeń i moralizujących kazań zachodziły w głowę, co przez nią przemawia: ślepa czy zła wiara? „Pewnego dnia przyszła do mojej ciotki – relacjonuje Firuze Bani Sadr. – Wściekła zapytałam: »Co znaczy ta fala egzekucji na żądanie duchownych?«, i ręką narysowałam sobie nad głową turban mułły. Oburzona zaatakowała mnie: »Twój dziadek był ajatollahem! Jesteś winna szacunek duchownym. Zresztą twój ojciec stoi na czele sił zbrojnych. Czemu sam nie położy temu kresu?«". Między starszą kobietą a nastolatką wybucha kłótnia tak ostra, że dziewczyna zapamiętuje ją na długo. „Nie dawało się jej przekonać. Sprzeciwiała się każdemu mojemu słowu. Ale z chwilą gdy dyskusja się kończyła, natychmiast odzyskiwała spokój", wspomina.

Nawet kiedy czystki obejmują jej bezpośrednie otoczenie, Chadidża wciąż pozostaje bierna. Chociażby 10 czerwca 1981 roku, kiedy Chomejni postanawia pokazać, kto naprawdę rządzi w kraju, i po kilku miesiącach na stanowisku odbiera urząd prezydentowi Baniemu Sadrowi. Albo gdy Sudabe Sodeifi i Ahmed Gazanfarpur – małżonkowie, którzy oddali do dyspozycji ajatollaha mieszkanie w Cachan – trafiają do więzienia. Przyjaciółka, z którą pani Chomejni buszowała po paryskich butikach, jest torturowana, ale ta nie może nic dla niej zrobić[52].

Również Ozra Bani Sadr zostaje aresztowana i jest przesłuchiwana. Służby przywódcy chcą z niej wyciągnąć, gdzie ukrył się jej mąż po spektakularnej ucieczce. Grupa wiernych mudżahedinów pomogła mu opuścić kraj na pokładzie boeinga 707, do którego wsiadł przebrany za kobietę. Klan otaczający małżonków Chomejnich się rozpadł.

Wojna w rodzinie

Dyskretna, nienawidząca konfliktów Chadidża konsekwentnie nie dawała się wciągnąć w polityczną przygodę męża. Krwawe początki nowej republiki rozbiły mur, jakim się otoczyła. Od tej pory musiała jakoś trzymać razem rodzinę, której każdy członek miał własne, diametralnie różne od pozostałych poglądy.

Pierwsze napięcia dały o sobie znać już w czasie wygnania. Mostafa najwyraźniej nie dowierzał ojcu jako politykowi. „Nie chcę, żeby szacha zastąpił mój ojciec. Mógłby się stać jeszcze gorszy niż on"[53], zwierzył się kiedyś swojemu synowi Hosejnowi, który z kolei powtórzył to prezydentowi Baniemu

Sadrowi. Czy te gorzkie słowa stanowią odbicie konfliktu, jaki przeniósł się także na następne pokolenie, kiedy wnuk Chomejniego w 1980 roku przeszedł do opozycji? W czerwcu tego samego roku Hosejn postanawia publicznie ostrzec tłumy zgromadzone w Meszhedzie, że jego dziadek zaprowadzi „faszyzm religijny, najgorszy z możliwych ustrojów"[54]. Imam wzywa niesfornego wnuka i na sześć miesięcy zamyka go w więzieniu. Matka chłopaka, żona Mostafy, zdradza przyjaciółce kulisy sprawy: „Pani Chomejni ocaliła mojego syna, który śmiał wystąpić przeciwko dziadkowi. Tylko dzięki niej nie stało mu się nic złego"[55].

Po tym aresztowaniu szeregi buntowników zasila synowa Chomejnich. Już wcześniej na drugą stronę przeszli: starszy brat Chomejniego Morteza oraz jego syn Reza, który nie chciał zabić ojca, ale stryja – owszem. A przecież Ruhollah przez długie lata mógł liczyć na lojalność i wsparcie Mortezy. Kiedy w 1964 roku trafił na wygnanie, to brat opiekował się bliskimi ajatollaha, którzy zostali w Iranie. Rozprowadzał też wśród duchownych w Komie jego przemówienia przeciwko szachowi. W jego imieniu organizował również kwesty. Dochód z nich przekazywał na meczety i stypendia dla studentów. W ten sposób przygotowywał Iran na powrót brata marnotrawnego, choć sam miał o wiele bardziej liberalne poglądy niż on.

Dopiero nadużywanie władzy przez sądy ulokowane w szkole w Refah na zawsze podzieli braci. Morteza niejednokrotnie publicznie daje wyraz obrzydzeniu wobec psychopatycznego sędziego Czalczalego – bezlitosnego wykonawcy decyzji wodza rewolucji – który potrafił w ciągu pół godziny skazać nawet sześćdziesięciu Kurdów, a tysiące Irańczyków wysyła na śmierć, czym zapracowuje na przezwisko „sędzia powieszonych". Morteza w telegramie do prezydenta Baniego Sadra pisze: „Z bólem stwierdzam, że nigdy w historii nie dopuszczano się takich okrucieństw. Naród się nie spodziewał, że islamski rząd może postępować w taki sposób".

Z natury ugodowa Chadidża największy problem ma ze swoim młodszym synem. Ahmad znajduje się w niewygodnej sytuacji. Zastąpił brata na stanowisku osobistego sekretarza ojca i na dobrą sprawę pełni funkcję szefa gabinetu. Mimo to nie we wszystkich kwestiach zgadza się z Ruhollahem. Utrzymuje znakomite stosunki z umiarkowanymi ugrupowaniami, zwłaszcza z demokratami. Najpierw wspiera Baniego Sadra, który próbuje ograniczyć władzę duchownych, potem nawiązuje przyjaźń z postępowym ministrem kultury i przyszłym reformatorem Mohammadem Chatamim oraz z ajatollahem Montazerim. Tego ostatniego co prawda Chomejni początkowo namaścił na swego następcę, ale jego zaangażowanie w obronę praw obywatelskich i kobiet powoduje, że w 1988 roku traci tę zaszczytną pozycję i zostaje skazany na areszt domowy. Ahmed staje murem za Montazerim i ze względu na sympatię, jaką ma dla niego i jego poglądów, odmawia opublikowania mściwego listu konającego Chomejniego. Nie ujawni go aż do śmierci ojca.

Na szczęście dla Chadidży rodzina nie składa się wyłącznie z przeciwników Ruhollaha. Mułła znajduje gorącego zwolennika w synu Ahmada Hassanie – fundamentaliście i ajatollahu jak on – który czerpie inspirację z nauk dziadka. Zahra Mostafawi, najmłodsza córka Chomejnich, również przyjmuje ideologię ojca. Robi doktorat z filozofii i jako przywódczyni Stowarzyszenia Kobiet Islamskiej Republiki Iranu stoi na straży jego dziedzictwa: „Hidżab broni kobietę przed wykorzystywaniem, chroni rodziny. Dzięki niemu mężczyźni mają świadomość, że życie ich żon toczy się tylko w domu, co obliguje ich do większej lojalności". Oddanie córki dla rewolucji daje Chadidży przynajmniej namiastkę sielanki rodzinnej.

Kochany dziadziuś

Swoim rodakom Ruhollah pokazuje się zawsze z tą samą poważną lub zagniewaną miną. Pewnego razu młoda dziewczyna skarży się pani Chomejni, że jej mąż wydaje się zbyt „surowy", i otrzymuje zaskakującą odpowiedź: „Przeciwnie, ilekroć pojawia się Czalczali, mój mąż śmieje się i cieszy!"[56]. Najbezwzględniejszy kat reżimu jest zatem dla ajatollaha kimś w rodzaju błazna. Imam jednak śmieje się nie tylko w towarzystwie „sędziego powieszonych". Na szeroki uśmiech przede wszystkim mogą liczyć jego wnuki, o czym zaświadcza dziennikarka, która spotkała się z wodzem rewolucji.

> Kiedy weszłam, Chomejni siedział na podłodze ze skrzyżowanymi nogami. Nie podał mi ręki ani nie wstał na powitanie. W czasie czterdziestopięcio-

minutowego wywiadu uśmiechnął się tylko raz: kiedy do pokoju wpadł jego wnuczek. Dziecko wskoczyło mu na kolana i zażądało gorącego całusa[57].

Córka ajatollaha Faride wspomina, że potrafił traktować swoje dzieci tak, by „każde czuło się jego ulubieńcem. Miałam jednak wrażenie – dodaje – że wolał dziewczęta niż chłopców". Druga córka, Zahra, przypomina sobie nawet zabawy z ojcem: „Kiedy bawiliśmy się w chowanego, pozwalał nam chować się w fałdach swojej długiej szaty"[58]. Faride i jej siostry widzą jednak, że do ich dzieci odnosi się z jeszcze większą miłością i serdecznością: „Później przekonałyśmy się, że ojciec w stosunku do wnucząt był bardziej otwarty i przyjacielski niż wobec własnych dzieci"[59].

Ruhollah interesuje się najdrobniejszymi szczegółami dotyczącymi życia i wychowania wnucząt. Pewnego razu żona Ahmada Fateme nieopatrznie pozwala swojemu synowi Hassanowi pokazać się dziadkowi w spodniach załatanych na kolanach. Natychmiast spotyka się z reprymendą.

– Dlaczego jest tak ubrany? – pyta imam.

– Bo właśnie tak wygląda życie biedaków bez grosza przy duszy – odpowiada synowa żartobliwie.

Na jego twarzy pojawia się mars.

– Zapamiętaj, że trzeba dbać o wygląd. Nie po to by przypodobać się ludziom, ale na chwałę Panu.

Ruhollah nie skąpi zbawiennych rad swoim synowym i córkom. Jedna opowiada, jakiego pouczenia udzielił jej przed ślubem: „Jeśli mąż jest zdenerwowany albo robi ci wyrzuty, pamiętaj, nie odpowiadaj od razu. Nawet jeśli masz rację. Poczekaj, aż ochłonie, dopiero potem mów, co ci leży na sercu". Podobnej rady Chomejni – znawca ludzkiej natury, a zwłaszcza kobiecej duszy – udziela swoim przyszłym zięciom.

Oczarowałyście go, kobiety… rewolucji

Chomejni obsesyjnie myśli o jednym: nie dopuścić, by Iranki zostały zdeprawowane przez odrażające zachodnie obyczaje. Kobiety – naucza – „nie powinny uważać, że ich obowiązkiem jest upiększanie lica makijażem. Niech im nawet przez myśl nie przejdzie, że mogłyby wyjść na ulicę bez hidżabu. (...) Nie na tym polega ich rola, to zabawa lalkami"[60].

Jedną z tych „lalek" jest włoska dziennikarka Oriana Fallaci. Pierwsza zachodnia reporterka, która przeprowadza w Teheranie wywiad z nowym przywódcą Iranu, nie może pominąć palącej kwestii chusty. Odpowiedź to właściwie policzek: „Kobiety, które przeprowadziły rewolucję (...), nie stroją się ani nie malują jak wy, które paradujecie obnażone po ulicach, ciągnąc za sobą sznur mężczyzn. To nie ladacznice, które chodzą po mieście z odsłoniętymi szyjami i włosami, kusząc kształtną figurą, pokonały szacha. (...) Są bezużyteczne pod każdym względem: społecznym, politycznym, zawodowym"[61].

Ta tyrada, która niewiele ma wspólnego z codziennymi troskami kobiet, nie przekonuje dziennikarki. Fallaci drąży sprawę, przypiera ajatollaha do muru i pozwala sobie na afront, na jaki nikt przedtem się nie odważył.

– Osobiście uważam ten strój za formę segregacji. (...) Proszę mi powiedzieć, jak pływać w czadorze.

– To nie pani sprawa. (...) Jeśli islamskie ubrania się pani nie podobają, nie musi ich pani nosić. Zwłaszcza że są przeznaczone dla młodych, dobrze ułożonych panien.

To celny cios: dziennikarka jest już dobrze po pięćdziesiątce.

– Dziękuję za pozwolenie. A skoro pan tak zachęca, zdejmę natychmiast tę wstrętną płachtę rodem ze średniowiecza. Ale najpierw proszę mi powiedzieć: gdyby kobieta taka jak ja (...) udała się na wojnę i na froncie spała wśród żołnierzy, do jakiej kategorii pan by ją zaliczył? Rozpustnica czy starucha, której i tak nikt nie chce?

– To musi pani rozstrzygnąć w swoim sumieniu. Nie rozpatruję pojedynczych przypadków.

Oriana Fallaci nieświadomie trafiła w samo sedno tego, co stanie się motywem przewodnim propagandy Chomejniego: kobiety. Przywódca widzi w nich swoje najzagorzalsze sojuszniczki polityczne, bez których nie przeprowadzi rewolucji społecznej: „Kobieta to uosobienie najgłębszych pragnień i dążeń mężczyzny. Ona daje społeczeństwu szlachetnych mężczyzn i kobiety. Na jej łonie mężczyzna rozpoczyna swą duchową wspinaczkę"[62].

Bez niej – naucza dalej ajatollah – narody pogrążałyby się w rozpuście, zmierzały ku upadkowi. Dlatego kobieta ma za zadanie uczyć i wychowywać dzieci. Ona pierwsza sieje dobre ziarno w duszach młodego pokolenia.

Fateme Tabatabai, żona Ahmada, pamięta, że często prowokowała teścia do sprzeczek na ten temat: „Czasem żartowałyśmy, mówiąc, że miejsce kobiety jest w domu. Odpowiadał: »Nie lekceważcie tego! Kształcenie dzieci to wielka odpowiedzialność. Jeśli kobieta potrafi wychować je na porządnych ludzi, wyświadcza społeczeństwu olbrzymią przysługę!«".

Chomejni uważa, że mężczyźni nie potrafią zajmować się wychowaniem i edukacją. Jedynie kobiety mają czułość, instynkt rodzinny i miłość niezbędną do rozwoju dziecka. Gra idzie o wielką stawkę: jedna zepsuta, niemoralna kobieta może zatruć swoim jadem cały świat. „Traktował czador jak symbol rewolucji", ciągnie Fateme. Będąc „wzorem do naśladowania" dla narodu, przykładał ogromną wagę do wyglądu i zachowania kobiet w swoim bezpośrednim otoczeniu: „Jeśli przy posiłku wysuwałyśmy dłonie z rękawów bardziej, niż uchodziło, nie omieszkał zwrócić nam uwagi".

Propaganda reżimu znakomicie trafia do kobiet, które miały swoje zastrzeżenia do patriarchatu. Ruhollah przyznaje im równorzędny status, co stanowi mały krok ku równości społecznej. „Islam stawia kobietę naprzeciwko mężczyzny, czyni ją równą jemu – wyjaśnia, czym prędzej precyzując: – Naturalnie, istnieją przykazania i nakazy skierowane wyłącznie do kobiet". Daje im także prawo do rozwodu, ale wyłącznie w sytuacji „gdy mąż jest zepsuty do szpiku, źle się odnosi do żony albo się nad nią znęca". Wreszcie wskazuje, jaką rolę polityczną mogą odgrywać. Podkreśla, że to „ich obowiązek", zarazem jednak zamyka przed nimi drogę do najwyższych stanowisk. Kobiety bowiem „w żadnym razie nie mogą sprawować władzy w państwie ani rządzić narodem" – niuans, na który zwraca uwagę Abolhassan Bani Sadr.

Uosobienie dyskrecji

Jest jedna kobieta, którą imam podziwia nade wszystko. Kobieta, której czystość może sławić godzinami. „Wszelkie cnoty, jakich pragniemy u kobiety i każdej istoty ludzkiej, znajdziemy w Fatimie. Nie była zwyczajną kobietą, posiadała głębię duchową godną aniołów. Osiągnęła pełnię, stanowiła doskonałą kopię bytu doskonałego. W niej zawiera się kwintesencja kobiecości, kwintesencja samego człowieczeństwa"[63].

To uosobienie wszelkich cnót nie żyje tylko w wyobraźni Chomejniego. Niemal od zawsze towarzyszy mu jej wierne wcielenie: Chadidża. W „sadze rodzinnej" zresztą z czasem nabiera cech wiernej małżonki Alego. Na wzór swego świętego poprzednika Chomejni do końca życia nie zgodził się poślubić innej. Wystarczała mu ta, która „najwierniej, z niezwykłą cierpliwością wspierała swego męża"[64], jak opisywał ją przyszły prezydent Rafsandżani.

Chadidża tylko raz zostawi męża w Teheranie: gdy nadejdzie czas, by wreszcie ona odbyła najświętszą pielgrzymkę do Mekki w Arabii Saudyjskiej. Rozstanie jest bolesne dla obojga małżonków, zwłaszcza że w roku 1987 wrogość między szyitami a sunnitami osiąga apogeum. Wojna z Irakiem trwa w najlepsze, irańscy fanatycy anektują Wielki Meczet, wykrzykując hasła poparcia dla Chomejniego. Wylewają się na wąskie uliczki miasta, z którego Prorok wyruszył na podbój Bliskiego Wschodu. Spokój przywraca dopiero wojsko saudyjskie, zostawiając na chodnikach ciała czterystu pielgrzymów. Po raz pierwszy niepokój polityka staje się również niepokojem męża. Córki, które zostały przy ojcu, próbują podnieść go na duchu, drocząc się z nim. „Kiedy mama jest w domu, imam się śmieje. Kiedy mama znika, imam się smuci i chodzi w złym humorze – rzuca jedna z nich. – Tymczasem my ciągle się z nim przekomarzałyśmy, tak że chodził z marsem na czole". Kiedy wreszcie do córki dociera, że jego troska jest autentyczna i nic nie rozproszy obawy o los Chadidży, woła zazdrośnie:

– Błogosławiona mama, że tak ją kochasz.

– To ja jestem błogosławiony, że dostałem taką żonę. Nikt nie poświęcił w życiu tyle co ona! Gdybyście były jak ona, wasi mężowie też by was tak kochali!

Nie wolno żartować z przywiązania Chomejniego do Chadidży. Nawet jeśli jest się ich dzieckiem. Na szczęście bliscy starają się rozerwać Ruhollaha. Adnan Tabatabai wspomina, że któregoś dnia, kiedy ajatollah siedział w otoczeniu rodziny, do pokoju weszła jego siostra z nowiutką torbą. „Widać było, że to markowy produkt. Bardzo szykowny i niezwykle kobiecy. Mama spytała, gdzie ją kupiła, ale wtedy Chomejni, który przyglądał się torebce, wpadł jej w słowo: »Ach, jaka szkoda, że wszystkie ładne rzeczy są przeznaczone dla kobiet!«"[65].

Przeżycia duchowe towarzyszące pielgrzymce i widok czterystu zmasakrowanych ciał umocniły panią Chomejni w przekonaniu, że musi położyć kres nienawiści niszczącej klan. Po powrocie z Mekki wysyła więc list do Baniego Sadra, który wówczas przebywa na wygnaniu we Francji. „Prosiła o przebaczenie i żebym nie żywił urazy do męża za wydarzenia z przeszłości. Zachęcała mnie do pojednania dla dobra Iranu. Uznałem ten list za nieszczery", opowiada adresat.

Tymczasem w Teheranie jej mąż ciężko choruje. Rak osiągnął zaawansowane stadium, coraz bardziej osłabiając serce. Przywódca, którego wzrok znacznie się pogorszył, właściwie przestaje rządzić. Nie pokazuje się publicznie w okularach, by nie przyznać się przed narodem do śmiertelnej choroby. Od krwawego zamachu z 28 czerwca 1981 roku, w którym zginęło siedemdziesięciu najważniejszych działaczy Partii Islamskiej Republiki, w tym dziesięciu członków rządu, imam zamyka się w swojej twierdzy w dzielnicy Dżamaran, willi podarowanej mu przez jednego z wiernych uczniów.

Widząc, że nowy reżim chwieje się w posadach, Irak – odwieczny wróg – pod dowództwem Saddama Husajna nasila ataki i po raz pierwszy naprawdę zagraża Teheranowi. Strażnicy Rewolucji stopniowo opróżniają Dżamaran z mieszkańców, aż wreszcie w 1984 roku mieszka tam tylko imam i jego najbliżsi. Od tej pory dzielnica przechodzi na wyłączną własność imama, który z kolei staje się jej więźniem. Nigdy już nie opuści jej granic.

Chadidża wraca z pielgrzymki uświęcona i pewna zbawienia. Ruhollah trzymał się dzielnie, czekając na żonę. Oboje jednak boleśnie przeżyli rozstanie, którego skutki wciąż odczuwają. Kiedy w 1988 roku, po ośmiu latach konfliktu, na froncie irackim wreszcie zapanowuje spokój, Chomejni czuje się upokorzony koniecznością akceptacji *status quo*. W chwili podpisania zawieszenia broni zamierza nawet zadać sobie śmierć, wypijając truciznę[66]. Po raz kolejny jedynie obecność Chadidży podnosi go na duchu i wyrywa z odrętwienia.

Stan zdrowia przywódcy stale się pogarsza. Nie ma już dla niego nadziei. Chomejni powoli gaśnie w otoczeniu bliskich. Poddaje się i chorobie, i starości. Ilekroć odzyskuje przytomność albo ból nieco ustępuje, natychmiast pyta o najdroższą Chadidżę: „Kiedy tylko otworzył oczy i mógł mówić, pierwsze słowa dotyczyły mamy – wspomina jedna z córek.

– Jak się czuje mama?

– Dobrze. Zawołać ją, żeby do ciebie przyszła?

– Nie, tylko by ją rozbolały plecy. Niech sobie odpoczywa".

3 czerwca 1989 roku najbliższa rodzina w milczeniu gromadzi się wokół łóżka konającego imama. Panuje ciężka atmosfera. Niektórzy z trudem powstrzymują łzy. Choć osłabiony, zmusza się do pożegnalnego uśmiechu, a potem z trudem udziela ostatnich wskazówek: „Już nie wrócę. Nie trwóżcie się ani nie smućcie. Proszę Allaha, by dał wam cierpliwość. Pamiętajcie, nie płaczcie ani nie lamentujcie", wspomina synowa Fateme. Ostatnie słowa zamienia ze swoją ulubienicą, młodą żoną Ahmeda.

– Jeśli Bóg da, wydobrzejesz – próbuje pocieszyć go dziewczyna.

– Ja już nie wrócę... Ale powiem ci jedno: bardzo trudno odejść na tamten świat... Bardzo trudno odejść na tamten świat.

– Jeśli ty tak mówisz, wszyscy stracimy nadzieję. (...) Skoro dla ciebie to trudne, to co mówić o nas? Boimy się, jesteśmy zdruzgotani.

– Nie niosę żadnego dobrego uczynku, którym mógłbym się radować. Pozostaje mi wiara w miłosierdzie Pana. Nie zrobiłem nic, co pozwalałoby mi stanąć przed Nim z podniesionym czołem. (...) Trudno odejść na tamten świat. Trudno odejść na tamten świat – powtarza znowu, a lekarze proszą rodzinę, by wyszła. Imam samotnie stawia ostatnie kroki na wąskiej ścieżce.

Chadidża po raz kolejny traci najbliższą osobę. Obwołana „matką rewolucji", dopiero teraz ujawnia swoje prawdziwe imię. Od kiedy jej mąż przejął władzę, wszyscy nazywali ją bowiem *batul* – Dziewica. Jej córka Zahra zdradza związane z tym farsowe nieporozumienie: „Ktoś kiedyś się pomylił i napisał, że ma na imię Batul. Tymczasem to imię nosiła jej służąca. Mama go nie znosiła"[67]. A jednak to imię do niej przywarło, bo ajatollah nie chciał przyciągać uwagi do żony, korygując pomyłkę.

Wdowa i sieroty

Jest w tym ironia losu, że pani Chomejni dopiero jako siedemdziesięciotrzyletnia kobieta na chwilę pojawia się pod swoim prawdziwym nazwiskiem – Chadidża Sakafi – żeby potem znów pogrążyć się w swoim wdowieństwie. Mijają miesiące od śmierci męża. Przestaje farbować włosy henną, nie ukrywa już siwizny. Nadal mieszka w domu, który wspólnie zajmowali, i przyjmuje tych, którzy składają jej wizyty. Aż do końca nie porzuca roli żony przywódcy.

Odcina się od swoich arystokratycznych korzeni. Odnawia śluby ubóstwa i pokory: goście dostają dziwaczne plastikowe talerzyki w kaczuszki, a na nich daktyle i kawałki arbuza, ulubionego owocu zmarłego. „Przepraszam za tak skromne przyjęcie – tłumaczy się – ale przez osiemdziesiąt siedem lat życia mój mąż najbardziej miłował prostotę".

Tymczasem do drzwi jej pustelni znowu stuka polityka. Kilka miesięcy po śmierci ojca Ahmad – silny doświadczeniem, które zdobył jako szef gabinetu ojca – ubiega się o fotel prezydencki. W wyborach zwycięża jednak jego rywal Rafsandżani. Ahmad nie miał szans, brakowało mu poparcia i autorytetu moralnego, jakim cieszył się ojciec. W 1995 roku, tuż przed pięćdziesiątką, umiera nagle na serce. Chadidża traci ostatniego syna. Ten cios pogrąża ją w apatii. „Nic nie mogła powiedzieć. Rafsandżani gorąco zalecał rodzinie, by nie skarżyła się publicznie, bo to zaszkodziłoby reżimowi"[68], wspomina Firouze Bani Sadr.

Nic jednak tak nie postarza jak konieczność pogrzebania dzieci, które się urodziło.

Osłabiona tym ostatnim ciosem Chadidża znów próbuje zgromadzić wokół siebie członków klanu, nawet tych najbardziej niesfornych. Przyzywa więc Hosejna, wnuka, który po raz kolejny naraził się Chomejniemu, kiedy pojechał do Stanów Zjednoczonych, by uścisnąć dłoń Rezie Pahlawiemu II, synowi szacha. Podróżujący po Iraku Hosejn dostaje zatem pilną wiadomość od babki, która apeluje, aby wrócił dla dobra rodziny, i ręczy, że nic mu nie zagrozi. Udało jej się bowiem wywalczyć u następców męża obietnicę, że nie zrobią krzywdy jej ulubieńcowi. Wysyłając list do Hosejna, wie, że

Chamenei – którego przyjmowała w domu jak przyjaciela, a jej mąż nazywał „swoim drogim synem" – dotrzyma słowa. I tak rzeczywiście było – aż do 2009 roku, kiedy dołączyła do Ruhollaha w mauzoleum Beheszt-e Zahra.

Pieśń nad pieśniami

Chomejni potrafił zaskoczyć rodaków nawet po śmierci. Zawsze przybierający srogą minę – był tak surowy, że kazał usunąć z Teheranu plakaty, na których się uśmiechał, bo jak na jego gust były zbyt „zniewieściałe" – pisał w tajemnicy zmysłowe, romantyczne poematy dedykowane kobiecie.

> Rozwiązał się węzeł splątanego warkocza Umiłowanej,
> Niczym młody kochanek stary asceta pada do Jej stóp.
> Z kielicha twego czaru wypiłem kroplę wina,
> A ma dusza zatonęła w fali twego smutku. (...)
> Zacni kompani w oberży usłyszeli wieść o ślubie,
> Radośnie tańczą, weselą się pospołu[69].

Czyjemu warkoczowi zawdzięczamy ten nagły przypływ natchnienia? Najwyraźniej osiemdziesięciopięcioletni Chomejni zachował gdzieś młodzieńczy żar i romantyczną wrażliwość, o które nikt by go nie podejrzewał po dziesięciu latach bezwzględnego budowania państwa religijnego i histerycznych ataków na Wielkiego Szatana. Przyzwyczaił rodaków do fatw, a nie do języka poetyckiego. To jednak była tylko próbka. Źródło swej weny wyczerpał pięćdziesiąt lat temu, opisując piękno Chadidży.

W czasie długiego marszu po władzę Chomejni zepchnął w niepamięć migdałowce obsypane kwieciem. Teraz gdy chore, udręczone ciało wymaga ciągłej opieki ze strony córki Zahry i syna Ahmada, mieszkających z nim pod jednym dachem, starzec odkrywa, że ma w domu prawdziwy brylant. Jego synowa Fateme dotrzymuje mu towarzystwa, co dzień czyta prasę, oficjalne raporty, a czasem i książki, których lekturę uniemożliwia mu postępująca ślepota. Ruhollah coraz lepiej poznaje kobietę, którą piętnaście lat temu wybrał dla syna z klanu Tabatabai, również sajjidów, czyli bezpośrednich potomków Proroka. Zwrócił na nią uwagę w Nadżafie, gdzie przebywał na wygnaniu. Ahmad mieszkał jeszcze w Iranie, ale zauroczony jej kulturą i wyrafinowaniem ajatollah parł do jak najszybszego ślubu.

Codzienne przechadzki sprzyjają coraz szczerszym zwierzeniom, które jednak nigdy nie przekraczają granic skromności i czystości. W 1984 roku Chomejni pisze długi list do Fateme, kiedy synowa zwraca się do niego z zaskakującą prośbą: czy szlachetny patriarcha zgodziłby się osobiście uczyć ją filozofii? Jej życzenie budzi ciekawość Ruhollaha. Postanawia więc sprawdzić, czy dziewczyną rzeczywiście kieruje pragnienie wiedzy, i studzi jej zapał: „Fati, chcesz studiować filozofię, choć nie wiesz, co to właściwie znaczy. Niech ręka boska cię przed nią broni". Zwraca również uwagę, jak wiele od niego żąda: „Prosić mnie o tekst gnostyczny? To tak jakby Fati wymagała od zwykłej mrówki, żeby zbudowała jej tron Salomona".

Jednak pragnienie wiedzy Fateme jest szczere i w końcu obawy starca znikają. Zaczyna pracę nad *Czarą miłości*, swego rodzaju przewodnikiem dla osób dążących do doskonałości w wierze i medytacji. Lekcje odbywają się podczas tradycyjnych przechadzek, które Ruhollah celebruje od siedemdziesięciu lat. Czasem na koniec wykładu uważna uczennica dostaje wiersz, w którym mistrz dzieli się radością, że w tak wdzięcznym towarzystwie wędruje ścieżką przebudzenia intelektualnego. „Fati, musimy zmierzać ku Przyjacielowi. Trzeba pokonać egoizm. Tym, kto kieruje twoją uwagę na siebie, jest demon. Trzeba za wszelką cenę go zdławić i pokonać".

Wzruszona tymi liścikami Fateme daje teściowi notes, żeby zapisywał w nim myśli i odnowił przyjaźń z poezją. Wcześniej Chomejni pisał na tym, co akurat wpadło mu w rękę: na skrawku gazety, odwrocie koperty. Ten prosty upominek, świadczący o uwadze i trosce, ostatecznie podbija serce ajatollaha.

Radości trzeba szukać na ścieżce Miłości,
A słowa raz danego trzeba dotrzymywać.
Tak jak ty sama jesteś punktem spotkania Umiłowanej,
Tak ja sam muszę zgasnąć na drodze ku Umiłowanej.

W końcu Ruhollah wraca do motywu sprzed pięćdziesięciu lat: porównania miłości ziemskiej z boską. Przedstawia Fateme jako swoją muzę, ziemskie ucieleśnienie nadprzyrodzonej miłości.

> Podczaszy z pucharem w dłoni obudził moją duszę:
> W oberży kochanków stałem się służącym.
> Tu, na tym dziedzińcu, pijany kochanek uczynił ze mnie sługę.

Lekcje filozofii odeszły w zapomnienie. Z wymiany myśli i dialogu narodziła się poezja ni to miłosna, ni to religijna, której wieloznaczność opiera się na braku rozróżnienia między rodzajem męskim a żeńskim w języku perskim. U schyłku życia Chomejni wreszcie odważa się wypowiedzieć to, co dusił w sobie przez lata. Czy zwracał się do Boga? A może do Fateme? Polityk znalazł swoją panią: miłość.

> Gdyby Ukochana pozwoliła mi wychylić haust z dzbana
> miłości, upojony
> Odciąłbym więzy, co krępują i więżą moje istnienie.
> Chociażem stary, błysk nadziei w jej oczach na nowo przywrócił
> mi młodość.

ROZDZIAŁ 4

MIRA MARKOVIĆ – CZYLI RÓŻA WE WŁOSACH

Mój mąż ojcem ojczyzny? Nie.
Całkowicie wystarcza mu rola ojca naszych dzieci.

Mira Marković

Kiedy Slobo poznał Mirę

Belgrad, noc z 31 marca na 1 kwietnia 2001 roku.

Rodzina Miloševiciów śpi jak zając pod miedzą w swojej willi przy ulicy Užickiej pod numerem 15. Po ponaddziesięcioletnich rządach Mira i Slobodan są otoczeni ze wszystkich stron. Nie ma dla nich honorowego wyjścia. Przegrali wojnę bałkańską. Wyborcy i społeczność międzynarodowa odwrócili się od nich, odsunęli ich od rządów. Prezydencka para wie, że od rozstania dzielą ją tylko godziny.

O wpół do trzeciej w nocy zamaskowani komandosi serbskich sił specjalnych przypuszczają atak na twierdzę. Z wnętrza padają strzały. Milošević wraz ze zdziesiątkowaną gwardią wiernych żołnierzy nie poddaje się bez walki.

Na zewnątrz setki zwolenników wykrzykują nazwisko byłego prezydenta. Dziesiątki ekip telewizyjnych transmitują akcję na żywo. Amerykańscy urzędnicy zebrani przed monitorami, obawiają się, że para prezydencka nie przeżyje ataku. A przecież Slobodan powinien jeszcze stanąć w Hadze przed Międzynarodowym Trybunałem Karnym dla byłej Jugosławii. Po dwudziestu sześciu godzinach negocjacji i obustronnej wymiany obelg jednostki specjalne rozpędzają tłum zgromadzony wokół willi i przypuszczają ostateczny atak.

O czwartej nad ranem Slobodan z pistoletem w ręku przyjmuje komandosa: „Żyłem wyprostowany, umrę też na stojąco!", grozi dumnie. Mira przygląda się temu beznamiętnie. Jej świat właśnie legł w gruzach.

Mira bez rodziny

„Urodziłam się »w lesie«[1] – zdradza tajemniczo Mirjana Marković. – To partyzanckie określenie... Urodziłam się tam, gdzie ukrywał się oddział rodziców, nad brzegami Morawy", precyzuje. W tamtym czasie, pod koniec czerwca 1942 roku, niewielkie grupy ruchu oporu szukają w lasach schronienia przed oddziałami Wehrmachtu, które w błyskawicznym tempie zajmują środkową Serbię. Wierni komuniści Tita, zmuszeni do przerwania walki, teraz mają dwóch wrogów: Niemców i monarchistów oddanych królowi Piotrowi II.

Vera Miletić, młoda studentka filologii francuskiej o włosach czarnych jak smoła, źle znosi ciążę i partyzanckie życie. Rozłam dzielący ojczyznę nie ominął także jej rodziny. Zapalczywa dwudziestotrzylatka staje się gorliwą wyznawczynią komunizmu, podczas gdy jej ojciec zarządza majątkiem jednego z najbogatszych Jugosłowian. Dragomir Miletić wierzy w świętość monarchii, a od mieszczaństwa, któremu służy, przejął stosunek do świata i bezkrytyczny zachwyt nad kulturą Zachodu. Imponujące bokobrody i kapelusz borsalino nadawały mu wygląd szlachcica zaczytującego się w poezji francuskiej. Niestety – Vera i jej bracia pozostali odporni na wpływy romantyków: „Starałem się wychować dzieci w szacunku dla tradycji rodzinnej, uczyłem je gry na fortepianie, zapoznałem z twórczością Baudelaire'a, tymczasem cała czwórka wyrosła na komunistów, którzy w mojej stodole ukrywali bomby"[2]. Na tym nie kończą się zmartwienia nieszczęsnego ojca. Kraj jest pod okupacją, Tito został otoczony w Bośni, a córka Dragomira ukrywa się wśród osaczonych partyzantów.

Gestapo już złożyło kilka niezbyt przyjacielskich wizyt w majątkach, którymi zarządza Dragomir, i przeprowadziło tam dokładne rewizje. To mu uświadamia, że córka nie jest anonimową członkinią ruchu oporu, ale poszukiwaną aktywistką. Wtedy jeszcze nie wie, że zostanie dziadkiem. Rok wcześniej Vera poznaje Momę Markovicia, młodego studenta, również komunistę, który postanawia doprowadzić do wybuchu powstania w niewielkim Požarewacu, na południe od stolicy. Moma szybko opuszcza miasto w poszukiwaniu nowych przygód – politycznych i miłosnych – a Vera na kilka dni przed porodem odświeża kontakt z ojcem.

10 lipca 1942 roku dzielna bojowniczka o pseudonimie Mira wydaje na świat Mirjanę Marković. Moma nieszczególnie przejął się narodzinami córki. „Dowiedziałem się o nich od towarzysza, który kilka tygodni później rzucił do mnie ironicznie: »Moje gratulacje, tatku« – opowiada". Dziewczynka pierwsze miesiące życia spędza u dziadka. Pewnego dnia w majątku pojawia się oddział antykomunistycznej partyzantki – czetników, obrońców monarchii. Bojownicy zamierzają uprowadzić dziecko, bynajmniej nie po to by oddać je matce. Owinięte w kołdrę niemowlę zostaje ukryte w skrzyni na chleb. Jak na złość właśnie na tym kufrze rozsiada się dowódca i zaczyna przesłuchanie. Minuty wloką się w nieskończoność – zionący żądzą krwi czetnicy przeczesują dom, a Dragomir bezgłośnie modli się, żeby maleńka Mirjana nie zaczęła płakać. Wnuczka staje się jego największą miłością. Zabawia ją, strojąc do niej miny, zmieniając fryzury, nawet się malując.

Dopiero rok później, 5 października 1943 roku, policja wpada na trop Very, która ukrywa się w mieszkaniu przy ulicy Lastina 9 w Belgradzie. Aresztowana, trafia w lodowate dłonie podwładnych Hansa Helma, któremu podlega Gestapo na całych Bałkanach. Słyną z wymyślnych tortur – takich jak przejeżdżanie pilnikiem po odsłoniętych kościach więźniów. Vera długo nie daje się złamać, ale wreszcie podaje kilka nazwisk, co nie chroni jej przed zsyłką do obozu w Banjicy.

Dragomir walczy o uwolnienie córki. Próbuje protekcji, spienięża dorobek życia, by przekupić strażników i pomóc jej w ucieczce. Pewnego dnia nawet pojawia się z malutką Mirjaną przy ogrodzeniu obozu, ale i wtedy nie udaje mu się spotkać z więźniarką. 7 września 1944 roku, wyraziwszy życzenie, by dziecko nosiło jej pseudonim partyzancki: Mira, Vera Miletić ginie rozstrzelana. Jej ciało trafia do zbiorowego grobu.

Owe tragiczne wydarzenia odcisną głębokie piętno na duszy małej Mirjany. Od tamtej pory nie tylko przyjmuje imię matki – Mira – ale także jej zwyczaj wpinania róży we włosy. Półsierota może liczyć jedynie na dziadków. „Kiedy tylko nauczyłam się czytać, zaczęłam utożsamiać dziadka z romantycznym bohaterem powieści Gogola *Taras Bulba*. Jednak przy mnie mój potężny i umięśniony Taras Bulba był łagodny jak baranek. Dziadek mnie uwielbiał. Spędzał ze mną długie godziny, wplatając mi we włosy kwiaty i perełki", wspomina z czułością Mira Marković.

Życie w dziewiętnastowiecznej rezydencji oraz posiadłości z rozległym parkiem i romańskimi ruinami płynie spokojnie, niemal sielsko. „Miejsce było bardzo romantyczne, (...) spokojne, urokliwe. Rosłam otoczona troską i opieką”[3], wspomina znowu Mira.

Moma Marković daje o sobie znać tuż po zakończeniu wojny. Do partii komunistycznej wstąpił w 1933 roku i od początku zajmował się agitacją wśród proletariatu. Kiedy w 1941 roku wojska hitlerowskie zajmują Jugosławię, jako człowiek Tity organizuje powstanie w Serbii. Kiedy w regionie zapanowuje pokój, otrzymuje tekę ministra w rządzie nowej Federacyjnej Ludowej Republiki Jugosławii i pewny swej pozycji, żąda, aby teściowie przekazali mu opiekę nad Mirą. Jednak w sercach państwa Mileticiów wspomnienie córki wciąż pozostaje żywe. „Ojciec żył z inną kobietą, z którą zamierzał się ożenić, więc dziadek sprzeciwiał się temu na wszelkie sposoby”, zwierza się Mira.

„Taras Bulba” całym sercem nienawidził komunizmu, który odebrał mu córkę. Podczas gdy wszyscy wokół mówili o egalitarnym społeczeństwie i samorządzie pracowniczym, on głośno pytał: „Czy oni naprawdę sądzą, że byle dureń może rządzić fabryką albo zakładem pracy?”. Jeden z jego synów, Mihalo, zginął z rąk towarzyszy broni w ramach regulowania porachunków po zwycięstwie nad hitlerowcami. Nic więc dziwnego, że dziadkowie Mileticiowie w tych porywczych buntownikach widzą przede wszystkim winnych śmierci córki. Dlatego za nic nie chcą dopuścić, by Mira poszła tą samą drogą. Moma Marković jednak nie zamierza składać broni. Oświadcza, że żona wkrótce wyda na świat dziecko. Opiekunowie w końcu osiągają kompromis. Dziewczyna zostanie w Pożarewacu do końca szkoły średniej, ale wakacje będzie spędzała z ojcem w Belgradzie.

Tak oto jedenastoletnia Mira po raz pierwszy opuszcza miasteczko i przenosi się do ojca. Choć nowa rodzina stara się okazywać jej serdeczność, nie uda się nawiązać bliskich więzi. „Poznałam moje przyrodnie rodzeństwo, z którym utrzymywałam jedynie poprawne stosunki, pozbawione prawdziwego ciepła”, mówi po latach. Wkrótce zresztą rodzina opuszcza stolicę i śladem Tity przenosi się na Wyspy Briońskie, gdzie marszałek i jego nomenklatura spędzają lato.

Chorwacki archipelag, który jakimś cudem ominęły konflikty światowe, w okresie międzywojennym stał się ulubionym miejscem wypoczynku jugosłowiańskiej arystokracji. Oferował luksusy zadowalające gusta nawet najbardziej wybrednych klientów. Tito przejął ten mały raj i błyskawicznie wprowadził zmiany: doprowadził wodę i elektryczność; stare wille i malownicze domki zastąpił tropikalnymi drzewami. Pojawiły się pole golfowe, zoo, nawet kasyno. Młodziutka Mira z niepewności jutra, towarzyszącej życiu na prowincji, jednym susem przeskoczyła w świat luksusów i przywilejów władz nowej republiki.

Mimo wakacyjnej atmosfery stosunki z ojcem układają się fatalnie. Mira źle się czuje w towarzystwie tego zamkniętego w sobie mężczyzny, zajmującego się głównie polityką. Zderzenie z nową rodziną też było brutalne. Moma – wraz z drugą partnerką i dwojgiem ich dzieci – stworzył nowy, całkowicie obcy dla Miry dom. Krótkie wizyty to za mało, by nawiązać bliższe relacje. Przyrodnia siostra Miry, o sześć lat od niej młodsza Ljubica, tak wspomina pierwsze spotkanie: „Pojawiła się ni z tego, ni z owego. Oświadczono nam: »Oto wasza siostra«. To spadło na nas jak grom z jasnego nieba. Nie byliśmy na to przygotowani. Potem robiłam ojcu wyrzuty, że nie przedstawił nas sobie tak, jak trzeba". Stosunkowo szybko jednak Mira staje się starszą siostrą dla Ljubicy, która próbuje nadrobić stracone lata: „Starałam się ją naśladować, ubierać się i mówić jak ona, ale byłam za młoda".

Choć Mira trzyma się na uboczu, znajduje się w centrum uwagi. W szkole w Pożarewacu odkrywa miłość do Dostojewskiego. Dziadek cieszy się, że wnuczka poznaje wielką literaturę, ale Moma Marković uważa, że w kształtowaniu przyszłej komunistki większą rolę powinny odgrywać powieści produkcyjne. Mira znajduje wybieg, by ukryć swoją miłość do literatury pięknej: „Kiedy mieszkałam u ojca, czytałam Dostojewskiego w łazience. Moma udawał ślepego, a jego żona ograniczała się do przytyków na temat moich długich pobytów w ubikacji", opowiada.

Rodzinna walka o prawo do opieki nad Mirą odbija się także na jej siostrze przyrodniej. Dziewczęta bardzo za sobą tęsknią. „Spytałam mamę, dlaczego Mira nie mieszka z nami na stałe – zwierza się nam Ljubica. – Odpowiedziała, że prosiła jej dziadków o zgodę, ale woleli ją zatrzymać przy sobie, podkreślając, że ofiarowują jej tyle miłości, ile potrzebuje. Mama nie nalegała. Uznała, że spełniła swój obowiązek. (...) Sądzę, że to musiało być dla Miry bardzo bolesne"[4].

Narodziny związku

Zima 1958 roku.

W Pożarewacu hula wiatr i sypie śnieg. Licealistka Mira właśnie dowiaduje się, jaki stopień otrzymała za ostatnią rozprawkę: „Dostałam »dobry« z historii. Zawsze miałam same celujące, tymczasem dobry, i to z historii... Strasznie się załamałam. Zależało mi na najlepszych ocenach, bo chciałam być prymuską"[5].

Skądinąd niemal od początku nauki historia była jedynym przedmiotem, z którym miała problemy. Zaczęło się, kiedy dwunastoletnia Mira w obecności całej klasy usłyszała od nauczyciela, że matka zdradziła ojczyznę. „To spadło na nią jak grom, bo zawsze uważała ją za bohaterkę"[6], wspomina wuj Miry Draża.

Przygnębiona słabą oceną nastolatka spotyka Slobodana, kolegę ze starszej klasy: zawsze grzecznego, ułożonego, ubranego w marynarkę i krawat. Przedtem nigdy nie rozmawiali ze sobą dłużej. Slobodan jest nieśmiały, ona – dzika. „Owszem, wyróżniał się na tle innych, ale dla mnie to nie była miłość od pierwszego wejrzenia", przyznaje Mira. A przecież Slobodan nie mógł narzekać na brak powodzenia u dziewcząt. Miał atut, który sprawiał, że żadna nie mogła mu się oprzeć: „fryzurę nadającą mu wygląd śmiałka i ryzykanta". Nawet jeśli Mira twierdzi, że Slobo nie od razu wpadł jej w oko, jej przyjaciółka zdradza: „Szalała za nim. Nieraz ciągnęła mnie na przechadzkę po Pożarewacu w nadziei, że gdzieś go zobaczy".

Owego pamiętnego dnia panna Marković zamierza topić smutek w bibliotece, czytając *Antygonę* Sofoklesa. Wyjątkowo przemawia do niej ta bohaterka: odważna córka Edypa, która występuje przeciwko królowi, aby zapewnić bratu godziwy pochówek; wyklęta przez ojca, nawet w obliczu śmierci nie traci nic ze swej śmiałości. Mirę jednak znowu prześladuje pech: okazuje się, że jej karta biblioteczna straciła ważność. Na schodach spotyka Slobodana, który również wybiera się do czytelni.

– Co ci się stało? – pyta zatroskany.

W tej samej chwili z nieba spadają wielkie, gęste płatki śniegu. Młodzi chowają się w przedsionku. Przysuwają się bliżej, chroniąc się przed chłodem.

Nieoczekiwanie Mira wybucha płaczem, wyrzucając z siebie ostatnie smutki i rozczarowania. Bibliotekarka, Kreon i Antygona, historia. „Zwierzałam mu się też z wszechogarniającej samotności. Skarżyłam się na chłód, który mroził mi ręce i myśli. Popatrzył na mnie z uśmiechem: »A może zacznij od włożenia rękawiczek?«". Od tego pierwszego, niewinnego spaceru wszystko się zaczyna. Odkrywają w sobie dwie dusze, które „idealnie się uzupełniają i do siebie pasują", wspomina Mira. Rzeczowy, praktyczny Slobodan potrafi w ułamku sekundy rozwiązać jej problemy. „Jeśli mam żyć, to tylko z tobą", myśli od razu. Zakochana para szybko zostaje ochrzczona mianem „nowych Romea i Julii". Mira już się nie boi zimna, osamotnienia ani słabych ocen. Nieśmiały i zamknięty w sobie Slobodan nagle odkrywa w sobie talenty cudotwórcy, specjalisty od problemów wieku dojrzewania.

Chłopak urodził się w sierpniu 1941 roku w Pożarewacu, tej samej miejscowości co Mira. On też we wczesnym dzieciństwie przeżył rozpad związku rodziców, którzy rozstali się tuż po wojnie. Ojciec, Svetozar Milošević, czarnogórski duchowny Kościoła prawosławnego, a zarazem nauczyciel religii oraz rosyjskiego i serbsko-chorwackiego, porzucił żonę i syna i wrócił do rodzinnej wioski. Niestety, życie rodzinne i wspomnienia wojenne okazały się ciężarem ponad siły tego świątobliwego męża. W 1962 roku, kiedy Slobodan był na wycieczce szkolnej w Związku Radzieckim, do Pożarewaca dotarła wiadomość o samobójstwie jego ojca.

U Svetozara samotność i wyrzuty sumienia wygrały z trzeźwą oceną sytuacji. Negatywna ocena, którą postawił uczniowi – rówieśnikowi syna – pchnęła chłopaka do samobójstwa. Svetozar czuł się winny i wymierzył sobie taką samą karę. Slobodan dowiaduje się o śmierci ojca dopiero po powrocie ze Związku Radzieckiego, już po pogrzebie. Matka, Stanislava, też nie uczestniczy w ostatnim pożegnaniu męża, który porzucił ją piętnaście lat wcześniej. Tego samego dnia chłopak dzwoni do przyjaciółki i oznajmia z powagą: „Właśnie dostałem wiadomość z Czarnogóry. Ojciec się zabił". Mirę dziwi jego opanowanie. „Oczywiście był poruszony, ale nie zdruzgotany".

Stanislava wychowuje syna surowo, jak przystało na dyrektorkę szkoły. Choć pochłonięta obowiązkami zawodowymi, trzyma syna krótko, prawie nie spuszczając go z oka. Ku rozpaczy chłopaka a jej zadowoleniu Slobodan rzadko odwiedza rówieśników. Matka panicznie się boi, że w towarzystwie szkolnych urwisów syn schamieje. Dlatego Slobo ani nie gra w piłkę, ani nie pływa w Dunaju. W ogóle nie kala się wysiłkiem. Ze względu na „słabe zdrowie" matka załatwia mu zwolnienie z zajęć wychowania fizycznego. On też woli ciszę i porządek swojego pokoju i biurka. Nic więc dziwnego, że wyrasta na prymusa. Wyróżnia się zwłaszcza w matematyce. Mira często odwiedza mieszkanie tej energicznej niewiasty – jedyne miejsce gdzie można zastać Slobodana po szkole. Różnica pokoleń szybko daje o sobie znać: „Ogromnie ją szanowałam, choć wiele nas dzieliło. (...) Na przykład czas najchętniej spędzała u siebie. Nawet jeśli synowie gdzieś ją zapraszali, wykręcała się chorobą. Obsadziła się w roli władczej matrony, a równocześnie chętnie pozowała na ofiarę".

Mira towarzyszy Slobodanowi w trudnych chwilach żałoby. Spotykają się pod lipą przy jego domu w Pożarewacu i tam składają sobie obietnicę wiecznej miłości. W jej cieniu planują przyszłość, snując wizje wspólnego życia.

Slobodan, który już skończył liceum, zapisuje się na uniwersytet w Belgradzie. Mira widzi go na architekturze, uważając ten zawód za „najpiękniejszy i najromantyczniejszy pod słońcem". On jednak wybiera prawo. Mirze pozostaje jeszcze rok liceum. Boleśnie znosi rozłąkę ze Slobo. Niemal każde popołudnie spędza u Stanislavy, nie mogąc doczekać się weekendów. „Nie do końca rozumiałam tę kobietę, ale podziwiałam ją za upór i determinację. To jej przykład sprawił, że zajęłam się losem kobiet".

Następnego roku to Mira staje przed wyborem kierunku studiów. Waha się między filozofią a filmoznawstwem. Decyzję podejmuje za nią Slobodan: pójdzie na socjologię. Mira odkrywa Sartre'a, Camusa i kino Nowej Fali. „Uważałam, że egzystencjalizm odpowiada na wiele pytań, które komunizm zostawił w zawieszeniu. (...) Naśladowałam sposób ubierania się egzystencjalistów, zaczęłam nosić krótką fryzurkę z grzywką. Jeśli mam być szczera, socjologia nie zajmowała głównego miejsca w moich myślach". Pożarewac i jego codzienność odpływa gdzieś daleko.

Stateczny i uporządkowany Slobodan nie ulega pokusom studenckiego życia. To Mira pewnego dnia zauważa, że nie zdąży napisać rozprawki poświęconej *18 brumaire'a Ludwika Bonaparte* Karola Marksa i prosi ukochanego o ratunek. Ten – jak zwykle spokojny i niewzruszony – natychmiast znajduje wyjście: „Podaj mi temat, a ja zajmę się resztą". Następnego ranka dumnie wręcza jej gotową pracę. Jego wysiłek nie zostanie jednak doceniony. Przeczytawszy tekst, profesor wypytuje studentkę Marković o stan jej zdrowia i sytuację rodzinną. „Zaniepokoiłem się – tłumaczy. – Tak wybitna uczennica nie mogłaby napisać czegoś tak miernego. Musiała mieć kłopoty".

W stolicy Milošević poznaje też studenta, który – oprócz Miry – stanie się jego jedynym przyjacielem. Ivan Stambolić jest o pięć lat starszy od Slobodana. Zanim wrócił na studia, kilka lat przepracował w kosowskiej fabryce. O ile Milošević i Mira starają się o jak najlepsze oceny, o tyle Ivanowi wystarczy, że zaliczy egzamin. Na tym różnice między przyjaciółmi się nie kończą. Mają zupełnie inne temperamenty i osobowości. Wylewny, serdeczny Stambolić ma liczne grono znajomych. Slobodan większość czasu spędza z ukochaną.

31 grudnia 1964 roku przyjaciele świętują sylwestra wraz ze swoimi partnerkami. Stambolić nie potrafi się ugryźć w język i krytykuje narzeczoną Slobodana, nazywając ją „dzikuską"[7]. Ta nie pozostaje mu dłużna i kiedy przychodzi pora, by wznieść noworoczny toast, odmawia wypicia bimbru przyniesionego przez Ivana, oświadczając, że nie tknie „plebejskiego trunku". Ich wzajemna niechęć i rywalizacja o uwagę Slobodana przechodzą do legendy.

Nastroje zmieniają się kilka miesięcy później. 14 marca 1965 roku para się pobiera. Ivan zostaje świadkiem, co – zgodnie z tradycją – równa się braterstwu krwi. Mira jest w trzecim miesiącu ciąży. W krótką fryzurkę wpina białego motyla. W ogóle prezentuje się bardzo elegancko w kremowej garsonce do kolan i zgrabnych czółenkach. Z zachwytem wpatruje się w Slobodana, ubranego w czarny garnitur. Na ślub przyjeżdża niewielu krewnych.

Skromna chatka

Wrzesień 1965 roku.

W oczekiwaniu na małego gościa Mira i Slobodan dopieszczają mieszkanie. Młodzi małżonkowie zajmują czterdziestometrowy lokal z betonowym tarasem. Znajduje się on na najwyższym piętrze bloku bez windy na nowym osiedlu Karaburna na obrzeżach Belgradu. Do najbliższego przystanku autobusowego trzeba iść dwadzieścia minut, co mocno doskwiera Mirze. Slobodan zaangażował się w działalność partyjną i całe dnie spędza poza domem. „Trochę dokuczała mi samotność, bo ciężko mi było poruszać się z wielkim brzuchem. (...) Któregoś dnia włożyłam szlafrok i spędziłam cały dzień w łóżku, czekając na powrót Sloby". Mąż po raz kolejny spieszy z pociechą i podnosi Mirę na duchu. 22 września przychodzi na świat córeczka, której dają na imię Marija. „Między nią a jej ojcem natychmiast wybuchła miłość tak absolutna i wszechogarniająca, że czasem czułam się wręcz zawalidrogą", wspomina odrzucona młoda matka. Od tej pory Slobodan przekracza próg mieszkania z jedną myślą: zdążyć wykąpać córeczkę. Mira spędza z nią długie, samotne dni. W ramach budowania więzi macierzyńskiej czyta córce na głos dzieła mistrzów, których odkrywa na studiach.

Młode małżeństwo nie śmierdzi groszem, więc od czasu do czasu z Požarewacu przyjeżdża Stanislava, aby napełnić szafki. „Mój ojciec Moma był bogatszy i miał większe wpływy, ale nigdy nic nam nie dał", stwierdza Mira. Slobodan nie może dopuścić, by żona chodziła niezadowolona. Dogaduje się z towarzyszem partyjnym i zamieniają się mieszkaniami. Tak oto Miloševiciowie przeprowadzają się do powstającej właśnie w zachodniej części miasta dzielnicy Nowy Belgrad, gdzie czeka na nich nowoczesny wynalazek – telefon.

Wkrótce mieszkanie staje się punktem spotkań młodych intelektualistów podziwiających upartego Titę, który – w imię niezależności południowych Słowian – odrzucił protektorat Stalina. Pokoje są urządzone ze smakiem i wypieszczone na tyle, na ile pozwalają studenckie dochody. Mira nieustannie przestawia meble, urządzając rodzinne gniazdko wedle własnego gustu. „Wszędzie królują moje kolory i moje pomysły"[8], pyszni się pani domu.

Slobo sprząta odkurzaczem[9], starając się nie przeszkodzić Maleństwu[10], które czesze się przed lustrem. Ten rytuał zajmuje czasem całe godziny. Mira wpada w gniew, ilekroć mąż zakłóca owe ćwiczenia wymagające skupienia, kiedy – jak sama twierdzi – pogrąża się „w otchłaniach egzystencji"[11]. Faktycznie, Mira poświęca mnóstwo uwagi gęstym czarnym włosom okalającym nieprzeniknioną twarz o zawsze półprzymkniętych oczach, nadającym jej wyraz wiecznej melancholii. Być może właśnie ów „szczery smutek" nieustannie malujący się w jej oczach spodobał się Slobodanowi. Oczarowała go ta dziewczyna o drobnej posturze, ale nieugiętym charakterze, która ukrywała kobiece wdzięki, nosząc się na czarno. Mira nie chce wierzyć w Boga, który dopuścił, by wszyscy jej najbliżsi umarli. Znalazła sobie lepszego patrona. Dumnie pokazuje wszystkim pierścionek z kamieniem księżycowym. Uważa bowiem, że znajduje się „pod opieką Księżyca"[12]. Te kobiece humory i zmienne nastroje wykańczają rzeczowego Slobę.

Tego wieczoru w ich mieszkaniu, urządzonym w ostentacyjnie proletariackim stylu, odbędzie się debata na temat przyszłości robotników Federacyjnej Ludowej Republiki Jugosławii oraz o triumfie komunistycznych ideałów w Belgradzie. Dyskusję będzie prowadzić Mira. Albowiem w małżeństwie państwa Miloševiciów obowiązuje równy podział ról – lecz ze wskazaniem na nią. Z tej okazji pani domu stara się wyglądać jak najpiękniej. Właśnie kończy układać fryzurę. Żadnej biżuterii, wystarczy sztuczny kwiat. Zawsze ten sam, bez względu na porę roku. Róża wpięta we włosy – hołd złożony pamięci matki[13].

Oboje stracili tak dużo bliskich krewnych, że zostali niemal bez rodzin, co tylko wzmacnia ich więź. Ciężko przeżywają każde rozstanie. Kiedy Slobodan odbywa półroczną służbę wojskową w Zadarze na chorwackim wybrzeżu, Mira nie daje sobie rady z tęsknotą – na jeden dzień zostawia dom i dziecko, żeby go odwiedzić. Marija trafia pod opiekę sąsiadki. Mira przeżywa w pociągu gwałtowną burzę. Przemoczona, dygocząc z zimna, przyjeżdża do koszar. Spędza z mężem pół godzinki, a potem musi pędzić na dworzec.

Wielkie nadzieje

Slobodan dostał posadę radcy w stołecznym urzędzie miasta, Mira zaś pracuje nad doktoratem z socjologii. Pamiętnego lata 1968 roku, kiedy Związek Radziecki wysyła czołgi do Czechosłowacji, małżeństwo spędza wieczory przy stoliku restauracji Aca Devetaka, gdzie wraz z młodymi dziennikarzami dyskutuje o przyszłości regionu. Czas upływa głównie wśród studenckiej cyganerii, zostaje go niewiele na życie rodzinne czy naukę. Dopiero gdy zapada noc, Mira w garsonce zasiada w fotelu i wraca do roli pilnej doktorantki: „Nie mieliśmy biurka, mieszkanie było zawalone różnymi gratami. (...) Krótko mówiąc, uczyłam się, siedząc po turecku".

Młodej matce szkoda czasu na gotowanie, a Slobodan rzadko zabiera się do zmywania. Podczas swoich wizyt Stanislava, której ten beztroski nieporządek działa na nerwy, bierze do siebie miski i talerze i tam je zmywa. Pewnego dnia nie może się powstrzymać od cierpkiego komentarza: „W tym domu nic nie działa. Kompletnie się nie nadaje na gospodynię!". Po ślubie młodszego syna Stanislava czuje się opuszczona. Coraz słabszy wzrok nie pozwala jej na lekturę. Pochłonięty działalnością Slobodan rzadko odwiedza matkę. Urażona wdowa wkrótce odmawia wizyt u młodego małżeństwa. Zwłaszcza że stosunki z synową nie układają się najlepiej: „Kiedy Stanislava odwiedzała Slobę w Belgradzie, z chwilą gdy przekraczała próg, Mira opuszczała mieszkanie"[14], wspomina przyjaciółka.

Być może kiedy już rodzina się rozpierzchła, Stanislava nie potrafiła znaleźć sensu w życiu. Osamotniona, wiesza się w 1972 roku, dziesięć lat po samobójstwie męża. Dręczony wyrzutami sumienia Milošević zwierza się przyjacielowi: „Nigdy mi nie wybaczyła ślubu z Mirą"[15]. Często odwiedza grób matki. Żona nigdy mu nie towarzyszy. Towarzyszka Marković nie znosi cmentarzy.

Dzięki obronionej pracy – „Aspekty socjologiczne wykształcenia w samozatrudnieniu" – Mira rozpoczyna karierę akademicką. Od tej pory przed nazwiskiem dumnie wpisuje stopień doktora. Slobodan wreszcie rozstaje się ze sławetnymi „błyszczącymi białymi koszulami nylonowymi"[16], w których uparcie chodził jako student, i rozpoczyna pracę w Technogazie. Jego dystans i „arystokratyczny" wygląd dość szybko zmieniają się w niemal obsesyjną, rygorystyczną surowość i skrupulatność, dzięki czemu porzuca branżę gazowniczą i rozpoczyna karierę w Beobanku – najważniejszym banku kraju.

Mira jest najszczęśliwszą małżonką pod słońcem. Ciasne lokum zamieniają na przestronne mieszkanie w tej samej części Belgradu, przy ulicy Jurija Gagarina 187. Slobodana stać również na kupno czerwonej łady, którą zabiera żonę na wczasy w Dubrowniku. Wkrótce okazuje się też, że potrzebna jest niania, bo 3 lipca 1974 roku rodzina powiększa się o małego Marka. Wszystko układałoby się jak w bajce, gdyby nie kłopoty z najmłodszym Miloševiciem. Choć od porodu minęło kilka dni, jedno oko malucha wciąż nie chce się otworzyć. Zapewnienia lekarzy nie uspokajają młodej matki. Rzeczowy Slobodan znajduje dobry argument: „Nie przejmuj się, to chłopak, a mężczyzna nie musi być piękny". Urażony tymi słowami Marko kilka dni później otwiera oko.

Wkrótce jednak spokój domowego ogniska znów zostaje zakłócony. Mamka, chłopka o silnym charakterze, za bardzo bierze sobie do serca swoją rolę i zaczyna pouczać Mirę, jak należy opiekować się niemowlęciem. Tak na przykład gdy z nadejściem lata Slobodan zabiera rodzinę do Dubrownika, opiekunka udziela ostatnich instrukcji: za nic w świecie nie wolno dopuścić, żeby maluch się przeziębił. Tymczasem Marko wraca z wakacji zakatarzony. „Żeby jej się nie narazić, nie odsłanialiśmy okien, udając, że w domu nikogo nie ma", wyznaje pani doktor sterroryzowana przez niańkę. Kobieta jednak błyskawicznie odkrywa podstęp i rozjuszona atakuje winowajczynię.

– Mówiłam, że tak będzie! Idziesz na plażę, czytasz te swoje książki i reszta już cię nie obchodzi! Patrz, w jakim stanie mi go przywiozłaś! – wścieka się.

Slobodan przynosi chlubę rodzinie, pnąc się po szczeblach kariery. „Choć nie znam się na bankowości, a o finansach nie mam zielonego pojęcia, wiedziałam, że może wyrosnąć na jednego z najznakomitszych bankierów pod słońcem", wspomina zachwycona małżonka. Rzeczywiście, Milošević prowadzi rozmowy z największymi finansistami świata, co otwiera mu drogę na Zachód. W 1978 roku awansuje na szefa grupy i pod koniec roku wyjeżdża do Nowego Jorku, gdzie Beobank otwiera filię. Zapuszcza się aż na kampus Harvardu, dzięki czemu – jak później żartuje – „gdy ludzie pytają mnie o wykształcenie, mogę mówić, że spędziłem trochę czasu na Harvardzie".

Małżonkowie nie potrafią bez siebie żyć. Wkrótce Mira dołącza do Sloby. Spędzają na amerykańskiej ziemi dwa tygodnie, podziwiając Nowy Jork i Niagarę. Kontakt z hałaśliwą metropolią bardziej niż kaskady wodospadu prowokuje Mirę do krótkiej, acz kategorycznej oceny: „Cywilizacja, która nie zna Dostojewskiego (...), nie może mi się podobać". Progenitura niecierpliwie czeka na powrót ojca otoczonego nimbem chwały. On też staje na wysokości zadania, zasypując Mariję i Marka prezentami. Dumna z męża Mira stawia na szafce nocnej zdjęcie, na którym uwieczniono jej małżonka w towarzystwie magnata Davida Rockefellera.

„Żyliśmy właściwie tak samo jak wszyscy", skromnie ocenia Mira. Trzeba jednak przyznać, że od czasów prowincjonalnego Požarewaca gusta małżonków znacznie ewoluowały. Mira interesuje się muzyką średniowieczną, Slobodan zaś nie przepuszcza okazji, by zaintonować popularną piosenkę rosyjską *Tiomnaja nocz*, skomponowaną do filmu *Dwa bojca*, klasyka sowieckiego kina ukazującego losy dwóch żołnierzy, którzy bratają się na froncie wielkiej wojny ojczyźnianej. To nie jedyny utwór w jego repertuarze. Obdarzony dudniącym głosem Slobo oprócz rosyjskich dumek chętnie wykonuje francuskie piosenki i tradycyjne serbskie przyśpiewki.

Także w literaturze ich gust się różni. On woli literaturę amerykańską, zwłaszcza z drugiej połowy XX wieku. Tymczasem Mira odkrywa w rosyjskich klasykach szlachetność i wielkość duszy, którą jedynie Słowianie potrafią zrozumieć. „Emocjonalność, irracjonalizm, rozkołysanie między rozsądkiem a uczuciami – to właśnie kwintesencja słowiańskości". Ma pretensje do męża, że pozwolił jej wybrać socjologię, zamiast pchnąć w kierunku literatury, dokąd wzywało ją serce.

Slobodan ceni raczej przyziemne, proste przyjemności. Nie ubiera się zgodnie z nakazami ostatniej mody, nie rozbija eleganckimi samochodami, nie afiszuje kosztowną biżuterią. Chętnie za to wypije po pracy szklaneczkę dobrej whisky, nie pogardzi cygarem i zajada się słynnymi jugosłowiańskimi owocami morza, do których starannie dobiera białe wytrawne wino dla koneserów. Jeśli zaś chodzi o mięsa, dałby się posiekać za pieczeń jagnięcą albo prosiaka z rożna. Najbardziej jednak lubi rozkoszować się tymi smakołykami w dobrym towarzystwie. Mira, która woli dyskusje o tym, jak powinna wyglądać walka klasowa w XXI wieku, nie przepada za tymi uciechami stołu. Nie znosi też jowialnego towarzystwa, które tak lubi mąż. „Mają diametralnie różne upodobania – wspomina wuj Miry Dušan Mitević. – Kiedy zjawiają się razem, właściwie nie sposób zaspokoić gustów obojga. Zwłaszcza w kwestii jedzenia. Niezwykle trudno znaleźć coś, co przypadnie jej do smaku", dodaje.

Dzięki wysokiej pozycji zawodowej Slobodana państwo Miloševiciowie awansują w hierarchii społecznej. Są bogaci, bardzo wyrobieni i obyci. Czasy rodzinnych niesnasek odchodzą w zapomnienie. Mira wyrasta na idealną żonę i matkę. Sukces Sloby sprawia, że jego małżonka może z podniesioną głową pojednać się z Momą. Tak oto na sześćdziesiątych ósmych urodzinach patriarchy gromadzi się cały ród Markoviciów. Spotkanie jednak nie przebiega tak serdecznie, jak oczekiwano. „Nastoletnia Marija już wtedy była kompletnie zepsuta – zauważa Ljubica Marković. – Pojawiła się w wyzywającym makijażu, obwieszona złotem. Zachowywała się niegrzecznie, nawet nie znała imion krewniaków".

Powrót na łono rodziny okazuje się niemożliwy. Mira zbyt wcześniej straciła z nią kontakt. Nie można zrobić z sieroty przykładnej córeczki. Spotkania są więc coraz rzadsze – mniej więcej raz na pół roku – a w czasie wizyt ojca Mira zawsze chodzi rozdrażniona. Nic dziwnego, że perspektywa tradycyjnych, przypadających co sześć miesięcy odwiedzin u przyrodniej siostry nie budzi w Ljubicy radości: „To był chłodny rytuał. Nienawidziłam tam jeździć, nigdy nie czułam się u nich swobodnie. Mój ojciec i Mira często się kłócili". Przyczyna? Ljubica tłumaczy to tak: „Milošević właśnie zaczynał karierę polityczną, a tata go krytykował. Mira, która nie znosiła najmniejszej nagany, często była o krok od łez". Nikt nie miał prawa wytykać błędów Slobie. To dogmat, na którym zbudowała życie. Owszem, jej mąż nie był bez wad, ale on jeden nigdy jej nie porzucił.

Nie obchodziło jej, co sądzą Markoviciowie. Wychodząc za Miloševicia, Mira całkowicie zaangażowała się w jego sprawę. Dzięki pozycji międzynarodowego finansisty Slobodan wyrabia sobie kontakty ułatwiające awans w serbskiej partii komunistycznej. Jego protektorem jest nie kto inny jak Ivan Stambolić, w którym wszyscy widzą przyszłego przywódcę Jugosławii. Za jego sprawą Slobodan błyskawicznie pokonuje kolejne szczeble partyjnej kariery i ku ogólnemu zaskoczeniu – bo wydawało się, że całkowicie pochłania go praca w banku – w 1984 roku staje na czele belgradzkiego oddziału.

Wiek lewicy... i kobiet!

Tymczasem Mira wykorzystuje swoje stanowisko na uniwersytecie, aby podczas niezliczonych konferencji i przyjęć budować własną siatkę układów. Publikuje też artykuły, w których przedstawia swoje niezmienne, choć niezbyt ortodoksyjne poglądy marksistowskie.

Za ideał wolności uważa przede wszystkim nowe stosunki między mężczyznami a kobietami, do których nieustannie się odnosi. Jako zwolenniczka tolerancyjnego feminizmu dąży do zrównania ról obu płci – zarówno w związku, jak i w społeczeństwie. Na szczęście „w swojej najgłębszej istocie nie zakłada to żadnej agresji wobec mężczyzn. Przeciwnie"[17]. Mira wierzy, że „XXI wiek będzie należał do lewicy, nauki i kobiet". Marković nigdy nie przyjęła nazwiska męża. Panieńskie nazwisko uważa za fundament tożsamości – podobnie jak obywatelstwo i datę urodzenia. Dlatego też konsekwentnie nie odpowiada na listy adresowane do „pani Milošević". Slobodan akceptuje to i podkreśla, że nigdy nie ożeniłby się z kobietą, która chciałaby zmienić nazwisko. Nazwisko rodowe to dla Miry coś więcej niż obsesja. To sztandar. „Kobieta, której marzy się jedynie, by zamiast »panny« mieć przed nazwiskiem »panią«, nigdy nie będzie w pełni człowiekiem"[18]. Ci, którzy chcą wkupić się w jej łaski, wiedzą, że najbardziej lubi, gdy zwraca się do niej *per* „towarzyszko".

Jak przystało na przykładną marksistkę, Mira boleje nad uciskiem, jaki płeć piękna musiała znosić przez stulecia: „Wykorzystywanie kobiet to najdłuższa, najokrutniejsza i najbardziej niemoralna postać »wyzysku człowieka przez człowieka«. Najbardziej niemoralna, ponieważ staje na przeszkodzie najpiękniejszym i najszlachetniejszym ludzkim uczuciom"[19]. Z kolei tak zwana brzydka płeć całkowicie podporządkowała sobie kobiety, tłumacząc to tym, że są „zależne finansowo", a przede wszystkim „uczuciowo przywiązane do mężczyzn". Feminizm w wydaniu Marković ma zlikwidować tę niesprawiedliwość społeczną. Jednak zmiany, przeciwko którym mężczyźni tak się buntują, dokonają się dopiero za sprawą „biologii, a dokładniej – przyrody". Feminizm Marković nie ma w sobie bowiem nic z roszczeniowości sufrażystek. Przypomina raczej sztukę walki. Socjolożka przewiduje, że sama przyroda zemści się na mężczyznach za stulecia wyzyskiwania kobiet: „Mężczyźni powoli zamieniają się w słabszą płeć. Szybciej zapadają na choroby, wcześniej umierają, brak im odporności, fatalnie znoszą krytykę, straty materialne i niepowodzenia polityczne wpędzają ich w depresję, natomiast z chwilą przejścia na emeryturę błyskawicznie się starzeją, a ich autorytet spada".

Nie ukrywa zresztą, że mówi także z własnego doświadczenia. Jeśli kobieta jest feministką, bez względu na to, kogo poślubi – prezydenta, skrzypka czy łowcę niedźwiedzi polarnych – do wyboru będzie miała tylko dwa typy mężczyzny: „Całkowicie oddanego albo swoim ideałom, albo wojnie". Miłość bądź wojna, nic pośrodku, nie ma miejsca na letniość. W tamtym pierwszym okresie – pełna niezachwianej wiary w wielkość kobiecego ducha – Mira nie unikała popisów oratorskich. Logiczną konkluzją jej wywodów stawało się więc stwierdzenie, że „w przyszłych wiekach kobiety będą więcej niż równymi partnerkami mężczyzn. Przewyższą ich. Dopiero wtedy będą mogły wyrównać rachunki"[20].

Jednak miłosne kłopoty nie omijają domów nawet najbardziej zagorzałych feministek. Pewnego dnia Marija, która jeszcze chodzi do liceum, oświadcza, że zamierza wyjść za mąż. Za wspaniałego mężczyznę, uspokaja. „Jeszcze nie wiem, jak się nazywa, ale podjęłam decyzję. On będzie mój". Siedemnastolatka zakochała się od pierwszego wejrzenia w bracie sąsiada, który pracował w dyplomacji i wkrótce miał zostać wysłany do ambasady jugosłowiańskiej w Tokio. Slobodan, za radą małżonki, zgadza się przyjąć szczęśliwego wybranka, który okazuje się mężczyzną dobrze pod czterdziestkę.

– A może, drogi panie – odpowiada na prośbę kandydata – lepiej oświadczy się pan mojej żonie? Jest pan o dobre dwadzieścia lat starszy od mojej córki.

Tymczasem nieco później Mira dowiaduje się, że uparty wielbiciel już wyznaczył termin ślubu na najbliższą sobotę. „Nie wiedziałam, jak o tym powiedzieć Slobie. Uciekłam do Pożarewaca z synem, który protestował, mówiąc, że nie wolno tak ośmieszać ojca". Przed Slobodanem jednak nic długo się nie ukryje. Pędząc na złamanie karku, przyjeżdża do Pożarewaca i wzywa Mariję na zasadniczą rozmowę. „W rezultacie jednak nie wpadł we wściekłość, tylko wzruszony, zaczął ją pocieszać: »Nie martw się, wszystko będzie dobrze«", wspomina Mira. Kilka dni później świeżo upieczona mężatka wyrusza do Tokio. Matka i córka spędzają długie godziny, wypłakując się w słuchawkę, podczas gdy Slobodan co miesiąc na widok rachunku telefonicznego omal nie pada na zawał serca.

Podbój

W 1980 roku, w wieku osiemdziesięciu siedmiu lat, umiera Tito, po trzydziestu pięciu latach rządów osierocając Jugosławię. Zawsze życzliwy i opanowany Slobodan szybko wkupuje się w łaski aparatczyków. Dzięki nieprzeniknionemu wyrazowi twarzy, za którym – jak sądzą wszyscy wokół – kryją się głębokie przemyślenia i ostrość umysłu, szybko staje się nadzieją reżimu.

Ivan Stambolić, który wrósł w polityczny krajobraz Jugosławii, zyskuje poparcie serbskich komunistów i zostaje wybrany na prezydenta republiki federacyjnej Serbii. Okazuje się dość liberalnym i otwartym na zmiany przywódcą, który intensywnie promuje swojego przyjaciela Slobodana. 28 maja 1986 roku

Slobo – mimo gwałtownego oporu ze strony teścia – przejmuje stery serbskiej partii komunistycznej, zastępując na tym stanowisku Ivana.

Mira nie wciela się w typową żonę polityka. Stara się jak najrzadziej pojawiać u boku męża, nie zamierza dostosowywać swoich planów do jego politycznego kalendarza. „Nie dlatego że podchodziłam do tego z rezerwą. Po prostu ten aspekt polityki kompletnie mnie nie interesował". Mimo to niektórzy reporterzy i przyszli dygnitarze nalegają na rozmowę z Mirą, wierząc, że otworzy to przed nimi wrota kariery. Niestety, wszyscy popełniają ten sam błąd, dostrzegając w niej wyłącznie żonę polityka, a nie intelektualistkę. „Pytali mnie tylko, co najchętniej gotuję i co przygotowałam na ten wieczór dla Sloby. To było poniżające". Tych zaś, którzy próbowali jej pochlebiać, mówiąc, że jej mąż wkrótce stanie się ojcem ojczyzny, błyskawicznie przywoływała do porządku, ripostując: „Mój mąż ojcem ojczyzny? Nie. Całkowicie wystarcza mu rola ojca naszych dzieci".

W zaciszu czterech ścian próbuje jednak obudzić wrażliwość ideologiczną w Slobodanie, który do wszystkiego miał podejście pragmatyczne. „Nigdy nie mówił: »Jestem gotów umrzeć za socjalizm« ani »Poświęciłbym życie za internacjonalizm«, co mnie z kolei wydawało się oczywiste"[21], wspomina Mira. Tymczasem partyjni *macho* rwali włosy z głowy: Milošević rządził partią, ale sam siedział pod pantoflem baby.

Swoje pierwsze przemówienia Slobodan pisze przy stole w jadalni. Mira czyta je na głos, dorzucając coś od siebie. „Wszelkie wstawki liryczno-poetyckie pochodzą od niej"[22], zdradza nam Branko Rakić, adwokat i przyjaciel rodziny. Nie wszystkim jednak odpowiada to ukierunkowanie na politykę i nowe stanowisko Slobodana, zostawiające niewiele czasu na wychowanie dzieci. Zwłaszcza Marko nie potrafi zrozumieć, jak ojciec mógł przyjąć posadę bez biura w Nowym Jorku.

A jednak to nie za sprawą Nowego Jorku Slobodan po raz pierwszy zabłyśnie na arenie międzynarodowej, lecz dzięki mniej egzotycznemu Kosowowi. Od wielu tygodni trwają tam protesty serbskich prawosławnych, którzy czują się dyskryminowani na swoich – historycznie chrześcijańskich – terenach, obecnie zamieszkanych głównie przez Albańczyków i muzułmanów. To zarzewie konfliktu na tle etnicznym niepokoi władze federacyjne. W kwietniu 1987 roku wysyłają z misją pojednawczą do Prisztiny swoją wschodzącą gwiazdę – Miloševicia. On tymczasem ignoruje dyrektywy belgradzkich przywódców i wykonuje polecenia żony. „Konsultował się ze mną. Pytał, jak daleko powinien się posunąć. Odparłam, że nadszedł czas, by stanąć po stronie kosowskich Serbów”[23], potwierdza bez oporów towarzyszka Marković. W swoim uczelnianym gabinecie na niewielkim telewizorku śledzi, jak radzi sobie mąż. Obrazy z Kosowa przerastają wszelkie oczekiwania. „Sądziłam, że dobrze znam męża, tymczasem nigdy nie spodziewałabym się takiej reakcji”. Kiedy Slobodan prowadził w domu kultury rozmowy z przywódcą Albańczyków, nieustannie przerywały mu okrzyki tłumu ryczącego pod oknem: „Mordercy!”. Kamery telewizyjne z bliska śledzą każdy ruch wysłannika Belgradu. Wychodzi na schody przed budynkiem i próbuje spacyfikować manifestantów:

– Uspokójcie się, partia rozwiąże wszystkie wasze problemy.

W odpowiedzi padają kolejne obelgi, podnosi się jeszcze większy krzyk. Wtedy Milošević zmienia się w jednej chwili. „W oczach pojawiał mu się ogień. (...) Wyprostował się i podniósł głos, wołając: »Już nikt nigdy nie będzie wami poniewierał! Nigdy!«”.

Stambolić i pozostali jugosłowiańscy przywódcy przyjmują wiadomości ze zdumieniem. Po raz pierwszy w tym kraju – do tej pory tak zdecydowanie laickim i kładącym nacisk na równość – do polityki wkradają się hasła narodowościowe. Milošević wysłany do Kosowa, aby załagodzić kryzys między Albańczykami a Serbami, po raz pierwszy mówi o sytuacji Serbów, którzy w Kosowie, na swojej ojczystej ziemi, zostali pozbawieni wszelkich praw, choć wcześniej przez sześć stuleci mężnie stawiali czoło tureckiemu najeźdźcy. Buntownicy widzą w nim męża opatrznościowego, głosiciela jedności ojczyzny. W Belgradzie jednak władze przypatrują się temu nieufnie.

Mira wciąż siedzi przed telewizorem w swoim gabinecie, kiedy przyjaciel wyrywa ją z transu zaskakującym pytaniem:

– Co ty jeszcze tu robisz? Wezwij milicję!

Drzwi do mieszkania Miloševiciów wyważono. Funkcjonariusze w pośpiechu sprawdzają, czy sprawcy nie podrzucili ładunku wybuchowego. Przedziwny to wieczór. Slobodan wraca bardzo późno, nie chce rozmawiać. Sam chyba nie spodziewał się, że jego wystąpienie odbije się aż takim echem. Milczenie trwa aż do końca tygodnia, kiedy małżeństwo udaje się do Pożarewaca. Tam, pod tą samą lipą, pod którą kiedyś często siadywali, wyrzuca z siebie to, co się w nim kotłowało: „Mówiłem przede wszystkim jako człowiek, jako Serb". Mira nie posiada się ze zdumienia. Jej Slobo, zawsze tak zamknięty w sobie, kilkoma zdaniami porwał tłum i przykuł uwagę całego kraju.

Kto by się przejmował dezaprobatą Stambolicia i władzy innych aparatczyków? Slobodan ma przy sobie Mirę, a ona potrafi go rozerwać. Małżonkowie organizują więc spontaniczne wypady z najbliższymi współpracownikami Miloševicia. Któregoś wieczoru, po udanych spektaklu w teatrze i kolacji na mieście, zapraszają do siebie na strzemiennego doradcę do spraw gospodarczych Mihaila Crnobrnję i jego żonę Gocę. Slobodanowi dopisuje humor. Włącza płytę i wraca na kanapę rozkoszować się nektarem bogów, nie zauważając, że żona ich gościa wybija rytm nogami.

– Skarbie, nie widzisz, że Goca aż rwie się do tańca? Czemu jej nie poprosisz? – proponuje pogodnie Mira, która nie może znieść tego, że mąż mógłby wyjść na gbura.

Milošević błyskawicznie wykonuje rozkaz, „podnosząc się jak robot"[24], opowiada rozbawiony doradca.

Polityka też przypomina improwizowany taniec. 23 września 1987 roku Ivan Stambolić zostaje wykluczony z gry przez dawnego protegowanego. Podczas prawie trzydziestogodzinnego posiedzenia komitetu centralnego serbskiej partii komunistycznej Milošević odczytuje poufny list, w którym pod adresem najbliższych współpracowników Stambolicia padają oskarżenia o korupcję i zdradę. Ivan słucha, jak przyjaciel z fałszywą troską wypowiada słowa równoznaczne z wyrokiem: „Mam tylko szczerą nadzieję i głęboko wierzę, że towarzysz przewodniczący padł ofiarą manipulacji i nie ponosi za to odpowiedzialności".

Tymczasem na uniwersytecie w życie Miry po raz kolejny wkraczają siły porządkowe. Milicjanci wloką ją do samochodu i odstawiają do mieszkania. Wstrząśnięta, tego samego wieczoru widzi się z Markiem i Mariją. Odchodzi od zmysłów z niepokoju. Ta interwencja nie była przypadkowa. Stambolić i jego gwardia przyboczna chcą się zemścić na Slobie, atakując jego rodzinę.

Tego jednak dnia śmierć nie zbierze jeszcze żniwa. „Wrócił do domu radosny. Wraz z nim zjawili się przyjaciele w bodaj dwudziestu samochodach. Nie zdawałam sobie sprawy z politycznego znaczenia tej chwili. Dla mnie liczyło się tylko, że Slobodan żyje". Dla Stambolicia jednak to koniec kariery politycznej. Nie odzyska dobrego imienia. Dwa miesiące później zostaje odwołany z urzędu.

Slobodan, który najpierw zyskał sympatię Kosowian zostawionych własnemu losowi, teraz musiał umocnić pozycję wśród belgradzkiej administracji. Mira zmienia wizerunek. Tak rodzi się elegancka żelazna dama. Kiedy korespondentka „Timesa" Dessa Trevisan zaprasza Miloševiciów do restauracji na barce urządzonej w stylu lat trzydziestych XX wieku, towarzyszka Marković prezentuje się znakomicie w „czarnej sukience, czarnych pończochach, butach na obcasie i kruczoczarnej fryzurze". We włosy, naturalnie, ma wpiętą nieodzowną różę, jest też otulona w żółty płaszcz. Po powitaniu i kilku banalnych uprzejmostkach młoda dziennikarka skarży się, jak wiele wysiłku kosztowało ją zdobycie kawioru dla rozmówczyni.

– Nie jadam kawioru – odpowiada z powagą Mira.

A gdy reporterka mówi, że specjalnością restauracji są ryby, słyszy:

– Nie jadam ryb.

Nikt nie podpowiedział Brytyjce, że w miejscach publicznych Mira jada wyłącznie klopsiki. Towarzyszka Marković nie czuje się jednak urażona i z zapałem peroruje przez całą kolację. „Usta jej się nie zamykały – wspomina gospodyni. – Rzucała stwierdzenia w rodzaju: »Na Zachodzie własność prywatna już nie istnieje«. Równocześnie bacznie obserwowałam Slobodana. Jadł swoją rybę i rzadko się odzywał. Ograniczał się do gorliwego kiwania głową"[25]. Mira potrafi zrobić wrażenie na audytorium, a ten wieczór dowodzi, że trzeba się z nią liczyć także na gruncie polityki.

W ciągu czterech lat Slobodan dokonuje zaskakującej wolty politycznej, przekształcając swoją partię z formacji komunistycznej w narodowosocjalistyczną. Dla Miry triumf ma wymierną cenę. Musi odciąć się od ostatniego łącznika z przeszłością – od Momy. Sukces jej ukochanego Slobo po latach większych lub mniejszych nieporozumień prowadzi do otwartej wojny z ojcem. Konserwatywne skrzydło partii nie może strawić gorzkiej pigułki reformatorskiej. Mira żąda od Momy – człowieka legendy – by wspierał Slobodana w jego działaniach. Ojciec tymczasem odwraca się od córki i publicznie krytykuje zmiany proponowane przez zięcia. Takiego afrontu i upokorzenia Mira nie wybaczy. Uraza okazuje się tak silna, że kiedy dwa lata później, w sierpniu 1992 roku, ojciec umiera, nie idzie na jego pogrzeb. Nie był już rodzicem, stał się przeciwnikiem. Starszy syn Markovicia też nie zamierza puścić w niepamięć urazów z czasów dzieciństwa. Mira rozpoczyna długą batalię sądową o majątek po Momie z macochą, która zabrała jej ojca. Obie strony walczą tak brutalnie, że jeden ze szwagrów Miry komentuje: „Najgorszemu wrogowi nie życzyłbym takiego szwagra albo szwagierki”[26].

Bałkańska Antygona

Kariera Miloševiciów to w pewnym sensie owoc Solidarności, której powstanie wywołało reakcję łańcuchową w krajach bloku socjalistycznego, stopniowo osłabiając rządy twardogłowych. Wicher zmian nie omija też Serbii. W Nowym Sadzie na przykład protest przybiera zaskakującą postać rewolucji jogurtowej. Oto wokół budynku parlamentu gromadzi się sto pięćdziesiąt tysięcy obywateli i obrzuca go tysiącami opakowań jogurtu, zmuszając w ten sposób do dymisji przedstawicieli zgromadzenia regionalnego. Podobne akcje w Kosowie i w Czarnogórze doprowadzają w końcu do upadku rządu w Belgradzie, otwierając zarazem Miloševiciowi drogę do władzy. W maju 1989 roku z nominacji partii zostaje prezydentem kraju.

Zaledwie miesiąc później znów wzywa go miejsce, w którym odniósł pierwszy spektakularny sukces. 28 czerwca pod kamienną wieżą Gazimestan na Kosowym Polu Slobodan wygłasza swoje słynne przemówienie, gdzie po raz pierwszy mówi o możliwości „konfliktu zbrojnego”. Ta demonstracja siły nowo wybranego przywódcy budzi konsternację i powoduje rozłam w obozie Miloševicia. Slobodan próbuje przekonać Mirę, że jego intencje były czyste. Pokazał, że panuje nad sytuacją w Serbii, i wysłał jasny sygnał tym, którym marzy się wojenka. Żona tymczasem zupełnie inaczej interpretuje jego wystąpienie, zwłaszcza to, że przyleciał na miejsce wojskowym śmigłowcem. „Bardzo skrytykowałam tę scenografię, na co odparł, że przede wszystkim musiał policzyć się z monarchistami, tradycjonalistami i z faszystami, dlatego nie mógł bawić się w subtelności".

Krytyka Miry boli bardziej niż wszystkie inne razem wzięte, ale zarazem prowadzi go na właściwą drogę. Nowy prezydent ucisza nastroje i łagodzi napięcia, zmieniając konstytucję i ogłaszając pierwsze wybory wielopartyjne. Swoją kampanię opiera na hasłach patriotyzmu i gospodarki pod auspicjami mocnej władzy. We wrześniu 1990 roku jego partia wychodzi zwycięsko z pierwszej próby, jaką były wolne wybory. Jakże mylili się jego szkolni koledzy, którzy widzieli go w roli zawiadowcy. Slobodan dowiódł, że nie brak mu ambicji, a jego Antygona została pierwszą damą Serbii. Na fali entuzjazmu towarzyszącego demokratycznym przemianom w państwach satelitach Związku Radzieckiego nikt nie zauważył narodzin dziwacznego, hybrydowego systemu łączącego goszyzm z ksenofobią.

Pantoflarz

„Obserwując rodzinne, polityczne i społeczne stosunki państwa Miloševiciów, żaden lekarz – czy to serbski, czy jakiejkolwiek innej narodowości – nie uznałby ich za normalne małżeństwo", zauważa Vuk Drašković, były minister spraw zagranicznych. Nie tylko przeciwnicy zwracają uwagę na chorobliwą wręcz nierozłączność małżonków. Dušan Mitević, wuj Miry, tak ocenia związek swojej siostrzenicy z wpływowym politykiem: „Slobodana i Mirę łączy bardzo, właściwie patologicznie silna więź. Milošević jest dość inteligentny, ale to dopiero Mira zaszczepiła w nim ambicję i żądzę władzy. To za jej sprawą stał się taki, a nie inny"[27].

Sama zainteresowana tymczasem świadomie przyjmuje rolę żony, która wszystko podporządkowuje swojemu zapracowanemu mężowi, przytłoczonemu ciężarem obowiązków. „Chce wracać do domu i mówić o czymś innym. Żadnej polityki. Nie wiem, skąd przekonanie, że wszystko wcześniej razem planujemy. Kompletny nonsens". Z miłości do Slobodana, dla jego dobra Mira bojowniczka jest więc gotowa wyrzec się swego zaangażowania w kwestie publiczne. „Czy naprawdę mąż, który po dziesięć godzin dziennie zajmuje się koszmarem polityki, mógłby jeszcze później o niej ze mną rozmawiać? Nawet gdyby chciał, nie miałby sił". Raz można wystawić się na pośmiewisko, więc w końcu Mira przyznaje: „Może w pierwszym roku jeszcze się tym interesowałam, ale szybko przekonałam się, że to nie moja sprawa, i przestałam męczyć go pytaniami".

Nie ulega wątpliwości, że ciekawość zniszczyła już wiele związków. Gwarancją szczęśliwego małżeństwa jest udana komunikacja. „Kłamałabym, gdybym twierdziła, że dwie osoby, które – jak my – spędziły razem trzydzieści lat, wzajemnie na siebie nie wpływają. Slobo uwielbia mnie jeszcze od czasów szkolnych", zwierza się w pamiętniku. A oszczercom, którzy drwią z wpływu, jaki ma na męża, odpowiada ciętą ironią: „Mam na niego wpływ, a on na mnie. Ale co to właściwie oznacza? (...) Gdybyśmy trzy dni z rzędu zjedli razem śniadanie, ktoś mógłby stwierdzić, że wy wywieracie na mnie wpływ, a ja na was". Nawet jeśli przez to ucierpi jej reputacja jako osoby aktywnie zajmującej się polityką, będzie broniła wizerunku Slobo jako twardego mężczyzny. Tym zaś, którzy próbują go ośmieszyć, twierdząc, że w tym związku nie on nosi spodnie, Mira odpowiada z naciskiem: „To myślenie rodem ze średniowiecza. Tacy najchętniej zamknęliby kobietę w domu. Tak myślą prostacy".

W kręgach belgradzkiej opozycji krąży anegdotka, jak to pewnego dnia Mira wpada na piekarza, gorącego wielbiciela z lat młodości.

– Widzisz, dziś mogłabyś być panią piekarzową – żartuje Slobodan po spotkaniu.

– Mylisz się. To ty mógłbyś zostać piekarzem, gdybyś mnie nie spotkał – odpowiada żona[28].

W życiu prywatnym silna osobowość Miry daje jej przewagę nad łagodnym Slobodanem. Zdarza się, że spadają na niego gromy za chaos w polityce. Rozjuszona, krytykuje wszystko i wszystkich, nie żałując ukochanemu gorzkich słów. Ten przyjmuje je pokornie i zapada w milczenie, czekając aż burza ucichnie. Świadkowie tych wybuchów nie mają wątpliwości: w tym związku Mira Marković jest i szyją, i głową[29]. To ona połyka książkę za książką i wskrzesza wielkie idee odrodzenia ziemi jugosłowiańskiej. Jej przyjaciółka Ljiljana Habjanović-Djurović przypomina sobie, jak Mira niejednokrotnie podkreślała, że bez niej wszystko ułożyłoby się inaczej, stokroć gorzej pod każdym względem. „Wszystko, co w nim dobre, pochodziło od niej. Wszystko, co było w nim złe, to skutek tego, czego nie zdołała w nim zmienić"[30].

Domowa kryształowa kula

Za sprawą męża Mira wreszcie stała się kimś, z kim trzeba się liczyć w kraju, a wkrótce może nawet i w całej Europie.

Nikomu nieznana wykładowczyni uniwersytecka i autorka artykułów, którymi do niedawna nikt się nie interesował, nagle staje się pierwszą damą. Wszyscy jej zazdroszczą, wszyscy jej słuchają, wiedząc, że jest źródłem inspiracji dla męża. Sama zaś szuka natchnienia w dość oryginalny sposób: „Mówię sobie: »Wszystko się ułoży, kiedy wreszcie ucichnie burza meteorytów, gdy już opadnie gwiezdny pył, a komety wrócą na swe odwieczne orbity«. (...) Medytuję nad wpływem tajemniczych, niedościgłych sił kosmicznych na losy naszej planety; jak kształtują wydarzenia na Kremlu i w Prisztinie”[31], notuje w pamiętniku.

Ta dość zaskakująca postawa to pamiątka z podróży do Indii, gdzie promowała jedno ze swoich dzieł. Mira Marković odkryła astrologię za sprawą Indiry Gandhi, która umówiła ją na spotkanie ze swoim astrologiem, ten zaś co do dnia przewidział datę śmierci Momy[32]. Wróżbita odczytał też jej z dłoni lata radości, pomyślności i miłości. Początkowo Mira go wyśmiała. „Mam do astrologii ten sam stosunek co wszyscy: traktuję te przepowiednie z przymrużeniem oka. Wiem, że jestem Rakiem, czytałam charakterystyki osób spod tego znaku. Jeśli zauważę pomyślny horoskop, myślę: »Gdyby tak się spełnił...«. Jeśli okazuje się niesprzyjający, wzruszam ramionami: »Głupoty«”[33].

Socjolożka gwałtownie broni się przed tymi, którzy próbują robić z niej pytię, argumentując, że irracjonalizm jest niejako wpisany w istotę polityki, podobnie zresztą jak w literaturę rosyjską: „Moje dzieci i ja od dawna interesujemy się astrologią. W pewnym sensie stała się ona częścią naszego życia. (...) Często z odrobiną smutku i ironii powtarzam: »Jaka szkoda, że gwiazdy nie uporają się z tym lub owym rządem albo ministrem, z którym nie możemy dojść do ładu«”[34].

Mira wierzy, że tylko „moc kosmosu” może zaradzić realnym troskom i problemom społeczeństwa, którym jej mąż rządzi z takim trudem. „W tych ciężkich czasach, kiedy znika poczucie stabilizacji – gospodarczej, społecznej, właściwie jakiejkolwiek; kiedy instytucje państwowe już nie zapewniają bezpieczeństwa; (...) kiedy nauka nie przynosi odpowiedzi ani nadziei – wtedy ludzie zwracają się ku temu, co nadprzyrodzone"[35].

Rzeczywiście, w serbskich mediach pojawia się mnóstwo jasnowidzów, wróżek, parapsychologów. Mira dostrzega możliwości, jakie daje okultyzm, i zamierza je wykorzystać – podobnie jak to robił Goebbels, który zapisał w swoim dzienniku: „Musimy wprowadzić do propagandy elementy okultyzmu. (...) Trzeba wywrzeć presję na jasnowidzów i wróżki, żeby pracowali na naszą rzecz".

Od 1994 roku grupa wydawnicza Politika, do której należy sporo czasopism zajmujących się magią, staje się odskocznią dla stu wróżbitów, od których – jak twierdzi szef belgradzkiej agencji wróżbiarskiej – władza zażądała, by „nie wyrażali się źle o rządzie. Przeciwnie, mają emanować pozytywną energią". I tak w czasopiśmie „Treće Oko", jednym z najstarszych periodyków poświęconych magii, można znaleźć informację, że „gwiazdy sprzyjają Miloševiciowi. (...) To najlepszy z ludzi, nic więc dziwnego, że wiele osób życzyłoby sobie, by przejął władzę. Jest spod znaku Lwa, a Jugosławia spod Byka. To najlepiej świadczy, że nie wolno ich rozłączać"[36].

Milja Vujanović, astrolożka, historyczka, a przy tym również Miss Jugosławii – która najpierw zasłynęła ze śmiałych fotografii, a dopiero później zajął ją okultyzm – dorobiła się własnego programu telewizyjnego *Horoskop Milji*, w którym przekazuje „mądrość pradawnej serbskiej magii". Jako ekspertka w swojej dziedzinie nadaje program w porze największej oglądalności, we wtorki o 20.15. Wychwala w nim wielkość serbskiego narodu, „wybranego przez niebo"[37]. Mówi również o „satanizmie" zachodnich mocarstw. Miss Astrologii przez dziesięć lat uczestniczy w oficjalnych uroczystościach rządowych, gdzie wygłasza mistyczne przepowiednie, pełne zawoalowanej nienawiści. W 1999 roku, w czasie amerykańskich nalotów, na podstawie układu gwiazd przepowiedziała Madeleine Albright klęskę Stanów Zjednoczonych. Gwiazdy nie pozostawiały wątpliwości: wróżbitce ukazała się liczba 666, obnażając prawdę o szatańskiej naturze amerykańskiej sekretarz stanu.

Już od pierwszych wystąpień publicznych Mirę otaczają intelektualiści, którzy zgromadzili się wokół nowego przywódcy. 19 listopada 1990 roku, zaledwie dwa tygodnie po wyborach prezydenckich, w belgradzkim centrum konferencyjnym towarzyszka Marković przemawia do pięciu tysięcy komunistów. Ma ich przekonać do nowej koncepcji politycznej męża. To jej oficjalna intronizacja na stanowisko głównego ideologa partii. Misja kończy się sukcesem – przeciąga na jego stronę goszystów, którzy dotąd widzieli w przewodniczącym tylko finansistę. Pierwszy etap zakończony. Dzięki interwencji żony Milošević zostaje triumfalnie wybrany na prezydenta nowej republiki, otrzymując 65 procent głosów.

Głowy Turków

Towarzyszka Marković marzy o nowej Jugosławii, federacji wielu narodowości połączonych pod sztandarem Serbii: „Narody jugosłowiańskie muszą żyć razem. To nie tylko leży w ich interesie, to również ich historyczne przeznaczenie”[38]. Zdaje sobie sprawę, że istnieje ryzyko krwawego rozpadu obecnej federacji. Pokój jeszcze można ocalić, ale pod jednym warunkiem: „Trzeba zaprzestać rywalizacji o przewagę historyczną, gospodarczą, kulturalną i polityczną. Każdy naród jugosłowiański w pewnym okresie, w pewnych dziedzinach górował nad innymi”.

25 czerwca 1991 roku Chorwacja ogłasza niepodległość. Tak pryska marzenie o jednej Jugosławii, żyjącej w pokoju. Wiosną następnego roku między Serbią a Bośnią wybucha wojna. Przyczyna? Mniejszości serbskie, które rozpanoszyły się na terytorium nieboszczki federacji.

Ku zgryzocie nieprzejednanej Miry wojna rodzi co najmniej niepokojące przymierza polityczne. Vojislav Šešelj, przewodniczący Serbskiej Partii Radykalnej, politycznie jest przeciwnikiem Miloševicia, a ideologicznie – Miry. Zwłaszcza Miry. Zaraz po wybuchu bałkańskiej beczki z prochem Šešelj dolewa oliwy do ognia: „Albańczycy powinni mieszkać w Albanii. W Kosowie winni mieszkać wyłącznie ci, którzy uznają zwierzchność serbską”. Najbardziej kwieciste popisy oratorskie rezerwuje jednak dla towarzyszki Marković. „Zalał mnie crescendem obelg, nazywał »czerwoną czarownicą«”, skarży się Mira. Mimo to Slobodan – który nie radzi sobie z konfliktami różnych grup narodowych walczących o te same terytoria – wykorzystuje tego zagorzałego zwolennika czystek etnicznych, by zaprowadził porządek, opróżniając miejsce dla rodaków. Przed żoną, która nie znosi Šešelja, tłumaczy się tak: „Jego najbardziej szanuję, bo jest konsekwentny w swoich poglądach politycznych". Idąc po linii najmniejszego oporu i okazując wsparcie człowiekowi, w którym Chorwaci i Bośniacy widzą żądnego krwi szaleńca, Milošević bynajmniej nie stłumił ognia nienawiści. Przeciwnie – sprawił, że wybuchł ze zdwojoną mocą.

Mira publicznie nie potępia ekstremizmu Šešelja, bo wtedy musiałaby wystąpić przeciwko mężowi. Zna podstawową zasadę obowiązującą w polityce: nie porywać się na więcej niż jednego wroga naraz. „Nie musimy atakować Šešelja. W tym momencie wystarczy, jeśli dobierzemy się do skóry Vukowi Draškoviciowi"[39]. Ten przywódca prawicowej opozycji popełnił w oczach Miry dwa grzechy. Po pierwsze, jest nacjonalistą, a po drugie – niewybaczalne – antykomunistą. Tuż po wyborze Miloševicia w 1990 roku Drašković posunął się nawet do tego, że paktował z chorwackim nieprzyjacielem, by wspólnie odsunąć od władzy „neokomunistyczne" małżeństwo. Trzy lata później gorzko tego pożałuje. W 1993 roku bowiem zostaje uprowadzony wraz z żoną Danicą. Oboje, brutalnie skatowani, trafiają do więzienia o najwyższym rygorze. Życie zawdzięczają popularności, jaką cieszą się w społeczeństwie. Słowa jednak już padły: Miloševiciów oskarżono o stalinizm. Media rozdmuchują to przesadne oskarżenie. „Dwa, trzy lata wcześniej, w czasie pobytu w Paryżu, byłam świadkiem gwałtownych protestów ludności. Policja bezwzględnie rozprawiała się z manifestantami – wspomina Marković. – Zasłoniłam oczy, by nie oglądać niektórych scen. A mimo to nikt spoza Francji nie zapytał Mitteranda: »Jak pan mógł tak postąpić?«". Trzeba przyznać, że Vuk Drašković opracował dość oryginalną metodę motywowania młodych bojowników wyruszających do Bośni. Gromadził ochotników na placu i wrzeszczał na cały głos: „Każdemu muzułmaninowi, który stanie na waszej drodze, odcinajcie najmniejszy i serdeczny palec, żeby od tej pory musieli pokazywać »serbski salut«!" – trzy wyprostowane palce, symbolizujące Trójcę Świętą.

Trzy tygodnie w więzieniu pozbawiają Vuka Draškovicia sił, ale nie osłabiają hartu ducha. Rozpoczyna strajk głodowy, żądając uwolnienia żony. Zwraca się z apelem do Miry Marković: „Dla mnie jest nie tylko żoną, ale i dzieckiem, moją całą rodziną. Dopóki przebywa w więzieniu, w więzieniu jest też moja rodzina. Proszę jej pomóc, pani Marković. W ten sposób pomoże Pani także i mnie. Będę Pani dozgonnie wdzięczny". Danica natychmiast wychodzi na wolność, ale jej mąż zostanie w więzieniu aż do końca wojny.

Wobec innej kobiety Mira nie okazuje się tak łaskawa. Na jej drodze staje bowiem dawna pani prezydent socjalistycznej republiki Bośni i Hercegowiny Biljana Plavšić również wybrana jesienią 1990 roku. Otóż ma ona czelność proklamować na terytorium zamieszkanym w większości przez muzułmanów nową republikę – wyłącznie serbską i prawosławną – stając się w ten sposób najbardziej wpływową kobietą w regionie, a to groziło Mirze utratą palmy pierwszeństwa. Swoim radykalizmem porywa tłumy. „Nas, Serbów, jest dwanaście milionów. Sześć milinów może umrzeć, byleby pozostałe sześć mogło cieszyć się wolnością!", woła, a z ust zgromadzonych dobywa się okrzyk wojenny.

Biljana Plavšić rozpoczyna w Bośni i Hercegowinie – gdzie Serbowie stanowią 40 procent ludności – czystki etniczne, określając je mianem „naturalnego zjawiska" i tłumacząc tym, że serbscy prawosławni przewyższają rasowo bośniackich muzułmanów. „Jestem biologiem i wiem, (...) że na islam przeszły jednostki o zdeformowanym materiale genetycznym. Teraz, naturalnie, z pokolenia na pokolenie te deformacje się kumulują. Zjawisko narasta, problem się pogłębia. (...) Przez stulecia ich geny stawały się coraz gorsze"[40]. O ile pod względem bezkompromisowości Mira mogła widzieć w niej godną partnerkę, o tyle zapiekły nacjonalizm całkowicie przekreślał Biljanę w jej oczach. Pierwsza dama Marković publicznie nazywa ją nawet „doktorem Mengele w spódnicy"[41] i daje do zrozumienia, że ma „serbską imperatorową" na celowniku.

Chwilowo jednak koncentruje się na wrogu osobistym i ideologicznym: Šešelju. 28 września 1993 roku zostaje on wyjęty spod prawa. Nakaz aresztowania to właściwie bezlitosny akt oskarżenia, gdzie padają określenia w rodzaju: „zbrodniarz wojny faszystowskiej", „polityczne monstrum", „prymitywny nacjonalista". Šešelj nie może liczyć na miłosierdzie. Dawny sprzymierzeniec okazuje się „żałosnym sarajewskim pseudopolitykiem, który nadużył gościnności Belgradu".

Reakcja zainteresowanego jest gwałtowna. Zaczyna kampanię medialną, za cel obierając panią Marković. W kanale telewizyjnym Politika insynuuje, jakoby Mira nie była kobietą, a Slobodan nie rządził we własnym domu. Ukuwa nawet coś w rodzaju sloganu: „W domu Milošević może sobie pozwolić na to, by rządził kto inny, ale nie w Republice Serbskiej". Po tym oświadczeniu przedstawiciele partii Šešelja zostają siłą usunięci z parlamentu. Oko za oko, obraza za obrazę. Mira w prasie nazywa swojego przeciwnika „prymitywnym Turkiem, który zamiast walczyć jak mężczyzna, potrafi jedynie obrażać kobiety". Zuchwały Šešelj dalej obrzuca ją wyzwiskami... ale już zza murów więzienia.

Na tym Mira nie kończy zacnej misji sanacji politycznego otoczenia męża. Pod koniec roku, kiedy Milošević rozmawia w domu z jej wujem Dušanem Miteviciem, który szefuje serbskiej telewizji publicznej, dzwoni telefon. Towarzyszka odbiera, ale szybko odkłada słuchawkę, oświadczywszy:

– Proszę nie dzwonić do domu. Niech pan telefonuje do biura. To ten czetnik Karadżić – wyjaśnia. – Nigdy więcej nie odbieraj od niego telefonów.

Mira nie przyjmuje pod swój dach ludzi, których uznała za zdrajców. „Tylko wspólni przyjaciele mogli składać im wizyty. Ewentualnie jej przyjaciele. Nigdy przyjaciele Slobodana"[42], wspomina Mitević.

Podczas entego spotkania z bośniackimi przywódcami Milošević chce ich ugłaskać, zamieniając stół negocjacyjny na jadalniany w swojej willi przy ulicy Tołstoja. Mira natychmiast zgłasza weto: „Nie sprowadzaj do domu tej bestii!". Slobodan nie ma wyjścia, musi ustąpić. Mira – jako kobieta, a zwłaszcza jako socjolog – widzi w Karadżiciu przede wszystkim człowieka nieznającego miary w okrucieństwie. Kiedy w Bośni pojawiają się licencjonowane domy publiczne, stwierdza gorzko: „Każdy z tych burdeli został poddany czystkom etnicznym, bo przyjmowano do niego wyłącznie kobiety gorszej rasy. To kolejna, bodaj najobrzydliwsza postać nacjonalizmu".

Rok później publicznie potępia Karadżicia i jego zwolenników, nazywając ich psychopatami. Uważa, że ich propaganda pogłębiająca spory między państwami służy jednemu: ma prowadzić do wojny. „Jeszcze nim zaczęły się wrogie działania – zwierza się – walczyłam z nacjonalizmem, aby uniknąć wojny. Nacjonalizm to najgorsze zło, jakie może spotkać naród"[43]. Dlatego też – jak pewnego razu oświadcza przedstawicielowi NATO – jej mąż nie może być prawdziwym nacjonalistą. Nigdy bowiem nie poślubiłaby „takiego faszysty"[44].

Jest przekonana, że Chorwaci, Słoweńcy, Macedończycy, Serbowie i muzułmanie stworzą kiedyś jeden naród. Doktor Marković nie boi się ceny, jaką przyjdzie zapłacić za to piękne marzenie: „Jugosławia narodzi się z ognia, w którym spłoną wszyscy ideolodzy oraz podżegacze chcący zniszczyć narody jugosłowiańskie".

Do tych ideologów zalicza, naturalnie, Karadżicia, który w wielkiej federacji widzi jedynie źródło przyziemnych rozkoszy. Przyjaciel z dzieciństwa pamięta, że Radovan już w młodości cieszył się względami płci przeciwnej, czym zapracował na sprośny przydomek „ponadetniczego jebaki"[45]. Jeśli bowiem chodzi o miłosne podboje, Karadżić okazuje się bardziej tolerancyjny i otwarty niż w polityce. „Spał z Chorwatkami, Serbkami, muzułmankami. Miał obsesję na punkcie seksu". Lekarz, poeta – a to nie koniec jego atutów. Skoki w bok nie przeszkadzały mu odgrywać roli przykładnego męża, a „jedyną osobą, której słuchał, była jego żona", twierdzi dalej ten sam przyjaciel.

Ljiljana Karadżić, psychiatra i wykładowczyni, pochodzi z mieszczańskiej sarajewskiej rodziny. Podobnie jak Mira, w czasie drugiej wojny światowej straciła większość bliskich. Kiedy Radovan wpędził młodą Ljiljanę – dziewczynę z dobrego domu – w ciążę, rozwścieczony ojciec gonił za nim po mieście z pistoletem, nie zgadzając się na małżeństwo. Dopiero list otwarty Abdulaha Sidrana – islamskiego pisarza i autora scenariuszy do filmów Emira Kusturicy – zdołał uciszyć słuszny gniew ojca. Kompani Radovana nie mogli się doczekać, by poznać jego wybrankę, którą opisywał jako „nadzwyczajną, bujną piękność". Jakież musiało być ich rozczarowanie, gdy zobaczyli zwykłą dziewczynę, która wyglądała, jakby szła na pogrzeb.

Zdaniem Miry właśnie ta klika oficerów nacjonalistów, a do tego mizoginów zatruła w czasie wojny duszę Slobodana. Towarzyszka Marković z niesmakiem patrzy, jak zmuszają go do udziału w swoich prostackich, suto zakrapianych imprezach. Jest święcie przekonana, że mąż nie ponosi żadnej odpowiedzialności za konflikt, który wybuchł w sercu Europy. To wszystko wina Karadżicia i Mladicia. „Powinni zostać postawieni przed sądem. Każdy naród powinien osądzić osoby odpowiedzialne ze zbrodnie wojenne. (...) Karadżić ma na sumieniu cierpienie swoich rodaków". Nie ulega wątpliwości, że Mira jest pierwszym ideologiem Miloševicia, ale w dziedzinie taktyki to Radovan trzyma ster i nikomu nie zamierza go oddawać.

Pani prezydentowa

Mira może liczyć na bezwarunkowe wsparcie męża, elita kraju chłonie każde jej słowo. Towarzyszka Marković udziela licznych wywiadów, pisze artykuł za artykułem. Staje się wszechobecna w mediach, wydaje kolejne książki, które rozchodzą się jak świeże bułeczki. Stołeczni krytycy zapewniają nawet, że jej najnowsza pozycja *Night and Day* to ulubiona lektura prezydenta Clintona.

W artykułach porusza najróżniejsze tematy: od polityki międzynarodowej, przez telewizyjne programy poświęcone modzie, po kwiaty. W tygodniku „Duga" zwierza się:

> Wszędzie mam kwiaty. Na dywanie, na żyrandolach, na butach, spódnicach, papierosach, we włosach i w ogrodzie... Kwiatów nigdy nie łączyłam z określoną porą roku. Oczywiście, jeśli to było możliwe, nosiłam je wiosną. Albo latem. Zawsze wydawały mi się ponadczasowe i nieśmiertelne. Nigdy nie dopuszczałam myśli, że jesienią więdną; że w ogóle mogą umrzeć. Może po prostu znikają, rozmywają się jak we śnie.

Łatwo można sobie wyobrazić, jak rozmywa się zainteresowanie kosowskiego czytelnika, który w latach dziewięćdziesiątych czyta te enuncjacje. W kraju dochodzi do niewyobrażalnych zbrodni, a ta się rozpływa nad bulwami obumierającymi w ogrodzie.

Kiedy po bośniackim koszmarze wystąpienia Miloševicia nie zyskują wśród rodaków natychmiastowego poklasku, Mira wkracza do akcji. W swoich cotygodniowych artykułach w „Dudze" wyjaśnia i usprawiedliwia decyzje polityczne prezydenta. Przeciwnicy i zwolennicy Slobodana skrupulatnie studiują jej teksty i na ich podstawie przewidują najbliższe ruchy wodza.

Tym bardziej boli klęska, jaką ponosi w wyborach powszechnych 1993 roku, gdzie Mira po raz pierwszy startuje pod własnym nazwiskiem. Szybko się jednak otrząsa, tłumacząc, że to przeżytek dawnej epoki: „Era demokracji parlamentarnych wygasa. Należy jak najszybciej stworzyć nowe formy organizacji politycznej bardziej demokratyczne niż system parlamentarny zbudowany przez społeczeństwo burżuazyjne”[46]. A skoro nikomu nie chce się zabrać do roboty, ona sama się tym zajmie. Mira bowiem nie należy do tych, co idą z prądem. Sama nim jest.

Rok później stawia na swoim. 23 lipca 1994 roku pod jej patronatem, z pompą i celebrą, na świat przychodzi JUL, Jugosłowiańska Lewica. Nikt nie może jej zarzucić, że lekce sobie waży swoją partię ani że nie dostrzega głębokiej symboliki ukrytej w jej nazwie. „JUL w naszym języku oznacza również lipiec, miesiąc symboliczny dla jugosłowiańskiego ruchu oporu podczas drugiej wojny światowej. (...) To również miesiąc, gdy dni są najdłuższe, a słońce stoi w zenicie. Miesiąc wolności. (...) Nawet w fizyce JUL, czyli dżul, to jednostka miary energii”.

Nowa formacja polityczna odnosi błyskawiczny sukces: przyłączają się do niej dwadzieścia trzy partie. Mira wie, jak zjednoczyć niezadowolonych. Wystarczy stara śpiewka: „ani lewica, ani prawica”, plus plotka, która robi z niej nieślubną córkę Tita. Naród udręczony koszmarnym dziesięcioleciem widzi w niej godną następczynię marszałka, która powiedzie naród jugosłowiański ku wyzwoleniu.

JUL szybko zyskuje zwolenników we wszystkich warstwach społeczeństwa. Policja, wojsko, administracja – idee zaszczepione przez Mirę zataczają coraz szersze kręgi. 200 tysięcy członków wykrzykuje jej hasła, które znajdują słuchaczy w całym kraju. Na siedzibę partii Mira też wybiera symboliczne miejsce: dwudziestopiętrowy gmach dawnego Związku Komunistów Jugosławii. Jugosłowiańska Lewica rośnie w siłę tak bardzo, że wkrótce bez przynależności do niej nie zrobi się w Serbii kariery. Ten, kto do niej nie wstępuje, zapewne jest przeciwnikiem Wielkiej Jugosławii, kontrrewolucjonistą. Nic więc dziwnego, że musi się liczyć z codziennymi szykanami ze strony policji albo agentów służb specjalnych.

Partia nie może też narzekać na brak pieniędzy. Mira okazuje się urodzoną zarządczynią. Wszyscy członkowie muszą się rozstać z częścią zarobków, a także przekazują jeden procent na JUL z zysków, jakie osiągają dzięki partii. Dyrektorzy firm państwowych są poddawani szantażowi: jeśli nie zapłacą haraczu, zostaną zdjęci ze stanowiska i publicznie zmieszani z błotem. Wszyscy miękną wobec nieugiętej i niezwykle skutecznej towarzyszki Marković, która wkrótce zyskuje kolejny przydomek: „Matka Teresa koniunkturalistów, geszefciarzy i tchórzy”.

Ideologicznie JUL ma w sobie wiele z młodzieńczego zapału prowincjonalnych licealistów: „Lewica jest starsza niż polityka i partie polityczne, starsza niż sama nauka", obwieszcza przewodnicząca. Nikt nie może wątpić w wyższość jej bojowników, ponieważ „lewicowcy to pierwsi i najlepsi z ludzi; skromni i odważni". Zwracając się do pewnej studentki, towarzyszka Marković pozwala sobie nawet na pewien liryzm i mówi, jak bardzo współczuje tym, którzy nie mogą „przechadzać się po Belgradzie w kosztownych strojach od słynnych paryskich czy rzymskich projektantów"[47]. Ta wyrafinowana znawczyni mody, a zarazem wieczna romantyczka dorzuca jednak, że nie ma „nic piękniejszego niż sukienka uszyta przez mamę, nic bardziej romantycznego nad majowy wieczór w parku pod firmamentem z gwiazd: kolorowa narzuta, a na bosych nogach wysłużone białe sandały"[48].

Polot pani prezydentowej podbija osobowości, które do tej pory stały daleko na politycznej szachownicy. Najwyższa kapłanka JUL-u zdobywa na przykład serce Ljubišy Risticia, aktora i reżysera. Ten dysydent i wieczny buntownik, który do tej pory na festiwalach teatralnych nieodmiennie krytykował jugosłowiańskich przywódców, szokuje intelektualną elitę kraju, pojawiając się u boku Miry Marković na konferencji prasowej. „Nie zamierzałem wstępować do partii – broni się – ale kiedy zadzwoniła do mnie Mira, mówiąc, że celem JUL-u jest pokój i walka z nacjonalizmem, stanąłem po jej stronie". Wcześniej nie znał jej osobiście. Aż do dnia gdy zadzwoniła do niego rano. Nie potrafił się oprzeć jej miękkiemu głosikowi i żelaznej determinacji.

– Życzy sobie pani, żebym jakoś pomógł? – pyta aktor.

– Tak. Mąż jest prezydentem, a ja sama nie poradzę sobie z prowadzeniem partii – wyznaje rozmówczyni, w ten zawoalowany sposób proponując mu stanowisko[49].

Ristić staje się częstym gościem Miloševiciów, co dzień widuje się z Mirą. „Nie znam pary bardziej zżytej niż oni – zauważa. – Wprost promieniują niezwykłą harmonią. Sposób, w jaki wzajemnie się słuchają; to, jak wychwalają zalety drugiej strony; jak na siebie patrzą – z jakim podziwem... To coś nadzwyczajnego". Małżonkowie idealnie się uzupełniają. Podczas gdy Milošević przygotowuje dla gościa „przepyszne kanapki" i kąpie wnuczęta, którym potem czyta wiersze i śpiewa na dobranoc, Mira zabawia go lekturą swoich tekstów. „To on zajmował się domem – dzieli się swoimi obserwacjami Ristić – a Mira była myślicielką. Kiedy artysta zaprasza małżeństwo na swoje przedstawienie, Slobodan studiuje konstrukcję sali i zwraca uwagę na jej szkielet, podczas gdy jego żona „chłonie Szekspira". Pierwszej damie szczególnie podoba się wystawienie *Juliusza Cezara* w reżyserii Risticia, gdzie Rzymian przedstawiono jako Amerykanów z ich nieodłącznymi gumami do żucia – prostaków, którzy postanowili zniszczyć cywilizację egipską, tak samo jak Amerykanie postanowili zniweczyć wszystko, co serbskie.

Pierwszy rok funkcjonowania swojej koalicji o wielu mackach Mira może uznać za sukces. Media relacjonują wszystkie jej podróże zagraniczne, jest podejmowana z honorami godnymi najwyższych urzędników państwowych. Zaprasza ją przewodniczący węgierskiej partii socjalistycznej. Prosto z Budapesztu Mira udaje się do Rosji, gdzie czeka ją iście królewskie przyjęcie. Pani Marković jako pierwsza nie-Rosjanka zostaje przyjęta do tamtejszej Akademii Nauk. Kiedy wspomina, że patronem jej matki był święty Mikołaj, patriarcha Kościoła prawosławnego Aleksy II ofiarowuje jej jego ikonę pokrytą złotem płatkowym. Nie wszyscy jednak chcą, aby wspięła się na wymarzony szczyt.

Nieoczekiwanie na jej drodze wyrasta przeszkoda: serbski ambasador w Moskwie, skądinąd jej wykładowca na uniwersytecie w Niszu, gdzie broniła doktoratu. W latach sześćdziesiątych wspierał młodą, ambitną studentkę, za co Miloševiciowie odwdzięczyli się, przyznając mu wysokie stanowiska, między innymi właśnie to – ambasadora w Rosji. Teraz jednak przyszło im żałować swej wielkoduszności. Kiedy dawny mistrz usłyszał, że została wybrana do Rosyjskiej Akademii Nauk, skierował pismo do przewodniczącego tej szacownej instytucji, ostrzegając, że decyzja „może mieć negatywne skutki"[50]. Ten bierze sobie do serca przestrogę i dwa dni przed wyjazdem do Moskwy Mira dowiaduje się, że uroczystość przełożono na bliżej nieokreślony termin. Sam Milošević dzwoni do ambasadora, który dwa dni później na moskiewskim lotnisku ze łzami błaga pierwszą damę o przebaczenie. Mira jest poruszona, widząc dawnego mistrza w takim stanie, ale Dušan Mitević, towarzyszący jej w podróży, stwierdza chłodno: „Lepiej, żeby to on płakał niż my". Płaczliwy ambasador wkrótce podaje się do dymisji. „Może po prostu był wzruszony, że spotkał mnie tak wielki zaszczyt", uznaje w końcu towarzyszka Marković.

Fotel dla dwojga

Dayton w stanie Ohio, grudzień 1995 roku.

Bill Clinton, prezydent Stanów Zjednoczonych, przyjmuje na swoim terytorium wszystkie strony konfliktu, zagrażającego stabilności Starego Kontynentu. Slobodan trzyma karty w ręku. Przy stole negocjacyjnym panuje napięta atmosfera, rozgrywka jest twarda, nie sposób blefować. Dyplomaci z nieskrywanym zdumieniem patrzą, jak Milošević przed zamknięciem każdego etapu rokowań dzwoni do żony i upewnia się, czy nie poczynił zbyt dużych ustępstw. Clinton dobrze rozegrał partię: zostaje podpisane zawieszenie broni, w regionie kształtuje się zarys nowego porządku geopolitycznego, Serbia musi zrezygnować z części roszczeń terytorialnych. Siłą wywalczony pokój znacznie nadweręża wiarygodność Miloševicia, cierpi jego wizerunek twardego mężczyzny i polityka.

Żeby wygrać w nadchodzących wyborach powszechnych, musi wykonać jakiś efektowny ruch. Tak oto, trzydzieści lat po zawarciu związku małżeńskiego, w listopadzie 1996 roku Mira i Slobodan decydują się na związek polityczny. Podział ról jest jasny. Milošević ze swoją Serbską Partią Socjalistyczną zwraca się do mas ludowych, podczas gdy Mira kieruje swoje przesłanie do niejednorodnej galaktyki urzędników państwowych oraz intelektualistów, kusząc ich stanowiskami rządowymi. Po raz kolejny gra toczy się o wysoką stawkę i Milošević wcale nie może być pewny wygranej. Tuż po pierwszej turze Mira publikuje w tygodniku „Duga" artykuł, w którym mówi o „trzech znakach czasu", trzech postawach „będących kwintesencją serbskości w dziejach narodu": świętym Mikołaju, swojej matce Verze Miletić oraz swoim synu Marku. To najnowsza trójca święta.

Rankiem 3 listopada małżeństwo udaje się do lokalu wyborczego na referendum między dwiema turami, które pozwoli sprawdzić siłę koalicji obu partii. Kamery telewizyjne rejestrują, jak członek komisji prosi prezydenta o dokumenty. Rozbawiona Mira, naturalnie, musi rzucić: „Sami widzicie, żadnego faworyzowania".

Żadne jednak wydarzenie polityczne – nawet jego być albo nie być – nie znaczy dla Slobodana tyle co Mira. W przeddzień drugiej tury wyborów, która odbywa się 17 listopada, pierwsza dama prezentuje swe najnowsze dzieło *Między Wschodem a Zachodem*. Na widowni w pierwszym rzędzie siedzi Milošević. Dumny jak paw, zabiera głos zaraz po prowadzącym, który – rzecz jasna – pochwalił książkę.

Koalicja partii socjalistycznej Miloševicia i Jugosłowiańskiej Lewicy Marković wygrała w stu pięćdziesięciu czterech na sto osiemdziesiąt dziewięć okręgów wyborczych. Opór stawiła garstka miast, ale za to najważniejszych. Belgrad pozostał w rękach partii opozycyjnej wciąż głodnego polityki Vuka Draškovicia, który kilka miesięcy wcześniej został wypuszczony z więzienia. Ten natręt psuje smak zwycięstwa i małżeństwo unieważnia wyniki w czternastu miastach[51]. Po tej decyzji, w której opozycja widzi przede wszystkim rękę Miry, w satyrycznym piśmie „Krmaca" zostaje umieszczona wypowiedź Miloševicia podpisana: „Slobodan Milošević, mąż Mirjany Marković".

Mimo ostrej zimy na śliskie ulice Belgradu wylegają tysiące protestujących studentów. Głównym celem ataków staje się żona prezydenta. Niektórzy manifestanci przebierają się za kobiety, a właściwie za jedną kobietę: ubraną w charakterystyczną czerń, z wypchanym biustem i nieodzownymi kwiatami we włosach. Nad ich głowami widać transparenty: „Jestem najpiękniejszą spośród rosyjskich akademiczek"[52] albo „Mamie JUL", czyli babcia Jula. Siły porządkowe szybko rozpędzają demonstrację. Rannych jest około stu uczestników. Studenci oskarżają Mirę, że to ona kazała ostro rozprawić się z Bogu ducha winnymi filozofami. Marković tymczasem broni się, że „miasto zostało zdewastowane. Dwie ofiary śmiertelne, powybijane okna, powyrzucane skrzynki z kwiatkami. Stolica zamieniła się w istny dom wariatów! Połowa manifestantów była pod wpływem alkoholu! Zabijali psy policyjne, atakowali konie! Okropność!"[53].

Niezniszczalny Drašković wciąż wzywa do obalenia reżimu. Między żonami obu polityków zaczyna się dziwaczna kampania. Po entej szpilce wbitej przez rywalkę Mira przedstawia Danicę, którą przecież sama kazała uwolnić, jako „androida o twarzy nadającej się na okładkę upadającego tygodnika", jako „niedouczoną prostaczkę o manierach pastucha albo lepiej rozbójnika". Na rewanż nie trzeba długo czekać. Pani Marković zostaje opisana jako osoba „o cechach i rysach mongoloidalnych, z twarzą naznaczoną szaleństwem". Danica widzi w Mirze swego najgorszego wroga, swoją dahię, jak nazywano osmańskich buntowników-janczarów. „Niech każdy zabije własną dahię", rzuca groźnie i posuwa się dalej, na listę swoich wrogów wciągając też Slobodana. Kiedy ten zdrajca sprawy narodowej zostanie zlikwidowany, „Serbia wreszcie będzie czysta, a my wszyscy będziemy mogli się radować"[54], pisze.

Po tych kilku improwizowanych figurach stylistycznych na początku 1997 roku pierwsza dama wyrusza w podróż po największych państwach komunistycznych, tam szukając dalszej inspiracji. Odwiedza bez męża Kubę i Koreę Północną. Wyjazdy to okazja do rytualnych, pożegnalnych uścisków ze Slobą. Rozstanie zanosi się na szczególnie bolesne, bo Mira wybiera się do odległej Chińskiej Republiki Ludowej. Towarzyszka Marković od dłuższego czasu z podziwem śledzi przemiany, jakie się tam dokonują pod rządami Deng Xiaopinga. Kiedy chińscy dygnitarze pokazują, jak funkcjonują uniwersytety i prasa, przeżywa olśnienie – wreszcie ktoś, ktoś rozumie jej przesłanie! – i ku konsternacji otoczenia wybucha płaczem.

Po powrocie do kraju natychmiast postanawia wprowadzić metody chińskiego rządu. Po co uniwersytetom autonomia? „Najwyższy czas uświadomić sobie, że uniwersytet ma prawo i obowiązek kształtować społeczeństwo oraz wpływać na jego rozwój, podczas gdy społeczeństwo nie ma prawa wpływać na uczelnie", stwierdza. Logiczną konsekwencją jest więc decyzja o nominowaniu wykładowców bezpośrednio przez ministra oświaty. Burza wśród profesorów. W odpowiedzi Mira uspokaja, że wprowadza jedynie model podobny do francuskiego i szwedzkiego.

W końcu zaś pierwsza dama postanawia zadbać, by dziennikarze mniej ochoczo publikowali obelgi pod jej adresem. Wolność słowa w prasie zostaje drastycznie ograniczona. Slavko Ćuruvija to wpływowy dziennikarz polityczny, współpracujący z najlepszymi redakcjami – które w zdecydowanej większości należą do państwa. Przyjaźni się z Mirą od dojścia do władzy Miloševicia. Slavkowi udało się dokonać cudu: przekonał prezydentową, że nowoczesne państwo potrzebuje niezależnych organów prasowych. Z gorącej przyjaźni na szczytach władzy w Serbii rodzi się pierwszy od ponad pięćdziesięciu lat prywatny dziennik „Dnevni Telegraf", wzorowany na brytyjskim „The Daily Telegraph". Później powstaje tygodnik „Evropljanin", inspirowany niemieckim „Focusem", gdzie publikują najlepsze pióra kraju.

To układ korzystny dla obu stron. Marković może się chwalić, że dąży do większej otwartości państwa. Stworzyć niezależną prasę, śmiało krytykującą niektóre poczynania państwa Miloševiciów – to się nazywa wielkoduszność. Ćuruvija z kolei zyskuje swoją grządkę, skrawek papieru, gdzie może opisywać zepsucie i korupcję w rządzie. Zasady gry są jasne: Mira będzie tolerować jego wybryki jako cenę za pozór otwartości państwa, Slavko zaś nie będzie bezpośrednio jej atakował. „Tym, co przede wszystkim rzuca się w oczy u Miry, jest jej emocjonalna chwiejność", nie omieszka później zauważyć dziennikarz, w ten sposób dopuszczając się pierwszej zdrady.

Październik 1998 roku, Amerykanie szykują się do nalotów na Serbię. „Dnevni Telegraf" przestaje się ukazywać, w kraju obowiązuje nowe prawo prasowe, niszczące niezależne media. Ćuruvija domaga się ostatniego widzenia z Mirą. Towarzyszka Marković przyjmuje go w siedzibie JUL-u.

– Czy wyście poszaleli? Co was opętało? Róbcie tak dalej, a zawiśniecie na latarniach Tarazije [dzielnicy w centrum Belgradu]! – próbuje przekonać kobietę Ćuruvija.

– Jak śmiesz tak mówić, Slavko? Po tym wszystkim, co dla ciebie zrobiliśmy! – oburza się pierwsza dama.

Mirze nie mieści się w głowie, że Ćuruvija mógł okazać się tak niewdzięczny.

– Pozdrów ode mnie męża – rzuca Slavko na pożegnanie.

– Nie pozdrowię. Ale powtórzę słowo w słowo to, co powiedziałeś.

Pół roku później Slavko Ćuruvija zostaje zabity przed domem przez dwóch nieznanych sprawców.

Guns & Roses

Ulica Tołstoja, Belgrad, listopad 1998 roku.

Slobodan stoi na czele państwa pogrążonego w wojnie. Feminizm Miry i jej marzenia o odbudowie społeczeństwa na fundamentach marksistowskich to już nie jego bajka. Coraz chętniej słucha twardogłowych, takich jak Karadżić czy Mladić. Towarzyszka Marković nie znosi eleganckiej dzielnicy na wzgórzu Dedinje i ulicy Tołstoja, przy której stoi ich rezydencja. „Człowiek czuje się tu jak poza miastem. Nie słychać tramwajów ani piekarza, który rano otwiera sklep". Marko też źle się czuje wśród tych schludnych, grzecznych willi i coraz rzadziej odwiedza rodziców. Marija z kolei wraz z grupką przyjaciół założyła stację radiową i pochłania ją wprowadzanie rocka pod bałkańskie strzechy.

Niesforne latorośle Miloševiciów z mlekiem matki wyssały komunizm doprawiony jeszcze prochem armatnim. Rodzeństwo jest już dorosłe, oboje żarliwie bronią matczynej ideologii. Już w dzieciństwie z nabożeństwem czytali kroniki Miry, a dumny ojciec kazał im je komentować.

Nic więc dziwnego, że przed wejściem do niewielkiego klubu Madonna Disco, który w Pożarewacu otworzył Marko, powiewają komunistyczne sztandary. Chłopakowi jednak nie wystarcza rola właściciela prowincjonalnej dyskoteki. Bardziej kręci go gra z „dużymi chłopcami" z mafii. Macza palce w przemycie, nie stroni od przemocy. Pewnego dnia w kawiarni w centrum Belgradu wydaje mu się, że za kuchennymi drzwiami jakiś chłopak przedrzeźnia go i wyśmiewa. Niewiele myśląc, wyciąga broń półautomatyczną, każe właścicielowi siąść na ziemi z głową między kolanami. Sterroryzowawszy wszystkich klientów, wyprowadza winnego na zaplecze i dopiero wtedy zdaje sobie sprawę, że tamtego rozbawił widok stłuczki samochodowej.

Po kilku tego rodzaju incydentach właśni towarzysze partyjni kierują do Miloševicia list otwarty z prośbą, by wziął w karby „Juniora" i nie stawiał swoich dzieci ponad prawem. Mira czuje się urażona. Ona i jej potomstwo pod każdym względem górują nad przeciętnymi Serbami, którzy po prostu nie są zdolni ich zrozumieć. Reakcja Marka też świadczy o całkowitym braku wyrzutów sumienia: „Z ojcem czy bez, i tak pozostanę młody, zdolny, inteligentny, na topie"[55].

Dwudziestokilkuletni Marko kieruje firmą handlową z siedzibą w Atenach, gdzie szybko zyskuje reputację playboya. Nikt nie potrafi zliczyć, ile samochodów rozbił przez swoją namiętność do brawurowej jazdy. „Pierwsze piętnaście skasowanych wozów jeszcze wywoływało u taty wściekłość. Potem przestał się przejmować"[56], zwierza się przyjacielowi niesforny synalek. Jego ekscesy w końcu wyprowadzają z równowagi grecki rząd: minister spraw zagranicznych zwraca mu uwagę, by na helleńskiej ziemi zachowywał się z większym umiarem. Trzeba przyznać, że ostatni nabytek Marka może prowokować do plotek: to dwudziestopięciometrowy włoski jacht, którego wartość szacuje się na trzy miliony dolarów[57].

Po powrocie do Pożarewaca młody dandys z nudów postanawia otworzyć rodzinny park atrakcji – Bambiland z placem do jazdy na desce, ujeżdżalnią, huśtawkami i innymi jarmarcznymi rozrywkami. Zabawa szybko traci urok nowości. Zawiedziony brakiem obrotów, wrzuca wyższy bieg i zajmuje się przemytem papierosów, których brak – od amerykańskiego embarga nałożonego w 1992 roku – jest dotkliwie odczuwalny na rynku. Marko wchodzi w spółkę z Vladanem Kovačeviciem, byłym rajdowcem, którego sponsorował w czasach, gdy zamierzał stworzyć własną stajnię samochodów wyścigowych. Ich najbardziej dochodowym interesem do tej pory okazał się łańcuch sklepów bezcłowych, przynoszących pokaźne zyski.

Mira nie może wyjść z podziwu nad obrotnością i głową do interesów syna. Do czasu gdy Vladan Kovačević w biały dzień zostaje zastrzelony na ulicy. Rodzina prezydencka jest w szoku. Następnego dnia Marko leci do Grecji na pogrzeb przyjaciela. Marija przeprowadza się do rodziców. Długo nie mogą się otrząsnąć po tragedii.

Zaledwie kilka tygodni później w belgradzkiej restauracji z rąk zamaskowanych napastników ginie Radovan Stojicić, szef departamentu bezpieczeństwa, wiceminister spraw wewnętrznych i bliski przyjaciel Marka. Stojicić odpowiadał też za ochronę pary prezydenckiej. Cała rodzina ogromnie przeżywa jego śmierć. Slobodan zjawia się na pogrzebie z Markiem i Mariją. Nie kryje głębokiego wzruszenia. Tylko Mira nie uczestniczy w uroczystości. Wiadomo, nie znosi cmentarzy. Zatrudnia małą armię ochroniarzy, by odzyskać poczucie bezpieczeństwa, a w swojej cotygodniowej kronice w „Dudze" pisze, że obawia się, czy nie podzieli losów Salvadora Allendego.

Pociechą w tych bolesnych chwilach jest córka, która przejęła po matce pochodnię feminizmu. Niszowa rozgłośnia radiowa otworzyła jej drogę do telewizji – kieruje dużą stacją Kosava. Na pierwsze pogróżki, jakie otrzymała po rozpoczęciu wojny, Marija reaguje, jak przystało na bojowniczkę: kupując pistolet i nigdy się z nim nie rozstając. Wspiera kampanie wyborcze matki, nadając modną muzykę zachodnią. Wprowadza Serbów w świat nowoczesnej muzyki tanecznej, samplerów i syntezatorów[58]. Mira wszystkie nadzieje i oczekiwania przelewa na córkę wyraźnie zafascynowaną ojcem. „Był dla mnie wszystkim, kochałam go nad wszystko", zapewnia Marija. Kiedy matka powiadomiła ją o rozpadzie Związku Radzieckiego, zalała się łzami. „Zostały już tylko Chiny", szlochała. Po japońskiej eskapadzie małżeńskiej pierworodna Miloševiciów wraca do Serbii. Zwraca na siebie uwagę mediów, gdy w czasie przedpremierowego pokazu film *Underground* Emira Kusturicy gwałtownie opuszcza salę kinową, zarzucając mu treści „antykomunistyczne".

Mira może też liczyć na bezwarunkowe wsparcie oddanych lenników, właścicieli największych fortun w Jugosławii. Bogoljub Karić – najbogatszy człowiek w kraju, właściciel imperium przemysłowo-handlowego w branży metalurgicznej – widzi w niej „przyszłość Serbii".

Karić szybko się orientuje, że – aby spokojnie prowadzić działalność i nie bać się kaprysów rynków – trzeba wyrobić sobie dobre stosunki z wybranką serca Miloševicia, a nie z samym prezydentem. Poznaje ją na początku lat dziewięćdziesiątych. Zaraz po wejściu do gabinetu zauważa nad fotelem portret marszałka Tito i gratuluje przywiązania do dawnych wartości. Mira błyskawicznie łyka przynętę i wkrótce Karić staje się nieodłącznym towarzyszem wakacji i imprez towarzyskich u Miloševiciów. Każdy widzi, jakie korzyści może wyciągnąć z tej znajomości. Jednak Milošević szybko dostrzega, że ambicje Karicia sięgają daleko poza gospodarkę. Biznesmenowi marzy się eksponowane miejsce na arenie politycznej, a człowiek o takich wpływach musi mierzyć ni mniej, ni więcej, tylko w fotel prezydencki. Roztropny Slobodan uprzedza atak i pewnego dnia zwraca się do milionera:

– Zaczynam się zastanawiać, komu przekazać władzę nad Serbią. Może ty przejmiesz pałeczkę?

Inny stanąłby jak osłupiały, słysząc tę nonszalancką propozycję, ale Karić odpowiada z miejsca:

– Mógłbym. Ale dopiero w 2005.

– Dlaczego tak późno?

– Chcę poczekać do pięćdziesiątki. A wcześniej muszę jeszcze skonsolidować swoje imperium.

– To zdecydowanie za późno, Bogi. Za późno. Nie mogę zwlekać tak długo, jestem zmęczony.

Milošević, którego wyczerpała rozciągnięta w czasie, samobójcza śmierć narodu jugosłowiańskiego, rzeczywiście sprawia wrażenie zniszczonego przez władzę. Tymczasem Mira wie, że dzięki „drobnym upominkom" drogiego przyjaciela życie może się stać łatwiejsze i przyjemniejsze. Podróżuje prywatnym samolotem Bogiego, który funduje jej również wakacje na Krecie.

Karić utrzymuje też dzieci Miloševiciów. Zapłacił za kosztowny remont belgradzkiego mieszkania Mariji i pokrywa straty jej stacji telewizyjnej. Marko także ochoczo korzysta z hojności nowego patrona. Choć zrezygnował ze szkoły przed maturą, otrzymuje dyplom uczelni należącej do Karicia. Szlachetny mecenas promujący ród intelektualistów na tym nie poprzestaje. Finansuje również przekład dwudziestu dzieł Miry.

W końcu jednak popełnia niewybaczalne *faux pas*. Wierny sponsor ośmiela się wrócić do propozycji złożonej kilka lat wcześniej i żąda stanowiska premiera. Zgłasza też chęć udziału w wyborach prezydenckich wypadających za trzy lata, tłumacząc, że zgodnie z konstytucją Slobodan musi zrezygnować po dwóch kadencjach. Milošević przyjmuje deklarację Karicia ze spokojem, z jego twarzy nic nie daje się wyczytać. Proponuje tylko Kariciowi, by porozmawiali o tym przy innej okazji, w bardziej dyskretnym otoczeniu. Bogi czuje, że nadchodzi jego era. Tymczasem mijają tygodnie, a sekretariat Miloševicia daje do zrozumienia, że pan prezydent ma niezwykle wypełniony kalendarz. Do potentata metalurgicznego dociera wreszcie, że wypadł z łask.

Karić ośmielił się podważyć nie tylko „prawa do tronu" Slobodana, ale także ideały Miry. Już wcześniej przy kilku okazjach radzi, by zeszła z drogi komunizmu. Pierwsza dama reaguje na to płaczem, oskarżając reformatora z bożej łaski o „nieludzkie uczucia". Wkrótce Karić przypomina sobie zachęcające przepowiednie wróżbity, do którego wraz z Mirą udał się w Indiach, i przechodzi na drugą stronę barykady, zakładając własny ruch polityczny.

Owszem, Serbia i Chorwacja zawarły pokój, lecz Kosowo wciąż spędzało sen z powiek. Minęły cztery lata od Dayton, a w prowincji wciąż trwały krwawe walki, co groziło kolejną amerykańską interwencją. Kiedy w 1999 roku w Belgradzie znów rozbrzmiewa tupot żołnierskich butów, doktor Marković bierze na siebie obronę męża. Podczas gdy na Belgrad spadają bomby sił NATO, ona występuje w zagranicznych mediach, zapewniając o niewinności Serbów – na przykład w sławetnym wywiadzie, jakiego udzieliła dziennikarzowi CBS Danowi Ratherowi.

– Twierdzi pani, że Zachód ani Amerykanie nie rozumieją, co naprawdę dzieje się w Kosowie. Nie dochodzi tam do czystek etnicznych?

– Nie.

– Ani trochę?

– Ani trochę.

– Serbowie nie dopuszczają się w Kosowie żadnych zbrodni?

– Nie. Serbowie jedynie bronią swojego terytorium.

Mirze nie wystarcza rola obrońcy Miloševica. Uważa, że trzeba za wszelką cenę ratować mosty Belgradu. W czasie narady z władzami JUL-u spływa na nią olśnienie. Wpada na genialny pomysł: zachęcić wszystkich pacyfistów w kraju, by zajęli mosty i organizowali tam koncerty rockowe. „To było coś w moim stylu. Ludzie, którzy gromadzą się na mostach, żeby bronić ich przed amerykańskimi bombami – to było coś więcej niż medialna prowokacja. (…) Narażali życie dla ojczyzny. I pomysł wypalił"[59].

Slobodan co rano w eskorcie udaje się do pałacu prezydenckiego, tymczasem Marko postanawia zaciągnąć się na ochotnika do wojska. Mira próbuje wybić mu to z głowy, tłumaczy, że w Kosowie stanie się łatwym celem. I tak już teraz ze względów bezpieczeństwa co noc przenosi się z domu do domu, ciągnąc za sobą partnerkę i nowo narodzonego pierworodnego. Celem nalotów staje się też stacja telewizyjna Kosava. Policjanci muszą siłą wyciągać stamtąd Mariję, która broni się rękami i nogami. Ochrona nalega też, by Slobo i Mira opuścili Biały Pałac, ale oboje gniewnie odrzucają propozycję.

Ze wszystkich stron sypią się oskarżenia, europejscy sąsiedzi zgodnie potępiają Miloševiciów. Kiedy brytyjski minister spraw zagranicznych Robin Cook zarzuca parze dezercję i ucieczkę do jednej z zagranicznych rezydencji, Mira odpowiada ostro:

> Chciał Pan wysłać światu sygnał świadczący, że ja i moje dzieci jesteśmy nieuczciwymi tchórzami. Ku Pańskiemu smutkowi, a naszej radości Pańskie wysiłki spełzły na niczym. Moja rodzina i ojczyzna nadal walczą[60].

Każdy, kto atakuje rodzinę Miry, musi się liczyć z odwetem z jej strony: „Moje dzieci mają wysoko rozwinięte uczucia patriotyczne. Są nadzwyczaj dzielne, inteligentne i wyjątkowo piękne – ciągnie z ferworem. – Marko nosi mundur, a równocześnie opiekuje się dzieckiem". Rzeczywiście, widzowie mogli oglądać w telewizji, jak młodsza latorośl Miloševiciów paraduje po Pożarewacu w paramilitarnym mundurze i z kałasznikowem, który nie jest na wyposażeniu serbskiej armii. Swoją epistołę Mira kończy: „Nie łączę wyrazów szacunku. PS A tak do Pańskiej wiadomości. Twierdzi Pan, że mamy wille zagraniczne. Otóż nie mamy. Między innymi z powodów finansowych. Ale prawdziwy powód jest prostszy. Nie kupowalibyśmy ich nawet, gdybyśmy mogli. Po co? Nasz kraj jest wystarczająco piękny".

21 marca na Belgrad spadają bomby NATO. Przezorność i upór Miry tym razem okazują się zbawienne. Dzień przed spotkaniem z rosyjskim wysłannikiem i początkami negocjacji Milošević upiera się, że będzie nocował w domu. Nie chce opuszczać willi. „Ale Mira ubrała się i wreszcie ustąpił"[61], wspomina jej przyjaciel Ljubiša Ristić. Dzień wcześniej Slobodan otrzymał ultimatum od ochrony, która nakazała mu natychmiastową ewakuację z prezydenckiej rezydencji. Ostrzeżenia Miry i agentów tym razem przekonały upartego polityka. Małżonkowie zabierają część drobiazgów i opuszczają pałac. Nie wyglądają jednak jak typowi uchodźcy. Ona ma na sobie elegancką suknię, on włożył smoking. Tej samej nocy na Biały Pałac spada bomba.

Rano Mira ze zgrozą ogląda ruiny budynku. „Oczami wyobraźni widziałam, jak w sypialnię uderza pocisk, a gabinet w jednej chwili obraca się w perzynę", wspomina. Rzeczywistość okazała się jeszcze bardziej upiorna. Towarzyszka Marković widzi na jednej z sosen swoją koszulę nocną, a na trawie poznaje swoje pantofle, które upadły blisko rozprutego łóżka. Kiedy chodzą po parku przylegającym do zniszczonego pałacu, Slobodan bierze żonę za rękę, ale nie potrafi ukryć zdenerwowania. Mira wybucha płaczem i wrzeszczy z furią:

– Widziałeś?! Masz swoich Amerykanów! Twierdziłeś, że nie odważyliby się zbombardować domu prezydenta?! To patrz, co tu zrobili! I jakie ja buty teraz włożę? W co się jutro ubiorę?!

Slobodan bierze żonę w ramiona i pociesza ją jak dziecko.

– Nie przejmuj się, skarbie, wszystko odzyskamy. A gdyby czegoś ci brakowało, sam to odkupię.

W czasie następnego zebrania JUL-u Ljubiša Ristić żartuje z tego wybuchu, witając Mirę złośliwie:

– A oto i nasz komunistyczny Kopciuszek! Ktoś ma pantofelki do pożyczenia?

Za kulisami Mira okazuje się najaktywniejszym emisariuszem reżimu. Robi wszystko, by ocalić męża, jest gotowa do negocjacji ze wszystkimi mocarstwami. Trzy tygodnie po rozpoczęciu ostrzału miasta pierwsza towarzyszka spotyka się w siedzibie partii z amerykańskim lekarzem doktorem Ronem Hatchettem, który zabiega o uwolnienie trzech amerykańskich żołnierzy przetrzymywanych w ukryciu przez siły serbskie. Po bezowocnych zabiegach w dowództwie sił europejskich i u najwyższych serbskich dowódców wreszcie dochodzi do wniosku, że jedynie Mira Marković może uwolnić jego ludzi. „Spotkanie miało charakter oficjalny. Zwróciłem się do niej jako do przewodniczącej jednej z najbardziej wpływowych partii w Serbii”[62], zdradza nam doktor Hatchett.

Rozmowa przebiega w napiętej atmosferze. Mira nie ukrywa wrogości. Oskarża Stany Zjednoczone, że zmusiły NATO do ataku na Belgrad. „Wyraźnie nie potrafiła zrozumieć, jak Stany Zjednoczone i NATO mogły się do tego posunąć. A przecież one tylko zareagowały tak samo jak Serbia na separatystyczno-terrorystyczne działania prowadzone przy jej granicach przez mniejszości etniczne”[63]. Towarzyszka Marković przez godzinę wylewa żale na niesprawiedliwość Amerykanów bombardujących miasto, nieoszczędzających obiektów cywilnych. „Kiedy powiedziałem, że rozumiem jej rozgoryczenie i po części podzielam pogląd, że działania NATO są niesprawiedliwe, zaczęła traktować mnie bardziej przyjaźnie, choć wciąż nie potrafiła ukryć niepokoju”.

Problemy polityczne to pół biedy. Mira panicznie boi się czego innego. „Wyraźnie niepokoiła się o bezpieczeństwo i przyszłość męża. Widać było, że darzy go głębokim uczuciem. Świadczył o tym chociażby sposób, w jaki się o nim wyrażała. Odmalowywała go jako patriotę, który ze wszystkich sił starał się ocalić integralność kraju i narodu osaczonego przez zachodnie mocarstwa – dziedziców zimnej wojny, próbujących za wszelką cenę zniszczyć ostatnie bastiony marksizmu w Europie".

Mira wreszcie ulega prośbom lekarza o spotkanie z przebywającym w ukryciu Slobodanem. Sięga po telefon. Slobo odbiera natychmiast. Żona naciska, by przyjął lekarza następnego dnia. „Zwracała się do niego bardzo czule, a zarazem profesjonalnie, podkreślając, że rozmowa ze mną może być dla niego korzystna", zauważa Hatchett. Amerykański gość proponuje, co Miloševiciowie mogą zrobić, żeby poprawić w oczach Zachodu swój fatalny wizerunek, i radzi, by udzielili wywiadu amerykańskiej telewizji. „Powtórzyła to wszystko Slobodanowi. Z ich wymiany zdań jasno wynikało, że prezydent liczy się z opinią żony, uważa ją za kompetentnego doradcę politycznego".

Następnego ranka, zgodnie z wolą Miry, Slobodan przyjmuje doktora Hatchetta w pałacu prezydenckim. Po oficjalnej części w obecności kamer mężczyźni mogą porozmawiać w cztery oczy. „Ani razu bezpośrednio nie powołał się na żonę, ale od mojego pierwszego pytania niemal dosłownie powtórzył to, co dzień wcześniej w mojej obecności Mira powiedziała mu przez telefon", przypomina sobie Amerykanin. Milošević bacznie słucha, kiedy Hatchett przedstawia mu sytuację. Na razie Clinton skierował na Bałkany zaledwie niewielką część sił uderzeniowych. Dlatego w interesie Miloševicia leży, by uchodźcy albańscy wrócili na swoje terytoria, a Kosowo odzyskało autonomię, zanim amerykański prezydent postanowi uderzyć z całą siłą. Serb przyjmuje warunki. Następnego dnia Hatchett wraca do Stanów Zjednoczonych, by zrelacjonować w Białym Domu przebieg rozmowy.

Mimo to bomby nadal spadają na Belgrad. Manifestanci wymachują oskarżycielskimi transparentami: „Oddajcie nam synów! Nie chcemy trumien!". Siła oskarżeń skierowanych przeciwko Miloševiciom, którzy rządzą w kraju od dziesięciu lat, przytłacza Mirę. Ściany Białego Pałacu znów drżą, gdy zawsze tak twarda i niezłomna towarzyszka pęka. Diagnoza lekarzy: poważne załamanie nerwowe.

Mira dopiero teraz przypomina sobie ważną część przepowiedni sprzed kilku lat: „Twój mąż będzie zajmował ważne stanowisko, ale opuści je w roku dwutysięcznym". Tyle że w ustach hinduskiego wróżbity brzmiało to, jakby Slobodan miał odejść z własnej woli.

Upadek

Belgrad, 25 sierpnia 2000 roku.

Ivan Stambolić, dawny patron Slobodana, oddala się szybkim krokiem. Trwa kampania prezydencka. Milošević czuje, że po dwóch tragicznych w skutkach wojnach stracił poparcie narodu. Stambolić porzucił politykę dla finansów i kieruje jednym z największych banków serbskich. Nawet nie ma mowy, by kandydował. Tajemnicze zniknięcie towarzysza, który nagle zaczął zawadzać, dokona się w ostatniej scenie tej tragedii w trzech aktach.

Akt I, kwiecień 1988 roku. Pęknięcie opony jest powodem wypadku samochodowego żony zausznika Miloševicia. Kobieta traci panowanie nad kierownicą, wóz zjeżdża z drogi i dachuje. Pasażerowie wychodzą z tego bez szwanku, najadłszy się tylko strachu. Raport milicji rozwiewa niepokoje, to tylko nieszczęśliwy wypadek. Tymczasem kilka dni później, 28 kwietnia, córka Ivana Stambolicia Bojana traci panowanie nad kierownicą i ginie na miejscu. Obecnego na pogrzebie Miloševicia czeka afront. Kiedy podchodzi z kondolencjami do matki ofiary, ta chłodno odpycha jego rękę. Przekonana o jego winie, w obecności zdumionych uczestników twardo patrzy mu w oczy. Z twarzy Miloševicia trudno cokolwiek wyczytać, otoczenie nie reaguje. Media też ani słowem nie wspominają o incydencie.

Akt II, marzec 1991 roku. Stambolić ze łzami w oczach pisze do dawnego przyjaciela: „Odciąłeś się ode mnie, otoczyłeś murem milczenia, podczas gdy moim jedynym grzechem było to, że na własnych barkach wyniosłem cię na szczyty władzy. (...) Brakowało Ci tylko jednego – abym podał ci nóż. I podałem. Nie wahałeś się ani chwili. Odtworzyłeś – zresztą nie tylko wtedy – najgorsze chwile w dziejach Serbii. Być może w przekonaniu, że Serbowie nie mają innej historii. Czasem odnoszę wrażenie, że w Serbii kochasz wyłącznie jej najmroczniejszą stronę".

Akt III, 28 sierpnia 2000 roku. Trzy dni po uprowadzeniu Ivana Stambolicia w północnej części Belgradu zostają odnalezione jego zwłoki. Śmierć biznesmena i polityka budzi oburzenie w społeczeństwie. Śledztwo nie przynosi efektów. Ta niczym niedająca się usprawiedliwić zbrodnia budzi potępienie i staje się lejtmotywem kampanii przeciwników Miloševicia, porównujących obecną policję do dawnej milicji.

Wyborcy nie wybaczają swojemu przywódcy. 24 września odwracają się od Slobodana, który zdobywa zaledwie 37 procent głosów i powinien odejść ze stanowiska. Tymczasem Miloševiciowie oświadczają, że prezydent nie zamierza ustępować. W kraju wybucha oburzenie, na ulice wylegają wielotysięczne tłumy, które w końcu zdobywają parlament. Hasło, jakie najczęściej pojawia się na transparentach, bezpośrednio atakuje żonę Miloševicia: „Rząd jest wybierany przez naród, nie przez Mirę".

Klub Marka Madonna Disco staje w płomieniach. Tego samego wieczoru syn oznajmia rodzicom, że opuszcza kraj. Zagubiona Mira próbuje go przekonać, by został.

– Mamo – odpowiada – ustrój wielopartyjny w wydaniu serbskim wygląda tak: jeśli wygrają, przegrani muszą w te pędy uciekać z kraju. Powinniśmy się cieszyć, że nas nie gotują w smole.

Zrezygnowany, pakuje się w pośpiechu, nie wiedząc nawet, dokąd się uda. „Zupełnie jakby ktoś pociął mi serce na drobne kawałeczki", wspomina Mira. 5 października broń składa nie tylko Slobodan, ale obydwoje Miloševiciowie. ONZ zażądała ich natychmiastowego aresztowania. Ostateczny termin wyznaczono na 1 kwietnia.

Bitwa przy ulicy Užickiej

Wszystko rozgrywa się nocą 31 marca 2001 roku przy ulicy Užickiej pod numerem piętnastym.

Slobodan próbuje jeszcze ostatniego blefu, udając, że nie da się wziąć żywcem. Umie liczyć i wie, że jeśli umiejętnie wykorzysta wpływy w instytucjach państwowych i w społeczeństwie, jeszcze może wrócić do władzy.

Trzy lata wcześniej para prezydencka wprowadziła się do tego imponującego kompleksu willowego, położonego na zboczach Dedinje, gdzie króluje Biały Pałac, wybierając sobie na mieszkanie piękny budynek z początku XX wieku. Ten sam, który w czasie drugiej wojny światowej upatrzył sobie sam dowódca wojsk niemieckich. Tito dorzucił jeszcze jedną białą willę w stylu modernistycznym i liczne warsztaty, w których mógł się oddawać ulubionemu hobby: metaloplastyce. Oba budynki tonęły w zieleni – również za sprawą marszałka, który kazał tam założyć park w stylu angielskim.

Mira czuwała nad każdym etapem urządzania domu. W obawie przed mikrofonami ukrytymi w meblach kazała wyrzucić całe umeblowanie. Piękny fortepian porąbano na kawałki, a perskie dywany spalono w ogrodzie. Jeden z robotników pytał, czy nie mógłby ich zabrać, ale strażnicy kategorycznie odmówili. Z rozkazami Miry nikt nie odważył się dyskutować. W tej właśnie małej fortecy małżeństwo czekało na wizytę sił porządkowych nowego rządu.

Mediator, któremu powierzono zadanie paktowania z Miloševiciami, nie popisuje się dyplomacją.

– Slobodanie Miloševiciu! – woła. – Wyjdźcie na środek albo wszyscy zginiecie!

Funkcjonariusze zajmują stanowiska w ogrodzie kilka metrów od okien. W środku panuje cisza. Wszyscy się spodziewają, że Milošević się podda. Córka jednak radzi mu co innego.

– A niech te psy nas zabiją, jeśli mają dość odwagi!

Mira chce, żeby mąż sam podjął decyzję. Zabiera córkę na wyższe piętro.

Wpół do trzeciej w nocy komandosi w kominiarkach przypuszczają szturm na willę. Zaczyna się regularna bitwa, padają strzały. Ochroniarze Miloševiciów wcześniej odparli już dwa ataki. Tym razem jednak rząd skierował na ulicę Užicką elitarny oddział wyspecjalizowany w odbijaniu zakładników.

Operacja jeszcze na dobre się nie zaczęła, a po mieście już krążą gorączkowe plotki o aresztowaniu Miloševiciów. Wkrótce przed domem gromadzi się tłum zwolenników tęskniących za dawną władzą. Ich obecność i głośne okrzyki skutecznie zakłócają przebieg akcji. Wydarzenia transmituje dziesięć belgradzkich stacji telewizyjnych i wszystkie programy radiowe. W mieszkaniu dzwoni telefon. Marko, który zdążył wyjechać za granicę, siedzi przed telewizorem, śledząc sytuację.

– Mamo, to prawda, co mówią?

– Tak, skarbie.

– Zaopiekuj się moją żoną i synem. Kocham was.

Przekonana, że Slobodan nie będzie ryzykował i nie da się zabić, Mira zaczyna metodycznie pakować walizki. Marija nagle wpada w histerię.

– A dokąd niby ma uciec? Nie możemy się poddać! Już lepsza śmierć! Lepiej, żebyśmy wszyscy poginęli!

Slobodan przychodzi do kobiet. Podjął decyzję. Podda się.

Siły specjalne rozpędzają tłum zebrany przed domem i przypuszczają ostateczny szturm.

1 kwietnia o czwartej nad ranem po dwudziestosześciogodzinnym oblężeniu komandosi wkraczają do budynku. Slobodan stoi z bronią w ręku, ale pozwala się aresztować. Mira przygląda się temu z przerażaniem. Mąż odzyskuje panowanie nad sobą, wkłada płaszcz przeciwdeszczowy i rusza w stronę ogrodu. Mira bez słowa idzie za nim.

Kiedy komandosi wyprowadzają ojca, Marija, która ma przy sobie trzy pistolety, a wcześniej opróżniła butelkę koniaku i połknęła opakowanie leków nasennych, próbuje jeszcze walczyć. „Zobaczyłam zamaskowanych mężczyzn. Sądziłam, że to łowcy głów, którzy przyszli porwać tatę"[64]. Wpada w panikę i zaczyna ostrzeliwać wóz, który zabrał Miloševiciów, omal nie raniąc przy tym policjanta. „Odbierz sobie życie!", krzyczy. Potem mówi, że chciała tylko „z rozpaczy strzelić w powietrze". Komandosi mieli spore szczęście, że była kompletnie pijana i nie mogła skuteczniej stawiać oporu. Rewizja wykazała, że Miloševiciowie zgromadzili prawdziwy arsenał: dwa wozy opancerzone, trzydzieści karabinów automatycznych, dwie skrzynki grantów, mnóstwo pistoletów i rewolwerów. Slobodan ani na chwilę nie stracił opanowania. „Pocałował mnie i wsiadł do samochodu. Nie prosił mnie o pomoc. Taki już miał charakter", wspomina Mira.

Konwój pięciu samochodów odstawia byłego prezydenta do głównego więzienia w Belgradzie. Dwudziestosześciogodzinny zaciekły opór to ostatni zryw Miry i podzwonne jej świata. Bałkańska Antygona, jak jej starożytna poprzedniczka, przegrała i padła ofiarą tragedii władzy.

Przewieziony do Hagi Slobodan twierdzi, że jest niewinny, i gorączkowo pracuje nad swoją linią obrony. Tam gdzie w grę wchodzi życie jej męża, Mira nie potrafi zachować zimnej krwi. „Jest wściekła, twierdzi, że oboje zostali skrzywdzeni. Straszy konsekwencjami tej niesprawiedliwości. Nie rozumie: jak to możliwe, że gloryfikuje się przestępców i dezerterów, a prawdziwych obrońców ojczyzny traktuje się jak zdrajców"[65], wspomina jej przyjaciel Ljubiša Ristić. Towarzyszka Marković boi się, że „tamci" nigdy nie zdobędą dowodów przeciwko jej mężowi, więc go zabiją. Przecież nie wypuszczą go na wolność, bo wtedy musieliby uznać swoją porażkę. Władze konfiskują jej paszport, nie wyrażają zgody na widzenia z mężem[66]. Bezsilna, osamotniona Antygona chroni się w Rosji. „Może Slobodan wie, gdzie jest, a może nie ma pojęcia", zwierza się nam Ristić, do którego Milošević często dzwoni.

Po pięciu latach w haskim więzieniu, gdzie całe dnie spędzał w łóżku, słuchając Sinatry, Slobodan umiera nagle na atak serca – jeszcze przed zapadnięciem wyroku. Mira i Slobo nie opracowali planu awaryjnego ani też nie przewidzieli takiej sytuacji. Nie dopuszczali myśli o życiu w pojedynkę, poza granicami kraju. Zapytana raz o plany na emeryturę Mira odpowiedziała, że widzi siebie i Slobodana w Lugano. Jedzą lody, ona ma we włosach kwiat[67]. „Ale do jakiego stopnia człowiek może decydować o swoim życiu?" Oto gorzkie pytanie, które sprowadza ją z powrotem na ziemię.

– Mówi się, że za każdym wielkim mężczyzną stoi kochanka. Cóż, w takim razie nigdy nie zostanę wybitnym przywódcą – zwierzył się którego dnia Milošević Richardowi Holbrooke'owi, wysłannikowi specjalnemu ONZ do spraw Bałkanów.

Oto najwyższe świadectwo wierności i miłości do kobiety. Milošević i Marković naprawdę żyli niczym jedno ciało i jedna dusza. Mira została w tym związku sierotą. Ta, która tak nie znosiła cmentarzy, nie mogła uczestniczyć w ostatnim pożegnaniu Sloby. Wybrała za to miejsce jego wiecznego spoczynku. Milošević został pochowany w Pożarewacu pod tą samą lipą, w której cieniu ślubowali sobie dozgonną miłość. W dniu pogrzebu odczytano tam jej ostatnie przesłanie do męża: „Długo czekałam na Ciebie pod tą lipą. Teraz Ty będziesz tu na mnie czekał"[68].

ROZDZIAŁ 5

KIM DZONGIL – CZYLI TRZY GRACJE

Czerwona madonna z dzieciątkiem

Phenian, luty 1948 roku.

Ród Kimów zjechał się na długo wyczekiwane wydarzenie. Ulicę prowadzącą do trybuny, z której przemówi wielki wyzwoliciel kraju generał Kim Ir Sen, szczelnie wypełniają tłumy.

W limuzynie jego żona Kim Dzong Suk próbuje podnieść na duchu ich sześcioletniego syna. Kim Dzongil będzie musiał dumnie maszerować u boku ojca i matki podczas pierwszego zgromadzenia wyzwolonej Korei, kiedy zostaną ogłoszeni nowi przywódcy narodu. Matka zrobiła wszystko, żeby młody bojownik w krótkich spodenkach też miał swój udział w triumfie i otrzymał trochę braw.

Przede wszystkim jednak zadbała, aby mąż błyszczał jak nigdy. Całą noc łatała jego mundur, który uszyła przy świetle lampki oliwnej w tajnym obozie na niedostępnym szczycie Pektu-san, położonym na granicy z Chinami, gdzie w czasie wojny stawiali opór japońskim najeźdźcom.

Właściwie od początku wieku Korea stanowiła wyłącznie narośl na ciele cesarstwa japońskiego, które traktowało nową prowincję jak źródło taniej siły roboczej do swoich fabryk. Wreszcie w 1910 roku Kraj Kwitnącej Wiśni dokonał aneksji tego skutecznie wyeksploatowanego regionu, tylko po to by go stracić w wojnie na Pacyfiku. Po tym jak amerykańskie bomby spadły na Hiroszimę i Nagasaki, a cesarz podpisał akt kapitulacji, wszystkie potęgi regionu chciały położyć rękę na tej stosunkowo dobrze uprzemysłowionej prowincji, wyróżniającej się na tle innych, dość zacofanych państw Dalekiego Wschodu.

Tymczasem już w latach trzydziestych XX wieku w Górach Wschodniomandżurskich na północy kraju pojawił się generał, który miał pokrzyżować szyki mocarstwom. Kim Ir Sen przyłączał się do grup komunistycznego ruchu oporu, żeby zjednoczyć rozproszone i niezdyscyplinowane oddziały, które tu i ówdzie próbowały stawiać opór silnej administracji japońskiej i przymusowym robotom. Ścigany i dręczony przez japońskie żołdactwo, wkrótce musiał schronić się w lasach. Ramię w ramię z najwierniejszymi towarzyszami i bojownikami przez dziesięć lat nękał wroga, prowadził operacje destabilizujące, aż wreszcie w 1948 roku doczekał się upragnionego dnia triumfu.

Dzong Suk z niemal religijnym uniesieniem obserwuje idealnie równy szpaler żołnierzy witających jej męża na placu, który od tej pory będzie nosił jego imię. Kim Ir Sen wkracza na imponujące podium wzniesione nad brzegami rzeki Taedong. Dzong Suk wkrótce staje u boku swego generała i razem przyjmują paradę, rzekę bagnetów oddających hołd jedynemu wodzowi. Wielki Wódz unosi ramię w geście podziękowania, pozdrawia każdy oddział. W oczach jego małżonki „błyszczą gorące łzy", jak wspomina towarzyszka stojąca razem z nią na trybunie[1].

Dla tej młodej, trzydziestojednoletniej kobiety to chwila najwyższego triumfu. Jej dziecko też daje się porwać wzniosłej, triumfalnej scenerii wydarzenia. Kiedy jakaś dziewczyna naiwnie pyta małego Dzongila, kim zamierza zostać, gdy dorośnie, chłopczyk odpowiada dumnie:

– Będę wodzem Armii Ludowej, tak samo jak mój ojciec generał.

Kim Dzong Suk z macierzyńską dumą spogląda na swą najdroższą latorośl.

Narodziny gwiazdy

Pektu-san, świt 16 lutego 1942 roku.

Barak zajmowany przez małżeństwo to dla podkomendnych miejsce święte. Oto bowiem w tej drewnianej chacie z jednym oknem Kim Dzong Suk wydaje na świat dziecko.

Wieść o narodzinach dziedzica generała lotem błyskawicy roznosi się po obozie. Wszyscy wybuchają radością. Nie muszą się już martwić o przyszłość kraju, wzeszła bowiem jasna gwiazda – narodził się ten, który będzie kontynuował rewolucyjne dzieło Wielkiego Wodza. Chociaż Dzong Suk wolałaby zachować nowinę w tajemnicy, uszczęśliwieni towarzysze nie mogą ukryć radości i nadziei, jaką błogosławione narodziny rozgrzały mroźną zimę.

Zmęczonego wojownika wracającego do obozu nie wita upragniony spokój, lecz spontaniczny wybuch radości. Żołnierze pędzą ku niemu rozradowani, a za nimi Dzong Suk z dzieckiem w ramionach. Jakaś bojowniczka bierze dziecko i podaje je generałowi, który do wtóru triumfalnych okrzyków wymachuje błogosławionymi pieluchami. Szczęśliwa matka nie może jednak liczyć na taryfę ulgową. Trwa rewolucja. Prawa wojenne nie uwzględniają urlopu macierzyńskiego.

Kilka dni później nad obozem przetacza się śnieżyca. Dzong Suk owija dziecko w wojskową pałatkę, próbując ochronić je przed dotkliwym zimnem, które nocą doskwiera jeszcze bardziej. Potem zdejmuje kurtkę, „wciąż jeszcze skażoną prochem"[2], i dodatkowo okrywa noworodka. Widząc ten niedostatek, towarzyszki z brygady postanawiają działać.

Tego samego wieczoru jedna z nich proponuje, by z kawałków materiału i wełny z plecaków uszyć becik dla maleństwa. O świcie grupka zjawia się przed barakiem Dzong Suk. „Nigdy nie zapomnę waszej dobroci – zapewnia. – Kiedy wyzwolimy ojczyznę, będziemy siedzieć razem i wspominać to ze śmiechem"[3]. Owija dziecko w becik, a kobiety grzeją serca w promieniach tego nowego słońca, które doprowadzi je do ziemi obiecanej. Dzong Suk śpiewa synkowi kołysankę:

Śpij, śpij dobrze, moje maleństwo,
Rośnij szybko i chwytaj w dłoń karabin,
Wspólnie będziemy walczyć – ty na przodzie, ja za tobą –
O nasz wspólny cel: wyzwolenie narodowe.

Śpij, śpij dobrze, moje maleństwo,
Rośnij szybko i wznoś wysoko czerwony sztandar.

Wspólnie będziemy walczyć – ty na przodzie, ja za tobą –
By przynieść całemu światu komunizm.

Mimo surowych warunków i ubóstwa młoda matka stara się zachowywać jak „prawdziwa księżniczka”[4]. Jej matowa cera, zgrabna figura i pełne kształty oczarowują żołnierzy. Atramentowoczarne rzęsy nadają spojrzeniu słodyczy, choć ona sama dawno już zapomniała, co znaczy to słowo. Jej matka i macocha zginęły z rąk Japończyków. Od tamtej pory w jej żyłach płyną tylko bunt i smutek. Mając piętnaście lat, osierocona dziewczyna zgłasza się do dziecięcego batalionu. Dowódcą jest dwudziestoletni Kim Ir Sen, który jak nikt potrafi rozsnuwać przed młodymi partyzantami wizje lepszego jutra.

Młoda podkomendna robi na nim wrażenie swoją nadzwyczajną wytrwałością i determinacją. Imponuje mu zwłaszcza latem 1937 roku, kiedy zostaje aresztowana za działalność wywrotową. Japończycy znaleźli przy dziewczynach z batalionu klisze z ulotkami gotowe do wysłania do drukarni. Kim Ir Sen pamięta słowa tej, do tej pory anonimowej, dziewczyny przekonanej, że wybiła ostatnia godzina: „Nie przejmujcie się. Ja zginę, ale wy nie możecie się poddawać. Nasz ruch musi istnieć i działać dalej. Zostawiam wam dwa juany, mój cały dobytek. Proszę, przeznaczcie je na rzecz organizacji”[5].

Wciąż jednak widzi w niej tylko młodziutką bojowniczkę, niemal dziecko, jedną z setek innych. Zajęty rewolucją Kim Ir Sen nie ma czasu na miłostki ani romantyczne uniesienia w życiu małżeńskim. Dopiero w 1941 roku na prośbę dziewcząt z obozu decyduje się pozować do zdjęcia ze swoją młodą żoną, by tak uwiecznić lata wspólnej walki.

> Kiedy się o tym dowiedziała, poczerwieniała jak burak i schowała się za plecami kobiet. One jednak popchnęły ją ku mnie z uśmiechem. Towarzysz nie tracił czasu, błyskawicznie nacisnął migawkę. Wtedy bodaj pierwszy raz w życiu pozowałem do zdjęcia w parze z kobietą. Dzong Suk i ja traktowaliśmy to właściwie jak fotografię ślubną. (...) Nigdy nie zapomnę tamtej wiosny. Pamiętam, jak w pośpiechu pisałem na odwrocie: „Powitanie wiosny w obcym kraju, pierwszy marca 1941, obóz B”[6].

Dzong Suk potrafi się wyróżnić. Odkrywa w sobie tysiąc jeden talentów, potrafi podkreślać wdzięki rodzącej się kobiecości. A wszystko to dla chwały wodza tej bandy buntowników, w większości złożonej z nastolatków. Dziewczyna stara się też rozweselać serca oddziałów tańcami, które wymyśla specjalnie dla nich. Najbardziej znany, *Biała mewa*, przedstawia historię brata i siostry. Straszliwa burza wyrzuca ich na nieznany ląd, a oni wbrew przeciwnościom uparcie lecą na południe, walcząc o przetrwanie, ufnie czekając na dzień, gdy miłosierne słońce odpędzi zimę i przyniesie wiosnę. Baletowi towarzyszyły też wierszowane kwestie autorstwa Dzong Suk.

Skrzydła nas niosą, sieroty samotne,
Gdzieś ku południu ze łzą nieokrzepłą.
O, przetrwać zimy okowy okropne,
Niech słońce ześle upragnione ciepło.

Dzong Suk triumfalnie wyrusza z przedstawieniem do sąsiedniej wioski, by zachęcić mieszkańców do remontu dróg. Towarzyszka tych beztroskich chwil zdradza, jak wyglądały próby: „Dalej! Ćwiczmy nasz układ, doprowadźmy go do perfekcji i wnieśmy odrobinę radości w życie tych nieszczęśników, mieszkających na terenach objętych wojną”[7], dręczyła młode baletnice.

Dzielną bojowniczka nie dopuści jednak, by kobiety sprowadzono do roli ponętnych dziewcząt umilających życie żołnierzom na froncie. Jej wyczyny na tym się nie kończą, nie schodzi z drogi heroizmu. Na wieść, że mężczyźni ćwiczą skoki ze spadochronem, Dzong Suk proponuje, by pozwolono na to również kobietom. Zaczynają więc przygotowania do skoku w otchłań. Pierwszy etap to wirowanie na krześle obrotowym, żeby przywyknąć do mdłości i zawrotów głowy. Drugi – skok ze skarpy i lądowanie na nogach. Wszystkie dziewczęta dzielnie rzucają się w dół, ale Dzong Suk dostrzega pewien niepokojący szczegół, zniewagę dla patriotyzmu: niektóre skaczą z zamkniętymi oczami. Szybko zostają przywołane do porządku.

– Sądzicie, że tego nikt nie wymaga? Pomyślcie o tych, którzy będą na was czekać na ziemi. Na pewno będą tam wasi wrogowie, ale także wasi rodzice, bracia i siostry, przygnieceni buciorem tyrana. Jak możecie zamykać oczy?

Wreszcie nadchodzi dzień, gdy grupa śmiałków ma wyskoczyć z samolotu. Niezłomna Dzong Suk zachęca oddział: „Towarzyszki, do zobaczenia na dole!", i skacze pierwsza. Mężczyźni witają delegację pań bukietami kwiatów i szyderczymi uśmiechami.

Od tamtej pory młodą kobietę będzie poprzedzać jej legenda. „Spodziewałam się, że zobaczę kogoś nadzwyczajnego – opowiada młoda towarzyszka o pierwszym spotkaniu z małżonką wodza. – Tymczasem kiedy stanęłam z nią twarzą w twarz, okazało się, że to całkiem zwykła kobieta"[8].

Najpierw strzela, potem pyta

Rozwijając w obozie swoje rozliczne talenty, Dzong Suk nie zapomina o pierwszym i podstawowym celu: pomóc niezrównanemu dowódcy w wyzwoleniu kraju, który uważa za swoją ojczyznę, choć nigdy go nie widziała. Ze swego zapału rewolucyjnego uczyniła ewangelię, a z ideologii religię, którą głosi każdemu. Najbardziej radykalna spośród radykałów nie zna, co to wstrzemięźliwość, i naucza: „Wystarczy jeden zdrajca! Jeden zdrajca w naszych szeregach jest groźniejszy od tysięcznej armii nieprzyjacielskiej. Aby dokonać rewolucji, musimy zaostrzyć czujność do maksimum, strzec się zdrajców".

Pewnego dnia latem 1944 roku odbywają się ćwiczenia z przekraczania rzeki. Lot i skoki ze spadochronem nie wystarczają, trzeba też umieć płynąć z prądem – niełatwe zadanie dla żołnierza w pełnym rynsztunku. Niektóre bojowniczki chcą się wycofać. Dzong Suk przywołuje je do porządku:

– Jeśli mamy być gotowe do wielkiego dzieła wyzwolenia, najpierw musimy być gotowe przekroczyć nie tylko rzekę, ale i ocean. Skoro mężczyźni potrafią pływać, dla kobiet to też nie powinien być kłopot.

Po czym rzuca się w nurt, by dać im przykład. Ale w połowie rzeki jedną z kobiet porywa nurt. Dzong Suk zawraca do niej i podnosi towarzyszkę na duchu – jak to ona, po żołniersku.

– Tylko nie wypuść karabinu. Za nic nie wolno ci stracić broni. Dla wojownika rewolucji byłaby to hańba.

Niezłomna i niezniszczalna żona generała nie imponuje wyłącznie siłą mięśni. Potrafi zdobywać kluczowe informacje, umieszcza swoich ludzi w strategicznych punktach. „Ustaliła nawet głębokość i szerokość Yalu Jiang, siłę jej nurtu oraz miejsca, gdzie da się pokonać ją w bród. Następnie przygotowała szkic, który ułatwił nam misję"[9], wspomina zachwycony Kim Ir Sen.

A przecież żona wodza jeszcze nie zdążyła zabłysnąć swoim największym, snajperskim talentem. Pochwaliła się nim dopiero przy okazji konkursu strzeleckiego zorganizowanego przez generała. Uczestnicy mieli strzelać do tarczy z odległości stu i dwustu metrów, a potem do ruchomego celu z odległości trzystu metrów. Dzong Suk zajmuje stanowisko, jej mąż daje sygnał. Padają trzy szybkie strzały, każdy w sam środek tarczy. Żona wodza bezapelacyjnie zwycięża. Towarzyszce, która prosi, by zdradziła sekret swoich nadzwyczajnych umiejętności, odpowiada: „Ani na moment nie rozstaję się z pistoletem".

Mały Kim Dzongil dziedziczy wszystkie talenty matki, łącznie z jej zdolnościami strzeleckimi. Kiedy ma pięć lat, przygląda się jej treningowi i mówi, że też chciałby spróbować. Dzong Suk wyjmuje magazynek i pokazuje mu, jak mierzyć do celu, równocześnie naciskając na spust.

– Nim zaczniesz strzelać, musisz nauczyć się panować nad spustem – udziela mu pierwszej lekcji. – Musisz szybko dorosnąć, żeby tym pistoletem bronić ojca. Nade wszystko zaś masz go poważać. Obyś kiedyś stał się równie wielkim dowódcą jak on[10].

Pewnego październikowego wieczoru, gdy zima na dobre zapanowała w górach, dzielna kompania rozbija obóz po forsownym marszu. Wszyscy posnęli, tylko Dzong Suk schodzi nad strumień, zanurza dłonie w lodowatej wodzie i pierze bieliznę ukochanego towarzysza. Nie zdąży jednak wysuszyć kalesonów najdroższego, gdy pada rozkaz wymarszu. Nie wyobrażając sobie, że mogłaby nieść w bagażu wilgotne rzeczy generała, a tym bardziej że miałaby dać mu je niewyprasowane, bez namysłu rozpina kurtkę munduru i przykłada do piersi mokre ineksprymable. Wkrótce przeszywa ją chłód. Mimo to dzielnie maszeruje, choć kalesony generała omal nie przymarzają jej do klatki piersiowej. Kiedy oddział zatrzymuje się na krótki postój, triumfalnie podchodzi do męża i wręcza mu suchutką bieliznę. Kim Ir Sen krótkim warknięciem karci jej inicjatywę, ale wtedy jego wzrok pada na ręce Dzong Suk. Palce są sine od prania w lodowatej wodzie, skóra na dłoniach popękana. Zawstydzony Wielki Wódz roni kilka łez, lecz szybko zapanowuje nad wzruszeniem.

Jej żarliwość w trosce o męża nie zna granic. Pewnego razu Kim Ir Sen szykuje się do misji. Dzong Suk znów obsesyjnie myśli, jak by tu zadbać o zdrowie i wygodę towarzysza dowódcy. W końcu wpada na pomysł zrobienia poduszeczek – wkładek do butów, by długi marsz nie dawał mu się zbytnio we znaki. Nie znajdując materiału godnego dźwigania boskich stóp, decyduje się na zaskakujące rozwiązanie i obcina długie warkocze.

– Och! Dlaczego je obcięłaś? – pyta zdumiona towarzyszka.

– Wódz szykuje się do wymarszu, będzie walczył. W czasie ekspedycji nie będzie miał czasu na suszenie butów. Te włosy przydadzą się, by ogrzewać buty i całe ciało!

Kroniki milczą o reakcji generała, gdy znalazł w swoich żołnierskich butach te oryginalne wkładki. Dzong Suk wreszcie stała się cieniem Kim Ir Sena, stopiła się z nim w jedno. „Celnie wyraża wszystko, co mi leży na duszy i co chciałbym powiedzieć. (...) Brata się z ludem i robi, co w jej mocy, by rozwiązać problemy, które sam chciałbym rozwiązać"[11].

Oddanie, z jakim zabiega, by jej mąż „stał się Słońcem" – bo to oznacza przydomek Ir Sen – w końcu zostaje nagrodzone. 15 sierpnia 1945 roku, tyleż pamiętne, ile nieoczekiwane orędzie kapitulacyjne cesarza Japonii oznacza koniec biedy. Sowieci, którzy tydzień wcześniej wypowiedzieli Japończykom wojnę, wkraczają na teren Korei gotowi do walki. Tu zastają grunt dobrze przygotowany pod komunizm. Nie napotykając oporu, docierają do Phenianu i zajmują terytorium na północ od trzydziestego ósmego równoleżnika. Stalin musi pilnie znaleźć zaufanego człowieka, któremu powierzy ster państwa. Na łowcę głów zostaje wyznaczony niesławny, złowrogi Ławrientij Beria. Bez wahania wybiera Kim Ir Sena. Sowieci, którzy spodziewali się jakiegoś podstarzałego działacza, podejrzliwie przyglądają się temu ambitnemu trzydziestotrzylatkowi. Jego kandydatura zostaje odrzucona przede wszystkim dlatego, że – jak stwierdził jeden z dyplomatów – miał fryzurę „godną kelnera chińskiej restauracji"[12].

Przeanalizowawszy liczne kandydatury, minister spraw wewnętrznych Stalina ostatecznie wybiera jednak Kim Ir Sena[13]. Dzong Suk staje się najważniejszą kobietą w kraju, ale to nie oznacza uspokojenia. Niecały miesiąc później Amerykanie wkraczają na Półwysep Koreański, zakładając swoje bazy na południu. „Zdaje się, że powinniśmy zmierzyć się z Amerykanami w walce na śmierć i życie", zachęca do boju. Lata spędzone w ruchu oporu przyzwyczaiły ją do tego, że trzeba bić się aż do ostatniej kropli krwi.

Tymczasem Kim Ir Sen ma poczucie, że spełniają się wszystkie jego marzenia: Stalin zbroi nową koreańską Armię Ludową, dostarcza jej czołgi, działa i artylerię. W Phenianie nowi przywódcy ojczyzny dostają rezydencję godną ich stanowiska. Radzieccy protektorzy zagarniają dla siebie dawne siedziby japońskiego okupanta. Małżeństwo zajmuje obszerną, luksusową willę.

Wydaje się, że to najlepszy moment na powiększenie rodziny. Wkrótce na rozgrzanym tarasie willi pierwsze kroki stawia drugi synek, którego rodzice uślicznili rosyjskim imieniem Szura. Rok później ten sielski obrazek wzbogaci się o córeczkę – Kim Kyong-hui.

W 1948 roku wszystko jednak runie jak domek z kart. Mały Szura ganiający po domu na moment zniknie matce z oczu. Kilka chwil później Dzong Suk znajdzie go martwego w basenie. Cios jest zbyt mocny. Kobieta traci nie tylko dziecko, ale i zdrowie.

„Ktoś mógłby powiedzieć, że Dzong Suk poświęciła dla mnie życie – pisze jej mąż. – Nawet po ślubie nie przestała widzieć we mnie swojego wodza, przewodnika, zwierzchnika. Nasz związek był zbudowany na więzi, jaka łączy dowódcę i podwładnego, jaka łączy parę towarzyszy"[14].

Wielkie złudzenia

Phenian, ranek 21 września 1949 roku.

Dzong Suk odprowadza wzrokiem męża, który wychodzi z domu na spotkanie z pracownikami. Pomaga mu zarzucić plecak na ramię. Jest wychudzona, wygląda na wyczerpaną. Zaangażowanie w ruch oporu przedwcześnie wyczerpało siły młodej, trzydziestodwuletniej kobiety, która stoi teraz wpatrzona w samochód zabierający męża. Mały Dzongil wyczuwa jej przygnębienie. Postanawia przyłączyć się do buntu. Zadziorny siedmiolatek oświadcza, że nie pójdzie dziś do szkoły.

Doświadczona matka wie, jak sobie poradzić z dziecięcym buntem. Szybko odparowuje, że poczuje się znacznie lepiej, jeśli synek będzie się dobrze uczył. Zrezygnowany Dzongil posłusznie spełnia jej wolę. Kiedy wraca po lekcjach, zastaje matkę dziergającą – jak to ma w zwyczaju – na drutach wełnianą bieliznę dla męża. Z jej twarzy zniknął entuzjazm, ściągnięte rysy twarzy świadczą, że choroba bierze górę nad ciałem.

– Twój ojciec jest wielkim człowiekiem – zwraca się do syna, patrząc na niego czule. – Sprawił, że nasz kraj zatriumfował, i prowadzi naród ku szczęściu. Musisz bardzo się opiekować swoim ojcem generałem.

Traci świadomość, ale resztkami sił udziela synowi ostatnich wskazówek.

– Bądź zawsze wierny naszemu przywódcy i doprowadź do końca jego rewolucyjne dzieło.

Po tym matczynym testamencie w stanie krytycznym zostaje odwieziona do szpitala. Trzy godziny później, o drugiej czterdzieści, jej serce przestaje bić. Pogrążeni w żałobie rodacy ściągają na pogrzeb z całego kraju.

24 września towarzysze broni przenoszą jej trumnę na miejsce ostatniego spoczynku. Kondukt wyrusza spod budynku Komitetu Centralnego partii i przechodzi przez miasto, zatrzymując się przed domem Dzong Suk. Na całej trasie, aż do Wzgórza Piwonii, stoją tłumy zrozpaczonych Koreańczyków.

Zapłakany Dzongil wypowiada słowa ostatniego pożegnania. Po powrocie do domu biegnie do domu zmarłej, ale tam znajduje tylko jedną pamiątkę: niewielki pistolet, który zawsze trzymała na nocnej szafce. Chwyta go, przykłada do piersi i ślubuje, że będzie żył tylko po to, aby spełnić jej ostatnią wolę. Ten pistolet stanie się jego jedynym ocaleniem. Kilka dni później osierocona rodzina idzie oddać hołd zmarłej. Dzongil trzyma za rączkę trzyletnią Kyong-hui. Wierzy, że na ich powitanie matka wstanie z grobu. Składają kwiaty i wybuchają płaczem. Nieutulony w żalu Kim Ir Sen osusza policzki dzieci: „Nigdy nie zapomnijcie o swojej matce. Była wspaniałą córką Korei. Wcześnie sięgnęła po broń, by wyzwolić ojczyznę. Walczyła u mego boku przez dziesięć lat. Niech na wszystkich ścieżkach w kraju zostaną ślady jej krwawiących stóp”[15].

Słowa mogą pocieszyć wyznawcę ideologii, lecz nie dziecko. Korea zrzuciła japońskie jarzmo, ale chłopiec został sierotą. Od tamtej pory mały Kim co wieczór siada na ławce w ogrodzie i czeka na powrót ojca. Kiedy strażnicy mówią, żeby przeniósł się do domu, odpowiada, że mama zawsze tu witała tatę, a on obiecał sobie, że będzie robił to samo co ona, by go zadowolić.

Jakiś czas potem Kyong-hui poważnie choruje. Dzongil, który panicznie się boi, że straci kolejną najdroższą osobę, wzywa matkę na pomoc. Staje twarzą do wzgórza, gdzie spoczywa Dzong Suk, i z płaczem woła: „Mamo! Mamo!". Wzgórze jednak milczy. Miał być zbawcą narodu, jego narodziny uradowały cały kraj, a mimo to nie potrafił uratować matki – doradczyni ojca, matki rewolucji, która zaledwie rok temu z taką dumą szła na największy plac miasta świętować wyzwolenie ojczyzny.

Już 22 września 1949 roku podano oficjalną przyczynę śmierci: zawał serca. Tymczasem syn byłego premiera Korei Północnej, który uciekł z kraju, podaje inną wersję. Dzong Suk poroniła ciążę, czemu towarzyszył niespodziewany krwotok. Świadomie czekała z wezwaniem lekarza na powrót męża. Kim Ir Sen – którego rzekomo zatrzymały ważne sprawy państwowe – zastał już tylko pozbawione życia, zbroczone krwią ciało[16]. Niepocieszona Dzong Suk sama skazała się na śmierć. Co nią kierowało? Nieutulony żal matki czy rozpacz żony porzuconej przez męża?

Od powrotu do ziemi obiecanej Kim Ir Sen wykorzystuje władzę nie tylko do celów politycznych. Zaczął od odszukania dawnej przyjaciółki, towarzyszki Han Song-hui, z którą w czasach partyzanckich łączył go krótki romans. Kiedy w kwietniu 1940 roku Song-hui została aresztowana przez Japończyków, uparcie twierdziła, że jest jego żoną. Po przejęciu władzy Kim Ir Sen – w trosce o jej potrzeby i potrzeby dzieci, które mu urodziła, a do których nigdy się nie przyznał[17] – umieszcza ją w bogatej, choć dyskretnie położonej willi na wsi.

Odświeżony romans szybko nuży czarującego Ir Sena. Stał się już kimś więcej niż silnym mężczyzną i przywódcą. Urósł do rangi boga, stwórcy Korei Północnej. Nic więc dziwnego, że kobiety lgną do niego jak muchy do miodu. Jego „szczególnie wyrazisty uśmiech"[18], jak to ujmuje jego oficjalny biograf, czarował równie skutecznie, jak zmysłowy głos. „Jest wprost urzekający. (...) Do swoich gości odnosi się z niezwykłą serdecznością i ciepłem. Może poszczycić się niemal doskonałą urodą, którą nieco szpeci guz na szyi. Jego głos ma nadzwyczajną właściwość: większość ludzi mówi gardłem, u niego dźwięk rodzi się gdzieś w żołądku, jak u śpiewaka operowego"[19], rozpływa się wysoki urzędnik państwowy, który uciekł z Korei. Dla tych zaś, których nie oczarowały jego talenty brzuchomówcy, Ir Sen zachowuje swoją tajną broń: „Miał idealnie symetryczne rysy twarzy. Był rozkosznie uwodzicielski – zwłaszcza jego dołeczek w lewym policzku”[20].

Jego wdziękowi ulegały nie tylko Koreanki. Znana niemiecka pisarka Luise Rinser raczyła swoje europejskie czytelniczki opowieściami o częstych spotkaniach z Wielkim Wodzem. Pewnego razu wręczając Kimowi bukiet, szepnęła mu do ucha: „Nigdy jeszcze nie dawałam kwiatów Bogu, choć gorąco się o to modliłam. Dlatego wręczę te kwiaty panu. Zasłużył pan na to, bo stworzył pan społeczeństwo, w którym panuje całkowita równość. A to nie udało się nawet Panu Bogu”[21]. W czasie poprzedniej wizyty autorka, która oparła się urokowi hitlerowców, ofiarowała Ir Senowi obrączkę na znak dozgonnej więzi.

Jeszcze w latach trzydziestych, gdy dostał zaproszenie na kongres Kominternu, wybrał piękną Han Yong-ae, by osładzała mu nudę długiej podróży do Kraju Rad. Wesoła towarzyszka pomogła mu przekroczyć granicę, przebierając go za chińskiego chłopa. Ir Sen do końca życia zatrzymał jej zdjęcie i czasem patrzył na nie czule, „wspominając wszystkie przysługi, jakie mi wyświadczyła (...) w imię ponadzmysłowej miłości i czystego, pozbawionego egoizmu koleżeństwa”[22].

A choć zajmowała szczególne miejsce w sercu generała, wciąż jeszcze mieściły się tam inne kobiety. Jej następczynią była Choe Kum-suk, dobra przyjaciółka, „wielkoduszna jak mężczyzna i ciepła. (...) Kobieta z zasadami, wierna córka rewolucji. Gdybym jej kazał, przeciągnęłaby statek po piasku”[23], wspomina zacny przywódca. Kochanka opiekuje się nim, gdy dopada go febra, często też droczy się z nim, naśladując jego „zabawny” akcent mieszkańca północy albo żartując z jego wyglądu cherubinka: „Nie miała nadzwyczajnej urody. Mnie jednak towarzyszki broni z obozów partyzanckich wydawały się stokroć piękniejsze i szlachetniejsze od mieszkanek wielkich miast”. Niestety – pulchna działaczka zginęła w walce z Japończykami. Może dlatego Ir Sen w końcu wybrał Dzong Suk. Przeżyła, podczas gdy pozostałe znikały jedna po drugiej.

W ciągu kilku tygodni świat małego Kim Dzongila legł w gruzach. Ledwie pogrzebali jego ukochaną mamusię, najczystszą miłość ojca, a już pojawiła się inna kobieta. Kim Ir Sen od wielu miesięcy miał ognisty romans z młodą daktylografką z ministerstwa spraw wewnętrznych, którą przerzucił do swojego biura i powierzył stanowisko osobistej sekretarki. Piękna, pod każdym względem doskonała rodzina chłopca okazała się ułudą.

Kim Dzongil urodził się nad brzegami syberyjskiego Amuru, we wsi pod Chabarowskiem, gdzie – jak wynika z radzieckich archiwów[24] – jego ojciec uciekł przed Japończykami i pracował na roli. Chłopiec przyszedł więc na świat w nędznym sowieckim kołchozie, a nie na ośnieżonym szczycie Pektusan. Dzong Suk rodziła w wyjątkowych bólach, bo w okolicy nie było lekarza, który odebrałby dziecko. Po godzinach męczarni zmiłował się nad nią rosyjski praktykant weterynarii, który opatrznościowo pojawił się w kołchozie. Dzongil dostał nawet rosyjskie imię: Jurij Irsenowicz Kim. Mistyczna opowieść o narodzinach pod gradem japońskich kul i pojawieniu się na niebie nowej gwiazdy okazuje się bajką, niczym więcej.

Ojciec też wcale nie jest chwalebnym przywódcą Armii Ludowej, która walczyła w mandżurskiej tajdze. Kierował jedynie batalionem złożonym z Chińczyków i Koreańczyków, będącym częścią 88. Samodzielnej Brygady Armii Czerwonej, dowodzonej przez Chińczyka Zhou Baozhonga. Został wybrany na przywódcę Korei Północnej wyłącznie ze względu na swoją uległość wobec Stalina. Kto mógł przypuszczać, że jego reżim ostoi się dłużej niż Związek Socjalistycznych Republik Radzieckich i wytrzyma upadek światowego komunizmu? Zaraz po przejęciu władzy Kim Ir Sen Wyzwoliciel dokonuje drastycznych czystek, wszystkie związki zawodowe i partie wcielając do Demokratycznego Frontu na rzecz Zjednoczenia Ojczyzny. Jedyną jasną gwiazdą, jaka wciąż świeci na burzliwym niebie małego Dzongila, jest oddana Dzong Suk, kobieta doskonała zapisana na firmamencie macierzyńskiej miłości.

Siódma muza

Po śmierci matki siedmioletni Kim Dzongil zauważa, że w domu coraz częściej pojawia się jedna kobieta. To Kim Song-ae, telefonistka z biura ojca[25], która wkrótce awansuje na nową panią domu. Rok 1952 wyjaśnia zagadkę stałej obecności tej gorliwej sprzątaczki: Kim Ir Sen przedstawia najbliższym swoją nową żonę. Song-ae urodziła się w Kangsŏ na południe od Phenianu w 1928 roku.

Macocha nie znosi zwłaszcza Dzongila. Przede wszystkim za to, że jest pierworodnym Ir Sena, co zgodnie z koreańską tradycją automatycznie nadaje mu status dziedzica. Szykanom i niesnaskom nie ma końca. Powodem scysji może się stać wszystko: od niedbałego stroju po jedzenie. „Któregoś dnia w obecności ojca przygotowano dla Dzongila tort urodzinowy. Z chwilą gdy Ir Sen wyszedł, Kim Song-ae skonfiskowała ciasto, nie pozwoliwszy małemu skosztować nawet kawałka, i wysłała je swojej rodzinie”[26], wspomina osoba bliska domowi.

Dzongil ucieka do stryja. Nie chce się pogodzić z tą błyskawiczną przemianą macochy w matkę zastępczą, którą ojciec każe nazywać „mamusią". Song-ae nie przejmuje się tym dziecięcym buntem, bo wkrótce sama wydaje na świat dwóch synów i dwie córki. Dzongil przestaje być ulubieńcem kochanym z jednego tylko powodu.

Wielbiciel

W 1960 roku Koreańczycy tłumnie walili do ciemnych sal kinowych na film *Wioska na linii demarkacyjnej*. Magnesem, który ich tam przyciągał, była lokalna Brigitte Bardot: Song Hye-rim, rozpalająca wyobraźnię mężczyzn.

Dwudziestotrzyletnia studentka ostatniego roku szkoły aktorskiej w Phenianie urzekła wszystkich w roli żony mężczyzny, który dobrowolnie uciekł do Korei Południowej. Dzięki wierze w partię bohaterka stawia czoło trudnemu losowi; krytycy nie szczędzili jej pochwał i wkrótce Song Hye-rim staje się wzorem nowej kobiety. Młodzi pod jej spojrzeniem doświadczają swoich pierwszych miłosnych uniesień i robią z niej bożyszcze. Wszędzie słychać tylko: „Mam jedno marzenie: ożenić się z Song”[27].

Osiemnastoletni Kim Dzongil, który ogląda film we własnej sali, nie różni się od rówieśników. Song Hye-rim jego też zauroczyła. Nie może się powstrzymać, postanawia złożyć wyrazy szacunku nowej członkini Centrum Kinematografii Artystycznej Korei Północnej, państwowej wytwórni ambitnych filmów, pomyślanej jako konkurencja dla Cinecittà.

Dzongil, nadzorujący z ramienia reżimu wszystkie krajowe produkcje, spędza w studiach mnóstwo czasu. Z ciekawością przygląda się pracy, każdemu ujęciu. Sadza przy sobie aktorkę i nalega na wspólne zdjęcia. Co zaskakujące, nowa gwiazda koreańskiego kina okazuje się wyjątkowo nieśmiała. „Nie potrafiła się stroić ani malować. (...) Nie chodziła nawet do fryzjera. Zgarniała tylko włosy od tyłu, robiąc sobie na głowie coś w rodzaju koguciego grzebienia, i upinała to wszystko jedną szpilką”[28], wspomina jej siostra Song Hye-rang w niewydanych pamiętnikach. Ilekroć w wytwórni pojawiał się Dzongil, „natychmiast chowała się za czymś i prawie się nie odzywała”.

Jej milczenie nie przeszkadza jednak wielbicielom. Wystarcza im elektryzująca uroda aktorki: wysoki wzrost, smukła sylwetka, opadające ramiona, idealnie rzeźbione wargi, no i ten „delikatny, zjawiskowy nos, któremu zawdzięczała cudowny profil, tak chętnie uwieczniany przez reżyserów”. Nie wolno też zapomnieć o wpółprzymkniętych oczach ocienionych firanką rzęs, które nadają jej wyrazistej twarzy wyraz tęsknoty i słodkiej melancholii.

„Ciotka zaczęła naukę na wydziale reżyserii w Phenianie w 1955 roku, ale ze względu na niezwykłą urodę przeniesiono ją na wydział aktorski. Nie miała w sobie ani krzty wulgarności. Emanowała spokojem i niezwykłym pięknem wewnętrznym, a jej arystokratyczny wygląd przyciągał spojrzenia”[29], mówi nam w nieopublikowanych wspomnieniach jej siostrzenica Li Nam-ok. Jednak piękna i uwielbiana Hye-rim już jest zajęta. „To było tradycyjne, aranżowane małżeństwo”, opowiada w innym miejscu Li Nam-ok. Mąż pochodził z dobrej rodziny z Południa, teść był znanym pisarzem, który w czasie wojny emigrował na północ. „Znał rodzinę mojego dziadka i zdawał sobie sprawę, że ciotka nie zostanie długo panną. (...) Para została sobie przeznaczona już w dzieciństwie”. Sama zainteresowana wspomina ślub bez cienia sentymentu. „Przeszłam most i zostałam żoną. Miałam ze sobą tylko grzebień”. Miała osiemnaście lat. Przekroczyła Taedong-gang i znalazła się na drugim brzegu, w dzielnicy zamieszkanej przez notabli. Być może w swoje role przelewała namiętność, której nie znalazła w życiu osobistym.

Młoda gwiazdka nie jest jednak Dzongilowi całkiem obca. Jako nastolatek często odwiedzał mieszkanie znanego pisarza. Zawsze podjeżdżał motocyklem, by zwrócić na siebie uwagę. Nigdy jednak nie było mu dane spożyć kolacji z szykowną synową gospodarza. Na koniec dnia zdjęciowego albo sesji fotograficznej zespół siadał do przygotowanego *ad hoc* posiłku. Hye-rang przypomina sobie, z jakim uporem Dzongil wpatrywał się w jej siostrę.

A konkretnie: w pewną część ciała: „Zauważyłam, i to nieraz, jego wzrok wbity w jej kark. Musiała mu się podobać nieśmiałość Hye-rim, która zawstydzona obecnością nieznajomego, chowała się w kuchni albo w spiżarni, ale równocześnie okazywała mu szacunek należny udzielnemu księciu".

Ów książę jednak nie czytał Machiavellego. W obecności pięknej aktorki Dzongil zachowuje się z jeszcze większą nieśmiałością. „Był bardziej zakochany w ciotce niż ona w nim, ale długo zwlekał z wyznaniem uczucia". Na imprezach na zakończenie zdjęć obdarowuje telewizorami, lodówkami i maszynami do szycia wszystkich z wyjątkiem Hye-rim. „Nie potwierdził swojego zaangażowania żadnym prezentem. Ale ona i tak wiedziała, że będą razem", wspomina znowu Li Nam-ok.

Dzięki zainteresowaniu dziedzica jej osobą Song Hye-rim w ciągu kilku lat otrzymuje tytuł „aktorki honorowej" Korei Północnej. W tej właśnie roli występuje w 1968 roku na festiwalu w Phnom Penh, stolicy Kambodży, gdzie reprezentuje rodzimą kinematografię. Uśmiech Hye-rim okazuje się najlepszym dyplomatą. Dzięki niemu Dzongil oczarowuje króla Sihanouka i zyskuje przewagę w swojej wojnie podjazdowej prowadzonej przeciwko macosze, która nieustannie usiłuje zdyskredytować go w oczach Wiecznego Prezydenta, tak by tron przejął jej syn. Uniesienie oraz pobyt z dala od rodziny i związana z tym presja przyczyniły się do ocieplenia stosunków między Dzongilem a jego muzą, tworząc „atmosferę niezwykłej intymności"[30], powściągliwie wyznaje jej siostra. Hye-rim pamięta, by przywieźć siostrzenicy Li Nam-ok parę butów.

Po powrocie do Phenianu nic już nie będzie jak dawniej. Dzongil wreszcie znalazł „kobiecą obecność", której tak mu brakowało.

Pod dachami Kim Dzongila

Pod koniec następnego roku Hye-rim radośnie zwierza się przyjaciółce: przeprowadzi się do rezydencji Kima, gdzie będzie miała do dyspozycji ośmiu szefów kuchni i pięciuset ochroniarzy. Towarzyszka, była tancerka, zgłasza tylko jedno drobne zastrzeżenie: a co z mężem? Hye-rim odpowiada beztrosko: „Pewnie już go nie zobaczę"[31]. Urażona rozmówczyni nie zdąży rzucić kąśliwej uwagi na temat prezencji nowego wybranka „o pyzatej buźce. Kwadratowa szczęka i pulchna sylwetka nie dodawały mu urody".

Mimo ryzyka, że popadnie u ojca w dozgonną niełaskę, po pamiętnym pobycie w Phnom Penh Dzongil zaczyna wić przytulne gniazdko, gdzie jego miłość mogłaby kwitnąć z dala od wścibskich spojrzeń. „Piętnasta rezydencja" zostaje ukończona na początku roku. W budynku o powierzchni 2650 metrów kwadratowych znajdują się sale do gier, biblioteki, sypialnie małżeńskie, pokoje reprezentacyjne i wreszcie solidne skarbce. Personel mieszka na miejscu w dwupiętrowym aneksie. Całość otacza podwójne betonowe ogrodzenie.

Gości przybywających do tej „skromnej chatki" wita widok gigantycznego akwarium o wysokości trzech i długości ośmiu metrów. Listę szczęśliwców dopuszczonych do tego przybytku układa sam Dzongil. A czekają ich tu liczne atrakcje. W podziemiu – basen oraz sala do gry w madżonga i w ruletkę, jedyne kasyno w kraju. W restauracji o powierzchni 65 metrów kwadratowych para może spożywać romantyczne kolacje. Ośmiu kucharzy czuwa w ciągłej gotowości, żeby błyskawicznie wyczarować posiłek na zamówienie. Każdy przeszedł specjalne przeszkolenie, w trakcie którego nauczył się, jak przyrządzać ulubione dania najważniejszego pierworodnego w kraju. Na parterze znajduje się sala ze sceną. Początkowo Dzongil zamierza organizować tu przedstawienia i koncerty, ale ostatecznie zamienia ją w salę taneczną. Sufit jest na wysokości siedmiu metrów, więc Hye-rim musi wspinać się po drabinie, żeby sięgnąć po niektóre książki.

Prywatny salon fryzjerski Dzongila pracuje siedem dni w tygodniu przez dwadzieścia cztery godziny na dobę. Jaśnie dziedzic niezwykle dba o prezencję. „Ma 165 cm wzrostu. (...) Ze względu na lekko zaokrągloną sylwetkę usilnie stara się dobrze wyglądać. Szczególną wagę przywiązuje do fryzury i stroju. Nosi marynarki stylizowane na kurtki od munduru, by ukryć wydatny brzuch"[32], wspomina jego ochroniarz. Masażyści przechodzą intensywny, półroczny kurs w Hongkongu i na Tajwanie, by zaspokoić potrzeby pary. Sześciu szoferów jest gotowych na każde skinienie państwa i zawozi ich, gdziekolwiek sobie zażyczą, chociażby do letniej rezydencji na zboczach Chang Kwang. Dostęp do tej pustelni o powierzchni 2300 metrów kwadratowych jest utrudniony, prowadzi do niej tunel wyżłobiony w skale.

W niepamięć odchodzą bieda i sowieckie obozy szkoleniowe z pierwszych lat życia. Dzongil z Hye-rim w ramionach może bez przeszkód poświęcać czas swojej największej pasji – kinu. Choć przygotowywano go do roli wojskowego, woli rozmawiać o montażu i fotografii. Gdyby urodził się w innej rodzinie, na pewno zostałby artystą – jak często powtarza siostrze swojej wybranki. W tamtym okresie Kim Dzongil woli fotografować się na plaży z Hye-rim w bikini albo w samochodzie z kieliszkiem w ręku. „Po zakończeniu zdjęć najchętniej wyjeżdżali do willi Kima porozrzucanych po całym kraju"[33], wspomina dobrze poinformowany siostrzeniec Umiłowanego Przywódcy. Para tak bardzo starała się ukryć swój związek, że wszystkie wspólne zdjęcia chowała do zamykanej na kluczyk walizki, którą przechowywała u znajomych. Nic dziwnego. Wszystkim w pałacu wydaje się, że Kim Dzongil popadł w zapomnienie. Tym bardziej więc dziedzic musi zachować szczególną polityczną ostrożność.

Nasza słodka tajemnica

Phenian, 10 maja 1971 roku.

Kim Dzongil zatrzymuje się luksusową wołgą przed domem szwagierki, której jeszcze nie został oficjalnie przedstawiony, i raz za razem naciska na klakson. Wyrwana ze snu Song Hye-rang wyskakuje z łóżka. Na ulicy widzi czarną limuzynę, ostatni krzyk mody. Podchodzi nieśmiało. Szyba się opuszcza i kobieta widzi swojego „szwagra".

– Niech pani wsiada! – pogania, przywołując ją ruchem ręki. – Hye-rim urodziła chłopca![34]

Zaskoczona tą niespodziewaną wizytą i nowiną, długo nie może się otrząsnąć po pierwszym spotkaniu z Wnukiem Nieba. „Nagle przeszedł ze mną na »ty«. Był uszczęśliwiony. Promieniał radością". Podzieliwszy się cudowną wieścią, rusza z kopyta, nie tracąc ani chwili.

Kiedy Hye-rim *incognito* zgłosiła się do kliniki Bonghwa, Dzongil nie mógł wejść z nią na oddział w obawie, by go nie rozpoznano. Dlatego kochankowie ustalili szyfr, dzięki któremu od razu pozna płeć dziecka. Hye-rim będzie zapalać i gasić światło w pokoju, podczas gdy Dzongil zaparkuje pod oknem i będzie odpowiadał mruganiem reflektorów. Kiedy dowie się, że na świat przyszedł syn, natychmiast pomknie do stolicy, z całej siły naciskając klakson. „Książę nie miał z kim podzielić się radością. Dopiero później się dowiedziałam, że przyjechał do mnie prosto ze szpitala", wspomina Song Hye-rang.

Kiedy niemowlę nie chce spać, młody ojciec kładzie je sobie na plecach albo tuli jak matka, dopóki się nie uspokoi. „Nie sposób opisać, jak bardzo kochał synka", zauważa szwagierka. Ten obrazek mięknie serce Hye-rim, która zna historię Dzongila. Dopiero wtedy naprawdę zaczyna mu współczuć dzieciństwa bez matki i ciepłego domu, dojrzewania pod twardą ręką ojca. Jednak stres związany z porodem i koniecznością utrzymywania sekretu odbija się na położnicy. Hye-rim szybko traci pokarm. Z Phenianu zostaje sprowadzona mamka dla małego Dzong Nama. Mijają lata, a Dzongil nie zaniedbuje ojcowskich obowiązków. Sam chodzi nocą w bieliźnie, by towarzyszyć synowi w drodze do łazienki. Nalega też, by Dzong Nam jak najwcześniej siadał z nim do stołu – ojciec chciał rozmawiać z maluchem, który nazywa go tatusiem. To wyjątkowa śmiałość w Korei, gdzie do głowy rodziny należy zwracać się z szacunkiem i atencją.

Przyjście na świat dziedzica dziedzica wymaga inwestycji na wielką skalę. Główna rezydencja rozrasta się z 2650 do 6600 metrów kwadratowych. Robotnicy w pośpiechu wykańczają tysiącmetrową salę zabaw dla dziecka, która co roku wzbogaca się o najnowocześniejsze zachodnie gadżety. Na środku króluje stół bilardowy, na ścianach wiszą monitory do gier komputerowych. Zakochany po uszy w pierworodnym Dzongil zaniedbuje nawet Hye-rim, która czuje się zepchnięta na boczny tor. Chętnie ubiera Dzong Nama w wojskowe stroje – radzieckie albo koreańskie. Chłopczyk ma w szafie komplet umundurowania obu armii – od marynarki po lotnictwo. Z mieczem u boku ojciec uczy go, jak wydawać rozkazy, i każe mu dyrygować personelem. Każde urodziny to awans – Kim Dzongil przypina synowi do munduru kolejną gwiazdkę. Przez cały też rok za granicę wysyłana jest ekipa specjalna z budżetem miliona dolarów na zakup prezentów z tej okazji. Co roku 10 maja w rezydencji numer 15 odbywa się ten sam rytuał: rano ekipa zabiera wszystko, co się znajduje w pokoju do zabawy – ubrania, buty, zegarki wysadzane brylantami, modele broni i oczywiście gry komputerowe wszelkiego rodzaju – po czym rozmieszcza nowe zabawki z całego świata. Kim Dzongil sam już nie wie, co robić ani co kupować, by zadowolić syna, którego szybko zdążył rozpuścić. Kiedy małemu trzeba usunąć pierwszego mleczaka, ten tak płacze, że ojciec sięga po talenty dyplomatyczne.

– Co zrobić, żebyś pozwolił wyrwać sobie ząbek?

– Chciałbym mieć samochód taki jak twój.

Życzenie Dzong Nama jest rozkazem. Następnego dnia chłopiec dostaje niebieskiego cadillaca. Rodzina ma całą stajnię motoryzacyjną: mercedes 450 w wielu wersjach kolorystycznych, liczne cadillaki, rolls-royce'y, mercedesy 600, a oprócz tego jeden cadillac i rolls-royce Dzong Nama, plus jeszcze jeden dla Song Hye-rim.

Mieszkańcom tej królewskiej rezydencji doskwiera jednak samotność. Aby położyć kres izolacji, Hye-rim proponuje, żeby wprowadziły się jej matka i siostra z dwojgiem dzieci. Zwłaszcza że zaledwie dwuletni Dzong Nam cudem wychodzi z zatrucia pokarmowego. Wiele par oczu nie wystarczyło, by go upilnować. Pani Song wprowadza się też, aby podnieść na duchu córkę, która psychicznie nie wytrzymuje presji. Konieczność utrzymywania romansu w tajemnicy niebezpiecznie nadweręża jej nerwy. „Żeby utrzymać sekret, Dzong Nam był wychowywany w rodzinnym kokonie, nie miał kontaktów ze światem zewnętrznym", wspomina Song Hye-rang, która wkrótce zaczyna też pełnić funkcję guwernantki. Chłopiec opuszcza dom wyłącznie na wizyty w klinice Bongwha, dokąd podróżuje limuzyną z zasłoniętymi oknami. Ojciec organizuje mu też zajęcia lekcyjne, by syn odebrał jak najlepsze wykształcenie. Dzong Nam musi się więc pilnie uczyć koreańskiego, rosyjskiego, matematyki, historii, a także gry na fortepianie. Naturalnie, przyswaja sobie też głęboką filozofię swego wielkiego dziadka. Wszystkim działaniom Kim Dzongila przyświeca jednak przede wszystkim troska i miłość.

Wraz z pojawieniem się żeńskiego wsparcia atmosfera w pałacu się rozluźnia. Dzongil zyskuje namiastkę życia rodzinnego. Przy posiłkach uważnie słucha opowieści kobiet o ich przeszłości i nadziejach, stopniowo zyskując ich miłość. „Mama uważała, że Kim Dzongil był prosty, otwarty, serdeczny. Za nic nie skrzywdziłby biedaka", zwierza się Hye-rang. Pierwszy raz w życiu Dzongil nie jest oceniany jako przyszły wódz ani jako syn generała. Zaskarbia sobie sympatię tym, jaki jest naprawdę, swoimi zaletami. Panie Song uważają go za człowieka o wielkim sercu, uroku i troskliwości.

1. Marita Lorenz. Podchmielona dziewiętnastolatka zdobyła się na śmiałość, która ją samą zaskoczyła. „Pod pretekstem podziwiania fantastycznej panoramy stolicy zaciągnęłam Fidela między szalupy" – opowiadała.
(© Bettmann/CORBIS)

2. „Chciała zagarnąć go wyłącznie dla siebie. Inni musieli zabiegać u niej o pozwolenie”. Tak Celię Sanchez opisywała jedna z wielbicielek Fidela Castro. (© AP/EAST NEWS)

3. Rewolucjonista zdobywa nie tylko władzę, ale i kobiety! Taką pocztówką świętowano początek dyktatury Fidela Castro.
(© Michael Nicholson/Corbis)

4. Kobieta władzy. Dalia Soto del Valle, żona Fidela Castro, podczas sesji kubańskiego parlamentu w 2010 roku.
(© AFP/EAST NEWS)

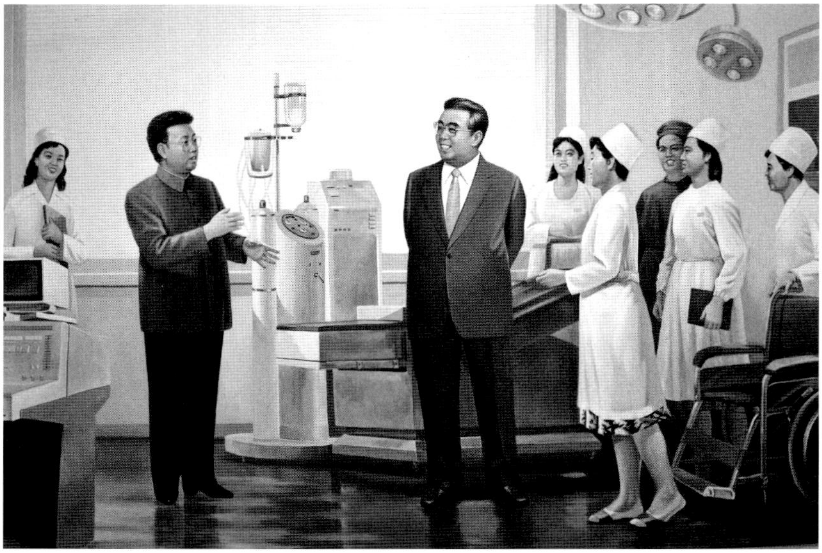

5. Północnokoreańscy dyktatorzy z wizytą w szpitalu. Propaganda robiła wiele, by przekonać społeczeństwo, że dwaj Kimowie stanowią obiekt uwielbienia i pożądania każdej kobiety.
(© Alain Nogues/Corbis)

6. Niezłomna Dzong Suk. Towarzyszce, która prosi, by zdradziła sekret swoich nadzwyczajnych umiejętności, odpowiada: „Ani na moment nie rozstaję się z pistoletem".
(© Noboru Hashimoto/Sygma/Corbis)

7. Ostatni występ żelaznej damy. Mira Marković na lotnisku w Amsterdamie w 2001 roku, w drodze do aresztu, w którym przebywa jej mąż, Slobodan Milošević.
(© AP/EAST NEWS)

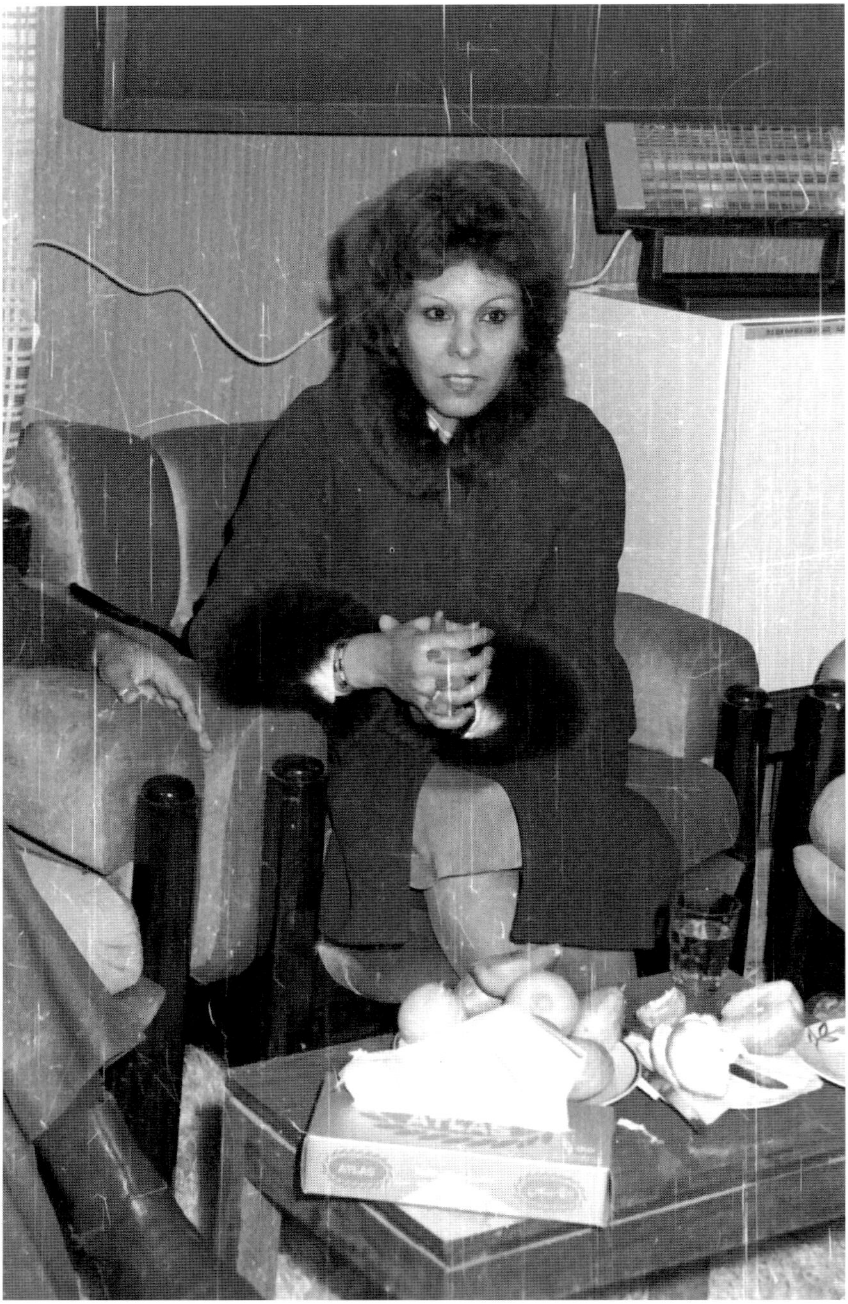

8. „Kiedy człowiek nauczy się stawiać czoło Saddamowi, wytrzyma każdy ból" – zapewniała Sadżida Talfah, żona Saddama Husajna.
(© Reuters)

9. Sielski urlop pierwszej pary Iraku. Saddam i Sadżida pozują na śniegu fotografowi Reutersa.
(© Reuters)

10. Idol irańskich kobiet. Marsz ku chwale Ruhollaha Chomejniego w 1979 roku.
(© Alain Keler/Sygma/Corbis)

Zaczyna się kolejny rok spokojnego, niemal mieszczańskiego szczęścia. Pewnego ranka Dzongil wyrusza na polowanie, ale wraca już po kilku godzinach, wpadając do domu jak burza.

– Kochanie! Kochanie! Zdarzyło się nieszczęście! Czekaj! – Pędzi do telefonu. Hye-rim zrywa się na równe nogi, ale boi się spytać, co się stało. – Szpital Namsan? Proszę mnie połączyć z położniczym… Urodziła? Dziecku nic nie jest? A matce? Oboje przeżyli?

Hye-rim spodziewa się najgorszego. Czyżby w drodze na polowanie Dzongil potrącił ciężarną?

– Kochanie, oboje żyją! – woła rozradowany amant, szukając spojrzenia towarzyszki, która ucieka z pokoju, nie chcąc słuchać, jak potwierdzają się jej przypuszczenia. – Cholerne łajdaki! Powinni mnie ostrzec, że to pora lęgowa łań! Powinni mnie uprzedzić, że jest zakaz polowania! – gotuje się ze złości. Hye-rim zgaduje, że zranił zwierzę, nie człowieka. – To ja strzeliłem! Pociągnąłem za spust, a ona upadła. Nie miała szans… Było już za późno…

Zawstydzony swym postępkiem Dzongil polecił położnikom z Phenianu, żeby wywołali poród. Korea nie dorobiła się klinik weterynaryjnych.

Kiedy mija pierwszy strach, oboje wybuchają śmiechem. Śmiech zresztą stanowi ich tajną broń i lekarstwo na wszelkie przeciwności. Hye-rim, choć nieśmiała, w towarzystwie Dzongila zamienia się w prawdziwego błazna. Najlepiej wychodzi jej papugowanie. „Czasem nie miałam pojęcia, co ich tak bawi. Wystarczyło jedno mrugnięcie albo ruch ramion, żeby pokładali się ze śmiechu", zdradza nam znowu siostra Song. Ilekroć na ekrany wchodzi nowy film – ponieważ nie mogą razem pojawić się na premierze – Dzongil zadaje Hye-rim „pracę domową": ma obejrzeć go sama, a potem streścić. Chce znać wszystkie szczegóły, począwszy od dekoracji, przez grę aktorską, po muzykę. Hye-rang nie ma wątpliwości: „Idealnie się uzupełniali. Gdyby byli normalną parą, żyliby bardzo szczęśliwie".

Niestety, kiedyś w końcu do wrót tego bajecznego świata musiała zastukać polityka. W stolicy krążą plotki, że za masywnym betonowym ogrodzeniem okalającym rezydencję numer 15 Kim Dzongil nie mieszka sam. Co z tego, że Hye-rim jest jego wielką miłością? Nie może ryzykować przedstawienia jej ojcu. Konkubinat, akceptowany w poprzednim ustroju, teraz został zakazany. Nowy reżim głosi pochwałę świętego związku małżeńskiego, a wierność staje się cnotą główną. Tymczasem najpilniej strzeżony sekret Korei Północnej zamienia się w tajemnicę poliszynela. Agenci śledzą małą rodzinę, ludzie coraz głośniej zastanawiają się, czemu popularna aktorka zniknęła z ekranów. „Wcześniej ciotka była prawdziwą gwiazdą. W 1968 roku zerwała ze światem kina. Od tamtej pory na każdą wzmiankę o niej padała ta sama odpowiedź: »Ciii, o niej się nie rozmawia!«", wspomina Li Nam-ok.

Zamek mojej macochy

Mijają lata, w miarę jak więzi rodzinne się rozluźniają, pozycja Song-ae się umacnia. „Kim Dzongil często kłócił się z ulubieńcem ojca, swoim bratem przyrodnim Kim Pyong-ilem. Nigdy też nie uznał Song-ae za matkę. Owszem, oddawał Kim Ir Senowi cześć jako Słońcu na Niebie, ale za jego plecami próbował umocnić swoją pozycję"[35], wspomina jego ochroniarz. Choć macocha nie należała nigdy do ruchu oporu, co stanowi warunek konieczny kariery politycznej w Korei Północnej, nie rezygnuje z ambicji i walki o władzę. „Jako żona Kima, Song-ae była drugą osobą w kraju, a w latach sześćdziesiątych jej wpływy wyraźnie wzrosły", zauważa Li Nam-ok.

Rzeczywiście, sprytna macocha odgrywa w kraju coraz ważniejszą rolę, a wreszcie staje na czele Demokratycznej Unii Kobiet. Początkowo ogranicza się do kwestii kobiet i feminizmu, ale dość szybko rozszerza działalność na inne obszary. „Wokół niej zaczął się rodzić kult jednostki. Pojawiły się książki z jej autografem, odwiedzała bez męża fabryki i inne miejsca", relacjonuje Li Nam-ok. W miarę jak Song-ae pnie się coraz wyżej i umacnia pozycję swojej rodziny, matka Dzongila odchodzi w cień i niepamięć.

Zaczyna się dziesięciolecie ostrej walki politycznej, bodaj najburzliwsze w historii kraju. Dymisja goni dymisję. Kiedy od władzy zostaje odsunięty premier, Song-ae wykorzystuje próżnię i staje się prawdziwym wicepremierem męża. Sięgając po sprawdzone metody marksistowskiej propagandy, bez wahania rozprowadza wśród kierownictwa partii swoje dzieła zebrane. Coraz częściej porównuje się ją do Jiang Qing, wpływowej żony przewodniczącego Mao. Czując, że konflikt między żoną a synem się pogłębia, Kim Ir Sen pokazuje, po czyjej stronie stoi, deklarując: „Słowa Kim Song-ae należy traktować jak moje”[36]. Z tą chwilą topór wojenny zostaje odkopany.

Sierpień 1971 roku przynosi jednoznaczny sygnał: z okazji wizyty króla Sihanouka oficjalny dziennik rządowy publikuje na pierwszej stronie oddzielne zdjęcia Kim Ir Sena i jego żony, w ten sposób podkreślając podział władzy między małżonkami. Dzongil, który jest wówczas sekretarzem partii do spraw propagandy, zrywa z tradycją, otwarcie dopuszczając się krytyki: „Towarzyszka Kim Dzong Suk troszczyła się o was jeszcze w czasach partyzantki antyjapońskiej i zmarła wkrótce po wyzwoleniu. Ona powinna służyć Koreankom za wzór, ją należy stawiać na piedestale, nie Kim Song-ae”[37]. Tymczasem członkinie Demokratycznej Unii Kobiet wpływami i pozycją dorównują towarzyszom z Komitetu Centralnego i – poza zgromadzeniami Najwyższego Przywódcy – mogą zajmować miejsca za stołem prezydialnym. Ich przywódczyni wymusza na mężu budowę nowej siedziby, godnej jej stowarzyszenia, w miejscu gdzie wzniósł gigantyczny pomnik ku własnej chwale.

W końcu Song-ae rozpoczyna ostatni, najtrudniejszy etap swojej intronizacji: całkowite wymazanie Dzong Suk z propagandy i z pamięci. Zaczyna od usunięcia z murów miasta wszystkich oficjalnych portretów świętej bojowniczki. Następnie rzesze pochlebców najętych do budowania legendy chwalebnej matki otrzymują rozkaz milczenia. Ani słowa więcej. Tej terapii szokowej towarzyszy kolejny ruch: ograniczenie przywilejów dawnych partyzantów. Od tej pory mają otrzymywać mniejsze dotacje rządowe i będą traktowani jak zwykli żołnierze. W akcji gorliwie wspierają Song-ae jej dwa bracia. *Damnatio memoriae*, wymazywanie Dzong Suk z pamięci narodu, staje się faktem. Dzongilowi – prawowitemu następcy tronu – tego już za wiele. Przy każdej okazji ostentacyjnie nazywa macochę i jej rodzinę „zbytecznymi gałęziami”. Ze względu na szacunek dla ojca nie może bezpośrednio jej zaatakować, ale w końcu znajduje punkt archimedesowy – niepodlegający podważeniu argument, którym pogrąża intrygantkę. „Tłumaczył, że władza musi być skupiona w jednym ręku, wokół jednej osoby”, wyjaśnia Li Nam-ok.

Trzydziestodwuletni dziedzic przypuszcza atak. Jego zwolennicy wytaczają kolejne procesy o korupcję osobom z otoczenia Song-ae, poczynając od jej dwóch braci. W czerwcu, kiedy to zaczyna się zjazd partii, poplecznicy macochy zostają usunięci ze stanowisk, a ona sama odsunięta na boczny tor. Zapamiętuje nauczkę i rok później publicznie opisuje Dzong Suk jako „niezłomną rewolucjonistkę komunistyczną i godną podziwu działaczkę". Następnie syn Wielkiego Wodza rozpoczyna akcję odbudowy kultu swej nieodżałowanej pamięci mamusi. W rodzinnym mieście Dzong Suk, w stolicy i wszędzie tam gdzie walczyła, błyskawicznie wyrastają pomniki i popiersia. Song-ae zaś musi osobiście otworzyć muzeum rywalki.

Ojciec Dzongila nie dochował wierności Dzong Suk, lecz on właściwie uczci pamięć matki. Zwłaszcza że może liczyć na wsparcie odwiecznego sprzymierzeńca – swojej siostry. Kyong-hui też dorastała w cieniu tamtego strasznego dnia w 1949 roku, kiedy razem z bratem kładła kwiaty na grobie ukochanej mamy. Ta dwudziestosześciolatka łączyła nieprzejednanie matki z porywczością ojca. „Z nikim nie miał tak silnej więzi jak z nią – zdradza jego ochroniarz. – Ilekroć Dzongila chcieli odwiedzić przyrodni bracia, mieliśmy mówić, że jest nieobecny. Kiedy jednak zjawiała się Kim Kyong-hui, kazał ją natychmiast wpuszczać. (...) Choć z natury wybuchowy, nigdy nie powiedział złego słowa, jeśli Kyong-hui wpadała do niego bez uprzedzenia".

Nienawiść rodzeństwa do narzuconej matki osiąga apogeum w kwietniu 1972 roku, przy okazji obchodów sześćdziesiątych urodzin Kim Ir Sena. Rytuał towarzyszący temu świętu jest ściśle określony i każdy musi się mu podporządkować. Wszyscy urzędnicy i wojskowi najwyższej rangi zbliżają się do Wielkiego Wodza ze szklaneczką słodkiego alkoholu, nisko mu się kłaniając. Kiedy przychodzi kolej na córkę, dyga przed czułym tatusiem i nagle zalewa się łzami. Zapada lodowata cisza. Po chwili jeden z gości próbuje opanować sytuację i pyta o powód tej nagłej rozpaczy.

– Bo mamusia nas opuściła i nie może zobaczyć tego święta – wyrzuca z siebie ze szlochem dziewczyna, po czym pyta niebiosa, czemu tak ją skrzywdziły, i wzywa Dzong Suk.

Wzruszone tym córczynym przywiązaniem dawne towarzyszki broni też nie mogą powstrzymać się od płaczu. Wkrótce wszyscy już toną w „morzu łez"[38]: ich mężowie, nawet sam Wielki Wódz. Dzongil próbuje uspokoić siostrę, która usiłuje zniknąć wszystkim z oczu.

Potomstwo Wodza przyprawia naczelnego ideologa reżimu Hwang Jang-yopa o prawdziwy ból głowy. Ten godny dziedzic Goebbelsa i twórca *dżucze* – doktryny łączącej najbrutalniejsze elementy marksizmu-leninizmu z koncepcją całkowitej samodzielności i samowystarczalności, która doprowadziła do hermetycznego zamknięcia kraju – nie umie sobie poradzić z upartą siostrą Dzongila. Oto bowiem na Uniwersytecie Kim Ir Sena, gdzie studiowała ekonomię, Kyong-hui poznała młodego mężczyznę, kolegę z roku. Wiadomość o niepokojącym flircie dochodzi do uszu Wielkiego Wodza, który nie uznaje jakichkolwiek kontaktów poza kręgiem sprawdzonych i zaufanych ludzi. Rozdrażniony, nakazuje córce, aby natychmiast przestała widywać się z tym obcym, a Hwang Jang-yopowi powierza misję dopilnowania, by podporządkowała się jego woli. Kyong-hui umie jednak stawiać na swoim.

„Któregoś dnia przyszła do mnie, zaczęła się skarżyć, pytała, dlaczego wtrącam się do jej życia uczuciowego. Wcześniej traktowałem ją jak małą dziewczynkę, dopiero ten incydent uświadomił mi, że jest uparta i inteligentna. Spotkałem się więc z jej stryjem, żeby o niej porozmawiać. Zirytowany, przyznał, że Kyong-hui tak się zadurzyła, iż nie słuchała nawet Kim Dzongila. Wtedy dotarło do mnie, że nie zdołam zniszczyć tego związku. I stało się tak, jak przypuszczałem: w końcu się pobrali”[39], przyznaje Hwang Jang-yop w pamiętnikach.

Tupet dziewczyny i bezwarunkowe wsparcie, jakie okazuje sobie rodzeństwo, to potężna siła, która jeszcze nieraz narobi zamieszania. Kyong-hui znalazła miłość, choć przez to ściągnęła na siebie gniew ojca, ale nie zamierza z nikim dzielić się bratem. Ślubuje sobie, że uchroni go przed największym niebezpieczeństwem: kobietami.

Krucjata przeciwko macosze kończy się zwycięstwem Kim Dzongila. W 1974 roku zostaje mianowany następcą ojca.

Ojcowska zemsta

„Więź, która łączy Kim Dzongila z Kim Kyong-hui, jest prosta. Ta para stanowi motor północnokoreańskiej polityki. Dzongil widzi w niej przede wszystkim wspólniczkę w walce o władzę, a dopiero potem siostrę”, uważa prezydencki ochroniarz.

Wydawać by się mogło, że Song Hye-rim spełnia wszystkie warunki, by uszczęśliwić Kim Dzongila, ale w oczach Wielkiego Wodza i protoplasty dynastii Kimów nic nie zmaże jej największej winy, niewybaczalnego grzechu: jest mężatką, a do tego ma córkę z legalnego związku.

Dzongil przez trzy lata ukrywał przed ojcem istnienie małego Dzong Nama, owocu miłości w technikolorze. Szykuje się do objęcia stanowiska po ojcu i samotność ciąży mu bardziej niż zwykle. Jest rozdarty między swoją *dolce vita* a czystością ideologiczną. Wtedy z odsieczą bratu przybywa Kyong-hui. Znajduje „honorowe" wyjście z sytuacji, dzięki któremu rozwiąże dylemat Kima, a zarazem pozbędzie się kobiety zagrażającej przyszłości dynastii. Składa wizytę Hye-rim:

– Jest pani starsza od mojego brata, a co gorsza, ma pani męża. Dlatego musi pani odejść. Zaopiekuję się Dzong Namem i obiecuję, że będzie pani mogła się z nim widywać.

– Nigdy się na to nie zgodzę. To mój syn. Nigdy go pani nie oddam.

Hye-rim czuje, jak pętla zaciska się jej wokół szyi. Wiedząc, że Dzongil nie odważy się publicznie ogłosić zaginięcia syna, pod wpływem emocji decyduje się na desperacki krok. Ucieknie z rezydencji, zabierając ze sobą chłopca. Już wcześniej zresztą groziła tchórzliwemu kochankowi:

– Sama wychowam Dzong Nama. Nigdy go nie oddam twojej siostrze. Jeśli będzie trzeba, powiem prawdę teściowi, przynosząc na plecach Dzong Nama[40].

Widząc upór kochanki, Dzongil z wrodzonym taktem zapewnia, że jeśli nie ustąpi, sam ją zabije. Ucieczka trwa krótko, kilka godzin później matka zostaje odszukana.

Nacisk ze strony surowej, władczej siostry – iście żelaznej damy – staje się nie do zniesienia. Hye-rim nie może się pozbierać po jej wizytach. Zaczyna cierpieć na stany lękowe. Niepokój nie opuszcza jej nawet nocą. Dręczą ją koszmary. Brak snu z kolei sprawia, że jej obsesja się nasila. Coraz częściej ogarnia ją panika, przerażona krzyczy do gości:

– W każdej chwili mogą mnie wyrzucić za drzwi! Zabiorą mi Dzong Nama! Wiem, że to zrobią!

Lekarz nie ma wątpliwości: Hye-rim cierpi na depresję i nerwicę.

Sekret ciąży Dzongilowi. Wie jednak, że ujawniając go, dałby macosze broń przeciwko sobie. „Starszy syn Ir Sena złamał zasady rewolucji społecznej wprowadzonej przez ojca. Poza tym istniało ryzyko, że Dzong Nam padnie ofiarą zamachu albo że Song-ae postanowi go zabrać i sama wychować. Dzongil nie mógł sobie pozwolić na to, by macocha zyskała przewagę. Nie mógł narazić syna", wyjaśnia jego motywy Li Nam-ok. Ojcowski dekret kładzie kres tej kruchej równowadze. Kim Ir Sen i Song-ae żądają, by Dzongil się ożenił. Państwem nie może rządzić samotny mężczyzna. Musi mieć pierwszą damę, musi zapewnić sobie dziedzica.

Hye-rim rozumie sytuację aż za dobrze. Sama radzi Dzongilowi, aby się podporządkował ojcowskiej woli. Pewnego dnia jednak, kiedy bawi się z synkiem w ogrodzie, zjawia się Kyong-hui, żądając widzenia z bratem. Ma się natychmiast spotkać z przyszłą żoną, którą wybrał dla niego ojciec. Dzongil doskonale o tym wiedział, ale nie potrafił przyznać się Hye-rim. Udaje się na sjestę – zapewne w nadziei, że w ten sposób odwlecze nieuniknione – a poganiany przez siostrę, tylko odwraca się plecami.

– Idziemy, braciszku, idziemy – nie odpuszcza Kyong-hui, ściągając go z łóżka.

Hye-rim, która wierzy, że to małżeństwo z rozsądku nie oznacza końca ich miłości, odprowadza ich wzrokiem. „Prostolinijna i uległa Hye-rim jednak nie wytrzymała. Bezsenność, nerwica, stany lękowe… Mama zabrała ją do Moskwy na leczenie", zdradza nam jej siostra. Dzongil z wojskową precyzją przygotował wszystko na jej przyjazd do stolicy Związku Radzieckiego: dwa mieszkania, ochrona i dostęp do lekarzy w klinice. Hye-rim nie zdążyła mu powiedzieć, że spodziewa się drugiego dziecka. Siły ostatecznie ją opuściły, wycieńczony organizm nie zdołał wyżywić maleństwa, które rozwijało się w jej łonie. Hye-rim poroniła, co skończyło się dwumiesięcznym pobytem w szpitalu.

W tym czasie Kim Dzongil stawia pierwsze kroki na ścieżce mężczyzny „przyobiecanego" wybrance wskazanej przez Wielkiego Wodza: czystej ideologicznie maszynistce z biura Komitetu Centralnego, niejakiej Kim Young-sook. „To urodziwa dziewczyna ze wsi, narzucona mu przez ojca. (…) Godna pożałowania istota, która biegła na skargę, ilekroć Kim Dzongila drażnił bijący od niej zapach gnojówki"[41], wspomina dawny dygnitarz partyjny. Młodej parze szybko rodzi się córka. Tymczasem Kim Ir Sen wciąż nie wie o istnieniu prawdziwej rodziny syna. Wieść o przyjściu na świat dziewczynki to dla Hye-rim cios w samo serce. Jej stan gwałtownie się pogarsza.

Małżonkowie zajmują rezydencję z numerem 16. „To parterowy budynek z ogrodem, fontanną, sadzawką i sprzętem rekreacyjnym", wspomina ochroniarz. Stu osiemdziesięciu strażników odpowiada za to, by spokoju mieszkańców nie zakłócił żaden nieproszony gość. „Mieszka tam Kim Dzongil z żoną Kim Young-sook. Formalnie to jego oficjalna rezydencja, ale rzadko się tam pojawia. Jego prawdziwa żona mieszka gdzie indziej", zdradza nam.

Przez następne dziesięć lat Song Hye-rim często wyjeżdża do Moskwy na dłuższe leczenie. Bezsenność ją wyniszcza: u kobiety rozwijają się nerwice, w nocy krzyczy jak opętana. W chorobliwych majaczeniach wciąż powraca imię nowej małżonki wybranka. W pokoju wiesza portrety Kim Ir Sena i Kim Dzongila. Zdarza się jej zwracać do tej żałosnej ikony:

– Nędzny kobieciarzu! Pamiętam, co zrobiła mi Kyong-hui! Skoro tak ją kochasz, żyjcie sobie razem jak braciszek i siostrzyczka!

Jej stan tak się pogarsza, że sporządza testament, który powierza siostrze. Dzongil wysyła jej alimenty i ochroniarzy czuwających nad jej bezpieczeństwem. Porzucona kochanka krąży pomiędzy szpitalem w Moskwie a kliniką Bongwha w Phenianie. Kim odwiedza ją tam i godzinami siedzi przy niej, bezradnie patrząc, jak jego miłość zapada się w siebie i swój świat. Dramat Hye-rim uderza go w samo serce.

Ideolog Hwang Jang-yop przypomina sobie, że wśród północnokoreańskich studentów wysłanych do Moskwy, by uczyć się u wielkiego radzieckiego brata, krążą plotki, jakoby prawdziwa żona Kim Dzongila uciekła z kraju i schroniła się właśnie tutaj, gdzie jest leczona. To wystarczy, by wzniecić u zainteresowanego lodowatą furię. Jego życie osobiste ma otaczać szczelny mur milczenia. Każe przesłuchiwać każdego studenta wracającego do kraju. Ci, którzy choć słowem wspomnieli o rzekomej zdradzie, zostają straceni[42]. Ilekroć jednak Hye-rim ląduje na lotnisku Sunan, czeka tam na nią.

Długoletnia choroba towarzyszki głęboko naznaczyła przyszłego wodza. „Spał niczym wdowiec, tylko z Dzong Namem. Od początku lat siedemdziesiątych, kiedy Hye-rim kilka razy w roku jeździła do Moskwy, właściwie nie opuszczał naszej rezydencji", wspomina Song Hye-rang. Zmienił się też jego stosunek do kobiet. Staje się zgorzkniały, niemal cyniczny. W lutym 1978 roku, kiedy Hye-rim wyjątkowo przyjechała na jego urodziny, zwierza się jej, że „kobieta ma tylko opiekować się dziećmi i odrabiać w domu pańszczyznę"[43].

„Kim Kong"

Dzongil przez długie lata żywi do Hye-rim urazę. Nie może jej wybaczyć, że przez swoją chorobę i szaleństwo zabiła ich potajemną miłość, osierocając jego i północnokoreańską sztukę. Hye-rim, jego natchnienie, towarzyszka filmowych uniesień, zostawiła pustkę, którą trzeba natychmiast zapełnić. Musi zatem jak najszybciej znaleźć nowe kochanki. A jeśli nie, to chociaż nową pasję, w której wyżyje się artystycznie. Jeśli ma ostatecznie się pożegnać z Song Hye-rim, musi sprawić, by również widzowie o niej zapomnieli. Innymi słowy, jego kino potrzebuje nowej muzy, dzięki której północnokoreańska kinematografia dorówna tej z południa.

14 lutego 1978 roku najsłynniejsza aktorka południowokoreańska pięćdziesięciodwuletnia Choi Eun-hee kręci film w Hongkongu. Gwiazda ponad siedemdziesięciu filmów, była żona wybitnego reżysera Shin Sang-oka, szuka natchnienia w stolicy azjatyckiego kina, gdy w biały dzień w środku miasta zostaje uprowadzona przez nieznanych sprawców. Dwie doby później, 16 lutego po południu, w pokoju uprowadzonej kobiety dzwoni telefon.

– Pani Choi, mówi Kim Dzongil. Co pani robi?

– Właśnie robiłam na drutach, a wcześniej czytałam.

– Zechce pani do mnie przyjechać? Za niecałą godzinkę podeślę limuzynę.

W głosie Dzongila słychać wesołość. Chyba jest podchmielony.

– A o co chodzi?

– Szczerze? Mam dziś urodziny. Nie organizujemy żadnej fety, ale wpadła rodzina, więc... zapraszam.

Kim wita ją w progu willi.

– Pani Choi, jak tam zdrowie? Podobno już lepiej?

Zleceniodawca zuchwałego uprowadzenia gwiazdy południowokoreańskiej kinematografii nieustannie wyraża troskę o jej samopoczucie. Traktuje ją z uprzedzającą grzecznością, wszystkiego osobiście dogląda.

– Pani Choi, to ubranie, które kazałem dla pani uszyć? Przepiękne. Do twarzy pani w koreańskim stroju.

– Dziękuję. Niezwykle pan łaskaw.

– Może coś budzi pani troskę lubi niepokój? Jeśli tak, proszę śmiało powiedzieć.

– Nie, ależ skąd. Przeciwnie, pańska gościnność mnie zachwyca. Sama nie wiem, jak dziękować.

– Ha, ha... Doprawdy? Nie zrobiłem nic szczególnego.

– Drogi wodzu...

– Słucham.

– Przepraszam, że wspominam o tym w tak radosnym dniu, ale... Pozwoliłby mi pan wrócić do kraju? Czeka na mnie rodzina i siedmiuset studentów, którymi muszę się zająć. W nocy nie mogę spać, bo wciąż myślę o obowiązkach, jakie na siebie wzięłam...

– Naturalnie. Doskonale panią rozumiem, ale proszę zdobyć się jeszcze na odrobinę cierpliwości. Wkrótce wszystko się ułoży.

Dzongil nieprzypadkowo wybrał właśnie Choi Eun-hee, producentkę i wykładowczynię cenionej południowokoreańskiej szkoły filmowej. Nie zaprosił jej też wyłącznie po to, by uświetniła jego przyjęcie urodzinowe. Przed nią znacznie ważniejsza misja. Pomoże przyszłemu Umiłowanemu Przywódcy zbudować przemysł filmowy na miarę Hollywoodu. Aktorka czuje się jak na planie wyjątkowo kiepskiego filmu *science fiction*.

– Przedstawiam pani moją żonę. Skarbie, to pani Choi. Przywitaj się z nią.

Dzongil przedstawia artystce Kim Young-sook, swoją oficjalną żonę wybraną przez ojca. Kobieta wkracza na scenę u boku małżonka, ubrana w czarną suknię drukowaną w kwiaty.

– Dziękujemy, że zechciała pani przyjść. Nie wiem, co teraz... – zwraca się do męża. – Tak nieoczekiwanie to zorganizowałeś...

– Pani Choi nie jest oficjalnym gościem – pada natychmiastowa odpowiedź. – Przyjechała jako członek rodziny[44]...

Hye-rim może tylko bezsilnie przyglądać się scenie i pojawieniu się rywalki z Południa. Obie gwiazdy kina pierwszy raz stają twarzą w twarz.

Dzongil roztacza urok osobisty, próbując oczarować kobietę, która wciąż nie otrząsnęła się z szoku. Choi Eun-hee nie figurowała na oficjalnej liście gości, ale podchmielony Kim pod wpływem impulsu zdecydował się ją zaprosić. Young-sook uwija się jak w ukropie, starając się zadowolić towarzystwo. Gwoździem programu jest żywy karp, miotający się w konwulsjach, z którego kucharz ma zrobić sushi. Dzongil komentuje krzątaninę żony i próbuje rozładować atmosferę szowinistycznymi żarcikami:

– Co ona wie. (...) Toż to wieśniaczka!

Upoważnia też żonę, by zawiozła ich szacownego gościa do wód.

– Kiedy następnym razem będziesz jechała do uzdrowiska, weź też panią Choi. Ona również ma słabe serce.

Po powrocie do apartamentu Choi Eun-hee musi przyznać, że gospodarz rzeczywiście o wszystko się zatroszczył. W pokoju pojawił się czerwony telefon – specjalna linia umożliwia aktorce bezpośrednie połączenie z gabinetem Kim Dzongila. Dostała też jego prywatny numer, żeby w każdej chwili mogła się z nim skontaktować. Po pierwszym spotkaniu i wymianie uprzejmości Dzongil wysyła krewniaka z prezentami dla swojej branki, która z wdzięcznością przyjmuje kosmetyki firmy Shisheido, nie gardząc również butelką szampana i koniaku. Kilka dni później, kiedy osobiście składa jej wizytę, nie uspokaja jej jednak co do przyszłości.

– Pani Choi, śpi pani przy otwartych drzwiach?

– Tak. Nie umiem ich zamknąć.

– Naprawdę? Trzeba po prostu zrobić tak. Proszę, niech pani koniecznie zatrzaskuje je przed snem.

Kim Dzongil szybko zagania nową pracownicę do roboty. Jest ciekaw jej opinii na temat wszystkich północnokoreańskich produkcji. Nie tylko filmowych, również teatralnych i cyrkowych. „Gdziekolwiek jedzie, czeka na niego w pełni wyposażona sala projekcyjna. Co wieczór ogląda filmy, które wypożycza z archiwów. Na prawie tysiącstronicowej liście było zaznaczone, czy film został przetłumaczony, czy też zrobiono do niego dubbing. Połowę zdubbingowano lub opracowano specjalnie dla niego", wspomina Choi Eun-hee. Pod rządami

Wielkiego Wodza kino nie służy rozrywce ani tym bardziej zabawie. Stanowi polityczne narzędzie budowania mitu rodziny Kimów.

Dzongil dopytuje się, jak jej się podoba najnowsza premiera kinowa: *Morze krwi*, dzieło opowiadające o masowych egzekucjach podczas okupacji japońskiej. To jeden z „pięciu rewolucyjnych klasyków Korei Północnej". Pani Choi radzi, by dorzucić do niego wątek romantyczny.

– Zrobicie z niego piękny film, kiedy przyjedzie reżyser Shin Sang-ok.

Aktorka czuje się, jakby dostała obuchem. Co jej były robi w Korei Północnej? W lipcu 1978 roku, kilka miesięcy po jej tajemniczym zniknięciu, udał się do Hongkongu, próbując ją odszukać. Dwa wielkie talenty w zasięgu ręki? Kim nie może przepuścić takiej okazji. Uprowadza również bohaterskiego eksmęża. Tryskając zapałem po tym komunikacie, zapowiada nawet, że wspólnie pokażą się publicznie.

– Pani Choi, zechce pani uczestniczyć wraz ze mną w najbliższym spotkaniu Północ – Południe?

– A... kiedy to będzie?

– Niedługo.

– Co miałabym tam robić?

– Z pewnością na wszystkich wywarłoby ogromne wrażenie, gdyby w obecności Koreańczyków z Południa wygłosiła pani prelekcję o wyższości partii socjalistycznej. Ma pani w Korei Południowej sporo wielbicieli, prawda?

Pani Choi ze zdumienia tylko otwiera usta. Na dworze Umiłowanego Przywódcy nieraz jeszcze będzie się dziwić. Mimo fascynacji sztuką następca tronu nie zapomina jednak o obowiązkach ojcowskich. Już kilka lat wcześniej całe uczucie przelał na syna. W trosce o jego przyszłość chce go wysłać na naukę za granicę, którą to decyzję Kyong-hui gorąco popiera. Tak oto panie Song z młodym potomkiem pod pachą udają się na kilkanaście tygodni do Moskwy. Wracają błyskawicznie. Przyczyna? Standardy higieniczne. „Dzong Nam po pierwszym dniu nie chciał wrócić do szkoły. Nie podobały mu się brudne ubikacje", przypomina sobie rozdrażniona opiekunka. Mąż Kyong-hui zajmuje się wyszukaniem nowego miejsca i nowej szkoły. Genewa stanowi terytorium „neutralne". Aby zapewnić chłopcu anonimowość i bezpieczeństwo, Dzong Nama przedstawia się tam jako syna koreańskiego dyplomaty.

W dniu rozstania Kim Dzongil popada w rozpacz, „gorszą niż ta, którą odczuwa matka, wydając córkę za mąż – zwierza się nam Hye-rang. – Płakał jak dziecko, które napiło się alkoholu". Tonący we łzach, wstawiony ojciec powtarzał:

– Wiem wszystko! Wiem, że chcecie odebrać mi mojego Dzong Nama!

W końcu jednak bierze się w garść. „Kim Dzongil zawsze nas zachęcał, byśmy zwiedzali świat, poznawali inne kraje", wspomina Li Nam-ok.

Delegacja ląduje w Genewie w marcu 1980 roku. Odpoczynek jednak nie trwa długo: w pokoju raz za razem dźwięczy telefon. Dzongil nieustannie wydzwania do syna. Rozmowy po obu stronach są sowicie okraszone łzami. Chłopcu towarzyszą babka, ciotka i Li Nam-ok. Hye-rim znów przebywa w Moskwie. Wyjazd rodziny jest najpilniej strzeżoną tajemnicą w kraju. „Dzong Nam jednak tęsknił za tatą i błagał, żeby wrócić do Phenianu. Nagrał nawet kasetę, na której raz za razem zaklinał: »Zabierz mnie do domu, tato!«. Chciał, żeby babka ją wysłała, ale ona nie spełniła jego prośby. Gdyby Dzongil dostał taśmę, prawdopodobnie nie zostawiłby chłopca w Genewie", zaświadcza Li Nam-ok. Uparte panie Song przechwyciły niebezpieczną przesyłkę, a osierocony ojciec koił smutek, produkując kolejne filmy.

6 marca 1983 roku, po pięciu latach w niewoli u Umiłowanego Przywódcy, Choi Eun-hee po raz pierwszy widzi się z byłym mężem. Zaskoczona para siedzi skrępowana. Na szczęście może liczyć na Kima, który postanawia temu spotkaniu po latach nadać bardziej romantyczny charakter.

– Ależ co tak siedzicie? Pocałujcie się!

Nieszczęśni byli kochankowie z przymusu, bez przekonania przywierają do siebie wargami, zwłaszcza że scena zostaje uwieczniona. Rozradowany Kim bije brawo i pozuje z nimi do zdjęcia, uspokajając:

– Nie martwcie się, te fotografie nie ukażą się w południowokoreańskiej prasie. A teraz dość tych karesów. Chodźcie.

Pan Shin, który dopiero co wyszedł z celi po wielu miesiącach niewoli, dowiaduje się, że zostanie doradcą tego zapalonego kinomana. Na tym jednak nie koniec niespodzianek.

– Pobierzecie się tutaj 15 kwietnia – oznajmia Dzongil. – W urodziny Kim Ir Sena.

Wielkoduszny Dzongil wymyśla nawet oryginalny prezent ślubny. Trzy lata wcześniej w czasie jakiejś imprezy Kyong-hui wspomniała, że szaleje za psami, i chwaliła się swoją hodowlą. Choi Eun-hee, która niewątpliwie czuła się bardzo osamotniona, zadeklarowała, że ona też przepada za szczeniętami. Kim Dzongil natychmiast poprosił siostrę, żeby podarowała aktorce psiaka. Epizod szybko poszedł w niepamięć, więc pani Choi z pewnością nie spodziewała się, że dzień po ślubie znajdzie pod drzwiami parę uroczych szczeniąt.

Para przez kilka lat wspierała Kim Dzongila w realizacji jego ambitnego celu budowy wielkiej kinematografii północnokoreańskiej i produkowała kolejne arcydzieła, takie jak chociażby *Pulgasari*, socjalistyczną wersję *Godzilli*. Korzystając z pobytu w Wiedniu, gdzie kręcili kolejny film, zaplanowali ucieczkę godną swoich najlepszych produkcji. Zgubili północnokoreańską obstawę i popędzili do ambasady amerykańskiej, gdzie zażądali azylu.

Wojna tańczących gwiazd

Obawiając się, że rodzinna tajemnica wyjdzie na jaw, na początku lat dziewięćdziesiątych Dzongil znów sprowadza syna do Phenianu. Wieloletnia rozłąka nie osłabiła synowskiej miłości, ale chłopak czuje się obco w kraju, a – mimo całego oddania – rozrywki ojca go nie bawią. Dzongil definitywnie stracił swoją pierwszą wielką miłość: Hye-rim, ale wciąż tęskni za jej towarzystwem i urodą. Z czułością wspomina jej wdzięczne rysy, ale przede wszystkim piękne nogi, które zawsze potrafił docenić. „Bardzo się cieszył, że Dzong Nam odziedziczył po matce długie nogi[45]", zdradza nam Hye-rang.

Ten wielbiciel długich nóg odkrywa w sobie projektanta mody, rewolucjonistę. „Raz skomentował spódnicę mojej córki: »Jak to się dzieje, że sięga tak daleko za kolana?«", przypomina sobie jego niegdysiejsza szwagierka. Nawet w gronie rodzinnym koneser powinien mieć przyjemność podziwiania tego, co młodość oferuje najlepszego. Następca tronu staje się de Toulouse-Lautrekiem polityki, przy rekrutacji pracownic kierując się kryterium długości nóg. „Miał własny, bardzo konkretny ideał nóg. Nie wiem, czy zauważył to ktoś oprócz mnie, ale długonogie ślicznotki stopniowo wyparły pozostały personel", opowiada dalej. Umiłowany Przywódca to wybredny esteta. Same smukłe nogi nie wystarczają. Ich właścicielki muszą jeszcze zgrabnie się poruszać. Kim Dzongil w końcu przestaje się bronić. Ulega fascynacji sztuką i miłości do tańca, niewątpliwie zaszczepionej przez matkę, by w głębinach serca odkryć swe prawdziwe powołanie: musi zostać najważniejszym choreografem kraju.

Jak tańczące pantofelki serce dyktatora zdeptały

Kim Dzongil od dwudziestu lat finansuje słynny zespół artystyczny Mansudae i osobiście nim kieruje. Do tej „fabryki baletnic", położonej nad brzegami Taedong-gang, trafiają wyłącznie najlepsze tancerki i aktorki z całego kraju, mieszkając w luksusowych, jak na Koreę Północną, warunkach. Mogą na przykład przez cały dzień cieszyć się bieżącą ciepłą wodą, podczas gdy reszta społeczeństwa korzysta z tego przywileju jedynie rano i wieczorem. Uczennice mają też zapewniony wikt i opierunek, dostają takie rarytasy jak zagraniczna czekolada i coca-cola. Na tym nie koniec. „Wszystko było za darmo: ubrania, bielizna, nawet kosmetyki"[46], opowiada jedna z nich. Wybranki zyskują też skromny lufcik na zepsuty świat rozciągający się poza granicami Korei: raz w tygodniu oglądają kapitalistyczny film „w celu zapoznania się z kulturą ogólną oraz jako inspirację". Kim co dzień obserwuje próby i występy. Nagrywa też swoje uwagi, żeby po zakończonej pracy podopieczne mogły jeszcze wielokrotnie sycić się jego mądrością. Te, które osiągają niezadowalające wyniki, składają samokrytykę. Wszystkie zaś wypowiadają słowa wyznania wiary: „Ja, jako członkini zespołu pod kierownictwem Kima, w wyrazie wdzięczności za wszystkie jego dobrodziejstwa ślubuję dać z siebie wszystko na rzecz rozwoju życia artystycznego w kraju". W rewanżu za przywileje, jakimi się cieszą, mają zachwycać perfekcyjnym tańcem zagranicznych dygnitarzy i bawić Umiłowanego Przywódcę na jego prywatnych wieczorkach.

Wielkoduszny Kim Dzongil sam ucisza niepokój młodych piękności, które mogłyby się obawiać, że nie staną na wysokości zadania. Od dwóch dziesięcioleci zespół Mansudae stanowi źródło radości dla biedaka męczącego się z żoną narzuconą przez ojca i chorobą wybranki. W 1972 roku odbyła się premiera *Kwiaciareczki.* Casting do opery przeprowadzono według surowych kryteriów.

Role dostawały dziewczęta, które miały co najmniej metr sześćdziesiąt wzrostu i ładne buźki. Wygląd liczył się bardziej niż umiejętności taneczne. Akcja tego dzieła toczy się podczas powstania przeciwko Japończykom i opowiada historię młodej wieśniaczki, która co rano zbiera w górach kwiaty, by później sprzedać je na targu i tak zarobić parę groszy dla chorej matki i ślepej siostry.

Tam właśnie Kim Dzongil poznaje Ko Young-hee, która mimo japońskich korzeni należy do najpopularniejszych solistek zespołu. Jej rodzina przeniosła się do Korei, gdy dziewczyna miała osiem lat. Choć w nowym społeczeństwie związki z Japonią stanowią balast i automatycznie zamykają dostęp do najwyższych kręgów władzy, ona potrafi przykuć uwagę wielkiego choreografa, który chętnie przygląda się jej ćwiczeniom. Delikatne rysy i porcelanowa cera nie pozostają niezauważone. Podobnie jak smukła sylwetka godna gimnastyczki. Na tym jednak nie koniec. „Zbierała pochlebne recenzje, bo dobrze tańczyła i na scenie wyróżniała się charyzmą", wspomina koleżanka z zespołu.

Ta sama tancerka pamięta, jak pewnego ranka razem z Ko otrzymuje zadanie specjalne. Dziewczęta przez cały dzień intensywnie ćwiczą, po czym zostają wezwane do wielkiej sali, gdzie otrzymują kostiumy na tajemniczy występ: „Była to bladoróżowa nylonowa suknia do kostek. Bez rękawów, z głęboko wyciętym gorsetem. Znacznie śmielsza niż stroje, w jakich zwykle tańczyłyśmy".

Rozkaz wydany, mają być gotowe na osiemnastą. Ko i jej partnerka zostają przewiezione samochodem do rezydencji, w której odbywa się zabawa wydana przez ministra spraw zagranicznych. Dopiero tu otrzymują instrukcje: „To święto ku czci towarzysza Przywódcy, Kim Dzongila. (...) Macie zrobić, co w waszej mocy, by jak najlepiej się bawił". I jeszcze jeden warunek: „Pamiętajcie, o przyjęciu wiedzą wyłącznie jego uczestnicy. Wszystko, co tam zobaczycie lub usłyszycie, ma pozostać tajemnicą". Kiedy wreszcie wchodzą do sali, rozglądają się oszołomione i spłoszone. Nie ma tam żadnego okna, wszystkie ściany są wyłożone lustrami. Kryształowe żyrandole rzucają delikatne, miękkie światło. W głębi widzą niską drewnianą scenę, na której mają się produkować. Każda dostaje kartkę z planem tego nietypowego teatru.

O dwudziestej zjawia się Kim Dzongil w szarym mundurze, typowym stroju komunistycznego przywódcy. Bystra tancerka od razu dostrzega, że szef nosi „buty na obcasie, pewnie, żeby dodać sobie wzrostu". Wszyscy wstają, witając go oklaskami, on zaś zajmuje honorowe miejsce naprzeciwko sceny. Usiadłszy, nachyla się do choreografa i wypytuje o solistki. Rozmowę jednak przerywają pierwsze takty muzyki i na scenę wbiegają nimfy. „Zespół Pektu składał się z młodziutkich kociaków. Żadna nie miała dwudziestu lat. Długie szare spódnice i niebieskie bolerka podkreślały szczupłość talii i smukłość sylwetki", wspomina niedyskretna baletnica.

Wkrótce na stoliki wjeżdżają talerze z barwnymi daniami. Wszyscy jedzą i piją do syta, goście znakomicie się bawią. Po zakończonym występie baletnica słyszy coś, co przykuwa jej uwagę. Rozpoznaje prowokacyjny tekst zakazanej piosenki południowokoreańskiej. Za samo jej słuchanie można trafić do więzienia. Tymczasem tutaj budzi pozytywną reakcję i wybuch wesołości u wszystkich, łącznie z Kim Dzongilem, który powtarza raz za razem: „Świetnie! Brawo!". Dwie solistki dowiadują się, że dostąpią zaszczytu podania drinka towarzyszowi Przywódcy. Ten, zainteresowany głównie nogami panienki, zatrzymuje wzrok na spódniczce. Nagle dostrzega na niej ślady krwi.

– Skąd ta krew?

– Musiał mi pęknąć strupek na kolanie. W czasie przedstawienia.

– To kobiece krwawienie?

– Nie, nie. Mam na kolanie strupek... W czasie przedstawienia...

Przerażona dziewczyna urywa, nie wie, co powiedzieć. Jakiś pijany gość wybucha śmiechem.

– Tak? A nie wygląda!

Wódz traci zainteresowanie dziewczyną. Dziękuje zdawkowo i przenosi wzrok na jej towarzyszkę – bardziej milczącą, a przede wszystkim schludniejszą.

Tymczasem na scenę wkracza kolejny zespół. Para baletnic nie spodziewała się czegoś tak... nieortodoksyjnego. „Nie można było tego nawet nazwać tańcem. Wykonywały same wulgarne gesty. Wiły się w rytm muzyki, podnosiły nogi tak wysoko, że było widać majtki. Raz za razem powtarzały prostackie gesty, które odsłaniały biust... Obserwowałam reakcję Kim Dzongila. Promieniał, wyglądał na niezwykle ukontentowanego".

Rozochocony przywódca proponuje artystkom Mansudae, by z nim zatańczyły.

– Pokażcie mi ten fantastyczny układ z *Kwiaciareczki* – żąda.

Kiedy posłusznie zaczynają tańczyć, ku swemu zdumieniu widzą, jak Umiłowany Przywódca ochoczo wkracza na scenę.

– A teraz taniec hibiskusa! – zarządza, z pasją urodzonego pedagoga demonstrując stosowne ruchy.

Kilka miesięcy później Ko awansuje w zespole. Jako gwiazda ekipy zostaje wysłana do Japonii. Jeden z dygnitarzy uczestniczących w podróży opowiada, że: „jej wyjazd był prezentem od Kim Dzongila. Powiedział, że może odwiedzić kraj dzieciństwa i kupić sobie tam, co tylko zechce. Wszyscy odnosili się do niej z szacunkiem, a osoby z najbliższego otoczenia bardzo uważały, by się jej nie narazić”[47].

W 1979 roku wreszcie ziszczają się marzenia Ko, zrodzone już jakiś czas wcześniej. „Pewnego dnia zniknęła ze szkoły i dowiedziałyśmy się, że zamieszkała z Kimem”, wspomina jej koleżanka baletnica. Jak wiadomo z opowieści osobistego kucharza Kim Dzongila – wszystko zaczęło się od wspólnej przejażdżki samochodowej. Dzongil podjechał swoim bolidem pod budynek Mansudae, a potem przez całą noc krążył z nią po stolicy, puszczając na cały regulator muzykę koreańską[48]. Ilekroć Ko wpada w nostalgiczny nastrój i wspomina tę pierwszą randkę, nuci szefowi kuchni Kenjiemu Fujimocie przebój tamtego roku: *Guddae gusaram*. Pierwszy werset piosenki dobrze oddaje uczucia zadurzonej nastolatki: „Deszcz przypomniał mi o nim...”. Jeszcze tego samego roku zamieszkali razem. Wkrótce z tego związku urodziło się dwóch synów i córka.

Jednak kobiety z klanu Song, drugiej rodziny Kim Dzongila, potępiają ten związek. „Obsesyjnie polowała na niego od dziesięciu lat – zwierza się Song Hye-rang. Imię wybranki z trudem przechodzi jej przez gardło. – Ko Young-hee... Wszyscy wiedzieli, że pochodzi z Japonii. Już to narażało na szwank reputację rewolucyjnego rodu Kima, zrodzonego na świętej górze Pektu”.

Pamięć o Hye-rim coraz bardziej zawadza Umiłowanemu Przywódcy. Dzongil nie dowierza tym, którzy mają jakikolwiek związek z jego pierwszą miłością. Pewnego ranka jego agenci łomocą do drzwi jej najlepszej przyjaciółki ze szkolnej ławy. Tancerka z całą rodziną ląduje w Yodoku – obozie koncentracyjnym, z którego wracają nieliczni. Jej rodzice umrą tam z niedożywienia, a dziewięcioletni syn utopi się, próbując się napić wody z pobliskiej rzeki. Dopiero po dziewięciu latach więzienia złamana kobieta poznaje powód internowania: „Agent powiedział mi: »Song Hye-rim nie jest żoną Kim Dzongila, nie mają też dzieci. To plotki wyssane z palca. Jeśli będziesz próbowała rozgłaszać takie plotki, nie będzie dla ciebie litości«”[49].

Kim wymazuje przeszłość i jasno daje do zrozumienia, po czyjej stronie stoi w wojnie, jaką kobiety z klanu Song wypowiedziały obcej z Japonii. Ko tymczasem robi, co w jej mocy, by Kim zapomniał o pozostałych dwóch małżonkach. Posługuje się starą, sprawdzoną metodą zdobycia męskiego serca: przez żołądek. Dzongil darzy niemal chorobliwą miłością dania z sumika karłowatego. Dlatego powierza swojemu kucharzowi misję specjalną:

– Fujimoto, w Japonii muszą mieć sumiki. Jedź, podszkol się.

Odkrywszy zaś niesamowitą restaurację serwującą fondue z tej ryby, Kim natychmiast wysyła oficjalną delegację czterech kucharzy, by zgłębiła tajniki przysmaku. Ko przyjmuje wyzwanie i sama przygotowuje wyrafinowane dania z sumika, którymi kochanek wprost się zajada. Pamięta też, by dorzucić do nich swoją specjalność: sałatkę makaronową z kukurydzą.

Naturalnie, nie ma mowy, by podawała ryby kupione na targowiskach dla prostaków. Ko jest gotowa na każde poświęcenie, by zdobyć serce przywódcy na wyłączność, dlatego organizuje z Dzongilem i ich kucharzem rodzinne połowy. Kim, jako urodzony hazardzista, proponuje jej zakład: kto złowi najwięcej ryb słodkowodnych.

– Jutro podzielimy się na dwie grupy i urządzimy konkurs, a na kolację zjemy złowione ryby – obwieszcza.

Ko Young-hee nie jest pustogłową lalką. Ta urodzona 16 sierpnia 1953 roku w Osace dziewczyna ma żelazną wolę, czego dowiodła, wytrzymując dyscyplinę zespołu Mansudae. Na szczęście jednak wygnanie i ciężka praca nie zabiły w niej radości i serdeczności. „Jest bardzo piękna, bardzo cierpliwa, nigdy nie wtrąca swoich trzech groszy. Jednym słowem: żona doskonała”, zwierza się kucharz z nutką zazdrości. Przy Ko Umiłowany Przywódca realizuje swoje marzenia o doskonałej rodzinie. Podarował partnerce i dzieciom białe wierzchowce, na których galopują z zapałem: on pierwszy, reszta za nimi. Dzongil przepada za jazdą konną i przy każdej okazji pojawia się na swym rumaku – zarówno w telewizji, jak i w filmach.

Niestety, w 1992 roku, kiedy próbuje wprowadzić konia w zbyt ostry skręt na zablokowanej ulicy, ten płoszy się i ponosi. Kim Dzongil spada na ziemię. Zostaje przewieziony do domu, gdzie dopiero nocą odzyskuje przytomność. Jest poważnie ranny w ramię i w głowę, musi spędzić w łóżku wiele tygodni. Kiedy Ko do niego przychodzi, leży owinięty w bandaże jak mumia, a ogromne siniaki wokół oczu zasłania okularami przeciwsłonecznymi. Sprawy państwowe jednak nie mogą czekać. Najnowsza kochanka awansuje na osobistą sekretarkę i czyta sterty dokumentów piętrzące się na biurku. To okresowe inwalidztwo daje też początek dziwacznemu rytuałowi. Ponieważ Umiłowany Przywódca nie chce samotnie przeżywać odrętwienia po przyjęciu morfiny, a także obawia się uzależnienia od tego niebezpiecznego środka przeciwbólowego, razem z nim zastrzyk musi przyjmować szóstka jego bliskich, w tym nałożnica. Co wieczór o dwudziestej drugiej nieszczęśni „wybrańcy" dostają tę samą dawkę co on. Kiedy morfina zaczyna działać, wreszcie mogą się położyć. Przeszedłszy zwycięsko tę próbę, Ko dowodzi, że nadaje się na wierną małżonkę. Od tej pory Dzongil nabiera do niej pełnego zaufania. Tylko dla niej łamie swoją żelazną zasadę, że kobieta ma odgrywać wyłącznie rolę gosposi. Bawią go nawet jej niebezpieczne wygłupy – kiedy Ko każe mu śpiewać japońskie piosenki wojskowe.

Lipiec 1994 roku. Po prawie pięćdziesięciu latach u władzy Kim Ir Sen – uwielbiany ojciec – umiera na zawał serca. Policja organizuje naloty na bary w stolicy, by ukarać tych, co mają czelność świętować w dzień takiej tragedii. Dzongil zaś oficjalnie staje się drugim władcą dynastii Kimów. Przygotowywany do tej roli od narodzin, nie podchodzi do całej sytuacji z entuzjazmem. Ko niepokoi się o towarzysza wyraźnie przytłoczonego śmiercią Wielkiego Wodza. Zauważywszy, że Kim na długie godziny znika w pokoju, obawia się najgorszego. Któregoś dnia postanawia sprawdzić, co się dzieje za zamkniętymi drzwiami. Wchodzi do środka i widzi Dzongila wpatrzonego w pistolet.

– Skarbie, co ci chodzi po głowie? – krzyczy przerażona i błaga, by porzucił mroczne myśli.

Odpowiada jej milczenie.

Kim Dzongil we wszystkim już zdaje się na Ko. Powierza jej nawet to, z czego słynie w świecie: swoją fryzurę. Pewnego dnia, idąc plażą, ich kucharz staje się świadkiem nieoczekiwanie intymnej sytuacji: „Siedział na krześle, a Ko

Young-hee obcinała mu włosy. Wyglądali tak uroczo, że zażądałem od żony, by również mnie ostrzygła".

Umiłowany Przywódca z założenia nie dowierza nikomu, nawet kobietom w swoim bezpośrednim otoczeniu. „Jego maszynistki i telefonistki nie mogły nosić żadnych metalowych przedmiotów; nie mogły wpinać szpilek we włosy, które zawsze musiały być rozpuszczone", podkreśla jego ochroniarz. Dalej podaje inny przykład chorobliwej nieufności Dzongila: „W Komitecie Centralnym telefony na ogół obsługiwały kobiety. Kazał zastąpić je mężczyznami, bo »kobiety nie potrafią dochować tajemnicy«".

Przez żołądek do serca

Dorosły Dzong Nam nie odbuduje już dawnej, bliskiej więzi z ojcem. Powód jest prosty: „Tamten ułożył sobie życie z inną i teraz nowym dzieciom okazuje »płaczliwą miłość«, którą dawał kiedyś Dzong Namowi", wspomina ciotka Nama Song Hye-rang. Nam stał się obcym, który we własnym domu dostaje kartki na żywność. Frustrację rozładowuje agresją, niejednokrotnie otwiera do ludzi ogień w miejscach publicznych. Syn, którego Hye-rim otaczała taką czułością, w którym widziała przyszłego pełnoprawnego następcę tronu, świadomie przekracza granicę i ostentacyjnie rani Kim Dzongila, gdy w maju 2001 roku zostaje zatrzymany w Japonii z podrobionym paszportem. W bagażu jednak na próżno by szukać nowoczesnej broni – celnicy znajdują tam tylko bilet do parku tematycznego. Trzydziestolatek postanowił odwiedzić Disneyland.

Aresztowanie Dzong Nama na tokijskim lotnisku ostatecznie przypieczętowuje los pierwszej rodziny Umiłowanego Przywódcy. Od tej pory kobietom z klanu Song nie wolno przekroczyć progu rezydencji Kima. Matka, dawna gwiazda kina, dogorywa w Moskwie i umiera tam rok później. Zostaje pochowana na cmentarzu Trojekurowskim pod czarną marmurową stelą, zaledwie kilka kwater od żony Stalina Nadii i ich syna Wasyla.

Osiem miesięcy później w oficjalnym organie rządowym ukazuje się artykuł zatytułowany: *Chcę żyć jak istota ludzka, jak kobieta.* Opisuje on smutny koniec ubogiej mieszkanki Południa, która ginie w pożarze. Autorkę oburza ta bezsensowna, anonimowa śmierć. Robi z niej symbol zgubnego stylu życia, jaki prowadzą kobiety w społeczeństwach kapitalistycznych. „Kobiety są tam skazywane na życie godne pogardy. (...) Kobiety, które powinny być kochane i otaczane troską niczym kwiaty domowe. Nawet polne kwiaty zmusza się do wejścia na krętą ścieżkę odrażającego, brudnego życia tylko dlatego, że »urodziły się w niewłaściwym ustroju«"[50]. Nic szczególnie oryginalnego – ot, kolejny tekst propagandowy. Warto jednak zwrócić uwagę na nazwisko autorki, wtedy jeszcze kompletnie Koreańczykom nieznane: Ko Young-hee. Po raz pierwszy pojawia się ono w mediach, a to sukces w kraju całkowicie pozbawionym plotkarskiej prasy.

Zaraz po tym tekście zostają opublikowane dwa kolejne. Pierwszy przedstawia chaos, jaki na scenę międzynarodową wprowadziły Stany Zjednoczone, które próbują dominować nad światem, szantażując go bombą jądrową. Następny zaś to apel o zniszczenie całego arsenału nuklearnego. Przy okazji Ko Young-hee zdradza rodakom pilnie strzeżony sekret: wszelkie apele administracji Busha o zmniejszenie arsenału atomowego to tak naprawdę pułapka. W ten sposób Ameryka rozciąga swą dominację. 12 marca 2002 roku Ko obnaża, jak Stany Zjednoczone wykorzystują do celów politycznych zamachy z 11 września. Rząd amerykański przerzuca na inne państwa swoje problemy z „bezpieczeństwem wewnętrznym", aby wszędzie już władał terror. W podsumowaniu autorka skromnie udziela prezydentowi Bushowi kilku rad: „Zamiast tak dziwnie zachowywać się wobec ludzi, niech pan spróbuje zrobić coś dobrego dla ludzkości. (...) Niech pan dostrzega i szanuje również odczucia innych. Radzę przyjrzeć się, dokąd zmierza świat, i zachowywać się z większym taktem". W ten właśnie sposób Kim Dzongil przedstawia rodakom swoją żonę, a być może również matkę przyszłego przywódcy, która – trzeba przyznać – znakomicie gra na najbardziej pierwotnych lękach i obawach.

Następny ruch zostaje wykonany w sierpniu wraz z publikacją oficjalnego dokumentu wojskowego, w którym nowa żona Dzongila jest nazywana „czcigodną matką, najwierniejszą z wiernych"[51]. To ona zawsze stoi u jego boku w czasie inspekcji i defilad wojskowych. Nikt też tak nie dba o zdrowie i bezpieczeństwo wodza jak Ko. Wtajemniczeni obeznani z tajnikami języka propagandy natychmiast zauważają, że „czcigodną matką" i „matką Korei" nazywano wcześniej Kim Dzong Suk, nieodżałowanej pamięci matkę Dzongila.

Ko należy się od tej pory najwyższy szacunek. W ciągu kilku lat z pariasa stała się głową rodu Kimów, co dawało jej synowi szansę na sukcesję. Linia Songów wypadła z gry.

Oprócz wysokiego statusu w życiu publicznym, zbudowanego bardziej przy użyciu epitetów niż pochwał, Ko potrafi wykorzystywać swoją pozycję w życiu prywatnym do osiągania własnych celów. Osobisty kucharz pary przypomina sobie dziwną rozmowę z 8 sierpnia 2002 roku:

– Fujimoto, już od dłuższego czasu chciałam z tobą porozmawiać, ale nie nadarzyła się okazja. Doceniam twoją kuchnię. Jesteś też utalentowanym sportowcem i lubię słuchać twoich improwizacji na saksofonie. A twój smażony węgorz z ryżem wprost nas zachwycił. Czy jednak nie chciałbyś czasem odwiedzić Japonii?

– Skłamałbym, gdybym zaprzeczył. Chętnie raz w roku odwiedziłbym córki i napił się z bratem.

– Domyślam się. Porozmawiam o tym z generałem.

Tydzień później utalentowany kucharz zostaje wezwany przed oblicze Umiłowanego Przywódcy, który wyraża zgodę na jego wyjazd do Japonii, stawiając przy tym pewne warunki:

– Daję panu dwa tygodnie. Proszę wystąpić o paszport, kupić tuńczyka i miecz samurajski. I niech pan pod żadnym pozorem nie dzwoni z Japonii do Chin[52].

Mija piętnaście dni. Kucharza ani widu, ani słychu. Czy dlatego że zdradził? Czy sprawia to tęsknota za pysznym węgorzem z ryżem? Albo to, że kucharz ulotnił się z pieniędzmi na zakupy? Tak czy inaczej, ledwo Kim dowiaduje się, że dawny druh schronił się na Okinawie, wydaje rozkaz jego zabicia. Ale Ko znów potrafi ułagodzić męża.

– Fujimoto został w Japonii, bo kocha swoją ojczyznę. Czemu nie zostawisz go w spokoju?

A przecież nowa pierwsza dama utraciła właśnie serdecznego przyjaciela. Tylko z nim mogła wspominać Japonię i dyskutować o jej kulturze, dbając, by zmienić temat, jeśli tylko pojawił się Dzongil w swojej marynarce ze stójką. Kenji stał się swego rodzaju kronikarzem szczęśliwych chwil pary: „Kim kochał Ko z całego serca. Moim zdaniem to jego ostatnia kobieta”.

Wraz z odejściem Japończyka Kim traci wybitnego aranżera swoich ulubionych dań. Dzongil ma opinię smakosza, któremu trudno dogodzić. Dlatego zatrudnia pół tuzina kuchmistrzów, a każdy z nich ma własną specjalność. Kenji zapewnia, że po jego wyjeździe Kim natychmiast zamówił u francuskiego szefa jeden ze swoich przysmaków – antrykot.

Phenian się bawi

Wieczorki generała zaczynają się zawsze tak samo. Ko Young-hee, pierwsza dama, zjawia się razem z mężem. Dzongil zdejmuje z niej płaszcz, przykrywający obfite kształty – pamiątkę po dwóch ciążach. Następnie siadają razem, a ona udaje zainteresowanie otoczeniem. Często staje się świadkiem pożałowania godnych scen. „W pewnym momencie pijani oficerowie rzucili się na dziewczynę. Kim Dzongil wybaczał właściwie wszystko, co się działo na tych imprezach, i nigdy nie zadawał pytań"[53], wspomina uczestniczka zabawy. O ile w obecności żony Dzongil trzyma się w ryzach, o tyle kiedy jej nie ma, nie odmawia sobie tych brutalnych zabaw. Dlatego gdy wyjechała do Francji na operację raka piersi, w pałacu męża zaczął się prawdziwy maraton luksusowych orgii.

W jednej z rezydencji impreza trwa w najlepsze. Pięć młodych dziewcząt z „grupy rozkoszy" zabawia dygnitarzy zebranych wokół przywódcy. Wtem z honorowego miejsca pada rozkaz:

– Rozbierać się!

Kiedy tancerki nieśmiało zaczynają zdejmować ubrania, padają szczegółowe instrukcje:

– Łącznie ze stanikiem i majtkami.

Sterroryzowane sylfidy tańczą nago. Ale przecież zabawę można jeszcze trochę podkręcić. Swawolny Kim dyryguje orgietką, palcem wybierając współpracowników i wydając polecenia:

– Ty zatańcz z nią. – Wprowadza też ścisłe reguły gry. – Możecie z nimi tańczyć, ale nie wolno ich dotykać. Kto dotyka, ten złodziej[54].

Rozpusta na szczytach władzy to narzędzie, którym Kim Dzongil posługuje się, by nagradzać podwładnych i jeszcze mocniej ich do siebie przywiązać. Te „grupy przyjemności" to jedna z pilniej strzeżonych tajemnic reżimu.

Trafiają do nich absolwentki wszystkich szkół artystycznych w stolicy. Dwa tysiące osiemnastolatek. Podstawowy warunek: zdrowe i dziewice. Dziewczęta, podzielone na trzy grupy, mają umilać pałacowe bachanalia. Pierwszy zespół – rozkoszy – świadczy usługi seksualne. Drugi – szczęścia – masuje i odpręża dygnitarzy. Trzeci umila czas śpiewem i tańcem.

Kim Dzongil nie ma przydzielonej jednej partnerki. Zwykle siedzą przy nim dwie, trzy nimfy, gotowe w każdej chwili dać mu zasłużoną rozkosz. Ko Young-hee, którą rozrywki męża napawają odrazą, stara się jak najrzadziej uczestniczyć w tych orgiach, a wieczory spędzać w podarowanej przez niego willi na zboczu Chang Kwang.

Ledwo żona Umiłowanego Przywódcy opuszcza salę, a już pojawiają się grupy rozkoszy. Produkują się zwykle w środy i w soboty w głównej rezydencji, są zapraszane zawsze o dziewiętnastej trzydzieści. W oczekiwaniu na Kima, który wkracza o dwudziestej, sączą drinki. Tradycja każe pić jak najszybciej i już około dwudziestej drugiej wszyscy są pijani w sztok. Wtedy Dzongil wybiera kandydatów, którzy spróbują sił w karaoke.

Swój dobry wygląd uważa za przejaw troski o gości. Pewnego razu zaskakuje matkę jednego z towarzyszy, pytając z całą powagą:

– Mam nowy płyn do trwałej, chce pani wypróbować?

W końcu testują kosmetyk na jednym ze współpracowników. Tego wieczoru królik doświadczalny znajduje się wśród gości.

– Tym razem produkt okazał się znakomity. Ostrzygę się tak samo![55] – mówi rozentuzjazmowany.

Dzongil chce przede wszystkim dowieść swej znakomitej formy, dlatego próbuje każdego dania, które dodaje męskości. Pewnego dnia na przykład na stole pojawia się penis uchatki. Umiłowany Przywódca każe go podzielić na cząsteczki i puszcza wokół stołu. Następnie wydaje instrukcję:

– Częstujcie się penisem uchatki, a wychodząc, pochwalcie się, ile numerków zaliczyliście.

Jedna ze stałych uczestniczek precyzuje, że „taka zabawa mogła trwać tydzień”[56]. Pierwszego dnia młode kobiety składają hołd Przywódcy. Zwykle zaczyna się od hinduskiego tańca w tradycyjnych strojach odsłaniających pępek. Tancerki noszą szarawary, a na kostkach bransoletki. Są owinięte w bladoniebieskie szale. „Kiedy na twarzy Kim Dzongila pojawiały się pierwsze oznaki alkoholowego zamroczenia, na scenę wkraczały akrobatki. Piersi wylewały się ze skąpych gorsetów. Nie nosiły majtek, na biodrach miały tylko półprzezroczystą czerwoną przepaskę. Wysoko podnosiły nogi i powtarzały dziwaczne figury, wijąc się kusząco". Pijani goście nie mogą się dłużej pohamować. Wchodzą na scenę, by „odsłonić szal i dotknąć intymnych części ciała". Rozpalony do czerwoności Dzongil unosi wtedy kieliszek i żąda od swych uroczych gracji, by zaśpiewały południowokoreańską piosenkę *Jestem brzydka*.

Następnego dnia zabawa się zaostrza. Akrobatki ponownie wkraczają na scenę, ale mają na sobie jeszcze bardziej prowokujące kostiumy: kusa kamizeleczka, niepozostawiająca wiele dla wyobraźni, do tego stringi. „Każdy ich ruch był zmysłowy i wyzywający. Kim entuzjastycznie chwalił ich lojalność".

Skąd ta nagła sprośność kostiumów i wyuzdane tańce? Wytłumaczenie jest proste. Zespół wrócił właśnie z miesięcznej podróży po Europie, opłaconej przez Kim Dzongila. Tancerki oglądały występy na Lido i w Paryżu, zapamiętując szczegóły choreografii i zaopatrując się w podobne kostiumy. Po przyjeździe, ku radości mecenasa, przygotowują spektakl, w którym pojawiają się „z chwościkami na piersiach i skąpym trójkącikiem między pończochami". Wzruszony takim oddaniem dla partii Dzongil wzywa tancerki oraz ich choreografa, po czym nakazuje, by natychmiast przyznać im status bojowników za ojczyznę. Egzotyczny taniec przywieziony prosto z przedmieść Paryża tak go inspiruje, że postanawia sam przygotować podobny program. Realizuje ten ambitny plan i w październiku 2000 roku podczas wizyty amerykańskiej sekretarz stanu Madeleine Albright organizuje galę, na której wystawia swe dzieło: wielką rewię w stylu Las Vegas[57].

Kolejnego wieczoru zostaje zorganizowany konkurs pijaństwa. Rywalizują w nim dziewczęta z poszczególnych grup rozkoszy. Wystawiają po sześć uczestniczek. Ubrane w mundury piechoty morskiej, zajmują stanowiska z piwem w ręku. Pada sygnał i zaczynają opróżniać butelki. Szybko jednak wybuchają histerycznym śmiechem, konkurs zamienia się w piwny prysznic i wszyscy kończą mokrzy.

Szóstego dnia Kim Dzongil zauważa brak jednej z artystek. Nieszczęsna dziewczyna uciekła przed łapczywością uczestników zabawy. Przywódca brutalnie kończy imprezę i zarządza poszukiwania. Krąży samochodem, przeszukując okoliczne zabudowania, i ryczy do swoich ludzi:

– Co?! Wciąż jej jeszcze nie znaleźliście? Natychmiast ją do mnie przyprowadźcie!

Dziewczyna, która po prostu schowała się w kuchni, szybko zostaje odnaleziona i wyrzucona z pracy. Wkrótce jednak inna tancerka narobi Umiłowanemu Przywódcy znacznie większych kłopotów.

Ostatnia tancerka na pożegnanie

– Kto odpowiada za organizację tego spektaklu? Rano wyraźnie mówiłem, że przyjadę obejrzeć nową, a wy każecie mi czekać? – piekli się Kim Dzongil uzbrojony w pilota, którym przybliża scenę.

Wreszcie zjawia się aktorka. „Kiedy się do niego zbliża, Kim mierzy wzrokiem jej długie nogi, po czym komentuje sucho: »Jakaś duża ta dziewczyna«[58] – wspomina były oficjel. – Wodzi wzrokiem po jej sylwetce, zatrzymując się na wzgórkach piersi, a wreszcie na twarzy. »Z taką urodą na pewno pięknie śpiewa«, oświadcza wreszcie". Zelektryzowany widokiem długich nóg paradujących tuż przed jego nosem, Umiłowany Przywódca zbliża się do sceny. „Po pierwszym kuplecie jego plecy odkleiły się od kanapy, po drugim nachylił się ku dziewczynie, po trzecim nie mógł już oderwać wzroku od sceny". Zadowolony z prezentacji, wręcza artystce kopertę z dziesięcioma tysiącami dolarów.

Czarodziejka nazywa się Yun Hye-yong, ma „czarne włosy spadające aż do talii", łabędzią szyję i „kolana jak brzoskwinie". Przede wszystkim jednak ma ukochanego, pianistę Bocheonbo. Grupa cieszy się w kraju olbrzymią popularnością, a przynależność do niej automatycznie zapewnia sławę. Cena za to jest jednak wysoka: „Jeśli już ktoś dostanie się do zespołu muzycznego Jego Wysokości, nie może z niego odejść. To zasada wprowadzona przez Kim Dzongila dla jego bezpieczeństwa".

Tego wieczoru wódz jest szczególnie ożywiony, nowy nabytek pobudził jego zmysły. „Choć minęła północ, otworzył album ze zdjęciami wszystkich swoich towarzyszek życia. (…) Przekłada stronę za stroną, zdjęcie za zdjęciem. On się starzeje, a kobiety u jego boku młodnieją", zdumiewa się nasz świadek.

Umiłowany Przywódca opatruje każdy portret komentarzem. Song Hye-rim: „Kobieta, którą uprowadził, bo przy niej znów poczuł mocniejsze bicie serca". Ko Young-hee: „Piękność o skórze tak delikatnej, że widać było naczynka krwionośne". Tymczasem patrząc na te piękne buzie uwiecznione na błyszczącym papierze, gość uświadamia sobie jedno: „Nigdy nie posiadł kobiety, ot tak, po prostu. Nawet w miłości pozostał despotą, który zabierał cudze partnerki".

Dzongil odkłada album, bo zostaje zapowiedziana Yun Hye-yong. Drzwi się otwierają, dziewczyna pojawia się w swoim kostiumie scenicznym. Umiłowany Przywódca rusza w jej stronę oczarowany.

– Z bliska jesteś jeszcze piękniejsza. Ach, te długie włosy...

W pałacowym zaciszu Kim Dzongil w niczym nie przypomina wodza, którego tancerka zna z telewizji i z oficjalnych fotografii: „piżama odsłaniająca tors, oczy, które bez okularów wyglądały zupełnie inaczej, niski wzrost i chrapliwy głos".

Dla rozluźnienia atmosfery mężczyzna z uśmiechem nalewa koniaku i tokuje, bardziej upijając się swoimi słowami niż trunkiem:

– Ten koniak to prawdziwy rarytas, większy niż ja. To jedna ze stu butelek wyprodukowanych na nadchodzące setne urodziny Kiliana Hennessy'ego. Kosztuje dwieście tysięcy dolarów. Ostatnio mniej pijam ze względu na zdrowie, ale twój widok i twój śpiew sprawiły, że nabrałem ochoty na ten koniak. Zobaczysz, dzięki niemu znajdziesz się w elitarnym klubie stu szczęśliwców, którzy go kosztowali. Dlatego nie wypijaj jednym haustem. Smakuj, rozkoszując się każdą kropelką.

Opary alkoholu szybko zaczynają na niego działać. Rozmowa nabiera rozpędu.

– Dobrze zrobiłaś, zapuszczając włosy. Czym się zajmują twoi rodzice?

– Ojciec jest wykładowcą na wydziale pedagogiki. A mama... Zmarła rok temu.

– Ja też wcześnie straciłem matkę. Ilekroć o tym myślę, staję się bezbronny jak dziecko. Muszę cię o coś poprosić, Hye-yong. Jeśli do tej pory darzyłaś mnie szacunkiem jako głowę państwa, od dziś szanuj mnie jako człowieka. Masz dwadzieścia dwa lata, ja – sześćdziesiąt jeden. Jeśli się porozumiemy, możemy wiele osiągnąć, pokonując różnicę wieku. Uległość mnie nie pociąga.

Za nic nie chciałbym cię zdobyć rozkazem. Będę cierpliwie próbował. Będę czekał. A jeśli się nie uda, odejdę.

Nie zapomina jednak dać dziewczynie do podpisania papierka, w którym zobowiązuje się, że nigdy nie zdradzi, co widziała, co robiła ani czego była świadkiem tej nocy. Nie musiał się obawiać. Yun Hye-yong i tak nie zamierza rozmawiać o tym wieczorze. Zwłaszcza z narzeczonym. Jednak ochroniarz, który odprowadza ją do pokoju, zauważa, że zakochany chłopak zostawił tam dla niej magnolię. Zdrajczyni zostaje wezwana przed oblicze Kim Dzongila, który czeka na nią w gabinecie z walizką i wymówieniem dla pianisty zawalidrogi.

– To wszystko przeze mnie. To ja zażądałam od niego magnolii. Ja się uparłam, żeby ją przyniósł do pokoju. Niech pan zwolni nas oboje! – broni się.

Dzongil wali ręką w stół, rozbijając szklankę, którą ściska w dłoni. Grozi dziewczynie zakrwawionym palcem.

– Widzisz tę kropelkę krwi? Widzisz, jak się rozpuszcza w szklaneczce? Prawie jej nie widać, a w rzece kompletnie już zniknie. Nikt jej nawet nie zauważy. Nie myśl sobie. To, co powiedziałaś przed chwilą, to zwykłe samobójstwo. Żądając zwolnienia, przyznajesz się do najwyższej zdrady, a to oznacza eksterminację trzech pokoleń.

W końcu jednak postanawia okazać się wielkoduszny. W drodze wyjątku ułaskawia nieszczęsnego muzyka, a na zgodę zaprasza go na polowanie z nagonką, co daje mu okazję, by podziwiać Hye-yong w roli wdzięcznej amazonki.

– W następnym spektaklu musisz wystąpić w stroju do jazdy konnej – obwieszcza. – Podkreśli długość i smukłość nóg, twojego największego atutu.

Młoda kobieta rozpływa się w podziękowaniach, ale Umiłowany Przywódca szybko sprowadza ją na ziemię.

– Nie masz mi za co dziękować, zorganizowałem to polowanie także po to, by pocieszyć twojego narzeczonego po rozstaniu z tobą. Taka okazja się nie powtórzy.

Po pogróżkach znów przychodzi pora na komplementy.

– Kiedy ostatnio piliśmy razem koniak, dzięki twojej obecności stał się jeszcze cenniejszy. Pamiętasz jego smak?

– Nigdy nie próbowałam czegoś tak drogiego, a jestem za młoda i zbyt niewyrobiona, by go oceniać.

– To prawda. Trzeba odkryć słodko-gorzki smak życia, by poznać się na koniaku. Niech twoja niewinność i szczerość dojrzewają powoli jak on.

Wtem pojawia się łania. Kim Dzongil strzela. Wierzchowiec panny płoszy się i ponosi, zrzucając amazonkę. Dawny narzeczony pędzi z odsieczą i sam spada z siodła. Zakrwawiony, chwyta dziewczynę w ramiona.

– Nie puścisz jej? – pyta Dzongil, przeszywając go wzrokiem.

Los wiernego rycerza zdaje się przesądzony. Na pożegnanie jeszcze Umiłowany Przywódca mści się za swój zawód, opróżniając magazynek w brzuch klaczy, która niosła bezczelną tancerkę.

W dniu urodzin Hye-yong Kim przyjeżdża po nią opancerzoną limuzyną. Godzinę krążą po mieście, a potem otwiera się żelazna brama i pojawia się służący z daniem z surowej ryby.

– Ta potrawa nazywa się *sashimi* z dorady. Zgadnij, dlaczego jest warta milion dolarów. To ja wpadłem na ten pomysł, żeby w ten sposób wyrazić... Zobacz, co zastąpiło oko. – W oczodole błyszczy brylant. – Prezent urodzinowy za milion dolarów! – woła podekscytowany.

Zawija rękawy i wyjmuje cenny kamień, czekając na reakcję Hye-yong. Tymczasem zamiast okrzyków szczęścia słyszy prośbę.

– Generale, mam wielką prośbę.

– Oczywiście, w końcu to twoje urodziny – odpowiada Dzongil ze śmiechem.

– Chciałabym się spotkać z ojcem.

Śmiech milknie jak nożem uciął. Wódz jednym haustem opróżnia kieliszek białego wina.

– Dobrze, zgadzam się. Ale najpierw wypadało powiedzieć coś o brylancie.

Tak oto Hye-yong wyrusza w podróż służbową limuzyną, numer rejestracyjny 2.16555. Ale to nie z ojcem się spotka, tylko z narzeczonym. Następnego dnia, zaraz po powrocie, zostaje odstawiona do innej rezydencji Kima. Oburzony jej niesubordynacją przywódca narodu zasypuje buntowniczą kochankę wyrzutami.

– Poświęciłem się dla ojczyzny i dla narodu. Za twoją sprawą chciałem tylko odnaleźć młodość, tamte uczucia, zaznać chwili pociechy, chłonąc twą urodę. Nie żądałem wiele. Tylko ulotnych skarbów, jakie przynosi życie: twojego uśmiechu, twoich łez i twojego szczęścia.

Rzuca na biurko zdjęcia z poprzedniego dnia, na których wyraźnie widać Hye-yong w objęciach pianisty. Rozwścieczony, zaczyna zdzierać z niej ubrania, ale wtedy powstrzymuje go jej rozpaczliwy krzyk, wspomnienie własnego dzieciństwa:

– Nie! Nie! Mamusiu!

Młoda kobieta uświadamia sobie, że nie ma dla niej ucieczki z pałacu Umiłowanego Przywódcy. Dlatego pewnego lipcowego dnia 2003 roku razem z narzeczonym rzuca się z dachu budynku. Łatwiej razem umrzeć, niż kochać się i żyć bez siebie.

Ciężko ranna, zostaje przewieziona do kliniki rządowej w Namsan. Dzongil kazał uratować ją za wszelką cenę – żeby potem publicznie wykonać na niej wyrok śmierci. Mijają dwa miesiące, a Hye-yong wciąż nie odzyskuje przytomności. Przebój, który wykonała w czasie pierwszego występu dla wodza, wchodzi do repertuaru narodowego. Tuż przed samobójczym skokiem w pamiętniku skreśliła kilka zdań, które najlepiej oddają dramat jej miłości.

Miłość jest jak szklanka wody.
Napełniasz ją z taką ostrożnością, a tak łatwo się przewraca.
To walka serca, kropla po kropli; to przywiązanie.
Namiętność czerpie wodę ze źródła smutku.
Boisz się, że całe życie nie wystarczy, by napełnić szklankę.
A kiedy się nią nasycisz, staje się cięższa niż ocean.
Człowiek jest maleńki.
Śmiało rzucam się do tej pełnej szklanki,
Bo jestem jedynie szklanką do połowy pełną.

Ze swojej rezydencji na zboczach Chang Kwang Ko Young-hee właściwie dość obojętnie obserwuje rozpustę w pałacu męża. Przestała się już przejmować bachanaliami na dworze Przywódcy. Ma pięćdziesiąt lat, marnieje w oczach. Dzięki operacji, którą w 1995 roku przeszła we Francji, wytrzymała dziesięć lat, ale remisja była tylko kwestią czasu. Blada Ko zmusza się do chodzenia na przyjęcia, by nie zostawiać Dzongila bez opieki. Wreszcie znajduje zastępczynię. „Ilekroć Ko Young-hee nie mogła przyjść, u boku Kima zasiadała Kim Ok z grupy rozkoszy. (...) Była drobna, miała uroczą okrągłą buźkę"[59], wspomina jedna z tancerek.

Ko wie, co robi, umieszczając u boku męża sekretarkę zatrudnioną w partii od końca lat osiemdziesiątych. Kim Ok wystarczająco długo pracowała w sekretariacie Przywódcy i wystarczająco często pojawiała się w domu, by zaskarbić sobie miłość obu synów Dzongila, których znała właściwie od dzieciństwa. W tym momencie Ko myśli tylko o jednym: zapewnić swoim chłopcom przyszłość. To zaś oznacza, że muszą zostać oficjalnymi następcami ojca. Nie pozwoli, by ich pozycji zagroziły jakieś miłostki albo jej choroba. Ko bowiem znów choruje na raka i musi jechać do paryskiego Instytutu Curie na operację ostatniej szansy. Umiera tam, z dala od rodziny, 27 sierpnia 2004 roku.

Podczas gdy rodacy sądzą, że ich „czcigodna matka" znajduje się w stanie śpiączki po tragicznym wypadku samochodowym, we Francji północnokoreańscy dyplomaci organizują transport jej zwłok do ojczyzny. W największej tajemnicy zamawiają kosztowną trumnę, która zostaje przewieziona do Phenianu lotem rejsowym. Pierwsza dama może zostać uznana za zmarłą dopiero na świętej ojczystej ziemi. Inaczej ktoś mógłby ją oskarżyć o próbę ucieczki od Najszlachetniejszego Wodza. Nawet po śmierci musiała pozostać mu wierna. Ko sądziła, że umieszcza u boku męża oddaną adiutantkę, która stanie na straży jej pamięci i dopilnuje, by jej synowie przejęli stery państwa. Przeoczyła jeden drobiazg. Kim Ok miała uroczą okrągłą buźkę. A „Kim lubił urocze okrągłe buźki".

Pociąg zwany pożądaniem

Phenian, 26 lipca 2001 roku.

Rosyjski dyplomata Konstantin Pulikowski otrzymał od prezydenta Władimira Putina oryginalną misję: będzie towarzyszyć północnokoreańskiemu przywódcy w podróży koleją transsyberyjską. Kim Dzongil powinien się zjawić w Moskwie 3 sierpnia. W czasie tajnego spotkania obaj mężowie stanu mają podpisać niezwykle ważne umowy. Kreml liczy, że tak zdolny dyplomata jak Pulikowski dopilnuje, by Dzongil dotarł na miejsce w dobrym nastroju oraz aby niczego mu po drodze nie zabrakło[60].

Wczesnym rankiem z dworca Chassam wyrusza pięć wagonów koreańskich i siedem rosyjskich. Pomieszczenie reprezentacyjne urządzono w salonce, którą Stalin podarował Kim Ir Senowi zaraz po powstaniu Koreańskiej Republiki Ludowo-Demokratycznej. Jest tam stół na dwadzieścia osób, na dwóch ekranach można wyświetlać filmy albo – dzięki połączeniu satelitarnemu – śledzić trasę. Pociąg ma połączenie z internetem, dzięki czemu Kim może oddawać się swojemu nałogowi i oglądać wiadomości na kanałach informacyjnych, a także na bieżąco śledzić sytuację w Phenianie. Bezpieczeństwo zapewnia mu brygada ochroniarzy i pięćdziesięciu snajperów stale czuwających na dachu wagonu. Podwozie wykonano z blachy pancernej, która wytrzyma nawet potężną eksplozję. I wreszcie, żeby nie zużywać rosyjskiej elektryczności, pociąg ma własny agregat prądotwórczy. Zadbano także o restaurację dla gości, znalazło się również miejsce na dwa opancerzone mercedesy Kima. Siedem minut przed głównym składem jedzie pociąg zwiadowca. Można śmiało powiedzieć, że rankiem 26 lipca do Moskwy wyrusza całe miasto na kołach.

Mimo tylu środków ostrożności Dzongil wciąż boi się o swoje bezpieczeństwo. Jest spięty. Nie uśmiecha się, jak to ma w zwyczaju. „Na początku podróży nie okazywał żadnych uczuć, traktował mnie dość szorstko". Uwagę rosyjskiego dyplomaty przykuwa jeden członek oficjalnej delegacji koreańskiej: „Czarująca młoda kobieta (…) przedstawiona jako d o r a d c a Kim Dzongila bierze udział we wszystkich rozmowach". Owa tajemnicza osóbka musi zajmować wyjątkowo ważne stanowisko i muszą ją łączyć z Umiłowanym Przywódcą szczególnie silne więzi, bo przy każdej okazji siedzi u jego boku.

Gdy stan Ko Young-hee się pogorszył, towarzyszka z grupy rozkoszy Kim Ok natychmiast przejęła ster. Dzięki talentom pianistycznym potrafi cieszyć uszy Kima, nieco znudzonego mieszanką muzyki dyskotekowej i walców towarzyszących jego wieczorkom.

Ta rozsądna i inteligentna trzydziestoośmiolatka została w 1985 roku wcielona do zespołu muzycznego założonego i finansowanego przez samego Kim Dzongila. Jej zalety szybko dostrzeżono i pod koniec lat osiemdziesiątych trafiła do sekretariatu samego Przywódcy, gdzie miała czuwać nad jego zdrowiem i pilnować, by tryby machiny administracyjnej gładko się kręciły.

„To kobieta, której urok polegał między innymi na tupecie i bezczelności. Niereformowalna, raz została wysłana do Makau, bo Kim Dzongil nie mógł znieść, że rządzi nim spódniczka"[61], wspomina dawny oficjel. Mimo sprzeciwu Kim Ir Sena zostaje kochanką Dzongila, a jako sekretarka z dostępem do jego kalendarza sama decyduje, z kim ma się spotykać. Wkrótce też zaczyna się pojawiać na wszystkich spotkaniach Umiłowanego Przywódcy z zagranicznymi delegacjami. Członkowie Komitetu Centralnego zwracają się do niej „towarzyszko Ok-i"[62], co w partyjnej nomenklaturze oznacza przełożonego.

Z każdą kolejną podróżą umacnia swoją pozycję. W 2006 roku, podczas supertajnej wizyty północnokoreańskiego przywódcy w Chinach, występuje w roli pierwszej damy podczas negocjacji dotyczących broni jądrowej. Natomiast w sierpniu 2011 roku – w czasie drugiej podróży na Syberię, która kończy się podpisaniem umów na dostawy prądu i ropy – znów pojawia się u boku Umiłowanego Przywódcy.

Czyżby Kim Ok wygrała tam, gdzie pozostałe poniosły klęskę? To możliwe tylko w jednej sytuacji: gdyby udało się jej pozbawić wpływów Kim Kyong-hui, upartą siostrę Dzongila. Przełom następuje w 2004 roku. Po tym jak szwagier psuje huczne uroczystości weselne pewnego dygnitarza, Kim Dzongil postanawia surowo go ukarać i pozbawia urzędów, chociaż brat żony jest drugim człowiekiem w kraju. Okres niełaski kończy się po dwóch latach, ale – mimo nalegań Kyong-hui – Dzongil przywraca szwagra na niższe stanowiska partyjne niż poprzednio. Trzeba jednak pamiętać, że w 2006 roku wódz poważnie choruje i nie może zajmować się bieżącymi sprawami. Dlatego wszystkie oficjalne dokumenty w jego imieniu podpisuje Kim Ok. Jej faksymile zastępujące pieczątkę wodza stanowi zapowiedź zmiany warty[63].

Nieusuwalną siostrę Umiłowanego Przywódcy łączy z nim miłość konfucjańska, w której własne pragnienia zawsze stoją na drugim miejscu. Najważniejszy jest szacunek i honor klanu. Rodzeństwo zaleczyło już duchowe rany. On stał się gwiazdą jaśniejącą nad Koreą Północną. Ona zaś, jako jedyna kobieta, mogła się poszczycić czterema generalskimi gwiazdkami.

Hye-rim – rozwódka, i Ko Young-hee – Japonka, stanowiły zagrożenie dla dynastii. Jedynie Kim Ok, wierna córa partii, nie destabilizowała partii politycznych szachów rozgrywanej przez Kima. Kyong-hui mogła odpocząć, nie musiała już chronić brata przed jego artystycznymi zapędami. Przez czterdzieści lat czuwała, by namiętności Dzongila nie osłabiły jego oddania dla rewolucji – dzieła ich rodziców. Pianistka Kim Ok uciszyła jej niepokoje. Rzeczywiście, muzyka łagodzi obyczaje.

ROZDZIAŁ 6

WOJNA I POKÓJ MIĘDZY ŻONAMI

Miałam wrażenie, że jestem sama na świecie,
jakaś kobieta w burce zapomniana przez
wszystkich.
Niewielu na świecie wiedziało
o istnieniu Nadżwy Ganem bin Laden.
A mimo to – któż mógłby zaprzeczyć, że żyłam?

Nadżwa bin Laden

Nadżwa musi zostać

Uwodziciel mimo woli

Bruksela, rok 2000.

Malika i jej mąż Abd as-Sater kątem oka oglądają telewizję, gdy nagle elektryzuje ich widok twarzy pojawiającej się na wizji.

– Spójrz na te rysy. Czyż nie są nadzwyczajne? – rzuca młody mężczyzna, zauroczony.

Dłuższą chwilę kontempluje obraz na ekranie. Znikają wszelkie wątpliwości: kocha tę niezwykłą istotę, obdarzoną tak doskonałymi rysami.

– Ja też go kocham – odpowiada żona.

„Od tej chwili w moich myślach Osama i mój mąż stopili się w jedno. (…) W rysach ich obu dostrzegałam tę samą słodycz i spokój. Wodziłam wzrokiem od mojego męża do przywódcy islamskiego, którego oczy wpatrzone prosto w obiektyw, wzywały do walki w obronie biednych i bezbronnych"[1].

Nic nie zdoła wyrazić zachwytu tunezyjskiego małżeństwa mieszkającego w Belgii. Mając przed oczami to błogosławione lico, niecały rok po objawieniu, 9 września 2001, w północno-zachodniej prowincji Afganistanu, Abd as-Sater Dahmane, który podaje się za dziennikarza, wysadza się w powietrze przy użyciu ładunku ukrytego w kamerze. Zabiera ze sobą Lwa

Pandższiru: Ahmada Szaha Masuda, słynnego dowódcę, który od dziesięciu lat walczył z talibami.

Miesiąc później twarz, która od pierwszego wejrzenia potrafiła budzić tak ślepe oddanie, pojawiła się we wszystkich wiadomościach telewizyjnych. Po trzech tygodniach niepewności Osama bin Laden bierze na siebie odpowiedzialność za zamachy z 11 września i po raz kolejny wzywa do wojny z Zachodem. Od tej pory cywilizacja zachodnia widzi w nim uosobienie fanatyzmu, irracjonalnego zachowania, terroru. Wystarczyło kilka godzin, by cały świat poznał twarz tego czterdziestoczterolatka, o którym jeszcze niedawno słyszało niewielu. Budził ciekawość, intrygował, wielu widziało w nim ziszczenie swych marzeń.

W październiku 2001 roku kobiety na całym świecie odkrywają u siebie objawy tego samego zauroczenia, które rok wcześniej dotknęło Abd as-Satera Dahmanego i jego żonę. Nawet jeśli zupełnie nie przemawiała do nich idea świętej wojny przeciwko Stanom Zjednoczonym i amerykańskim wpływom na Bliskim Wschodzie, wiele z nich ulega głębokiemu i niewzruszonemu spojrzeniu mężczyzny w bieli. Ile ich jest? Trudno powiedzieć.

Młode ekstremistki z islamskiej sieci Hofstad, szalejącej w Hadze, walczyły o jak najbardziej zaszczytny pseudonim. Pod koniec roku przydomek „Umm Osama", dosłownie: „Matka Osamy", zaczęto przyznawać tym, które najbardziej się wyróżniły. „Od jego wystąpienia telewizyjnego wszystkie chciały się nazywać Umm Osama"[2], opowiada jedna z nich. Za sprawą uśmiechu bin Ladena i jego spokojnego, dźwięcznego głosu tym młodym mieszkankom Zachodu, rozczarowanym światem pozbawionym wartości, jego wojna jawi się jako romantyczny poryw.

„Tak się cieszę, że mogę obejrzeć zdjęcia bin Ladena w komputerze", zwierza się nastoletnia fanka. „Rodzice nie zabraniają mi oglądania jego wystąpień. Na ścianach mogę wieszać jego zdjęcia, nie muszę się ukrywać"[3], cieszy się młoda nauczycielka z podstawówki. Dziewczyny wymieniają się kasetami nowego przywódcy, godzinami potrafią rozmawiać o jego uporze i stalowym spojrzeniu. Są całkowicie oddane sprawie. Niektóre widzą w nim półboga, wybawiciela.

Jednak na długo przed tym jak Osama stał się „bin Ladenem", pojawiła się kobieta, która dostrzegła w nim mężczyznę mogącego ofiarować kobiecie to, co najcenniejsze. Nadżwa Ganem jest jeszcze nastolatką, gdy ślubuje kochać tego Saudyjczyka aż po grób: „Ilekroć na niego patrzyłam, oczy mówiły mi, że mam przed sobą obraz doskonałości”[4].

Syryjskie wakacje

Latakia, lato 1966 roku.

Jak co roku państwo Ganem goszczą u siebie krewnych z Dżuddy. Pani domu, utalentowana kucharka, ma wystarczająco dużo krzątaniny przy trzech synach i dwóch córkach, ale i tak stara się jak najlepiej podjąć szwagierkę. Kręci się po kuchni, szykując purée z cieciorki, z którego przyrządzi aromatyczny humus. Zaplanowała też inne przysmaki, więc biega między domem a ogrodem, zbierając pomidory, ogórki i bakłażany, które – nadziewane miętą i orzeszkami pekan – wjadą wieczorem na stół.

Jest tradycjonalistką, nigdy nie pokazuje się bez chusty i długiej szaty po kostki. Tymczasem Alia, siostra jej męża, korzysta z urlopu w Syrii, by śmiało przechadzać się po ogrodzie w najmodniejszych strojach. Nosi eleganckie, choć skromne suknie, włosy przykrywa lekką chustką. Chętnie wyciąga rodzinę na wyprawy nad morze i w góry. Ośmioletnia córka gospodarzy Nadżwa zawsze niecierpliwie wygląda przyjazdu Osamy, swojego starszego o rok brata ciotecznego. Wesoła, roześmiana grupka gania się po plaży, bawi w chowanego albo na huśtawkach. Osama zrywa z krzewu najsoczystsze winogrona i świeżutkie podaje kuzynce. Rozgarniają winorośle ciężkie od słodkich jagód dojrzałych na słońcu. Osama każe dziewczynce wspinać się na drzewa, gdzie czekają okrągłe słodziutkie jabłka.

Położona nad Morzem Śródziemnym syryjska Latakia, nazywana czasem miniaturowym Lazurowym Wybrzeżem, stanowi wymarzone miejsce do niewinnych, dziecięcych zabaw. Młodsza córka państwa Ganem to przykładna uczennica i zdolna tenisistka. Ubrana w długą spódnicę zasłaniającą nogi, godzinami ćwiczy serwy, by uderzać piłkę równie mocno jak chłopcy. W przerwach między treningami maluje portrety i pejzaże, chętnie też ozdabia porcelanę. Jej starszy brat Nadżi wróży jej światową karierę w tej dziedzinie. W tej rodzinie nie żałuje się pieniędzy na rozwój talentów, nawet jeśli to tylko amatorska zabawa. Jedna z sióstr gra na gitarze, Nadżi zaś daje Nadżwie w prezencie akordeon. Spokój, łagodność i delikatność saudyjskiego kuzyna przemawiają do artystycznej duszy dziewczynki. „Dzieliły go lata świetlne od moich hałaśliwych braci, którzy pod byle pretekstem stroili sobie ze mnie żarty".

Jeden z nich, Soliman przypomina sobie: „Uwielbiał spędzać czas na łonie natury! Nade wszystko zaś lubił pływanie, polowanie i jazdę konną"[5]. Saudyjski krewniak ma jeszcze jedną cechę: nieustraszoność. Pewnego ranka razem z Nadżim postanawiają złamać rodzicielski zakaz i udać się na samotną wyprawę do stolicy. Osama przepada za długimi wędrówkami i energicznym krokiem prowadzi towarzysza do Damaszku. Przyłącza się do nich grupka miejscowych łobuziaków, którzy z trudem nadążają za długimi krokami Saudyjczyka. Zmęczeni, wygłodniali chłopcy zauważają jabłoń. Takiego daru nieba nie wolno odrzucić. Błyskawicznie wspinają się na gałęzie, zostawiając Osamę na czatach. Nadżi wie, że kuzyn i tak nie zerwałby owocu z cudzego drzewa. Wkrótce wartownik słyszy tupot rozjuszonych mężczyzn, wymachujących pasami. Za późno na ucieczkę. Chłopcy potulnie złażą z drzewa, czekając na zasłużoną karę. Nadżi woła do kuzyna:

– Ratuj się! Uciekaj, co sił w nogach!

Alia traktuje swojego pierworodnego jak oczko w głowie. Nadżi nie może ryzykować, że ciotecznemu bratu coś się stanie. Tymczasem Osama zostaje schwytany przez jednego z wieśniaków pałających żądzą zemsty. „Pochylił się i ugryzł go w ramię tak mocno, że została blizna". Chłopak prostuje się dumnie i ostrzega napastników:

– Lepiej zostawcie mnie w spokoju. Nie jestem stąd. Przyjechałem tu w gościnę i nie dam się bić.

Łatwo sobie wyobrazić skuteczność takiej pogróżki padającej z ust dziewięciolatka. Kiedy jednak wieczorem chłopcy relacjonują te dramatyczne wydarzenia, ośmioletnia dziewczynka słucha z zapartym tchem. „Osama jednym spojrzeniem odpędził napastników. Opuścili pasy", powtarza z zachwytem.

Wrażliwy, a zarazem mężny – Osama nabiera w jej oczach cech rycerza Wschodu. Nadżwa jest za mała, by zrozumieć dziwne uczucia, jakie zagościły w jej sercu. „Nie wiedziałam, co się dzieje, ale nie miałam wątpliwości, że nas dwoje łączy szczególna więź. Naturalnie, Osama nic nie mówił, ale ilekroć wchodziłam do pokoju, jego brązowe oczy świeciły się z radości. Ja z kolei drżałam z podniecenia, gdy czułam na sobie jego przenikliwy wzrok".

Synowie bin Ladena są jeszcze za młodzi na żeniaczkę. Powinni skupić się na nauce. Większość chłopców z klanu trafia do prestiżowej szkoły w Brummanie pod Bejrutem, założonej w drugiej połowie XIX wieku przez kwakrów. Uczą się w niej potomkowie najlepszych rodów Bliskiego Wschodu. Kończą ją między innymi przyszły król Libii Idris I, prezydent Libanu Émile Lahoud i dziedzice dynastii saudyjskiej. Nowoczesna koedukacyjna placówka z zachodnim modelem nauczania ma przygotować bin Ladenów do studiowania na najlepszych uczelniach, choć młodym playboyom marzy się raczej beztroskie życie w stolicy. Ich nauczyciel wuefu, który jako właściciel sklepu płytowego naprzeciwko szkoły wprowadzał ich też w tajniki popkultury, tak dziś wspomina „Bin Laden Five": „Bardzo lubili muzykę »undergroundową«. Zwłaszcza Beatlesów, Chicago, Jimiego Hendriksa i Micka Jaggera"[6]. Fascynuje ich też kino. Czasem wybierają się samochodem do Bejrutu, by zaspokoić swoją pasję: „Elvis, Bruce Lee, żadnych filmów arabskich". Jeśli ci królowie szos zobaczą na ekranie samochód wyścigowy, który wpadnie im w oko, zabierają kolegów na pokład samolotu i jadą do Stanów kupić identyczny.

Spodnie dzwony, kwiecista koszula rozpięta po pępek, na głowie afro – to obowiązkowe elementy wizerunku złotych chłopców. Ich pomysłowość i bogactwo nie znają granic. Bin Ladenowie pełnymi garściami czerpią z uroków nocnego życia Bejrutu. „Stanowili naprawdę egzotyczną grupkę"[7], wspomina Shirley Bowman, angielska przyjaciółeczka jednego z braci Osamy. Bracia nie unikają też flirtów z koleżankami ze szkoły, córkami europejskich emigrantów.

Kiedy pod koniec 1966 roku Osama trafia do tej samej szkoły, nie trzyma z rodzinną paczką. Woli poświęcać czas na naukę. „Nie był prymusem – wspomina jego matka. – Zdawał egzaminy z przeciętnymi ocenami". Zachodnia muzyka nie robi na nim wrażenia, a jedyną przyjemność czerpie z wypadów do kina na filmy o kowbojach albo karatekach"[8]. Los jednak wkrótce zada mu straszliwy cios, który na zawsze oddali Osamę od świata przyziemnych uciech Bejrutu.

3 września 1967 roku roztrzaskuje się niewielki samolot, którym podróżował jego ojciec Mohammed bin Laden. Dla rodziny to okrutne doświadczenie. Dzięki przyjaźni z Abd al-Azizem ibn Saudem – twórcą Arabii Saudyjskiej – Mohammed był jednym z najbardziej wpływowych i najbogatszych obywateli państwa. W młodości – po paskudnej historii z bykiem, który został kupiony na kredyt i padł, nim nowy właściciel zdążył uregulować dług – uciekł z Jemenu. Skrył się w porcie Dżudda, gdzie pracował jako murarz. Widząc, że zleceniodawcy powierzają mu coraz ważniejsze i odpowiedzialniejsze zadania, w 1930 roku decyduje się założyć własną firmę budowlaną, specjalizującą się w robotach publicznych. Od tego momentu zagarnia większość kontraktów w państwie, które właśnie odkryło gigantyczne złoża ropy naftowej. Podobnie jak jego przyjaciel i protektor: król Abd al-Aziz, żyje na wysokiej stopie, wielokrotnie wstępując w związki małżeńskie. Doliczono się dwudziestu żon i ponad pięćdziesięciorga pięciorga dzieci, ale lista wcale nie jest jeszcze zamknięta. Mohammed bin Laden zbudował imperium, po jego śmierci każdy z synów odziedziczył po trzysta trzydzieści milionów dolarów. Córki, zgodnie ze zwyczajem, połowę tej sumy.

Więź z ojcem została przerwana na długo przed jego śmiercią. Małżeństwo Mohammeda z Alią okazało się krótkie. Wkrótce po narodzinach jedynego syna, Osamy, wyemancypowana żona zażądała rozwodu. „Tylko jego miała, on zaś we wszystkim był jej posłuszny", wspomina Chaled Batarfi, blisko związany z rodziną. Alia okazuje osieroconemu synowi niezwykłą czułość. „Był nieśmiały, bardzo łagodny i wyjątkowo posłuszny – wspomina. – Zawsze chętny do pomocy. Starałam się zaszczepić w nim miłość i bojaźń Bożą, szacunek dla kolegów, sąsiadów i nauczycieli"[9].

Na polecenie dawnego partnera Alia powtórnie wyszła za mąż za Mohammeda al-Attasa, jego współpracownika. Ten troskliwy mąż i życzliwy ojczym w oczach chłopca nie umywał się jednak do wspaniałego ojca. Osama coraz częściej szukał schronienia pod dachem wujostwa. Spędza tam dwa lata i kończy szkołę podstawową w Latakii. Kuzyn, a obecnie nauczyciel angielskiego, zapamiętał go jako „samotnego chłopca, który głęboko przeżył utratę ojca"[10]. Nadżwa nie poznaje swojego dziesięcioletniego syna. „Z natury zamknięty w sobie i małomówny (...) stał się jeszcze bardziej milczący. Bardzo rzadko mówił o tamtym wypadku". Soliman, oddany brat Nadżwy, podpowiada, jak wyciągnąć Osamę z przygnębienia: „Zawsze powtarzał, że chce szybko dorosnąć, by przejąć interesy ojca. Nie mógł się doczekać, kiedy zacznie pracować"[11].

Nadżwa wkracza w wiek dojrzewania i próbuje na swój sposób zarazić kuzyna radością. Buntuje się przeciwko matce i odmawia noszenia tradycyjnego stroju arabskiego. Woli nowoczesne, barwne ubrania. Kiedy nadchodzi lato, zrzuca bluzeczki zasłaniające ramiona i spódnice do kostek. Nie chce nawet nosić chustki. „Serce biło mi mocniej na myśl o ślubie z Osamą. Choć prawie nic nie wiedziałam o dorosłym życiu, kochałam w nim wszystko: od wyglądu po jego łagodność i siłę charakteru". Osama wciąż jednak zachował dawne cechy milczka. „Nigdy nie rozmawialiśmy otwarcie o swoich uczuciach ani o stosunku do małżeństwa".

I tak sprawy przeciągają się z roku na rok. Nieśmiałość Osamy uniemożliwia zawarcie związku, o którym Nadżwa tak bardzo marzy. Nagabywany o to, plątał się i odpowiadał bez ładu i składu. „Pamiętam, jak wpatrywałam się w jego najsłodsze oczy i myślałam, że mój kuzyn jest onieśmielony niczym »dziewica skryta za kwefem«". Dopiero w Latakii Osama odzyskuje spokój i pogodę ducha. Często znika na wysepce na środku jeziora położonego nieopodal domu ciotki. Przepadał za tą oazą. „Mógłbym ją kupić i tam zamieszkać?"[12], pyta któregoś dnia Solimana.

W końcu rodzina uznaje, że już pora, by Osama i Nadżwa się pobrali. Decyzja zapada w 1973 roku, kiedy dziewczynka ma piętnaście lat. Alia cieszy się na myśl o ślubie syna z bratanicą, ale matka Nadżwy jest temu przeciwna.

– Zaklinam, nie zgadzaj się na to małżeństwo. Chcę cię mieć blisko siebie. Jeśli przeprowadzisz się do Arabii Saudyjskiej, twoje odwiedziny staną się rzadsze niż cenne kamienie – perswaduje.

Nadżwa wie, że matka ma rację. Zdaje sobie też sprawę, że choć w domu wywalczyła prawo do noszenia zwykłych sukienek, z chwilą gdy poślubi Osamę będzie musiała założyć nikab – chustę, zasłaniającą twarz. Będzie również skazana na *parde*, czyli życie w ukryciu.

– To moje życie, mamo – odpowiada hardo. – Decyzja należy do mnie. Kocham go i go poślubię.

Upragniony ślub odbywa się w 1974 roku w Latakii. „Miałam na sobie elegancką białą suknię ślubną. Byłam uczesana według najnowszej mody. Wiedziałam, że piękniej już nie mogę wyglądać. Modliłam się tylko, by strój i fryzura przypadły do gustu mojemu przyszłemu mężowi". Rodzice panny młodej wyprawili w swej skromnej willi wesele ciche jak ich nowy zięć. Zgodnie ze zwyczajem kobiety i mężczyźni bawili się osobno na dwóch końcach sali. Po szybkiej ceremonii ślubnej wszyscy zostali zaproszeni na tradycyjną kolację, gdzie podano mięso z rusztu, gołębia w liściach winogronowych, faszerowanego bulgurem. „Było też dużo słodkości, ale nie miałam apetytu. Skubałam wszystkiego po trochu. Wieczór upłynął jak we śnie: wyszłam za mężczyznę, którego kochałam".

Panna młoda musiała jednak skrywać swe szczęście. Wszelkie wybuchy radości czy rozbawienia były surowo zakazane. Muzyków poproszono, by odstawili instrumenty, a gości – by powstrzymali się od tanecznego przytupywania. Głośny śmiech też był nie na miejscu. „O ile w Syrii śluby to okazja do hucznego świętowania, o tyle moje wesele było bardzo skromne. (...) A mimo to byłam szczęśliwa, bo po minie Osamy widziałam, że podobałam mu się, a moje pomysły przypadły mu do gustu".

Bliscy przyjaciele pana młodego podają mniej romantyczne wytłumaczenie decyzji o ślubie. Jednym z nich jest Chaled Batarfi, który tłumaczy, że w Osamie obudził się mężczyzna. Chęć obcowania z kobietami stała się tak silna, że postanowił jak najszybciej się ożenić, by nie grzesząc, zaspokoić rosnące potrzeby"[13]. Małżeństwo zostaje skonsumowane jeszcze tej samej nocy, choć pożądliwość ciała nie zatrzymuje Osamy długo u boku żony. Wyjeżdża na prawie rok do Dżuddy, gdzie mieszka z matką. Przez następne miesiące Nadżwa żyje w ciągłym oczekiwaniu na listy od męża, który również nie ukrywa zniecierpliwienia. Spakowane walizki czekają na upragnioną dobrą nowinę. I wreszcie jest: przed końcem roku bin Ladenowie przyjadą zabrać ją do męża.

Opuszczając kraj i rodzinę, Nadżwa porzuca stosunkowo laicki styl życia, pozostałość po obecności Francuzów w Syrii w okresie międzywojennym. „Od tej chwili moje życie składało się głównie z ograniczeń. Musiałam zrezygnować z prowadzenia samochodu, pracy poza domem", opowiada. W trosce o przyzwoitość synowej Alia daje jej czarny obszerny płaszcz – abaję – który nie tylko przykrywa sylwetkę, ale także zasłania włosy i twarz. Tuż po starcie samolotu lecącego do Arabii Saudyjskiej Nadżwa przemienia się: „Tamtego dnia po raz pierwszy przykryłam czarną tkaniną włosy i całe ciało. (...) Nagle poczułam się, jakbym zaraz miała się udusić. Ogarnęła mnie panika na myśl, że wkrótce będę musiała wyjść w tym na ulicę. Czy będę widziała otoczenie, czy będę potrafiła iść w tym przez tłum? (...) Popatrzyłam na Osamę. Uśmiechnął się. Mój mąż był zadowolony, choć mnie nie opuszczało dziwne uczucie, że prowadzę zwykłe rozmowy przez maskę".

Początkowo Nadżwa czuje się wśród Saudyjek niezręcznie, jak w pancerzu. Kiedy niezgrabnie stawia pierwsze kroki, panicznie się bojąc, czy chusta nie zsunie jej się z głowy, przypomina jej się bajka o wielkim czarnym kruku, który daje się podpuścić lisowi i wypuszcza z dzioba ser. Tak oto jej pierwszym wyjściom w chuście towarzyszą powtarzane w kółko wersety La Fontaine'a.

Perła nad perłami

„Nigdy jeszcze nie widziałam tylu żurawi portowych", wspomina królowa Elżbieta II wizytę, którą w tamtym okresie złożyła w Dżuddzie. Za sprawą ropy naftowej niegdyś spokojne błękitne morze przypomina teraz szeroką aleję, po której jeden za drugim śmigają statki, przywożąc kolejne kosztowne zabawki saudyjskich władców. Skromny port, gdzie zatrzymywali się pielgrzymi zdążający do Mekki, zmienił się w kosmopolityczną metropolię, liczącą milion mieszkańców. Osama dorastał w domu Alii w zacisznej dzielnicy Muszraf, skąd niedaleko było do sklepów i meczetów. Oddana matka udostępniła młodemu małżeństwu jedno piętro swej prześlicznej, choć dość skromnie wyposażonej willi.

„Tak jak muszla otula zamkniętą w jej wnętrzu drogocenną perłę, tak i ja będę muszlą, która cię ochrania", obiecuje Osama, który zaczyna od wybrania służby i najmuje dobrą Etiopkę jako jej osobistą pokojówkę. Rakieta tenisowa i pędzle odeszły w zapomnienie. Nadżwa spędza długie godziny w ogrodzie, na lekturze Koranu. Jej nauczycielem i przewodnikiem w studiowaniu świętej Księgi jest mąż, który dodatkowo imponuje jej znakomitą pamięcią, recytując z pamięci obszerne fragmenty. Dni płyną w rytm modlitw, w których młodzi małżonkowie chętnie uczestniczą.

Bardzo szybko Nadżwa dostosowuje swój gust do Osamy. Jego ulubiona potrawa – faszerowana cukinia – wkrótce staje się również jej przysmakiem. „Jeśli jej mąż w coś wierzy, ona również”[14], wspomina Leila Ganem, jej młodsza siostra. Choć Osamie wystarczyłby kawałek chleba z oliwą, Nadżwa stara się przygotowywać mu pożywne dania, które zapewnią mu siły na cały dzień. Osama nadal uczęszcza do szkoły. Co rano wkłada białą koszulę i szare spodnie – obowiązkowy strój w renomowanym liceum Al-Taghr, założonym przez króla Fajsala. Równocześnie pracuje w rodzinnej firmie i mając osiemnaście lat, kieruje już pierwszymi robotami, podczas gdy wielu jego braci wiedzie próżniacze życie. Tuż po ukończeniu liceum, w 1976 roku, nadzoruje inwestycję o kilka godzin drogi od Dżuddy. Aby uniknąć długich podróży przez pustynię, przyjęło się, że trasę pokonywano samolotem. Osama jednak, który wciąż ma w pamięci tragiczną śmierć ojca, nawet nie chce o tym słyszeć. Woli jeździć na miejsce swoimi samochodami wyścigowymi, zarzynając je jeden za drugim i bijąc rekordy prędkości.

– Nie martw się. Trasa jest łatwa i bezpieczna. Ojciec osobiście nadzorował jej budowę, mogę więc ręczyć za jej jakość.

Najświeższe ploteczki o rodzinie królewskiej i obawy o trzech najniesforniejszych braci z klanu – oto tematy, o których rozmawiają przy herbacie żony bin Ladenów. I najważniejsze pytanie: czy wrócą dziś cali i zdrowi? Ani na chwilę nie opuszcza ono tych pustelniczek, które szukają otuchy we wspólnej lekturze świętej Księgi. Sama wiara jednak nie rozprasza obaw. Trzeba poszukać innego zajęcia. Nadżwa odkrywa w sobie talenty krawcowej i projektantki. „Choć moje sukienki miały być przede wszystkim proste, z przyjemnością oglądałam czasopisma poświęcone modzie, by śledzić najnowsze trendy, wybierać wzory, które najbardziej mi się podobały, po czym starannie rysować wykrój na papierze”. Pewien problem stanowiły dostawy. Młoda żona nie mogła sama biegać po sklepach. Potrzebowała podkomendnego, wspólnika. „Wytłumaczyć ogłupiałemu szoferowi, który większość życia spędził w jemeńskiej wiosce, jak ważny jest odpowiedni wybór faktury i odcienia tkaniny na damską sukienkę – to stanowiło nie lada wyzwanie”. Nadżwa wolała jednak znosić tępawego kuriera, niż pozbawić się przyjemności tworzenia. Tak zabijała czas „idealna żona”, oczekując na wieczorny powrót Osamy. Tuż przed powrotem męża pospiesznie się przebierała i przy kolacji rozmawiali, jak minął im dzień.

Po roku małżeństwa młoda Nadżwa dostrzega zmiany w swoim ciele. Ma siedemnaście lat i spodziewa się pierwszego dziecka. Uradowany Osama liczy na syna. Przyszła matka przytakuje mężowi, ale w głębi duszy ma inne pragnienia: „Zawsze marzyłam o córeczce, którą mogłabym ubierać w sukienki z falbankami; której mogłabym zaplatać długie warkocze". Osama ogromnie angażuje się w przygotowania do narodzin pierwszego potomka. Zgodnie z tradycją klanu czyni też przygotowania do porodu w domu rodzinnym, ale pierwiastka tak strasznie cierpi, że świeżo upieczony ojciec w obawie, by żona nie umarła mu w połogu, podejmuje decyzję: „W przyszłości Nadżwa będzie rodziła nasze dzieci w szpitalu".

Abdullah bin Laden rodzi się w 1976 roku, a zaraz potem Nadżwa znów zachodzi w ciążę i rodzi się drugi syn. Rok 1979 to kolejny syn, który przynosi chlubę męskości Osamy i zapewnia mu szacunek bin Ladenów. Młody ojciec ma dwadzieścia dwa lata, studiuje ekonomię i zarządzanie na uniwersytecie króla Abd al-Aziza. Trzech chłopaczków na schwał, mocna więź z mężem i brak trosk finansowych – wygląda na to, że Nadżwa dokonała właściwego wyboru. „Dałabym wiele, gdybyśmy mogli całe życie spędzić w takim szczęściu", marzy.

Za tym sielskim obrazem życia małżeńskiego musi się kryć druga strona medalu. Carmen bin Laden, Szwajcarka, żona jednego z braci Osamy, doskonale pamięta, jak młoda matka była o krok od załamania nerwowego. Piekielny skwar daje się we znaki pierworodnemu, który nieustannie płacze. „Chciało mu się pić. Nadżwa próbowała poić go wodą z łyżeczki, ale był na to jeszcze za mały"[15]. Córeczka Carmen tymczasem łapczywie pije przez smoczek. Szwagierka podaje Nadżwie butelkę, ale młoda matka odmawia, choć jest o krok od łez.

– Mały nie chce wody – ucina.

„Dopiero później teściowa wyjaśniła mi, że Osama nie życzył sobie, by syn pił przez smoczek, a Nadżwa nie śmiała się sprzeciwić mężowi". Bezradnie kołysze spragnione niemowlę. Carmen rozpoczyna akcję „smoczek" i prosi męża, by wpłynął na młodego ojca. Niestety – misja kończy się niepowodzeniem. Raz podjętej decyzji Osamy nic nie zmieni.

Podobnie jak nic nie zmieni hierarchii kobiet z jego otoczenia. Najbardziej przebojowa jest jego przyrodnia siostra Szejcha. „Była właściwie żeńskim odpowiednikiem Osamy", wyjaśnia Carmen. Trudno rywalizować z tą rzutką i energiczną kobietą, przy której Nadżwa „ze swoimi bezbarwnymi ubraniami i wiecznie spuszczonymi oczami stawała się niewidzialna". W czasie spotkań we własnym gronie kobiety natychmiast zrzucały abaje. „To była ostra rywalizacja: która ma mocniejszy makijaż, która nosi więcej biżuterii, a która sukienkę najdroższego projektanta", relacjonuje dalej Szwajcarka.

Oryginalne projekty Nadżwy gasną przy kreacjach zdobywanych w szale zakupów. Z chwilą gdy w Dżuddzie wyrósł pierwszy supermarket, u niektórych kobiet z klanu bin Ladenów pojawiły się objawy zakupoholizmu. „Umawiałyśmy się na wyprawy całą grupą. Na miejsce przywozili nas szoferzy. Gapiłyśmy się pożądliwie na zachodnie produkty i kupowałyśmy, ile dusza zapragnie"[16]. Supermarket to dopiero początek. Szwagierki odkrywają w sobie talenty dekoratorskie. „Przepadały za krzykliwymi, prostackimi meblami. (...) Wszystko musiało się świecić i obowiązkowo być ozdobione sztucznymi kwiatami".

Kłopoty dnia codziennego znikały jednak z chwilą, gdy pojawiał się Osama. Mąż wkrótce zabiera swoją „perłę" do Mekki, oddalonej od Dżuddy o osiemdziesiąt kilometrów. Młoda żona cieszy się na wizytę w świętym mieście, do którego pielgrzymują wierni z czterech stron świata, Osamę zaś przepełnia entuzjazm na myśl, że Nadżwa będzie dzielić z nim to mistyczne przeżycie. „Stopami brnęłam w piasku. Idąc ku świętemu meczetowi, miałam wrażenie, że płynę w powietrzu jak we śnie".

1979: puszka Pandory

Podróż do Mekki to dla Osamy coś więcej niż małżeńska wyprawa. Na początku owego 1979 roku coś zmienia się w jego postrzeganiu świata politycznego: Półwyspu Arabskiego należy bronić przed najeźdźcami. „Zauważyłam, że jego duch gaśnie, przytłoczony przez coraz natrętniejszą obecność świata zewnętrznego", notuje jego młoda żona. Osamie zaś coraz mniej się podoba kierunek, jaki przybiera polityka międzynarodowa.

Styczeń przynosi serię wydarzeń, które znacząco wpłyną na los Osamy bin Ladena. Na początku roku, po wielomiesięcznej wojnie partyzanckiej, prowadzonej na ulicach Teheranu pod dowództwem imama Chomejniego, szach

Iranu zostaje zmuszony do opuszczenia kraju. Rewolucja islamska staje się faktem. Osama z zainteresowaniem, ale i nieufnością przygląda się temu ruchowi, który chce sprowadzić całą Persję na „właściwą ścieżkę" pobożności. Książęta saudyjscy drżą na samą myśl o tym. Ich rządy bowiem, nastawione na negocjacje z zachodnimi mocarstwami takimi jak Stany Zjednoczone, natychmiast znajdują się na celownikach muzułmańskich fundamentalistów.

Wpływy imamów coraz wyraźniej widać na ulicach królestwa. Władza gra na zwłokę i wykonuje pojednawcze gesty w ich kierunku. Dlatego na bazarze w Dżuddzie pojawiają się afisze ostrzegające o dotkliwych karach dla osób, które zjawią się w nieodpowiednim stroju. Funkcjonariusze Muttawy, policji religijnej, grożą pałkami kobietom, które nie przestrzegają zasad skromności. Obowiązkowym elementem kobiecego stroju stają się grube czarne rajstopy, dzięki którym na pewno nie błyśnie nawet fragmencik odsłoniętej skóry. Jednak nawet w tej kwestii kobiety z klanu bin Ladenów muszą pójść o krok dalej. „Wiele z nich naśladowało Nadżwę oraz moje szwagierki Rafah i Szejchę, które dorzuciły jeszcze rękawiczki", notuje Carmen. Lalki, alkohol i sprzęt hi-fi błyskawicznie znikają ze sklepów i zostają uznane za nielegalne. Muttawa wchodzi do mieszkań, niszczy dowody tej odrażającej bezbożności, a właścicieli skazuje na więzienie bądź łoi im skórę. Mieszkanki willi bin Ladena pochwalają te zbawienne działania. „Uważały, że Muttawa po prostu wywiązuje się z obowiązków, działa w szlachetnej i słusznej sprawie. Wychodziły z założenia, że nie istnieje coś takiego jak zbyt surowe nakazy religijne". Leila, młodsza o pięć lat od Nadżwy, doskonale pamięta przemianę siostry: „Nie odpowiadał jej mój styl życia. Nie noszę chusty, a to wyjątkowo jej się nie podobało. Za każdym razem próbowała mnie namówić, żebym jednak ją włożyła"[17]. Pewnego razu Carmen zadaje pobożnej Rafah pytanie: czy mężczyźni rzeczywiście są tak słabi i tak opętani przez zmysły, że sam widok kobiecej twarzy doprowadzi ich do grzechu? Rozmowa szybko się kończy: „Rafah popatrzyła na mnie, jakbym mówiła po chińsku".

Osamie udziela się rewolucyjny zapał. Pewnego wieczoru oświadcza: „Nadżwa, jedziemy do Stanów Zjednoczonych", i rzeczywiście już wkrótce razem z dziećmi udają się do Indiany, gdzie mają się spotkać z mężczyzną, którego nazwiska jeszcze nie znają. Abdullah Azzam to palestyński teolog przekonany o nieuchronności gwałtownego starcia świata muzułmańskiego i cywilizacji zachodniej. Zwrócił na siebie uwagę, gdy razem z Jasirem Arafatem organizował akcje paramilitarne wymierzone przeciwko izraelskiemu okupantowi Palestyny. W pewnym momencie jednak odchodzi od socjalistycznej filozofii wyzwolenia narodowego i tworzy nową koncepcję: wizję ponadnarodowego ruchu obejmującego wszystkich wyznawców islamu. Dopiero wtedy będzie można na nowo narysować mapę świata muzułmańskiego i obalić zepsute rządy świeckie.

Nadżwie nie w głowie jednak kwestie polityczne. W trakcie podróży jedno z dzieci zachorowało. W Indianapolis małżonkowie od razu udają się z nim do lekarza. „Ku mojej niewysłowionej uldze poczciwy doktor zapewnił, że mały (...) wkrótce wydobrzeje". Spędzają tam razem tydzień, po czym Osama wyjeżdża na następny tydzień do Los Angles, zostawiając żonę pod opieką przyjaciółki. „Na podstawie tego, co zobaczyłam podczas krótkich spacerów, doszłam do wniosku, że Amerykanie to całkiem sympatyczni, prości i uprzejmi ludzie, z którymi można miło porozmawiać". I jeszcze bardziej zaskakujące stwierdzenia: „Osama ani ja wcale nie nienawidzimy Ameryki, nawet jeśli za nią nie przepadamy".

Pewien niesympatyczny incydent wystawia jednak na próbę to – i tak dość anemiczne – pojednanie ze Stanami Zjednoczonymi. Tuż przed wyjazdem, na lotnisku, może ze sto metrów od Nadżwy jakiś bezwstydny przechodzień staje jak wryty na jej widok. Nigdy jeszcze nie widział kobiety zasłoniętej od stóp do głów. Ze zdumienia opada mu szczęka. Przygląda się jej ze wszystkich stron. „Zastanawiałam się, co o tym myśli mój mąż. Rzuciłam na niego okiem. Mierzył wzrokiem ciekawskiego". Przyjaciel Osamy Chaled Batarfi dodaje, że grubiaństwo natręta przełamało barierę i kolejne osoby zaczęły fotografować parę[18]. Tymczasem reakcja Osamy jest zaskakująca. Małżeństwo rozmawia o incydencie i bawi je prostactwo Amerykanina. Wolą wyśmiać go pogardliwie.

W tym samym 1979 roku w Arabii Saudyjskiej dochodzi do znacznie dramatyczniejszego wydarzenia. Nadżwa miała urwanie głowy z trojgiem dzieci i – jak sama opowiada – „prawie nie zauważała, co się dzieje poza murami domu". Tymczasem listopad okazuje się przełomowym punktem w przenoszeniu rewolucji poza granice Iranu.

Meczet al-Haram w Mekce, poranek 20 listopada. Kilkuset uzbrojonych mężczyzn zajmuje to największe miejsce kultu na Bliskim Wschodzie. Świątynia, która co roku przyjmuje setki tysięcy pielgrzymów, przechodzi właśnie remont. Prace powierzono elitarnej firmie należącej do bin Ladenów. Pięćdziesiąt tysięcy Arabów szykuje się do świętowania pierwszego dnia roku 1400 według kalendarza muzułmańskiego, kiedy terroryści wyjmują karabiny. Ponieważ w mieście obowiązuje całkowity zakaz posiadania broni i przelewu krwi, napastnicy z łatwością obezwładniają straż i okupują Wielki Meczet. Tak zaczyna się dwutygodniowe starcie Saudów z rebeliantami, którzy domagają się ustąpienia dynastii, oskarżając ją, że „uległa zepsuciu, pławiąc się w luksusach, i niszczyła kulturę saudyjską poprzez poddawanie się wpływom zachodnim".

Saudyjskie oddziały podejmują liczne próby uwolnienia zakładników. Kiedy liczba ofiar sięga stu, uznają swoją klęskę. Saudowie nie mogą zwrócić się do sąsiadów, bo to groziłoby utratą pozycji w regionie. Dlatego proszą o pomoc Stany Zjednoczone. Prezydent Carter udaje głuchego, więc wkrótce dzwoni telefon na biurku w Pałacu Elizejskim. Prezydent Valéry Giscard d'Estaing musi szybko działać. Wzywa trzech młodych funkcjonariuszy GIGN, świeżo utworzonej jednostki do zwalczania terroryzmu. Po pierwszym ataku, zakończonym niepowodzeniem, terroryści ukrywają się pod ziemią. Nikt nie ma planów rozległych katakumb rozciągających się pod świątynią. Nikt, z wyjątkiem ekip właśnie przeprowadzających konserwację. Francuscy komandosi dopadają oszołomionego dowódcę saudyjskich oddziałów i ryczą:

– Gdzie jest bin Laden? Gdzie jest bin Laden?[19]

Żądają od Salema, starszego brata Osamy, który po śmierci ojca przejął imperium, by dostarczył te bezcenne plany. Żołnierze w obstawie Francuzów wyszukują miejsca, gdzie wychodzą na zewnątrz gumowe węże, i oznaczają kryjówki. Tak przygotowani, przypuszczają atak – zwycięski, choć jego bilans to dwieście pięćdziesiąt ofiar. Sześćdziesięciu dwóch ocalałych terrorystów zostaje skazanych na ścięcie. Wtedy jeszcze Osama jest gorącym przeciwnikiem przemocy. Stara się unikać konfrontacji. Najlepiej ilustruje to przykład z boiska. Kiedy pewnego razu grają w piłkę, jakiś młody zawodnik ewidentnie szuka okazji do bójki i szamocze się z Osamą. Chaled Batarfi interweniuje. Podbiega i z całej siły popycha natręta, a Osama karci przyjaciela:

– Gdybyś poczekał kilka minut, rozwiązałbym problem pokojowo[20].

Choć nie potępia wzięcia zakładników, jest oburzony tym, jakie działania przedsięwzięto w celu ich odbicia. „Można było rozwiązać konflikt bez jednego strzału. (...) Wystarczyło poczekać i uzbroić się w cierpliwość. [Rebelianci] mieli lekką broń i niewielkie zapasy żywności. Byli otoczeni". Najcięższe oskarżenia rzuca pod adresem następcy tronu Fahda: „Uparcie z nimi walczył, jego buldożery i pojazdy opancerzone zostawiły ślady na posadzce meczetu"[21]. Te apokaliptyczne obrazy prześladują młodego studenta. „Wszyscy pamiętają widok minaretów osmalonych po tym, jak czołgi otworzyły ogień".

O ile Osama potrafił zapanować nad urazą do rodziny królewskiej, którą obwiniał o zamach i śmierć kilkuset wiernych, o tyle inne wydarzenie rozsadzi mury zacisznego domu Nadżwy. Miesiąc później, w grudniu, Związek Radziecki postanawia wesprzeć komunistyczny rząd w Kabulu i wkracza do Afganistanu. Od pierwszych minut ofensywy Osama nieustannie nasłuchuje informacji z frontu. Chodzi niespokojny, rozdrażniony, nie może spać. „Nie miałam pojęcia, co właściwie się dzieje w tym odległym kraju, ale mój mąż niezwykle to przeżywał".

Między Nadżwą a Osamą istnieje milczące porozumienie: nigdy nie będzie go pytała o sprawy polityczne. Tym razem jednak chodzi tak przygnębiony, że zbiera się na odwagę i łamie mężowski zakaz. „Pierwszy raz widziałam, że coś tak nim wstrząsnęło. Głęboko przeżywał sytuację niewinnych muzułmanek i ich dzieci aresztowanych, torturowanych i mordowanych". Osama czuje, że wybiła godzina czynu. Zbiera pieniądze wśród członków rodziny. Siostra Szejcha wspiera go w tym szlachetnym dziele. Wieczorem Nadżwa widzi w domu tylko cień dawnego Osamy. Trawi go wewnętrzny ogień. „Wojna w Afganistanie wysysała z mojego męża życie". Bin Laden zamierza wyjechać do Pakistanu, gdzie gromadzą się wierni mudżahedini. Mąż, który jeszcze niedawno obiecywał, że zawsze będzie jej strzegł, teraz mówi o dostawach żywności, środków medycznych i broni, które przewiezie ciężarówką przez Pakistan i przekaże bojownikom.

Abdullah Azzam, natychmiast udzielając wsparcia Afgańczykom, zachęca, by dołączyli do niego w Peszawarze, mieście przygranicznym, które staje się też zapleczem antykomunistycznej partyzantki. Osama myślami i sercem coraz bardziej oddala się od domu i spraw rodzinnych, ale Nadżwa kompletnie tego nie zauważa. Wspiera jego walkę w Afganistanie wyłącznie z jednego powodu: „Żeby mój mąż wrócił potem do domu i żebyśmy mogli znowu żyć jak przedtem".

Zanim jednak Osama wyjedzie na trzy miesiące, zadba, by osamotniona rodzina mieszkała w jak najlepszych warunkach. Kupuje w Dżuddzie kamienną rezydencję z dwunastoma pokojami, niedaleko willi matki. „Zdumiało mnie, że dom jest aż tak duży. Pomyślałam nawet: po co tyle pokoi? Przecież nigdy nie urodzę tylu dzieci". Puste pokoje to przedsmak czekającej ją samotności. Perskie kobierce i poduszki rozrzucone pod ścianami dodają nieco ciepła tym wnętrzom pozbawionym duszy. Nadżwę ogarnia rozczarowanie i niepokój, ale postanawia zdławić jedno i drugie. „Zawsze marzyłam, by nasz dom był pięknie umeblowany, ale Bóg jeden wiedział, kiedy Osama wróci z Pakistanu". Przestronna willa nigdy nie stanie się eleganckim, przytulnym domem, o którym marzyła od początku małżeństwa. Osama i Nadżwa nigdy już nie wrócą do zwyczajnego życia. Od tamtego wyjazdu bin Laden więcej czasu będzie spędzał poza Arabią niż na ojczystej ziemi.

Nie tylko Nadżwa traci kogoś, kogo znała i kochała. Alia z bólem serca obserwuje gwałtowną radykalizację syna. Osama, który miał wyruszyć z prostą misją wspierania bojowników, postanawia przyłączyć się do walki. „Już wcześniej cierpiała, a to było gwoździem do trumny. Zwłaszcza kiedy usłyszała, że Rosjanie używają przeciwko mudżahedinom gazu bojowego. Od tamtej pory bez przerwy oglądała telewizję i słuchała radia, na wypadek gdyby stało się najgorsze"[22], opowiada Chaled Batarfi. Po kilku tygodniach niepewności Alia próbuje interweniować. „Starała się go powstrzymać – opowiada siostra Nadżwy. – Mówiła, żeby wracał do Arabii Saudyjskiej, ale on nie słuchał. Dopiero kiedy zrozumiała, że Osama robi to dla idei i nic nie zdoła go przekonać, westchnęła: »Niech Allah ma go w opiece«"[23].

Choć Osama wyjechał na front, Nadżwa czuje, jak rośnie w niej nowe życie. Zdążyła przekazać mu radosną nowinę, podając termin rozwiązania, co okazało się skutecznym sposobem ściągnięcia męża do domu. „Kiedy powiedziałam mu, że pora już jechać do szpitala, był podekscytowany, jakbym rodziła pierwszy raz. Wreszcie miał misję. Załadował mnie do samochodu i pruł jak szalony do szpitala Bughshan". Dotrzymał słowa. Jest przy niej, więc mimo trudnego porodu Nadżwa może na początku lat osiemdziesiątych powiedzieć, że czuje się

„najszczęśliwszą kobietą pod słońcem". Osama też nie posiada się z radości, że obdarzyła go czwartym synem, któremu dają na imię Omar. Często powtarza, że narodziny potomstwa to prawdziwe błogosławieństwo. Sielanka rodzinnego edenu jednak przestaje mu wystarczać. Wzywają go góry Afganistanu i wojna. Dziś czuje się przede wszystkim mudżahedinem.

Skazana wyłącznie na towarzystwo czterech synów Nadżwa dotkliwie odczuwa brak rozrywek. Któregoś dnia zauważa, że jasne włosy najmłodszego syna zrobiły się już za długie. Patrząc na jego złociste kędziory, postanawia zrealizować swoje marzenie o córeczce. „Właściwie bezmyślnie zaczęłam zaplatać mu włosy i wypróbowywać eleganckie fryzury albo warkocz pleciony w kłos, jaki robiłam mężowi". Robak wszedł w owoc, potem było już tylko gorzej. „Sama nie zauważyłam, kiedy wróciłam do projektowania i szycia dziewczęcych sukieneczek, a Omar stał się manekinem, na którym je przymierzałam".

Wkrótce już nie potrafi zabrać synowi tych ślicznych ciuszków. Nadżwa pogrąża się coraz bardziej. „Ani się obejrzałam, a miał już całą szafę dziewczęcych ubranek". Matka usprawiedliwia swoje uzależnienie, tłumacząc, że Omar jest jeszcze maleńki i nie będzie pamiętał. Wszystko byłoby dobrze, gdyby nie nagły powrót Osamy, bojownika, który po miesiącu w Peszawarze przyjeżdża z niezapowiedzianą wizytą. Ojca wita Omar w dziewczęcej sukience, z włosami zaplecionymi w długie warkocze. „Żołądek aż mi się ścisnął. Nie odrywałam wzroku od męża, czekając na jego słowa lub reakcję". On zaś tylko przykucnął przy synu, wodząc palcem po sukience i po fantazyjnej fryzurze. Niepewnie przygląda się malcowi, potem przenosi wzrok na żonę, później znów na syna i ponownie na Nadżwę. Potrafi docenić talenty krawieckie żony. Może dlatego zaskakuje ją swoją reakcją. „Smukłymi palcami wygładził sukienkę naszego syna i powiedział: »Omar, nosisz ubranie dziewczynki, a jesteś chłopcem«. Następnie lekko przeciągnął dłonią po włosach Omara: »Jesteś uczesany jak dziewczynka, a jesteś chłopcem«". Nadżwie, która nigdy jeszcze nie zasłużyła na mężowski gniew, sekundy wydają się godzinami. „Do tej pory byłam najposłuszniejszą żoną, jaką można sobie wyobrazić", przyznaje gotowa ponieść surową karę. Mąż tymczasem nawet nie podnosi głosu. Rozumie, co musiała czuć żona pozostawiana raz za razem własnemu losowi. Spokojnie i łagodnie próbuje przywołać ją do rzeczywistości:

– Nadżwa, Omar jest chłopcem. Przebierz go w chłopięce ubrania i obetnij mu włosy.

Przerażenie, jakie wtedy czuła, wystarcza jej za nauczkę. Od tamtej pory zachowuje się bez zarzutu. W każdym razie dopóki w domu jest Osama. Ledwo bowiem wyjeżdża na front, uzależnienie powraca ze zdwojoną siłą. Nadżwa ma nawrót. Wyciąga sukienki i znów stroi syna. „Mąż wrócił niespodziewanie i przyłapał mnie, jak podziwiałam Omara z długimi lokami, ubranego w różową sukieneczkę". Nie odezwał się ani słowem, tylko zmierzył ją groźnym spojrzeniem. „Tym razem zrozumiałam, że więcej już nie powinnam kusić losu", przyznaje bystra Nadżwa. Sukieneczki trafiły do kufra i tam czekały, aż na świat przyjdzie dziewczynka.

Nadżwa zdecydowanie potrzebuje jakichś rozrywek, skutecznego sposobu zabicia czasu. Telewizję można od razu skreślić. Osama nie życzy sobie, żeby demoralizowała rodzinę. Od kiedy zakazano emisji disneyowskich kreskówek i *Muppetów*, telewizor jest włączany tylko na programy informacyjne. Dzieci mają obowiązek oglądać wiadomości. Otrzymują też dodatkowe zadanie: ściszać fonię, gdy ostre dżingle zapowiadają początek nowej audycji.

Nudę zastępuje niepokój. Obawy Nadżwy nie są nieuzasadnione: po następnym powrocie męża z Afganistanu odkrywa u niego blizny na całym ciele. Nie potrafi się nawet cieszyć jego pobytem. Od chwili gdy Osama informuje, że nauczył się pilotować śmigłowiec, chodzi jak otępiała. Gdy zaś zaczyna stawiać pytania, pada rozkaz: „Nadżwa, przestań myśleć!".

Osama jest oddanym ojcem, ale rzadko obecnym w domu. Kiedy dopisuje mu humor, siada z synami i chwali się swoimi wyczynami wojennymi. Choć z natury poważny, umie zaciekawić chłopców, tak że zadzierają małe głowiny i patrzą na niego jak na olbrzyma. Opowiada im na przykład o szczególnie niebezpiecznej misji, kiedy razem z Abdullahem Azzamem uciekali przed ostrzałem bezlitosnych radzieckich śmigłowców. Zdesperowani, schronili się w grocie na zboczu wzgórza. Kiedy górą wstrząsnęła eksplozja, on zdążył uciec, zanim kamienie zasypały wejście, więżąc w środku towarzysza. W tym momencie ten urodzony gawędziarz zawiesza głos. Podejmuje opowieść dopiero, gdy słuchacze nie mogą wytrzymać napięcia:

– I wiecie, co się wtedy stało? Zobaczyłem cud. Allah zesłał drugą bombę, która uderzyła dokładnie tam, gdzie głazy zasypały wejście do groty. Drugie uderzenie otworzyło grotę, w której był uwięziony Abdullah Azzam, z taką precyzją, jakby ładunek układali saperzy. – Pochyla głowę i wydaje się tonąć we wspomnieniach. – Mocą Bożą Abdullah Azzam wyszedł z groty spokojnie, jakby wybierał się na piknik.

Osama nie ma jednak do synów takiej cierpliwości jak do żony. „Nigdy nie słyszałem, żeby podnosił głos na matkę, na siostry, na moją mamę albo dziewczęta. Nigdy nie widziałem, żeby uderzył kobietę. To zostawiał dla synów", wspomina Omar. Postrzega go też jako człowieka „całkowicie pozbawionego rodzicielskiego ciepła". Najmłodszy z synów wychowuje się właściwie bez ojca, dlatego ilekroć Osama wraca do domu, chodzi za nim jak cień i błaznuje, próbując zwrócić na siebie uwagę.

Mudżahedin nie ma cierpliwości do szczenięcych wygłupów. Reaguje natychmiast: na podorędziu zawsze ma laskę ze swoją pieczęcią. W miarę jak chłopcy dorastają, ciosy padają coraz częściej. Rozdziela je „na prawo i lewo, za byle przewinienie". Synowie nie rozumieją, dlaczego nie wolno im korzystać z klimatyzacji ani z lodówki, skoro mieszkają w gorącym klimacie. Dlaczego tylko od wielkiego dzwonu można włączać prąd? Nienawidzą tych bezsensownych zakazów, choć matka nigdy się nie skarży. Wszelkie przejawy buntu ojciec błyskawicznie tłumi uderzeniami laski.

Jedyne szczęśliwe chwile rodzina spędza na ranczu na południe od Dżuddy. Na olbrzymim terenie znajdują się liczne zabudowania: stajnie, ale także meczet. Tam Osama wreszcie się uspokaja, sadzi setkę drzew – palmy i wypieszczony sad. Robi też sztuczną oazę, gdzie hoduje róże i rośliny wodne. „Na widok pięknej rośliny ojcu zawsze świeciły się oczy z radości. Na widok harcującego wierzchowca promieniał z dumny", opowiada dalej Omar. Ponieważ dzieci nie mogą mieć zabawek, Osama podarował chłopcom kozy jako towarzyszy zabaw. Pewnego dnia pojawia się ze znajdką, na której widok Nadżwa wpada w szał: młodziutką gazelą. Matka zabrania dzieciom wprowadzić ją do domu, ale chłopcy wciągają zwierzę przez okno. Przestępstwo zostaje natychmiast wykryte – gazela linieje i wszędzie zostawia sierść – a winni ukarani.

Jedną z nielicznych gier, która potrafi rozweselić surowego patriarchę, jest piłka nożna. „Doskonale pamiętam dzień, kiedy przyniósł do domu piłkę, i swoje zdumienie na widok uśmiechu, jaki rozjaśnił jego twarz, gdy patrzył na naszą radość. Przyznał, że zawsze miał słabość do gry w nogę. Ilekroć miał czas, kopał razem z nami", wspomina Omar. Jest też inny sport, który pozwala im spędzać wspólnie czas, a równocześnie rozwijać zręczność. W czasie jednego ze spontanicznych meczów, kiedy piłkę zastępuje czapka, Osama ku swemu zdumieniu zostaje wyprzedzony przed najmłodszą latorośl. Rzuca się za Omarem. Ten czuje na kostkach jego ręce, ale wymyka się i ucieka dalej zygzakiem. Bin Laden z głuchym łoskotem pada na ziemię. „Zdarł sobie skórę na łokciach i zwichnął prawe ramię. Widać było, że naprawdę cierpi". Trafia do szpitala, gdzie musi przyjmować zastrzyki z kortyzonu, a potem jeszcze uczęszczać na rehabilitację, przez co kolejny wyjazd do Pakistanu przesuwa się o pół roku. Nadżwa jest w siódmym niebie, ale dzieci nie podzielają jej radości: „Bracia mieli do mnie pretensje. Nie znosili, kiedy ojciec mieszkał z nami w Dżuddzie. Woleliby, żeby pojechał do Pakistanu". Co też ten zamierza wkrótce zrobić, obiecując Nadżwie, że tym razem weźmie ją ze sobą.

Gdyby nie „afgański kłopot", Nadżwa czułaby się spełnioną kobietą. „Byłam z nim więcej niż szczęśliwa, a z jego zachowania można było wnioskować, że czuł się ze mną równie szczęśliwy". Nic nie przygotowało jej na kolejną niespodziankę, stokroć trudniejszą do przyjęcia niż obecność w domu małej gazeli. Oto bowiem wkrótce klan bin Ladenów miał się powiększyć o następną małżonkę.

Dom otwarty

– Nadżwa, jeśli twe serce raduje się na myśl o tym, że wezmę sobie drugą żonę, otrzymasz nagrodę w niebie. Możesz być pewna, że po śmierci trafisz do raju.

Ta wiadomość, kończąca sielankę, spada na żonę niestrudzonego bojownika, kiedy spodziewa się piątego dziecka. „Niewiele kobiet tańczy z radości na wieść, że od tej pory będą musiały dzielić się mężem z inną", zauważa powściągliwie.

Ogarnia ją coraz większy niepokój. Widocznie Osama nie czuje się z nią tak szczęśliwy jak ona z nim. Nie wie, że jej los zostaje przypieczętowany podczas rozmów, jakie na uniwersytecie króla Abd al-Aziza prowadzą Osama i jego przyjaciel, a w przyszłości również szwagier – Dżamal Chalifa. Właśnie wtedy uzgadniają, że będą praktykować poligamię. W tamtym okresie spotyka się ona w Arabii Saudyjskiej z powszechnym potępieniem. Winę za to – uznają przyjaciele – ponoszą ich ojcowie. „Tamto pokolenie wypaczyło ideę poligamii. Nie traktowało wszystkich żon jednakowo. Zdarzało się, że para tego samego dnia pobierała się i rozwodziła! Przywróćmy tę tradycję, pokażmy, że można to zrobić właściwie"[24].

Osama wie, jak urobić Nadżwę. Powtarza, że jej zgoda przesądzi o przyszłości tego małżeństwa. Następne miesiące przynoszą gorące dyskusje. Wreszcie bin Laden sięga po ostateczny argument. Przyświeca mu tylko jeden cel: dać życie jak najliczniejszym wyznawcom.

Pewny błogosławieństwa Nadżwy Osama rozpoczyna poszukiwania kandydatki. Okaże się nią Chadidża Szarif, Saudyjka z bardzo szanowanego rodu potomków proroka Mahometa. Jest starsza od Osamy o dziewięć lat, odebrała wykształcenie pozwalające jej wykładać w szkole dla dziewcząt w Dżuddzie. Nadżwa jednak nie od razu poznaje kobietę, która stanie się również jej towarzyszką życia: Osama nie zaprosił pierwszej żony na swój kolejny ślub. Dla nowej małżonki przygotowano mieszkanie w przestronnym domu bin Ladenów.

Nadżwę czeka jeszcze jedna niespodzianka. Osama ściśle przestrzega nakazów islamu, regulujących stosunki między mężem a dwiema żonami. To znaczy, że od tej pory wszystko dzieli sprawiedliwie na pół. Swoją miłość, swój czas, słowa, przychylność – wszystko to daje obu w jednakowym stopniu. Nadżwa robi dobrą minę do złej gry. Zamienia małżeńską sielankę na przyszłe szczęście w niebie. „Inaczej nie dostałabym nagrody w raju".

Początkowa aprobata z czasem zmienia się w wyrzuty sumienia. Cisza, jaka panuje w domu pod nieobecność Osamy, jest nie do zniesienia. Nadżwa nie ma wyjścia. Jeśli chce odzyskać spokój ducha, musi zawrzeć pakt z kobietą, którą jej dzieci mają nazywać ciocią. Obie czują się samotne. Zaczynają spędzać ze sobą czas, wspólnie czytając, razem spożywając posiłki. Wkrótce Nadżwa wygląda towarzystwa Chadidży z podobną niecierpliwością jak towarzystwa męża.

Ostatecznie pojawienie się „przyjaciółki" okazuje się wręcz błogosławieństwem. Osama wreszcie podejmuje decyzję, na którą Nadżwa czeka od paru lat: zabiera całą rodzinę do Pakistanu. W 1983 roku obie kobiety wraz z mężem i dziećmi wsiadają na pokład samolotu lecącego do Peszawaru. Wreszcie Nadżwa zobaczy owo tajemnicze miejsce, do którego mąż ucieka od czterech lat. Szybki rzut oka na pstrokate miasto, a właściwie obóz, w którym chronią się Pasztunowie uciekający z Afganistanu, i już może podziwiać piękną willę, jaką wybrał dla nich Osama. Ogrodzenie zapewni im ochronę przed zgiełkiem i niepokojami. Tam Chadidża i Nadżwa spędzają trzy letnie miesiące, całkowicie odcięte od świata, w którym żyje Osama. Jedyną pociechę stanowi to, że synowie zbliżają się do ojca. Ale wakacje dobiegają końca, chłopcy muszą wracać do swoich szkół w Dżuddzie. Zapada decyzja: od tej pory rodzina wszystkie wakacje będzie spędzać w Peszawarze.

Podróż powrotna upływa fatalnie, zwłaszcza dla Nadżwy, która nosi pod sercem kolejnego chłopca. Rodzina powiększy się jednak o nową kobietę. Osama chce wziąć trzecią towarzyszkę.

Tym razem wszystko odbywa się pod komendę Nadżwy. To ona wybiera zdatną kandydatkę. „Serce mówiło mi, że jeśli to zrobię, moja miłość do niego tylko wzrośnie". Nie mija wiele czasu, a jest całkowicie zauroczona Chajrią Sabar, wykształconą Saudyjką z Dżuddy posiadającą tytuł doktora psychologii dziecięcej, wykładowczynią na uniwersytecie króla Abd al-Aziza dla kobiet. Nadżwa wybrała mężowi kobietę o siedem lat od niego starszą, trzydziestopięcioletnią pannę. „Pokochałam Chajrię od pierwszego wejrzenia", zwierza się przychylna swatka, krążąca między Osamą a pobożną rodziną narzeczonej.

W 1985 roku trzy żony mają ręce pełne roboty z siedmiorgiem swoich dzieci. Trzeba pilnować godzin lekcji dzieci, które już chodzą do szkoły, mieć oko na pokojówki, nianie, kucharki i szoferów. Wielonarodowa służba pochodząca z Filipin, Sri Lanki, Afryki, Egiptu i Jemenu sprawia, że dom przypomina po trosze ONZ z Osamą jako sekretarzem generalnym, stale przebywającym w rozjazdach. W tym rojnym ulu ani na moment nie zapada cisza. „Wszyscy uwijali się jak w ukropie, starając się jak najlepiej wykonywać obowiązki, i robili przy tym ogłuszający hałas". Nadżwa jako pierwsza żona jest królową ula, której pozostałe żony muszą się podporządkowywać. Zapewnia jednak, że nigdy nie czuła się lepsza ani ważniejsza od Chadidży ani Chajrii. „Zaprzyjaźniłyśmy się. Nie było między nami żadnych konfliktów".

Ta krucha równowaga małżeńskiej wieży Babel zostaje zakłócona w 1986 roku. Chajria nie może zajść w ciążę, więc bin Laden oświadcza, że poszuka czwartej żony. Tym razem bez pomocy Nadżwy, która wybrała mu partnerkę najwyraźniej niezdolną do rodzenia dzieci.

Wybór pada na nauczycielkę gramatyki arabskiej, a zarazem siostrę afgańskiego towarzysza broni. Spokojna, niezwykle zorganizowana Siham Sabar pochodzi z Medyny, ulubionego miasta Osamy. Nadżwa lokuje więc kolejną towarzyszkę w rezydencji urządzonej w odcieniach szarości i ochry, upstrzonej klimatyzatorami wychodzącymi na ulicę, którą tubylcy nazywają „Macaroni" od dawnej fabryki makaronów. Osama zaś snuje filozoficzne rozważania na temat wielożeństwa: „Pierwszy raz idzie gładko, jak spacerek. Drugi przypomina jazdę na rowerze: szybka, ale trochę niestabilna. Trzeci to ryksza: stabilna, ale dość powolna. Dopiero za czwartym razem – to jest to. Wyprzedzisz wtedy każdego"[25]. Do tej pory nie złamał obietnicy, którą złożyli on i Dżamal Chalifa, że wszystkie żony będą traktowali jednakowo. Każda miała własne mieszkanie i żyła równie skromnie jak on.

Abdullah Azzam, palestyński teolog, którego bin Ladenowie poznali jakiś czas wcześniej w Stanach Zjednoczonych, teraz większość czasu spędza w Peszawarze. Często też odwiedza swojego przyjaciela z Dżuddy. Osama uważa go za swojego mistrza, a Azzam nie musi wstydzić się ucznia: „Wiódł skromne życie najuboższego z ubogich. Nigdy nie widziałem u niego ani jednego stołu, ani jednego krzesła. Równocześnie zaś jeśli poprosiło się go o milion riali, natychmiast wystawiał czek"[26]. Gościa rozczarowało tylko jedno. Choć wszyscy pocą się w niemiłosiernym upale Dżuddy, bin Laden uparcie nie włącza klimatyzacji.

– Dlaczego z niej nie korzystasz, skoro ją masz? – pyta, zmuszając w ten sposób Osamę, by, zrzędząc, uczynił zadość jego woli.

Nadchodzi lato, pora zatem udać się do Peszawaru i dołączyć do bohatera arabskiego odrodzenia, którego przesłania słucha cały świat: „Wyłącznie dżihad, wyłącznie broń. Żadnych konferencji, żadnych negocjacji, żadnego dialogu". Tam wojna stała się dla nauczyciela „tym, czym woda dla ryby", mówi nam jego żona Umm Mohammed. „Każdy uczestnik dżihadu przywoził ze sobą żonę, którą zostawiał w Peszawarze. Żyłyśmy razem jak jedna wielka rodzina. Pozostałe kobiety traktowały mnie po trosze jak matkę"[27], zwierza się nieco później. Abdullah Azzam poprosił o jej rękę, kiedy miała dwanaście lat, po czym wrócił studiować prawo koraniczne na uniwersytecie w Damaszku. Ten mistrz duchowy bin Ladena jest surowym, zaprawionym w bojach partyzantem, który doskonale radzi sobie w skalistych górach Afganistanu. Często żywi się samym chlebem, zjada tylko jeden posiłek dziennie i ma wyłącznie dwie pary spodni. „Nosił je na zmianę – opowiada żona. – Mimo to zawsze był czysto i schludnie ubrany". Mimo spartańskich warunków panujących w obozach oddane żony bojowników dzielnie trzymały się razem. „Wtedy, podczas dżihadu w Pakistanie nie spotkałam ani jednej siostry, która odczuwałaby przygnębienie albo smutek".

Nadżwa tylko częściowo podziela zapał żony Abdullaha Azzama. Owszem, cieszy się, że spotyka się z przyjaciółką, która często odwiedza ją w Dżuddzie i którą szanuje, ale źle znosi tłumy żołnierzy, którzy co dzień wpraszają się do ich willi – dawnej rezydencji kolonialnej z wysokimi arkadami – położonej w zacisznej dzielnicy uniwersyteckiej. Owego lata 1986 roku pojawia się nowy gość: Ajman az-Zawahiri. Ten egipski chirurg i radykał towarzyszy bin Ladenowi i Azzamowi w kampanii, zostawiwszy żonę w Peszawarze, razem z innymi „matkami dżihadu".

Abdullah Azzam to uosobienie świętego wojownika, bohatera ludowego, którego wizerunek z łatwością utrwala się w pamięci zbiorowej za sprawą długiej siwej brody z czarnym pasem na środku. Ilekroć mówi o wojnie, oczy mu płoną, jakby w duszy nosił wizję zwycięstwa. Tymczasem Zawahiri nie stara się wkupić w łaski tego powszechnie wychwalanego szejka. Od przyjazdu do Peszawaru próbuje się zbliżyć do Osamy, w którym – co często podkreśla – widzi „niebiańskiego wysłannika" i przyszłość ruchu.

Zawahiri wie też, co zrobić, by stać się niezastąpionym. „Osama cierpiał na podciśnienie tętnicze, przez co zdarzały mu się zawroty głowy i musiał wtedy się kłaść. Zawahiri się nim opiekował"[28], zdradza osoba z bliskiego otoczenia. Dzięki temu udaje mu się umieścić zaufanych ludzi na kluczowych stanowiskach, a przede wszystkim za sprawą Osamy i jego dziedzictwa zyskać dostęp do kranu z żywą gotówką. Bin Laden i Azzam coraz częściej się kłócą. Podczas gdy ideolog w ogóle nie dopuszcza myśli o walce z braćmi muzułmanami, bin Laden – za poduszczeniem Zawahiriego – coraz częściej myśli o sformowaniu legionu, który będzie prowadził świętą wojnę w Arabii Saudyjskiej i Egipcie. „Szejk Abdullah nie zgadzał się z bin Ladenem, próbował go zneutralizować, pozbawić wpływów", mówi dalej nasz informator. Zawahiri z kolei stara się zdyskredytować Palestyńczyka, przedstawiając go jako szpiega na amerykańskim żołdzie. Bin Laden coraz wyraźniej przechodzi na stronę egipskiego ekstremisty.

„Jego charakter i postawa diametralnie się zmieniły – opowiada żona Abdullaha Azzama. – Szejk bardzo go lubił i opisywał jako dobrego człowieka. (...) [Po tym wszystkim] całkowicie zerwaliśmy z nim kontakty". Zawahiri oczyścił więc sobie przedpole, a dzięki narodzinom potomka dodatkowo zyskał poważanie jako ojciec i głowa rodziny.

Czy ta wewnętrzna wojna o to, kto zyska dostęp do kieszeni najbardziej oddanego sponsora ruchu islamskiego, wpływa na stosunki pomiędzy żonami przywódców?

Umm Mohammed przestaje być mile widziana w domu bin Ladena. Zastępuje ją nowa przyjaciółka: pani Zawahiri z domu Azza Nowair. W 1974 roku Ajman az-Zawahiri kończył medycynę, a wciąż jeszcze nie miał ukochanej. Uznano, że najwyższy czas go ożenić. Jedną z kandydatek, które mu przedstawiono, była Azza, córka znakomitego kairskiego rodu. Oboje jej rodzice byli prawnikami. Ona sama zaś odrzuciła laicki styl życia egipskiej młodzieży i konsekwentnie pojawiała się w chuście na uczelni, gdzie studiowała filozofię. W czasie zajęć siadała w ostatnich rzędach i starała się zasłaniać twarz. Być może robiła to, by odstraszyć licznych wielbicieli, którzy próbowali ją namówić do odrzucenia tradycji. „Szukała kogoś, kto zaakceptuje ją taką, jaka była. Właśnie takiej kobiety szukał Zawahiri"[29], wyjaśnia jej brat Essam.

Ślub odbywa się w lutym 1978 roku w hotelu Continental Savoy. Zgodnie z wolą państwa młodych – bez muzyki i fotografii. Sytuacja polityczna w kraju szybko zakłóci spokój młodego małżeństwa. Po śmierci prezydenta Anwara as-Sadata, który 6 października 1981 roku podczas parady wojskowej ginie z rąk zamachowca, zaczyna się polowanie na członków organizacji podziemnych. Zawahiri postanawia uciekać do Pakistanu. W drodze na lotnisko zatrzymuje go policja nowego rządu Hosniego Mubaraka. „Zabrali go w obstawie na komisariat – opowiada dalej szwagier. – Dowódca oddziału wymierzył mu policzek, a on odpowiedział tym samym!" Ajman potwierdza w ten sposób swoją reputację osoby, która „oddaje wet za wet". Kiedy w 1984 roku wychodzi na wolność, wszyscy widzą w nim twardego, nieugiętego wojownika.

Para korzysta z pielgrzymki do Mekki, by osiedlić się w Arabii Saudyjskiej. W czasie gdy mąż siedział w więzieniu, Azza urodziła córeczkę, a teraz spodziewa się drugiego dziecka. Matce zwierza się z tęsknoty za Egiptem: „Napisała, że musi udać się z mężem do Pakistanu. Osobiście wolałabym, żeby tam nie jechała, ale wiedziałam, że nic nie mogę zrobić. Doskonale zdawała sobie sprawę z tego, jaką władzę ma nad nią mąż. Znała swoje obowiązki, wiedziała, że musi podążyć za nim na koniec świata"[30].

Matka chce podnieść córkę na duchu i pewnego dnia zjawia się w Pakistanie, wioząc w walizce zabawki firmy Fisher Price dla wnucząt. Prezent nie znajduje uznania w oczach pobożnego zięcia. Zdaniem Egipcjanki „rodzinę łączy więź tak silna, że aż niezdrowa. Wszędzie poruszają się razem niczym wielka bryła". Przez to Zawahiri naraża żonę i dzieci na coraz większe niebezpieczeństwo. Małżeństwo na stałe osiedla się w Pakistanie, w mieście, gdzie wkrótce narodzi się grupa „Baza" – Al-Kaida.

Właśnie w domu Nadżwy i Osamy od 11 do 20 sierpnia 1988 roku odbywa się spotkanie, którego owocem stanie się „Baza". Zawahiri i bin Laden przyjmują trzynastu braci i wspólnie kładą podwaliny wielkiej panislamskiej organizacji podziemnej, dzięki której wreszcie ziszczą się ich marzenia o arabskim legionie zjednoczonym w walce przeciwko najeźdźcy. Abdullah Azzam nie otrzymał zaproszenia. 24 listopada 1989 roku dawny sprzymierzeniec, a teraz przeciwnik, oraz jego dwaj synowie giną w zamachu. W samochodzie, którym zamierzali udać się do meczetu, ktoś podłożył bombę. Mowę pogrzebową wygłasza Zawahiri.

Wesoła rodzinka się przeprowadza…

Po ślubie z nauczycielką z Medyny Osamie marzy się powrót w okolice świętego miasta, cierpiącego z powodu nadmiernego liberalizmu i bezwzględności rodziny królewskiej. Z ramienia grupy bin Ladenów będzie tu nadzorował budowę. Na wieść, że będą musiały się przeprowadzić o trzysta kilometrów od Dżuddy, jego cztery żony wpadają w panikę. Perspektywa zapakowania nawet niezbyt wielkiego dobytku to dla nich prawdziwy tor przeszkód. Tymczasem Osama ma się jak pączek w maśle: „Nie rozumiem, dlaczego niektórzy potępiają wielożeństwo. Bierzesz cztery żony i żyjesz jak król"[31].

Przeprowadzka do Medyny nie wiąże się z poprawą warunków bytowych rodziny. Przeciwnie, bin Laden traktuje ją jak ucieczkę od bogactw i pokus tego świata. Woli też zejść z oczu władzom, które patrzą na niego coraz mniej życzliwym okiem. „Na początku naszego małżeństwa Osama był ogromnie hojny. Z czasem jednak zaczął dążyć do coraz większej surowości i prostoty", zauważa Nadżwa.

Nie powinno więc dziwić, że w nowym, trzypoziomowym domu znajdują się tylko podstawowe sprzęty, posiłki są proste, a ubrania skromne. Tylko w jednej dziedzinie Osama pozwala sobie na rozrzutność: przepada za szpanerskimi, nowymi samochodami. Nadżwa ze smutkiem opuszcza Dżuddę. Będzie jej brakowało bliskości morza i teściowej, a także rodzinnego rancza oraz rozrywek z czasów, gdy była jedyną żoną.

Kolejna ciąża budzi w niej jednak nadzieję. Może wreszcie doczeka się córki? Na wszelki wypadek jednak nastawia się na narodziny kolejnego syna. „Pilnowałam się, by nawet przez chwilę nie myśleć o pastelowych dziewczęcych ubrankach zamkniętych w kufrze". Osama, który znów wyjechał na front, wraca na poród. Wreszcie staje się cud: po trzynastu latach małżeństwa i sześciu synach na świat przychodzi dziewczynka, Fatima. Ojciec wydaje się równie szczęśliwy jak matka, ale powściąga radość, twierdząc, że cieszy go widok uradowanej Nadżwy.

15 lutego 1989 roku, w trzydzieste drugie urodziny Osamy, po dziewięciu latach bezskutecznej walki z partyzantami Rosjanie opuszczają Afganistan. Reformatorski rząd Michaiła Gorbaczowa nie ma środków na dalsze finansowanie konfliktu gdzieś na obrzeżach Związku Radzieckiego. Dodatkowy argument stanowi amerykańskie wsparcie dla mudżahedinów oraz rychła dostawa przeciwlotniczych rakiet Stinger. Armia Radziecka wychodzi z Afganistanu, zostawiając za sobą wolny, ale wykrwawiony kraj, zniszczoną infrastrukturę i zdziesiątkowaną ludność. Kończą się eskapady bin Ladena na pogranicze afgańsko-pakistańskie. „Dla mnie najbardziej liczyło się, że wrócił do życia przedsiębiorcy oddanego swojej pracy. Osama przestał być bojownikiem. (...) Już nigdy więcej nie będę odchodzić od zmysłów z niepokoju", cieszy się Nadżwa.

Życie szybko wraca do normalności. Na początku 1990 roku Nadżwa po raz ósmy zachodzi w ciążę. Niemal w tym samym czasie co Siham, spodziewająca się trzeciego dziecka. Kiedy Nadżwa czuje pierwsze skurcze i przygotowuje się do wyjazdu do szpitala, z pokoju Siham wynurza się pokojówka, oświadczając, że dla jej pani również nadszedł czas rozwiązania. Niedawny mudżahedin miota się pociesznie. „Gdybym nie miała skurczy, śmiałabym się na widok Osamy, który usiłuje zmieścić dwie rodzące kobiety na tylnym siedzeniu nowego mercedesa". Żony siedzą obok siebie, próbując kontrolować oddech, na przemian to ciężko dysząc, to zwijając się z bólu, podczas gdy on na złamanie karku pędzi na porodówkę. Tego dnia rodzina bin Ladenów powiększa się o dwie córeczki.

Zabawne anegdotki to jedno, a codzienność Nadżwy to drugie. Ta zaś nie jest usłana różami. Co dzień trzeba stawiać czoło kolejnym zakazom Osamy, dotyczącym wychowania dzieci. Bin Laden upiera się, by od najmłodszych lat przyzwyczajać je do braku wody. Picie można im podawać jedynie, kiedy to absolutnie koniecznie. Jego potomstwo musi być twarde, cierpliwe i znać prawa pustyni. Te zasady dotyczą w tym samym stopniu dziewczynek, choć ich egzekwowanie Osama powierza Nadżwie. Ona zaś, jak opowiada Omar, „nie potrafi się oprzeć błaganiom córek proszących o wodę albo o jedzenie". Osama zmusza synów, by bez kropli płynu odbywali z nim długie wędrówki po rozpalonej od słońca pustyni. Napić mogą się dopiero po powrocie do domu. „Jego rada? Mamy po prostu zakazać sobie myślenia o wodzie".

Czasem wzbogaca eskapadę o dodatkowy element: wspinaczkę.

– Wybrałem miejsce, gdzie znajduje się sporo stromych zboczy – oświadcza pewnego dnia spokojnie, zniżając głos o ton. – Dopóki nie dotrzemy do celu, nie będzie wody.

Zawsze jednak bierze ze sobą bukłaczek na wypadek, gdyby któryś z synów stracił przytomność. Chłopcy z trudem nadążają za ojcem. „Choć nie był masywnie zbudowany, parł naprzód z niezłomną wytrwałością i determinacją".

O ile pewne grzeszki córek Nadżwa może ukryć, o tyle nic nie zdoła ukryć wzbierającego w chłopcach buntu przeciwko surowości ojca. Pierworodny Abdullah przy każdej nadarzającej się okazji wskakuje na motocykl i znika na długie godziny. Drugi syn z kolei często siedzi w kącie ze wzrokiem wbitym w przestrzeń. Pod maską pozornego spokoju kipi dzikość, która czasem wydostaje się na powierzchnię. Osamę bardzo to niepokoi: „Pamiętam, jak raz zabrałem go do mojej matki. Był jeszcze malutki. Do pokoju weszła kotka. Pobiegł za nią, złapał i z całej siły ścisnął małymi rączkami. Ku memu zdumieniu ugryzł zwierzę. Nieszczęsna kotka odwzajemniła się tym samym i uciekła. Początkowo sądziliśmy, że to jednorazowy wyskok, ale tego samego wieczoru przyłapałem go, jak znów dręczył kotkę. (…) Dorwał ją drugi raz i ugryzł tak mocno, że miauczała z bólu", opowiada któregoś dnia Omarowi.

Trzeci syn, Saad, cierpi na inną przypadłość: nogi pracują u niego równie szybko jak język. Nadaktywny nastolatek bez przerwy biega i ucieka matce aż do dnia, gdy pędząc na złamanie karku, wpada prosto pod samochód.

Omar chętnie spędza czas na grzbiecie konia, co Nadżwa doskonale rozumie, bo sama lubi takie przejażdżki. Kolejny mężowski zakaz uniemożliwia jednak wspólne wyprawy matki i syna: obcy mężczyzna nie może zobaczyć jej na wierzchowcu. Osama przydziela synowi najłagodniejsze konie, podczas gdy Omar marzy, by poskramiać najbardziej nieokiełznane ogiery ze stadniny. Pewnego razu gdy z ojcem i grupą jego towarzyszy ma wyruszyć na kilkudniową wyprawę na pustynię, chłopak tak długo nalega, że Osama wreszcie ustępuje i daje mu ogiera. Czując na sobie leciutkiego jeźdźca, zwierzę rusza galopem i wysadza chłopaka z siodła. Przerażony ojciec pędem wraca do syna, który przyznaje, że dostał upokarzającą nauczkę. Reakcja bin Ladena jest zaskakująca: „Zaczął się śmiać, co zdarzało mu się niezwykle rzadko. Ośmieleni bracia poszli w jego ślady. Zaśmiewali się tak mocno, że odsłaniali zęby – rzecz w naszej rodzinie niedopuszczalna".

Innym razem chłopak postanawia wybrać się do sklepu po gazety. Zakrada się więc do komody przy łóżku, gdzie matka trzyma złoto. Cierpliwie czeka, aż matka będzie zajęta, i zabiera dwie duże bryły, każdą o wartości jakichś trzystu dolarów.

Odosobnienie, na jakie są skazani w Medynie, tym bardziej prowokuje chłopców do wybryków. Bin Ladenów rzadko ktoś odwiedza, więc kiedy pewnego dnia rozlega się pukanie, cała gromadka rzuca się do drzwi. W progu stoją trzy kobiety w chustach, prosząc o jałmużnę. Stropione, w końcu obracają się na pięcie. Wtedy Saad wpada na pomysł, jak je zatrzymać.

– Nie! – woła. – Niech panie nie odchodzą! Nasz ojciec chętnie was poślubi!

Otwiera drzwi na oścież i ruchem ręki zachęca, by weszły. Omar zaprasza, by się rozgościły i czekały na zaślubiny. „Przypomniałem sobie, że ojciec faktycznie lubi, gdy otacza go wianuszek kobiet, i uznałem pomysł Saada za niegłupi". Wystraszone kobiety uciekają tak szybko, jak na to pozwalają długie abaje. „Pomyślałem, jak bardzo ojciec by się ucieszył, gdyby za jednym zamachem zdobył trzy żony. Nie mogłem pozwolić im uciec". Bracia pędem ruszają za kobietami. Saad bezskutecznie próbuje zagrodzić im drogę.

Pod koniec 1990 roku ożywają najgorsze obawy Nadżwy. 2 sierpnia Saddam Husajn dokonuje inwazji na Kuwejt. Czy ta nowa interwencja wojskowa odbierze jej męża, urodzonego bojownika? Jeszcze tego samego dnia Osama ostrzega rodzinę:

– Kiedy tylko Saddam podporządkuje sobie Kuwejt, zaatakuje Arabię, żeby zająć roponośne tereny na wschodzie.

Przekonany, że przejrzał plany dyktatora, zaczyna szykować dom do wojny. Jako jedyny cywil w mieście chodzi z moździerzem przewieszonym przez pierś. W ulu bin Ladenów trwają gorączkowe przygotowania.

Osama zaopatruje się w rolki taśmy, którą kobiety mają zakleić szyby, żeby w razie ostrzału nie zraniły ich odłamki szkła. Robi też zapasy żywności, świec, lamp gazowych, krótkofalówek. Kupuje maski przeciwgazowe dla całej rodziny, jest bowiem przekonany, że Saddam sięgnie po broń chemiczną albo biologiczną. Sprowadza samochody terenowe, które czekają w gotowości, w razie gdyby trzeba było nieść pomoc. Nie wątpi, że tym razem rodzina królewska zgłosi się do niego, doceniając jego talenty i doświadczenie wojskowe. Rodzinne ranczo będzie jego kwaterą główną. W porcie w Dżuddzie czeka przycumowany nowiuteńki ślizgacz na wypadek, gdyby trzeba było ewakuować żony.

Arabia Saudyjska, zaniepokojona obecnością irackich wojsk przy granicy, decyduje się zwrócić o pomoc do Amerykanów. Do Rijadu przybywają emisariusze. Mają przekonać rodzinę królewską, by wyraziła zgodę na przepuszczenie przez swoje terytorium oddziałów, które zaatakują Saddama Husajna. Osama z mediów dowiaduje się o powstaniu koalicji wojskowej pod auspicjami ONZ. „Ojciec był dotknięty do żywego, gdy zrozumiał, że król wzgardził jego ofertą pomocy", zdradza Omar.

We wrześniu do Arabii Saudyjskiej docierają amerykańskie oddziały. Bin Laden jest wstrząśnięty, gdy wśród żołnierzy widzi kobiety.

– Kobiety! Kobiety mają bronić Saudyjczyków! – gotuje się ze złości.

Wysyła Nadżwę do Syrii z poleceniem, by zamieszkała u rodziców i nie spieszyła się z powrotem. „Być może miną lata, nim znów zobaczysz ich i swoje rodzeństwo".

Wystarcza kilka tygodni operacji „Pustynna Burza", by zmieść irackie wojsko. Pod koniec lutego 1991 roku walki wygasają. Ale konflikt między Osamą a rodziną królewską nie wygasa. Przeciwnie, próba sił trwa w najlepsze. Powracająca z Syrii Nadżwa nie zastaje męża. Zniknął bez słowa. Jego pracownik informuje tylko, że szef opuścił królestwo w sprawach służbowych. „Usłyszałyśmy, że nigdy nie wróci do Arabii Saudyjskiej, a my też mamy wyjechać. Przenosimy się do Afryki". Nadżwa rozgląda się po domu i nagle ta garstka przedmiotów zgromadzonych przez siedemnaście lat małżeństwa staje się tragicznie symboliczna.

Nad Nilem

Chartum, 5 lutego 1994 roku.

O piątej po południu Osama bin Laden otwiera swój salon dla gości. To codzienny rytuał od czasu, gdy osiedlił się nad brzegami Nilu w stolicy Sudanu. Goście właśnie przechodzą przez ulicę, gdy pada strzał, a po chwili we wnętrzu domu rozlega się prawdziwa kanonada[32]. Osama wyciąga z kieszeni pistolet, potem daje broń pierworodnemu, Abdullahowi. Zamachowcy, ukryci w samochodzie zaparkowanym między dwoma budynkami, otwierają ogień. Mierzą w miejsce przy biurku, gdzie zwykle siedzi gospodarz. Ojciec i syn odpowiadają strzałami w ich kierunku. Wielu gości bin Ladena odnosi rany, jego ochroniarze też. Dwaj zamachowcy giną od kul.

Bin Laden mieszka w Chartumie już od dwóch lat. Kupił cztery wygodne domy na obrzeżach miasta, w szykownej dzielnicy al-Rjad, gdzie pełno nowych, dopiero co wykończonych willi. Ku radości Nadżwy rzuca się w wir interesów, realizuje wielkie inwestycje. Pretekstem do tego afrykańskiego wygnania stała się budowa lotniska w Port Sudanie, którą powierzono jego firmie. SBG, Saudi

Binladin Group, wkracza do kraju z buldożerami i ładowarkami. W podziękowaniu za gościnę Osama obiecuje Hassanowi al-Turabiemu budowę trasy z zachodu na wschód. Ten wpływowy polityk, absolwent Sorbony i Uniwersytetu Londyńskiego i przywódca sudańskich islamistów, zamierza wprowadzić w kraju szariat i stworzyć idealną republikę, którą bin Laden i Zawahiri pragnęli zbudować w swoich państwach.

Turabi oddelegowuje jednego ze swoich najlepszych współpracowników, by przeprowadził dochodzenie w sprawie zamachu, Osama zaś nie rusza się z domu bez kałasznikowa AK-74. Życie nad Nilem nie płynie tak spokojnie jak wody boskiej rzeki.

Kiedy Osama zniknął, jego żony też musiały opuścić Dżuddę. Pewnego ranka wsiadają więc do transportowca, by udać się na nieznany ląd. Tuląc do siebie dzieci, Nadżwa, Chadidża, Chajria i Siham raz za razem patrzą na siebie i milcząc, próbują dodać sobie otuchy.

Osama wita je, gdy wysiadają na obcym lądzie. Stoi przy długiej czarnej limuzynie z ciemnymi szybami. Towarzyszą mu ochroniarze uzbrojeni po zęby. Nadżwa ze ściśniętym sercem podchodzi do męża. „Znałam go tak dobrze, że nie musiałam się do niego odzywać, by domyślić się, jaką ulgę czuje, widząc rodzinę w komplecie, całą i zdrową". Powitanie jest powściągliwe, ogranicza się do kiwnięć głową i wymiany banalnych uwag.

Ponieważ żyją we wrogim otoczeniu, Osama nie życzy sobie w domu żadnych obcych. Tym razem Nadżwa musi sama sobie radzić z ośmiorgiem dzieci. Spokojna determinacja pierwszej żony w końcu wygrywa z zastrzeżeniami „szejka": „Ostatecznie zgodził się, byśmy przyjęli dwie urocze Sudanki, które okazały się niezwykle sprawne". Uspokojona, że mąż wrócił do normalnej pracy i działalności, przekonuje go, by zapisać najstarszych synów do bardzo dobrej szkoły prywatnej. W Sudanie Osama na jakiś czas odzyskuje chęć do żartów. Pewnego dnia zauważa mężczyznę o wyjątkowo ciemnej skórze i rzuca rozbawiony: „Jeśli kobiety w raju są takie jak ty, nikt nie będzie chciał iść do nieba"[33], przypomina sobie jego ochroniarz.

Osama na placach budowy, służące przy kuchni, dzieci w szkole – Nadżwa może wreszcie zająć się sobą. Pozwala sobie na zajęcia z gimnastyki, wyciąga ołówki i rysuje w szkicowniku portrety. Nie zaniedbuje też pozostałych współmałżonek. Spotykają się na plotki i lekturę pobożnych ksiąg. Mają do dyspozycji wspólny duży ogród z trawnikami, klombami i drzewami, w których cieniu pilnują dzieci bawiących się i budujących drewniane domki. Życie w Chartumie wydaje się małym rodzinnym rajem, w którym Osama ma czas dla dzieci. „Potrafił godzinami wyjaśniać im, jakie korzyści płyną z uprawy własnych, zdrowych warzyw i innych produktów rolnych", wspomina Nadżwa. Nic więc dziwnego, że wkrótce w ogrodzie pojawia się czerwona fasola zbierana i gotowana przez uszczęśliwione maluchy.

Bin Laden zachowuje się niczym rasowy gospodarz. Troska o to, by rosło u niego najlepsze zboże i największe słoneczniki, powoli przechodzi w obsesję. „Stawał na głowie, żeby znaleźć sposób, dzięki któremu wyhoduje największe słoneczniki na świecie", opowiada dalej Nadżwa. Pod jego okiem powstaje prawdziwe gospodarstwo rolne. Do zbiorów zagania żony i dzieci. Uzbrojony w ogromny sekator, rozdziela zadania, dbając, by nikt obcy nie zobaczył jego żon, nawet przypadkowo. Zbiór słoneczników to dla kobiet czas bodaj największej wolności. „Zdejmowałyśmy chusty, by skupiać się na ścinaniu kwiatostanów". Osama nie dopuszczał żadnej amatorszczyzny. Pod jego czujnym okiem uprawy rosły znakomicie. Opracował nawet dla Sudanu plan, który zapewniłby krajowi samowystarczalność. Podobne programy najchętniej wprowadziłby we wszystkich państwach islamskich.

Czasem zabiera bliskich do gospodarstwa na południe od Chartumu. Mieszkają wtedy w okrągłych chatkach krytych strzechą, wokół których biegają skrzeczące małpy. Rozkoszują się świeżymi owocami mango, mogą też chlapać się w basenie. Inne kąpieliska wybierają spontanicznie. Pewnego dnia jadą nad Nil Błękitny. Chłopcy natychmiast urządzają konkurs, kto pierwszy przepłynie na drugi brzeg, i rzucają się w jego ciemne wody. Osama postanawia ich wyprzedzić łódką zrobioną przez współpracownika. Słaba konstrukcja nie wytrzymuje konfrontacji z potężną rzeką. Łódź się przechyla, a po chwili porywa ją nurt. Niefortunny żeglarz szybko zostaje uratowany. Ukrywa twarz, by nikt nie widział jego upokorzenia.

Nadżwie wydaje się, że Osama w końcu porzucił swoje „szalone pomysły". Nawet nie wie, jak bardzo się myli. Pewnego dnia mąż zabiera bliskich na pustynię, by – jak tłumaczy – wyrobić w nich hart ducha i tężyznę fizyczną.

„Skąd brała się u niego ta obsesja? To pozostanie dla mnie tajemnicą", zwierza się Omar. Osama nie pozwolił im zabrać żadnych rzeczy osobistych, muszą spać pod gwiazdami i przejść „szkołę przetrwania". Chłopcy żłobią w ziemi zagłębienie, które posłuży im za legowisko. Kiedy jedna z żon narzeka na chłód nocy, troskliwy małżonek radzi, by przykryła się piaskiem albo trawą. „Szukaj ciepła w tym, co daje nam przyroda", radzi.

Co zaskakujące, choć tak surowy dla dzieci, wobec żon pozwala sobie czasem na pobłażliwość. Chajria, specjalistka od psychologii dziecięcej, a także Chadidża i Siham, nauczycielka gramatyki arabskiej, mogą dalej pracować zawodowo. Zgadza się też na ich podróże do Arabii Saudyjskiej. Wisal, żona Hassana al-Turabiego, raz podejmuje u siebie te globtroterki. Swoboda, jaką cieszy się Chadidża, i jej mieszkanie urządzone po europejsku budzą zazdrość w żonie przywódcy sudańskich islamistów. „Była bardzo wykształcona, bo studiowała w Arabii. Nadal tam pracowała, a do Chartumu przyjeżdżała tylko na wakacje[34], wspomina kobieta. Chadidża podejmuje w swoim wygodnym salonie najlepsze sudańskie rodziny i wyjaśnia im subtelności prawa koranicznego. „Raz wybrałam się, by posłuchać – opowiada Wisal. – Zrobiła wykład o związkach między islamem a statusem żony w rodzinie".

O ile trzy ostatnie żony mogą liczyć na wyrozumiałość męża, który akceptuje ich potrzebę niezależności, o tyle Nadżwa musi nieustannie być w domu. Czy dlatego że towarzyszy Osamie od dzieciństwa i jest mu najbliższa? Wisal al-Turabi ma własną teorię: „Trzy ostatnie wziął, bo były starymi pannami. W swoim środowisku nie mogły znaleźć mężów. Poślubił je z miłości do Allaha".

Chajria może również podejmować u siebie kobiety. Prowadzi z nimi lekcje, pogłębia też wiedzę religijną. To zaskakujące, bo Osama z założenia jest przeciwny edukacji kobiet. „Nawet własnych córek nie posłał do szkoły – zdradza Omar. – Podstawy nauki poznały dzięki cioci Chajrii, która uczyła je w domu".

Jednak nawet to liberalne podejście nie wystarcza, by zatrzymać przy sobie wszystkie żony. Chadidża żąda rozwodu. „Między nami od początku nie układało się najlepiej"[35], zwierza się Osama przyjacielowi i szwagrowi Dżamalowi Chalifie. Zdaje się, że druga żona nie wytrzymała twardości i surowości męża.

On zaś nawet nie próbuje jej zatrzymać. Tak oto Chadidża wraca do Mekki, zabierając ze sobą troje dzieci i podważając w ten sposób islamską tradycję. Jej odejście zostawia pustkę i zaburza równowagę rodzinny.

Wierny swojej miłości do czwórki, Osama rok po rozwodzie bierze kolejną żonę. Nic jednak nie wiadomo o owej tajemniczej kobiecie. Powód? Prozaiczny: w ciągu czterdziestu ośmiu godzin od zaślubin nieskonsumowane małżeństwo zostaje unieważnione z nieznanej przyczyny. Rąbka tajemnicy uchyla ochroniarz bin Ladena Nasser al-Bahri: „Chodziło o kobietę z regionu Jafi na wschodzie Jemenu. W momencie zaręczyn nie mieszkała w Sudanie, została tu przywieziona na ślub. Twierdziła, że zmuszono ją do ślubu z bin Ladenem. Kiedy ten zdał sobie sprawę, że kobieta go nie chce, unieważnił małżeństwo"[36].

Choć z pozoru małżonkowie rozstali się w zgodzie, bin Ladena ogromnie ubodło odejście Chadidży. „Po jej wyjeździe z Sudanu ojciec zachowywał się, jakby nigdy nie należała do rodziny. A mimo to nic już nie było takie jak dawniej", wspomina Omar.

Przede wszystkim jednak bin Laden jest wściekły, że musiał opuścić Arabię Saudyjską. Winą za to wygnanie obciąża rodzinę królewską. Jest przekonany, że Hassan al-Turabi, który przyjął go na swej ojczystej ziemi, nigdy by go nie wypędził. Nawet pod naciskiem Amerykanów. Sam odwdzięcza się, budując fabryki, drogi i przedsiębiorstwa. Tworzy tu również zbrojną gałąź „Bazy", którą kilka lat wcześniej założył wraz doktorem Zawahirim. Przekonany o swojej mocnej pozycji w Chartumie, organizuje pierwsze obozy szkoleniowe, na które tłumnie zgłaszają się ochotnicy do świętej wojny.

Między Osamą a rządem saudyjskim trwa klincz. Obie strony przebijają się listami pełnymi zniewag. On oskarża monarchę, że doprowadza kraj do ruiny: „Jak możesz żądać, by naród oszczędzał prąd, skoro wszyscy widzą twój pałac rozświetlony dzień i noc? Mamy prawo spytać, o królu, gdzie się podziewają nasze pieniądze. (...) Trafiają do twojej kieszeni". Potem dorzuca jeszcze koronne oskarżenie: władca wydał państwo na pastwę odrażających amerykańskich żołdaków, którzy „rozpełzli się po całym kraju. A wszystko po to, by bronić twego tronu i dostępu do ropy". Wreszcie grzmi: „Przyniosłeś krajowi wyłącznie bezbożność i nędzę. Na to może być tylko jedno lekarstwo: podpisz abdykację"[37].

W odpowiedzi władca wysyła do Chartumu swoją najlepszą emisariuszkę: Alię Ganem. Matka przywozi synowi informację, która powinna go ostudzić i przywrócić mu zdrowy rozsądek: rząd saudyjski zablokował jego konta, a na nich 200 milionów dolarów. Jeśli Osama posłusznie wróci do kraju i publicznie ogłosi, że zasady szariatu są tu przestrzegane i odpowiednio stosowane, monarchia dorzuci mu na konta drugie tyle. Jeśli zaś odmówi, straci dostęp do pieniędzy i zostanie pozbawiony saudyjskiego obywatelstwa. Rząd zagrywa swoją kartą atutową. Powszechnie wiadomo, jak bardzo Osama jest przywiązany do matki. „Dzwoni do niej prawie codziennie i zadaje miliony banalnych pytań: co robi, co przygotuje na obiad, czy wybiera się na miasto…”[38]. Nigdy się jej nie przeciwstawia. Aż do tego dnia.

– Oddałbym za ciebie życie, ale to, do czego mnie namawiasz, kłóci się z nauką islamu. Walczę z wrogami religii, a ty sądzisz, że ogłoszę teraz zawieszenie broni?[39]

Osama traci obywatelstwo, a ród bin Ladenów publikuje komunikat, w którym odcina się od wyrodnego dziecka, dla którego nie ma już powrotu: „W imieniu wszystkich członków rodziny wyrażamy głęboki żal z powodu wszelkich postępków, jakich mógł się dopuścić Osama bin Laden. Odcinamy się od nich i potępiamy je”. Od tamtej pory jego zachowanie diametralnie się zmienia. Małe zwierzęta, które tak go bawiły i które tak chętnie przynosił dzieciom, teraz nie potrafią obudzić w nim radości. W jego twardym obozowym życiu nie ma już dla nich miejsca.

Rodzina liczy, że nastrój poprawi mu pobyt w gospodarstwie, gdzie spędzili tyle beztroskich chwil na zabawach i kąpieli. Maskotką wszystkich – dorosłych i dzieci – staje się małpka. Niestety, jeden z najemników bin Ladena chwyta ją i zabija, przejeżdżając po niej cysterną. Morderca tłumaczy się, że to nie było zwierzę – to Żyd ręką Bożą przemieniony w małpę. „Moja rozpacz jeszcze się pogłębiła, gdy się okazało, że tę bezsensowną teorię o Żydach zamienionych w małpy żołnierz usłyszał od mojego ojca”, skarży się Omar. Bracia opłakują biedne zwierzę. Brakuje im tego promyka radości w szarej rzeczywistości. „Jak człowiek o takiej kulturze, o tak delikatnym głosie jak mój ojciec mógł tolerować tych zbirów? Nawet jeśli walczyli o tę samą sprawę?”

26 czerwca 1995 roku dochodzi do nieudanej próby zamachu na egipskiego prezydenta Hosniego Mubaraka. Głównym podejrzanym staje się ruch islamski, którego protektorem jest nie kto inny jak Osama bin Laden, od tej pory uznawany za *persona non grata*. Rok później w mieszkaniu Nadżwy dochodzi do przełomowego spotkania rodzinnego. Synowie bin Ladena siedzą w kręgu wokół matki, niespokojnie czekając na ojca. „Na jego twarzy malowała się taka udręka, że po raz pierwszy w życiu zrobiło mi się go żal", wspomina Omar.

– Muszę wam coś powiedzieć: jutro wyjeżdżam. Omar wyjedzie razem ze mną.

– Ale dlaczego tylko on? – protestują bracia chórem. – Dlaczego nie weźmiesz i nas?

– O nic nie pytajcie. Omar, nie pakuj walizki. Nie bierz nawet szczoteczki do zębów ani grzebienia. Wyjeżdżasz, na tym koniec.

Osama wychodzi, dając znak żonie, by udała się za nim do sypialni. Tam żegna się z nią i udziela ostatnich wskazówek. Po porannej modlitwie wylatuje samolotem w nieznanym kierunku.

Robotnice Kandaharu

„Omar mnie ocalił"

Lotnisko w Dżalalabadzie, wrzesień 1996 roku.

Długi sznur furgonetek czeka na lądowanie wyjątkowych gości aż z samego Chartumu. Nadżwa, Chajria, Siham i ich dzieci patrzą na górzysty krajobraz Afganistanu i platformę lotniska ukrytą wśród zboczy. „Serce waliło mi jak młotem, ale potem przypominałam sobie, że wkrótce rodzina znów się połączy, i wracał spokój. Nieważne gdzie, grunt, żeby być razem", opowiada pierwsza żona „szejka".

Od czterech miesięcy żyły w lęku i niepewności. Przez cztery długie miesiące nie wiedziały, gdzie znajduje się Osama. Rozstania od początku były wpisane w ich małżeństwo, ale tym razem kobieta czuje, że doszli do punktu przełomowego, po którym nie będzie już odwrotu. „Nękało mnie niejasne przeczucie, które można porównać do niepokoju zwierząt wyczuwających nadciągające tsunami, choć morze wydaje się gładkie jak szyba".

Nieobecność Osamy, a zwłaszcza Omara, ciążyła cierpliwej matce jak kamień aż do dnia, gdy serce zaczęło jej szybciej bić, bo otrzymała wiadomość, że następnego dnia całą rodziną opuszczają stolicę Sudanu. Instrukcje Osamy były jasne: każde mogło wziąć tylko po dwie zmiany bielizny. Niczego więcej, żadnych drobiazgów, „nawet igły do szycia", precyzował. Nie podał jednak najważniejszej informacji: dokąd się udają. Trzy kobiety posadzono z przodu wyczarterowanego samolotu. Pozostałe miejsca zajmują ludzie Osamy.

Nikt nie ma ochoty na pogawędki. Po lądowaniu okazuje się, że po raz pierwszy bin Laden nie czeka na rodzinę. Kobiety podnosi na duchu dopiero widok pięknej willi z ogrodem nad brzegami rzeki Kabul. W zabytkowym białym pałacu o płaskim dachu jest prąd i bieżąca woda. Pewien mułła oddał ją do dyspozycji żon nowego przywódcy, pozbawionego własnego majątku. Osama nie szuka jednak w Afganistanie luksusów ani wygód.

– Drogi przyjacielu, niepokoję się o przyszłość. Poniosłem dotkliwe straty. Mam dużą rodzinę. Mam też wielu bojowników, którzy muszą troszczyć się o żony i dzieci. Wszyscy oni polegają na mnie – zwierzył się hojnemu duchownemu.

Ten w odpowiedzi pokazał mu ogromną parcelę w mieście i podarował ją Osamie w prezencie.

– Każ tam postawić domy, sprowadź swoich przyjaciół i rodzinę – powiedział wielkodusznie.

Na tym nie koniec. Mułła Omar podarował mu nawet całe wzgórze Tora Bora – „Czarny Pył".

Wypędzony z Chartumu Osama trafia do kraju, w którym trwa w najlepsze wojna domowa między talibami a przywódcą mudżahedinów Masudem, który doszedł do władzy w 1992 roku. 27 września 1996 roku Kabul upada i przechodzi w ręce mułły Omara, twórcy ugrupowania talibów. Duchowny przyjmuje tytuł „wodza wiernych". Bin Laden nie wątpi w siłę tego upartego Pasztuna, strzelca wyborowego, który woli znosić tortury i stracić oko, niż oddać ojczyznę w ręce najeźdźcy.

Mulle Omarowi jednak niespieszno do spotkania z saudyjskim wygnańcem. Dopiero po czterech miesiącach Osama dostaje zaproszenie na herbatę. Ten gest dobrej woli rozwiązuje wszystkie jego problemy – wreszcie może ściągnąć rodzinę na wierzchołek nowej „góry bin Ladena".

Przez długie miesiące oczekiwania na wyciągniętą dłoń mułły Omara Osama próbuje zbliżyć się do syna. Wygnanie z Sudanu ubodło go do żywego. Z nostalgią wraca do wspomnień z dzieciństwa w Syrii, ojczyźnie matki do lat kiedy ludzie i świat nie budzili w nim takiej wściekłości. W tym okresie zwątpienia i przygnębienia często przywołuje w pamięci matkę Alię, szczególną więź, która ich łączy. „To prawda, w zamkniętym, wąskim kręgu naszej rodziny wszyscy doskonale wiedzieli, że jest bardziej przywiązany do matki niż do żon", przyznaje Omar. Osama zdradza mu nawet prawdziwy powód rozstania rodziców. Owszem, Alia wyszła za jednego z najbogatszych ludzi w królestwie, ale nie miała nawet jednej służącej do pomocy w domu. Jej największą chlubą i dumą był kocioł do gotowania bielizny z wyżymaczką. Pewnego dnia jednak jakiś element przeklętego urządzenia obluzował się i wyleciał w powietrze, uderzając Alię w brzuch. Kobieta osunęła się na podłogę i poroniła. Tak straciła drugie dziecko: siostrzyczkę lub braciszka Osamy.

Opowiada też Omarowi różne historie o jego „dziadku bin Ladenie", człowieku, którego Osama nigdy nie odważył się nazwać ojcem: „Miał obrzydliwy zwyczaj. Ustawiał swoje żony w rzędzie, kazał im zdejmować chusty, a potem wzywał młodych służących, by przyjrzeli się im i wybrali najpiękniejszą. (...) Żony twojego dziadka najchętniej zapadłyby się wtedy pod ziemię, bo w tamtych czasach kobiety jeszcze chciały zasłaniać twarze. Czuły się upokorzone, gdy ustawiał je jak towar, jak prostytutki. Twój dziadek był jednak w swoim domu królem. Wszyscy musieli go słuchać. – Zamyśla się i zdradza synowi coś więcej. – Może dlatego tuż przed śmiercią, co u niego rzadkie, wyraził skruchę. Przyznał, że w życiu żałuje tylko jednego: tego, jak traktował kobiety".

Miesiące spędzone z dala od matki to dla młodego Omara czas przejścia do dorosłości i słuchania jakże upragnionych zwierzeń ojca. To od syna następnego dnia po przyjeździe Nadżwa dowiaduje się, że są w Afganistanie niedaleko granicy z Pakistanem. „Prawie nie poznawałam go w stroju Pasztuna, tak wyprzystojniał", wspomina. Syn przynosi też złą wiadomość. Kiedy matka prosi, by zaprowadził ją do jej nowego mieszkania, ten oświadcza, że zamieszkają wszyscy w Tora Bora. „Nie rozumiałam, dlaczego akurat tam musimy się udać, ale po tylu latach spędzonych z Osamą nauczyłam się nie zadawać pytań".

Droga do „góry bin Ladena" jest wyboista. Trzy żony z trudem ukrywają niepokój za zasłonami.

– Mamo, doskonale cię rozumiem. Za pierwszym razem droga wydaje się przerażająca, ale mamy znakomitych kierowców. Nikt jeszcze nie spadł – próbuje ją uspokajać Omar.

Ani słowem nie wspomina o spartańskich warunkach, w jakich przyjdzie im żyć. Na szczycie czeka na nie sześciopokojowy, ciasny budynek z granitowych bloków, pokryty strzechą zarzuconą na kilka drewnianych bali. Choć zbliża się zima, w otworach brak okien i drzwi. O elektryczności ani bieżącej wodzie nie ma nawet co marzyć. Na klepisku Osama rozrzucił kilka skromnych dywanów, wstawił też trzy piecyki gazowe i kubeł z wodą przynoszoną z okolicznego źródła. W oknach zamiast szyb znajdują się skóry zwierząt. Tym razem jednak nocleg nie będzie trwał jedną noc.

W miarę jak Nadżwa rozgląda się po okolicy, jej entuzjazm gaśnie. „Nie zachwycał mnie ten wyniosły szczyt gdzieś w odległym kraju, choć mój mąż wyglądał na zakochanego w tym miejscu". Szok okazuje się za duży. „Kiedy oznajmił, że to mój nowy dom, nie uwierzyłam. Nigdy nie przepraszał za to, co przez niego musiałam przechodzić, i tym razem też nie usłyszałam przeprosin".

Osama tryska zapałem i wychwala pod niebiosa budynek, jakby chodziło o królewski pałac. Pałac otoczony drutem kolczastym, chroniącym mieszkańców przed bandami rozbójników, których boi się nawet policja. Pałac, przez który przekopano rowek. Rowkiem zaś płynął strumyczek, gdzie załatwiano potrzeby fizjologiczne, a zarazem zmywano naczynia[40]. Osama, który co dzień zabijał jagnię dla licznych gości, teraz musi się zadowolić daktylami, miodem i chlebem. Nadżwie od początku doskwiera monotonia posiłków: „Były albo jajka, jajka, jajka, albo ryż, ryż, ryż".

Żony muszą ubierać się jak inne Afganki. Abaje trzeba zastąpić pastelowymi burkami „w kształcie namiotu z prostokątnym okienkiem na oczy". Nadżwa tęskni za ładnymi sukienkami, które nosiła w domowym zaciszu. Zwłaszcza że fałdy obszernej szaty nie ułatwiają celowania ani oddawania strzałów. Bin Laden bowiem osobiście uczy żony, jak posługiwać się bronią, na wypadek gdyby obóz został otoczony[41]. Po raz pierwszy naprawdę dzielą jego obozowe życie i szybko pozbywają się złudzeń. Nadżwa szczególnie niepokoi się o zdrowie dzieci. Zwłaszcza o Omara, który wygląda jak „oddychający trup".

Coraz głębiej pogrąża się w depresji, tymczasem dzieci wciąż przychodzą do niej, proszą, by wstawiała się za nimi u stale nieobecnego ojca. „Mamusiu, właściwie nie widujemy taty. Możesz z nim porozmawiać? Powiedzieć, że potrzebujemy jego uwagi?" A choć nigdy nie przeciwstawiała się mężowi, obiecuje zaniepokojonym potomkom interwencję. Umie z nimi rozmawiać, a zwołując prawdziwą „radę dzieci", daje dowód odwagi, który zapamięta na całe życie.

– Musicie zrozumieć – tłumaczy się bin Laden – że problemy świata pochłaniają całą moją uwagę, wszystkie myśli. Nie mogę być idealnym ojcem, który spędza z dziećmi każdą chwilę dnia i nocy.

Nadżwa resztkami sił stara się podtrzymywać dzieci na duchu. Za wszelką cenę próbuje też ukrywać przed nimi, że Osama już od dłuższego czasu nie zdradza jej swoich planów. Tłocząc się w dwóch pokoikach, trudno jednak utrzymać cokolwiek w tajemnicy. „Zauważyłem, że ojciec nie zwierza się jej, jak to robił w pierwszych latach małżeństwa – opowiada Omar. – Miotał się w tylu kierunkach naraz, że związki emocjonalne skurczyły się do rozmiarów wysuszonej figi. (…) To zaś nie pozostało bez wpływu na miłość, niegdyś tak czułą, jaką darzył mamę".

Ku swej konsternacji Nadżwa znów jest w ciąży. Którejś nocy wychodzi na drogę biegnącą nad urwiskiem. Siada na zimnym głazie. „Miałam wrażenie, że jestem sama na świecie, jakaś kobieta w burce zapomniana przez wszystkich. Niewielu na świecie wiedziało o istnieniu Nadżwy Ganem bin Laden. A mimo to – któż mógłby zaprzeczyć, że żyłam?" Tamtego wieczoru miłość do dzieci i niezłomna wiara ocalają jej życie. Omar, który wcześniej obwieścił im, że zamieszkają na górze Czarnego Pyłu, teraz przynosi radosną nowinę: wracają do miasta. Pytanie brzmi tylko: kiedy? I czy zdążą przed porodem, który tutaj może okazać się dla niej zabójczy?

Droga

Na szczęście Nadżwa rodzi dziecko w Dżalalabadzie. Na świat przychodzi dziewczynka. Zdrowa, mimo trudnych warunków ciąży. Osama postanawia umieścić swoją nową kwaterę główną na obrzeżach miasta. Nazywa to miejsce Nadżm al-dżihad – „Gwiazdą Świętej Wojny". W obozie mieszka dwieście pięćdziesiąt osób, każda rodzina ma własny dom otoczony murem, który strzeże ją przed wzrokiem ciekawskich. Bin Laden zajmuje trzy przyległe budynki, po jednym dla każdej żony. Sytuacja materialna się poprawia, rodzinie przestaje doskwierać ciasnota i znikają klaustrofobiczne lęki, które towarzyszyły jej na „górze bin Ladena". Osama wreszcie zyskuje prawdziwe centrum dowodzenia i ośrodki szkoleniowe dla młodych ochotników. Jego żony mają cichą nadzieję, że w końcu uda się pogodzić walkę zbrojną z życiem małżeńskim.

Kiedy na początku 1997 roku mąż wyrusza, by walczyć z Sojuszem Północnym pod dowództwem Masuda, Nadżwie, Chajrii ani Siham nie doskwiera nuda. Mogą liczyć na towarzystwo żon pozostałych bojowników. W obozie powstaje mały Peszawar pozbawiony kolonialnego luksusu. Panie bin Laden poznają żonę kanadyjskiego bojownika. Maha el-Samnah i jej córka Zajnab mieszkają dość daleko za miastem. „Nie są szczególnie towarzyskie – ocenia żony Osamy młodsza kobieta. – A właściwie byłyby towarzyskie, gdyby nie liczne ograniczenia. (...) Nie sposób nawiązać z nimi bliższej więzi". Matka i córka widują żony wodza na ślubach, ale najczęściej w czasie nauki. „To dwugodzinne kursy, które zwykle odbywają się poza ich domem. Miały tyle zakazów i obostrzeń, że była to jedyna okazja do spotkania. Mogły bowiem opuszczać dom tylko raz w tygodniu"[42], dorzuca Maha. Żony bin Ladena wykorzystują swoje jedyne wyjście w tygodniu na dwugodzinne studia koraniczne, dzięki którym mogą się spotkać ze wszystkimi mieszkankami obozu naraz. „Czasem kobiety urządzały bazarek, gdzie sprzedawały różne drobiazgi. Wtedy też się z nimi spotykałyśmy", mówi dalej Maha.

Ich dobrowolna asceza i poddanie woli męża, który wydzielał im po dwie godziny na życie towarzyskie, budziły podziw u mieszkanek tej małej kolonii. „Ogromnie je szanowałam, bo wiedziałam, że pochodzą z bogatej rodziny, a żyły bardzo skromnie. W porównaniu z nimi mogłam czuć się jak królowa, a przecież mieszkałam w zwykłym domu z elektrycznością i bieżącą wodą", wspomina Maha.

Żony Osamy nie cieszą się jednak taką samą popularnością. Maha i Zaynab – podobnie jak większość kobiet – najbardziej lubią Chajrię. „Z każdym potrafiła rozmawiać. Nie liczyło się, ile masz lat ani z jakimi problemami przychodzisz. Zawsze zachowywała się tak, byś nie czuła się jak idiotka"[43]. Potrafiła słuchać o problemach innych kobiet. „Wiedziałyśmy, że w każdej chwili wszystko może runąć jak domek z kart. To nas przygnębiało, ale ona umiała podnieść nas na duchu". Chętnie też ją odwiedzają. U Chajrii mimo trudnych warunków zawsze jest czysto i schludnie. W mieszkaniu stoi łóżko i skrzynia, w której trzyma ubrania. Na drzwiach zawsze wisi afgańskie ubranie dla męża, a w łazience stoją dwie buteleczki perfum: jej i jego. Nic nie zakłóca pogody ducha najstarszej z żon Osamy. Nawet słabe zdrowie, które jest przyczyną licznych poronień. Jej rodzice czuli się urażeni, kiedy bin Laden się o nią oświadczył, bo obecność Nadżwy skazywała ją na rolę drugiej żony. Chajria jednak od początku to akceptowała, bo zależało jej tylko na tym, by poślubić prawdziwego wojownika.

Osama obiecywał żonom równość i braterstwo. Każdy jednak widział, że Chajria jest jego ulubienicą, co – naturalnie – musiało budzić zazdrość pozostałych małżonek. Siham, która nieustannie porównuje się z panią doktor psychologii i uważa, że jej intelekt nie jest doceniany, chodzi nadąsana. Ona też stworzyła w mieszkaniu atmosferę spokoju i ładu. Syn został wysłany do niedużej prywatnej szkoły w pobliżu obozu, więc Siham próbuje uczyć swoje trzy córki. Udziela też Zaynab lekcji gramatyki arabskiej. Młoda kobieta często zostaje u niej na kolacji. Osama z kolei uczy dziewczynki matematyki i fizyki. Czasem nawet robi im klasówki, żeby sprawdzić, czy przykładają się do lekcji.

Nadżwa zaś znów się buntuje. Wraca jej obsesja na punkcie ubrań, która pojawiła się przed laty w Dżuddzie. Zakupy i makijaż to jej ulubione rozrywki. Zaklina, żeby Maha i Zaynab przywoziły jej kosmetyki i bieliznę z Kanady, dokąd często podróżują. Za wszelką cenę stara się pozostać atrakcyjna dla męża. Niemal coroczne ciąże zostawiły ślad, więc Nadżwa wykorzystuje podwórko przy domu, by popracować nad odzyskaniem formy. Często można zobaczyć, jak biega tam w dresie. Jednak zazdrość o pozostałe „siostry" zatruwa jej relacje w małżeństwie. „Nieustannie kłóciła się z Osamą – przypomina sobie jej przyjaciółka Maha. – Tłumaczyłam, że w każdej chwili może stracić męża. »Ciesz się, że z tobą jest. Doceniaj każdą chwilę, zamiast czepiać się go, kiedy tylko się zjawia«". Ochroniarz Osamy zdradza, że ze wszystkich żon szejka „najbardziej zbuntowała się Nadżwa. Jako najładniejsza z żon była też najbardziej rozpieszczona. Ona też wiedziała najlepiej, co lubi mąż, a czego nie znosi. Za to najbardziej oddana jest Chajria".

W odróżnieniu od Chajrii, Nadżwa kompletnie nie nadaje się do życia w obozie bojowników. Za wszelką cenę próbuje stworzyć w domu ciepłą, gościnną atmosferę. Upiera się, żeby przystrajały ściany kwiatami i barwnymi plakatami. „Jeśli miałyśmy ochotę na zabawę, szłyśmy do Nadżwy. A kiedy potrzebowałyśmy rady – do Chajrii", wspominają matka i córka. Zaynab zauważa też, że córki Nadżwy musiały zajmować się domem, bo „ich matki nie wychowano do ciężkiej pracy"[44]. Któregoś dnia gawędzi z córką Nadżwy Fatimą, kiedy ta zwierza się jej, że nigdy nie wyjdzie za mężczyznę z otoczenia ojca, bo „ścigałaby go policja na całym świecie". „Jego zbrodnia polegałaby na tym, że się z tobą ożenił!", odparowuje Zaynab i obie wybuchają śmiechem. Innym razem Fatima prosi, żeby przyjaciółka pożyczyła jej kasety z muzyką. Zaynab zgadza się, pod warunkiem że Osama się o tym nie dowie – boi się, że zniszczyłby je natychmiast.

– Tata by ich nie zniszczył – protestuje nastolatka. – Wcale nie jest aż tak surowy. Udaje tylko przy żołnierzach.

Zdumiona Zaynab pyta, czy wódz słucha czasem piosenek. Odpowiedź ją dobija:

– O, tak. To mu nie przeszkadza.

Srogi Osama potrafi być pobłażliwy dla córek. W mieszkaniu Chajrii – z dala od wzroku bojowników – przechowuje zbiór książek poświęconych jego ukochanym koniom. Toleruje nawet kolorowe czasopisma ze zdjęciami wierzchowców. Chłopcom z kolei udało się wybłagać konsolę Nintendo, żeby zabijać nudę obozowego życia[45]. Osama trochę popuścił im cugle, kiedy najstarszy syn Abdullah uciekł do Arabii Saudyjskiej, gdzie ułożył się ze stryjami i rodziną królewską, odzyskując dawne pałace, które pamiętał z dzieciństwa.

Wódz stara się też spędzać czas z żonami i córkami. Dlatego czasem zabiera je poza obóz. „Często organizuje krótkie wyprawy wierzchem z bronią, żeby podszkoliły się w strzelaniu i w jeździe konnej. Nie zabiera wtedy swoich ludzi – opowiada ochroniarz bin Ladena. – Czasem urządza też pikniki, ale oczekuje, że żony będą się do tego dokładały z własnych oszczędności".

Rozrywki nie są jednak chlebem powszednim, a same pogadanki religijne nie wystarczają, by uspokoić kobiety poddawane ciągłej presji. Pewnego dnia żona jednego z oddanych bojowników Osamy zwierza się Masze z lęku o małżonka uwięzionego w Pakistanie. Oskarża ją też, że trafił tam za sprawą jej męża, którego nazywa zdrajcą. Kobiety są odcięte od wszelkich informacji na temat sytuacji politycznej, nic więc dziwnego, że winnych szukają w swoim otoczeniu. Wściekła Maha ze łzami w oczach biegnie prosto do Chajrii.

– Nie chcę być zadżumioną! A jeśli nią jestem, powiedz mi to prosto w oczy!

Chajria uspokaja kobietę, zapewnia, że to tylko plotki, a mąż Mahy nie jest zdrajcą. Te spokojne słowa wystarczają, by zażegnać konflikt.

„Choć nie wolno mi było odwiedzać żon bin Ladena, szanowałem je, bo widziałem, że mój szef zawsze miał czyste, wyprasowane ubranie i wychodził z domu z uśmiechem, którego nie potrafił przede mną ukryć", zdradza Nasser al-Bahri.

„Wszyscy zgodnie przyznają, że Nadżwa niezaprzeczalnie jest najładniejsza. Chajria ma mniej uroku, ale cieszy się największym szacunkiem. Wszyscy dżihadyści widzą w niej po trosze matkę. Uczy synów szejka Koranu, mnie też odpowiada na wszelkie pytania dotyczące religii"[46]. Chajria najwyraźniej posiada wszystkie talenty niezbędne w tym małym, zamkniętym światku i szybko staje się jego fundamentem. Trzeba jednak dodać, że jako matka jedynaka może poświęcić innym więcej czasu niż pozostałe żony. „Rozwiązuje problemy małżeńskie, przygotowuje uroczystości religijne, podejmuje nasze żony", opowiada dalej Nasser al-Bahri, który skądinąd sam korzystał z porad Chajrii. „Moja pierwsza żona za nic nie chciała zamieszkać w Afganistanie, ja zaś marzyłem, by włączyć się do dżihadu i zostać męczennikiem. Dlatego znalazłem drugą żonę, która podzielała moje poglądy". Osama chętnie udziela pomocy żołnierzom borykającym się z problemami małżeńskimi. „Kiedy przywiozłem tu drugą żonę, Umm Habib, mogłem uczestniczyć w zajęciach dla par organizowanych przez Osamę. Udzielał tam rad dotyczących pożycia małżeńskiego. Mówił na przykład, jak mąż powinien się zachowywać w razie sprzeczki. Zalecał, by nie dać się wciągnąć w kłótnię, dopóki nie ochłoniemy", zwierza się Nasser al-Bahri.

Jego żona Umm Habib tak opowiada o tych kobietach całkowicie oddanych mężowi: „Kiedy przyjechałam do obozu, odwiedzałam jedynie Chajrię. Co niedziela od piętnastej do osiemnastej organizowała »seanse dla pań«. Wyjaśniała nam znaczenie cierpliwości i wytrwałości, bez których nie możemy podobać się Bogu"[47]. Choć wszystkie trzy żony bin Ladena towarzyszą kobiecie przy porodzie, tylko Chajria nauczy ją, jak być matką. „Moja żona zapamiętała ją jako surową, ale zarazem pełną dobroci", mówi ochroniarz, a Umm Habib posuwa się nawet dalej. „Kiedy przebywa się w ich towarzystwie, prawie nigdy o nim nie mówią. Tymczasem przy Chajrii czuję się, jakbym spotkała samego bin Ladena". Chajria tłumaczy uczennicom, że jej mąż raz wybrał drogę i niezależnie od sytuacji politycznej zachowuje spokój ducha. „Czuć było, że orientuje się w sytuacji politycznej męża i zapewnia mu niezachwiane wsparcie". Na naszą prośbę Umm Habib przedstawia krótką charakterystykę kobiet, z którymi mieszkała w górach Afganistanu: „Nadżwa to zazdrość. Zawsze pozostała pierwszą żoną. Siham – nerwowość, ale była wykształcona, więc siłą rzeczy otwarta na dialog. Chajria – spokój".

Nasser potwierdza, że Nadżwa jest ogromnie zazdrosna o Chajrię, która nie tylko cieszy się względami męża, ale góruje nad nią erudycją i wiedzą o szariacie. Zdradza też, że między żonami trwa cicha wojna. „Atmosfera panuje dość dobra, psuje ją tylko Nadżwa, której styl kłóci się z innymi". Wszystkie nieporozumienia i pretensje znikają jednak, kiedy trzeba się zaopiekować Osamą. Ilekroć ma się spotkać z dziennikarzem albo publicznie przemawiać, trzy pary rąk dbają, by prezentował się jak najlepiej. Jedna odpowiada za turban, druga za ubrania, a trzecia za włosy i brodę. Dzięki żonom zawsze wygląda na zadbanego. W takich sytuacjach współpracownicy pozwalają sobie na żarty: „Aleś dziś wymuskany. Jak spod igły"[48]. Ostra rywalizacja wybucha od nowa, kiedy trzeba dogodzić mężowskiemu żołądkowi. „Konkurują między sobą, każda ciągle szuka nowych potraw, eksperymentuje ze smakami. Szykują także ciasta, zwłaszcza w okresie ramadanu. Uwijają się jak w ukropie, żeby zadowolić żołądki wszystkich bojowników", wspomina Umm Habib.

Choć Osama sam uczy dzieci fizyki, w obozie powstają dwie szkoły dla chłopców i trzecia, gdzie oswaja się dzieci z bronią. Talibowie sprzeciwiają się posyłaniu do nich dziewcząt, ale kobiety naciskają na przywódców „Bazy", żądając wykształcenia dla swoich córek. Szkoła dla dziewcząt na terytorium należącym do talibów? To nie lada wyzwanie. Po głębokim namyśle mężczyźni powierzają to zadanie Chajrii, która z kolei może liczyć na Azzę, żonę Zawahiriego, absolwentkę filozofii. Ta zaś nie szczędzi wysiłków, by dziewcząt nie odsuwano już na margines. „To była wyjątkowa osobowość, wzór kobiety – wspomina towarzyszka. – Bardzo inteligentna, dowcipna, obdarzona zaraźliwym poczuciem humoru, zawsze pozytywnie nastawiona. Nawet jeśli przemawiała do grupy, potrafiła sprawić, że czułaś, jakby zwracała się wprost do ciebie"[49]. Jej zaangażowanie w edukację córek dżihadystów budzi zdumienie. Zawahiri uważa bowiem, że kobiety nie powinny włączać się w walkę. Mają zajmować się domem i wychowywać dzieci bojowników. Lekarz „Bazy" znika z domu, ilekroć żona podejmuje przyjaciółki. Jedna z towarzyszek przypomina sobie, jak raz odwiedziła ją w ciągu dnia i zastała Azzę „w stroju, który Arabki wkładają, kiedy mąż jest w mieszkaniu; to znaczy tak, jak kobiety Zachodu ubierają się, wychodząc na miasto".

– Mąż jest w domu? – pyta zaskoczona.

– Nie – wzdycha ciężko Azza.

– Czekasz na niego?

– Ja zawsze na niego czekam.

– To niełatwe. A jeśli nie przyjdzie? Nie będziesz zawiedziona?

– Cóż! Chyba wolę, żeby nie przyszedł i żebym była zawiedziona, niż żeby zaskoczył mnie, kiedy wyglądam jak mysz, która się tu zabłąkała.

Aby podnieść morale oddziałów, Azza szuka partnerów dla wdów.

– Ktoś się tobą ogromnie interesuje – kusi przyjaciółkę.

– Jestem za stara na takie rzeczy! – wybucha śmiechem tamta.

– Nie bądź niemądra! Jestem twoją rówieśnicą i nie czuję się na to za stara...

Kiedy najmłodsza córka pani Zawahiri wychodzi za mąż, Azza zaprasza Mahę i Zaynab na tygodniowe świętowanie w kobiecym gronie. Matka i córka są oczarowane gospodynią. „Azza jest niezwykle cierpliwa. To rzadkość u Arabek, które błyskawicznie tracą zimną krew i wpadają w złość. Pierwszy raz widziałam kogoś tak dystyngowanego, o takich talentach dyplomatycznych", zachwyca się Maha.

Tylko pani Zawahiri może zagrozić pozycji Chajrii bin Laden, która do tej pory rządziła w sercach mieszkanek obozu. Niektóre kobiety widzą w niej wzór odwagi, bo Azza nawet słowem nie skarży się, gdy egzema zostawia na jej dłoniach krwawiące rany. Chętnie też spontanicznie urządza przyjęcia, choć gościom może podać jedynie placki i pomidory. „Rozpieszczała córki, odnosiła się do nich z delikatnością i z czułością. A choć czasem w domu panował bałagan i wszędzie walały się brudne naczynia, nigdy nie krzyczała ani nie podnosiła głosu". W czasie świątecznego tygodnia kobiety gawędziły do późna w nocy, nie reagując na łomot Zawahiriego, który dudnił w drzwi, żądając, by się uciszyły. „Myślałam: tego człowieka boi się cały świat, a on nawet na nas nie nawrzeszczał"[50].

Mimo surowych warunków, w jakich przychodzi im żyć, Azza nie zamierza rezygnować z pewnej elegancji. Sama szyje sobie ubrania w stylu klasycznym. Ściąga też wykroje z Iranu i uczy się perskiego na tyle, by zrozumieć instrukcje. Szyje również szlafroki, by w ten sposób zasilić rodzinny budżet. Razem z córkami ścina kwiaty, plecie girlandy i wiesza je, żeby przynajmniej trochę zasłonić pokryte błotem mury. Rok 1997 przynosi także niespodziankę: Azza spodziewa się dziecka, choć od ostatniej ciąży minęło dziesięć lat. I właśnie wtedy klan bin Ladenów znowu rusza w drogę.

Kandahar to nie bajka

Wiosna 1997 roku. Bin Laden wydaje rozkaz, który wywołuje zamieszanie w obozie. Trzeba natychmiast się ewakuować i wyruszyć do Kandaharu. „Natychmiastowa ewakuacja oznacza: ruszać w drogę. Ruszać w drogę zaś oznacza: zostawić wszystko oprócz najniezbędniejszych przedmiotów". Rozkaz Osamy wciąż dźwięczy w uszach Zaynab. Nie objął jednak jej rodziny. Z wianuszka kobiet otaczających Osamę wykruszają się dwie wierne przyjaciółki.

Panie bin Laden w pośpiechu udają się na lotnisko w Kabulu oddalone o sto pięćdziesiąt kilometrów. Tam już czeka samolot, który przerzuci je pięćset kilometrów dalej, do Kandaharu na południu kraju. Nawet w tak przełomowej chwili Osama nie potrafi zapanować nad lękiem przed lataniem. Nie wchodzi na pokład, twierdząc, że ten gruchot nie budzi jego zaufania. Pojedzie szosą. A właściwie wyboistą ścieżką udającą drogę. Mułła Omar zgodził się, żeby przywódca Al-Kaidy zajął olbrzymi kompleks, wybudowany jeszcze przez Sowietów w czasie okupacji Afganistanu, kilkadziesiąt kilometrów od lotniska. To baza wojskowa z prawdziwego zdarzenia: mur z budkami wartowniczymi na każdym rogu, jakieś osiemdziesiąt baraków. Ślady kul i leje po bombach wciąż przypominają o walkach, jakie toczyły się kilkanaście lat temu. Naturalnie, nie ma tam luksusów takich jak woda czy prąd.

Każda żona wodza dostaje własny dom. Reszta – dwieście pięćdziesiąt osób – gnieździ się razem. Bojownicy Osamy otrzymują pierwsze zadanie: otoczyć każdą z siedzib pań bin Laden murem, który zapewni im intymność. Żadna z nich nie zgłasza chęci zwiedzenia Kandaharu. W mieście straszą ruiny, brud i otwarte rynsztoki na ulicach, którymi płynie zanieczyszczona woda.

Azza wydaje na świat córeczkę z zespołem Downa. Wraz z narodzinami dziecka, które będzie całkowicie od niej zależne, gaśnie dobroczynny wpływ kobiety na otoczenie. Życie rodzinne w obozie staje się praktycznie niemożliwe. Dżihad Osamy przyciąga tu zagubionych nieszczęśników, którzy wierzą, że dzięki wojnie znajdą odkupienie. Sam zaś bin Laden staje się legendą.

Lato 1998 roku to okres wzmożonej działalności. W Kandaharze wódz zaczyna akcję pod kryptonimem „Rodzina". 7 sierpnia „Baza" dokonuje pierwszego dużego zamachu poza granicami kraju: dwa samochody pułapki eksplodują równocześnie przed ambasadami amerykańskimi. Jeden w tanzańskiej stolicy Dar es Salaam, drugi w kenijskiej Nairobi. Precyzja zamachów, w których ginie ponad dwieście osób, każe się domyślać Amerykanom, że mają do czynienia z groźnym, zdeterminowanym nieprzyjacielem. Osama wygląda jak nowo narodzony. „Nigdy jeszcze nie widziałem u niego takiej euforii. Dosłownie promieniał", wspomina Omar.

Ten sam człowiek, który jeszcze kilka lat temu sprzeciwiał się przemocy, dziś nie ma żadnych wyrzutów sumienia. „Jeśli nieprzyjaciel ustawia przed budynkami wojskowymi i rządowymi mur z cywilów, trzeba zacząć od ich likwidacji". Amerykańskie dowództwo sił zbrojnych myśli o odwecie, więc

Osama na wszelki wypadek ukrywa się z Omarem na północy. Pytany o los kobiet pozostawionych w Kandaharze, nie wygląda na zaniepokojonego: „Są bezpieczne. Clinton nie odważy się zaatakować bazy, w której znajdują się kobiety i dzieci". Nadżwa, Chajria i Siham nie podzielają jego pewności. Osama znika na miesiąc, a na obóz spada grad pocisków Tomahawk.

Sprytnie uniknąwszy pierwszego nalotu na Afganistan, Osama wraca do bazy. Życie płynie jak dawniej, bin Laden znów konno podróżuje po okolicy. Pewnego razu widzi, jak synowie galopują po obozie, i zaczyna się z nimi ścigać, a ponieważ jest niemal całkowicie ślepy na prawe oko, nie zauważa głębokiego rowu tuż przed nim, który brutalnie przerywa wyścig. Doświadczony jeździec spada na ziemię. Wściekły, krzywiąc się z bólu, mówi tylko: „Niech doktor Zawahiri przyjedzie do Chajrii". Złamane żebra na dłuższy czas przykuwają go do łóżka. Trzy żony czuwają przy nim, spełniając każdą jego zachciankę. „Nigdy jeszcze, przez całe małżeństwo, nie spędziły z nim tyle czasu", drwi Omar. Ojciec jest głęboko poruszony wypadkiem, widzi w nim karę Bożą. „Stany Zjednoczone, choć tak potężne, nie zdołały wyrządzić mi krzywdy, mimo że skierowały przeciwko mnie najbardziej niszczycielską broń. Tymczasem zwyczajny, niewinny koń omal mnie nie zabił. Życie to zagadka, synu. Wielka zagadka".

Wkrótce jednak los wymierza mu znacznie dotkliwszą karę. Przed domem mułły Omara w Kandaharze eksploduje ciężarówka. W wybuchu giną dwie z trzech jego żon. W promieniu kilkudziesięciu metrów leżą porozrzucane ludzkie szczątki. Jego gość, Osama bin Laden, rozgniewał Amerykanów, a cenę za to płacą teraz jego ludzie i żony. Mułła postanawia skończyć z tym niewdzięcznikiem i karawaną dwunastu land cruiserów z przyciemnionymi szybami rusza do obozu Saudyjczyka. Osama podchodzi do niego z uśmiechem, ale przywódca talibów odwraca się do niego plecami, nawet się nie przywitawszy. Wkracza do ogrodu przy domu Nadżwy, żąda krzesła, a Osamie każe siadać na gołej ziemi. Nie zwraca się bezpośrednio do porywczego przywódcy. Ostentacyjnie mówi po pasztuńsku, rozmawiając z nim za pośrednictwem tłumacza. Zadaje dotkliwy cios, najwyższą zniewagę: odmawia uczty, którą zrujnowany Osama wydał na jego cześć, odbierając rodzinie jedzenie od ust. Nie pora teraz na zabawy:

– Czas najwyższy, byście ty i twoja rodzina opuścili Afganistan.

– Szejku, zawsze byłem wierny krajowi, w którym walczyłem, do którego wróciłem, by zbudować miasto, i do którego sprowadziłem żony wraz z dziećmi. (...) Dokąd je zabiorę?

Nadżwa przez ścianę słucha rozmowy dwóch najbardziej poszukiwanych mężczyzn świata. Wie, że ważą się jej losy. Mułła Omar pozostaje nieugięty.

– Udzielam ci gościny jeszcze na półtora roku. Wykorzystaj ten czas, by przygotować się do wyjazdu. Znajdź inne domostwo dla rodziny, niech inny kraj ją przygarnie.

Wtedy jak za dotknięciem czarodziejskiej różdżki w Afganistanie pojawia się największa dobrodziejka bin Ladena, jego ukochana matka Alia Ganem. Osama siada za kierownicę i jedzie na lotnisko powitać ją. Kiedy roztrzepana Alia pojawia się w drzwiach samolotu, syn szybko daje jej znak, by natychmiast zawróciła i zasłoniła twarz. Alia naprawia błąd i wreszcie schodzi. Kiedy wsuwa dłoń w rękę Osamy, jego twarz się rozjaśnia. Matka prosi, żeby zawiózł ją do Nadżwy: bratanicy i synowej, która dzieli się z nią radosną nowiną: w wieku czterdziestu lat spodziewa się jedenastego dziecka.

Kobiety wymieniają spojrzenia pełne czułości i niepokoju o ich przyszłe losy. Wieczór upływa na wspominaniu przeszłości. Osama ze wzruszeniem patrzy na matkę, pytając, czy pamięta, jak w dzieciństwie obsesyjnie marzył o kozie. Nadżwa promienieje, widząc męża w tak dobrym humorze. W jednej chwili, za sprawą jednego uśmiechu – rzadkiego gościa na jego twarzy – czas się cofa, znikają lata trudów i wyrzeczeń.

Alia jednak nie przyjechała do Kandaharu na wspominki. Przysłał ją król Fahd, który po raz kolejny apeluje, by Osama zrezygnował z walki i wrócił do kraju. Bin Laden zaś po raz kolejny odmawia. Jego matka wyjeżdża z ciężkim sercem. Nadżwa też jest zawiedziona. Ma swoje lata, a brak odpowiedniej opieki lekarskiej i zdrowej diety zwiastują trudny poród.

Patrząc na przygnębioną, wyczerpaną matkę, Omar próbuje namówić ją, żeby wróciła do Syrii i tam urodziła. Jeśli Osama się nie zgodzi, on ją zabierze i uciekną we dwoje. Nadżwa podejmuje decyzję, a kilka dni później, po kłótni z mężem, utwierdza się w przekonaniu, że dobrze robi. Oto bowiem bin Laden zbiera synów i pokazuje im płachtę papieru przybitą do ściany meczetu. To lista, na którą mają się wpisywać ochotnicy do samobójczych zamachów.

W jego oczach tli się nadzieja, kiedy namawia ich, by się zgłosili. Przez dziesięć dni Omar przypuszcza szturm za szturmem, męczy ojca, aż ten w końcu ustępuje i zgadza się na wyjazd Nadżwy z Afganistanu. Ale żeby mieć pewność, że wróci, pozwala jej zabrać ze sobą tylko dwoje dzieci.

Zapłakana matka wsiada do czarnego samochodu terenowego. „Czułam na sobie wzrok Osamy. Zastanawiałam się, czy podejdzie, by się pożegnać". Od kiedy zapadła decyzja o wyjeździe, mąż traktuje ją z dystansem. Teraz czeka, aż Nadżwa umości się na tylnym siedzeniu, i dopiero wtedy podchodzi.

– Nadżwa, nie przejmuj się plotkami. Nie zamierzam brać z tobą rozwodu. Kiedy tylko wydobrzejesz po porodzie, wracaj tutaj z maleństwem.

Nadżwa kiwa potakująco głową. Osama się uśmiecha. Kobieta ogląda się, by popatrzeć na niego ostatni raz, ale widzi tylko swojego malutkiego synka Ladena. Zapłakany, biegnie za samochodem. Błaga, żeby go zabrała.

Wkrótce – mimo wyczerpującej podróży, długich dni w samochodzie i noclegów przy drodze – rodzi się zdrowa dziewczynka. Po czterech miesiącach odpoczynku na łonie rodziny Nadżwa wie, że musi wracać do Kandaharu. Omar, który w tym czasie dotarł do Arabii Saudyjskiej, próbuje ją od tego odwieść.

– Słyszałem plotki. Zanosi się na wielką tragedię. Zostań tutaj – powtarza raz za razem.

Te słowa jednak tylko podsycają instynkt macierzyński Nadżwy. Jeśli nadciąga niebezpieczeństwo, tym bardziej powinna być przy dzieciach. Dokądkolwiek się uda, będzie musiała pożegnać się z jednym z synów. Postanawia wracać do Afganistanu. Zostawia Omara, by zaczął nowe życie z dala od ojca.

Wilczyca w owczarni

Kandahar, luty 2000 roku.

„Gdybym znalazł się kiedyś w paszczy lwa, a mógłbym się powtórnie ożenić, zrobiłbym to bez wahania"[51], żartuje często Osama do swojego ochroniarza. Bin Laden wzywa Nassera al-Bahriego i powierza mu niezwykle ważną misję. Zanim stanie się męczennikiem, ma się udać z pięcioma tysiącami dolarów do stolicy Jemenu: Sany, gdzie wręczy je wodzowi plemienia. Te pieniądze to posag dla rodziny przyszłej oblubienicy. Osama postanowił bowiem przywrócić rodzinie „doskonałą równowagę" i znaleźć czwartą żonę. Wybór padł na córkę przywódcy klanu, co pozwoli zawrzeć przymierze z niepokornymi plemionami. „Gdyby Al-Kaida kiedyś miała kłopoty, będziemy mogli wrócić całą rodziną do Jemenu", tłumaczy. Jest przekonany, że rodzina przyszłej żony – pochodząca z Ta'izz w południowo-zachodniej, górzystej części kraju – udzieliłaby mu schronienia, gdyby o to poprosił. Misja kończy się powodzeniem. Warunki kontraktu małżeńskiego zostają uzgodnione, bilety lotnicze dla świty, która będzie towarzyszyła pannie młodej do Kandaharu, zarezerwowane i opłacone.

Dwa lata wcześniej szejkowi Raszadowi Mohammedowi „Abulfedzie" powierzono najważniejszą misję życiową: „Byłem dawnym bojownikiem afgańskim i często kursowałem między Kandaharem a Saną. Tak poznałem bin Ladena – opowiada. – Połączyła nas bliska znajomość. Pewnego dnia w 1998 roku zwierzył się komuś w obozie, że chciałby się ożenić z Jemenką. Przyjaciel przekazał mi to, mówiąc, że Osama krępował się bezpośrednio mnie o to poprosić. Udałem się więc do niego i omówiliśmy sprawę"[52].

Bin Laden zamierzał znów się ożenić i powierzył mu misję znalezienia wybranki. Kiedy wyliczał, jakie warunki ma spełniać ta perła nad perłami, dwudziestokilkuletni szejk zamienił się w słuch: „Ma być pobożna, poważna, młoda – najchętniej szesnasto-, osiemnastoletnia. Musi być dobrze ułożona, pochodzić z szanowanej rodziny, a nade wszystko musi ją cechować wyjątkowa cierpliwość. Będzie musiała dzielić ze mną mój niełatwy los"[53]. Po powrocie do Jemenu wysłannik Osamy konsultuje się z żoną. Zna może idealną kandydatkę na żonę dla jego czterdziestotrzyletniego wodza? „Natychmiast pomyślała o Amal, która od dwóch lat chodziła do niej na lekcje Koranu. Mieszkała w miejscowości Ibb. Nigdy nie pracowała fizycznie i zapisała się na kurs jako szesnastolatka". Dziewczynę cechowała przede wszystkim wyjątkowa dyskrecja, co – zdaniem żony szejka – czyniło z niej wymarzoną towarzyszkę dla bin Ladena. „Mogę ją opisać jako potrafiącą milczeć"[54], podkreśla.

Raszad Mohammed postanawia bez zwłoki spotkać się z młodą Amal al-Sadah, która całe dnie spędza na lekturze. „Powiedziałem jej o bin Ladenie. Poprosiła, bym dał jej czas do namysłu, nim udzieli odpowiedzi i skieruje mnie do ojca". Po tygodniu kobieta wyraziła zgodę. „Spytałem, czy jest pewna swojej decyzji. Odparła: »Dzięki temu małżeństwu będę mogła spełnić swoje marzenie«. Zapytałem, jakie. »Umrzeć w chwale jako męczennica«, odrzekła". Teraz trzeba jeszcze przekonać rodzinę, by zgodziła się wysłać Amal aż do Afganistanu. „Początkowo jej ojciec odmawiał. Ale córka tak długo nalegała, że w końcu ustąpił".

Zbliża się dzień wyjazdu. Ojciec panny młodej towarzyszy grupce podróżników aż do stolicy. Amal, szejk Raszad oraz siostra i szwagier oblubienicy udają się do Pakistanu, a stamtąd do Afganistanu. Już następnego dnia po przybyciu na miejsce Amal opuszcza siostrę i wkracza na nową drogę życia. „Dzień po naszym przyjeździe wydano ucztę powitalną dla przyszłej żony Osamy. Dwie oddzielne imprezy – jedna dla kobiet, druga dla mężczyzn – pozwoliły obu stronom się zapoznać", relacjonuje swat.

Obawy szejka Raszada, że wybrana przez niego kandydatka nie spodoba się przyjacielowi, szybko zostają rozproszone. „Kiedy trzy dni później spotkałem Osamę, powiedział: »Dokonałeś znakomitego wyboru«". Ślub z Amal odbywa się w lipcu 2000 roku w bazie wojskowej w Kandaharze. Szczęśliwemu wydarzeniu towarzyszy całodniowa feta. Śpiewom i radosnym okrzykom wtórują serie kałasznikowa wystrzelane w powietrze – wspominają goście[55]. „Uroczystość odbyła się zgodnie ze zwyczajami arabskimi i muzułmańską tradycją: w jednej części sali bawiły się kobiety, w drugiej mężczyźni. Towarzyszyły temu tradycyjne tańce, zarżnięto też byki. Mężczyzn było wielu, kobiet – może tuzin. A zjawiły się wszystkie, które mieszkały w obozie", opowiada szejk Raszad.

W kompleksie numer sześć przygotowano pokój dla Amal: małżeńskie łoże, trochę kwiatów, książki religijne. „Moja żona i ja mieszkaliśmy w innym pomieszczeniu tego samego kompleksu. Specjalnie tak to zostało pomyślane. Chodziło o to, by moja żona znajdowała się blisko Amal, zwłaszcza w pierwszych dniach. Jak zawsze przed ślubem trzeba było wszystko przygotować: wyprawę i ubrania panny młodej".

Żony Osamy uczestniczą w uroczystości. Nie można jednak powiedzieć, by towarzyszki, które przez długie lata wielokrotnie dowodziły swej wierności i oddania, przyjęły z otwartymi ramionami tę przybyszkę z gór Jemenu. „Nadżwa była wściekła, nikogo to nie dziwiło. Ale w dniu ślubu nie okazała

Amal niezadowolenia. Powiedziała, że dziewczyna nie jest winna, to wszystko robota Osamy". Przybycie dziewczyny ubodło do żywego Nadżwę, Chajrię i Siham. „Wszystkie były o nią zazdrosne. Zwłaszcza Nadżwa, która wielokrotnie robiła mojej żonie wyrzuty z tego powodu. Sądziła bowiem, że to ja wybrałem Amal – wspomina Nasser, ochroniarz Osamy. – »Płaciliśmy wam. Dzięki nam żyliście wygodnie i co? Twój mąż jedzie szukać żony dla mojego męża! Tak się nie postępuje!«". Synowie Osamy też są niemile zaskoczeni. Nie akceptują tej obcej kobiety, do tego jeszcze młodszej od nich. „Po co przywiozłeś ojcu naszą rówieśnicę?", wyrzucają swatowi.

Osama próbuje uspokoić żony i dzieci, zapewniając, że szukał „dojrzałej", trzydziestoletniej kandydatki, która zna na pamięć cały Koran. Tymczasem jemeński imam – sądząc, że w ten sposób ucieszy saudyjskiego bojownika – wybrał młódkę i wprowadził go w błąd co do jej wieku. Jego zapewnienia nic nie dają. Między żonami panuje napięta atmosfera, a – jak zauważa Nasser – dla Osamy to ostatnie małżeństwo staje się „kamieniem młyńskim u szyi".

Po raz kolejny sytuację ratują dyplomatyczne talenty Chajrii. „Ostatecznie wszystkie żony zaakceptowały Amal. Ona sama zaś odnosiła się do nich z niezwykłą uprzejmością. Najbardziej podobało im się to, że nie mówiła wiele".

Amal szybko przyzwyczaja się do obozowego życia i wygląda na szczęśliwą. Pewnego dnia zwierza się szejkowi Raszadowi, że Osamę bawi to, jak przecina cytryny wzdłuż, tak samo jak jabłka. Mówi wtedy: „To po jemeńsku". Kiedy zaś wódz chce spędzić z nią noc, obwieszcza rodzinie: „Dziś mam apetyt na *tamatisse*", co w dialekcie jemeńskim oznacza pomidory, słowo, którego Amal często używa.

„Spędziłem tam z żoną prawie rok. W tym czasie, jakieś dziewięć miesięcy po ślubie, Amal odwiedził ojciec. Był zdumiony warunkami, w jakich żyje córka. Namawiał ją nawet, żeby wróciła z nim do kraju. Amal jednak odparła, że tutaj ziści się jej marzenie i że będzie żyła bardzo krótko. Rozgniewany, warknął: »To twój wybór. Ja wracam i moja noga więcej tu nie postanie«", zdradza nam szejk Raszad.

Tymczasem kuzyn Waleed, który nie ma pojęcia, co musi znosić Amal, postanawia udać się do niej do Afganistanu. Tam staje się świadkiem ważnej sceny. Osama – być może zaniepokojony wyjazdem Nadżwy – zwraca się z powagą do Siham i Chajrii: mogą zostać przy nim albo wrócić do ojczyzny. Amal, najmłodsza żona, zdecydowanie odrzuca to drugie. „Chcę zostać męczennicą u twego boku. Dopóki będziesz żył, nigdzie nie wyjadę", zapewnia. Mąż po raz kolejny je ostrzega, podkreślając, że od tej pory „w każdej chwili może im grozić śmierć". To jednak nie odstrasza Amal. „Podjęłam decyzję"[56], woła z uniesieniem, ku zdumieniu krewniaka.

„Zdarzało się czasem, że Osama przychodził do mnie bardzo późno w nocy i przez długie godziny leżał sam na łóżku. Chciał tylko jednego: żeby nie odzywać się do niego ani słowem"[57], wspomina Amal. Całkowicie oddany swojemu „wielkiemu przedsięwzięciu", często godzinami siedzi sam, przygarbiony. Bardzo mało sypia, najwyżej dwie, trzy godziny. „Jeśli próbowałam zagadać, wpadał we wściekłość, więc zostawiałam go w spokoju". Jest wyczerpany i rozdrażniony, bierze środki nasenne, które mają działanie uspokajające. Nocuje u Amal raz w tygodniu, ona zaś właściwie nie spotyka się z pozostałymi żonami. „Widujemy się tylko wtedy (...) kiedy przysyła po nas syna, żebyśmy razem spędzały czas".

Na szczęście raz, dwa razy na kwartał żony Osamy wyjeżdżają do Kabulu, gdzie mogą się rozerwać i obejrzeć nieliczne witryny sklepowe. Spacerują po mieście w towarzystwie dzieci albo poruszają się samochodem w eskorcie ochroniarzy uzbrojonych w moździerze. Czasem odwiedzają też Azzę Zawahiri, która mieszka z mężem w Wazir Akbar Chan, dzielnicy ambasad i ministerstw. Małżeństwo – razem z inną parą – zajmuje tam zrujnowaną willę z czasów kolonialnych, opiekując się upośledzoną córką. Wyjazd Zawahirich z Kandaharu był podyktowany względami taktycznymi. Po samobójczym zamachu na amerykański niszczyciel USS „Cole" w październiku 2000 roku bin Laden postanowił dywersyfikować ryzyko i rozesłać członków sztabu w różne miejsca. W razie amerykańskich nalotów hydra Al-Kaidy nie straciłaby wszystkich głów za jednym razem.

Mijają miesiące. Osama coraz rzadziej odwiedza żony. „Zjawiał się u mnie raz na dwa, trzy tygodnie, tłumacząc się, że jest zmęczony; że ma problemy, zwłaszcza z mułłą Omarem i pozostałymi przywódcami talibów", wspomina Amal. Bin Laden nie zapomniał, co mułła oznajmił w ogrodzie Nadżwy. Pobyt w Afganistanie nieuchronnie dobiega końca. „Powiedział mi kiedyś, że obawia się, czy talibowie nie zwrócą się przeciwko nam, czy nas nie wyrzucą. Albo czy Stany Zjednoczone nie przekupią jednego z nich, żeby się nas pozbył". Bin Laden popadł w niełaskę u mułły Omara, który tylko odlicza czas do jego wyjazdu z Afganistanu, a zamach na USS „Cole" nie poprawi sytuacji.

Sierpniowe upały nękają Kandahar. Amal zaciska zęby, powstrzymując krzyk bólu. Właśnie wydaje na świat pierwsze dziecko. Warunki są trudne, ale młoda kobieta staje na wysokości zadania. Nadszedł czas: szejk Raszad i jego żona opuszczają Afganistan. „Prosiła, byśmy pozdrowili jej rodzinę i powiedzieli: »Nie martwcie się. Czuję się dobrze, a wkrótce ziści się moje marzenie«".

Rzeczywiście, nastroje w obozie nie sprzyjają myśleniu o wychowaniu dzieci, tylko o wojnie. Nadżwa czuje się tym tak wyczerpana, że zbiera się na odwagę i otwarcie prosi męża o zgodę na powrót do Syrii. Ten zaś chłodno mierzy ją wzrokiem.

– Chcesz wyjechać, Nadżwo?

– Tak. Chcę wrócić do Syrii, do matki.

– Jesteś pewna?

– Chcę pojechać do Syrii.

– Zgoda, Nadżwo. Możesz jechać – mówi ze smutkiem na twarzy.

Zadaje jednak matczynemu sercu kolejny cios: Nadżwa może zabrać tylko troje najmłodszych dzieci. Kobieta przystaje na ten warunek.

– Zorganizuję wyjazd. Wyjedziesz za parę tygodni – mówi, odwracając się i zostawiając ją samą ze swoją decyzją.

– Nigdy nie zażądam rozwodu, Nadżwo. Nawet gdybyś słyszała, że cię odrzuciłem, nie wierz tym plotkom – zapewnia jeszcze raz tuż przed wyjazdem.

Tamtego ranka we wrześniu 2001 roku ofiarowuje jeszcze mężczyźnie swojego życia obrączkę, symbol wspólnie spędzonych lat, i rusza w drogę do Pakistanu. „Serce mi pękało, kiedy patrzyłam na swoje dzieci, znikające na horyzoncie". Osama w niczym już nie przypomina mężczyzny, którego poślubiła dwadzieścia siedem lat temu. Wkrótce zrealizuje swój plan, od tamtej pory nic już go nie powstrzymuje. Oddala też najmłodszą żonę, która – choć czwarta – nie zdołała przywrócić równowagi między małżonkami. „Dał mi telefon, kazał zadzwonić do rodziny i powiedzieć, że wyjeżdżamy i przez dłuższy czas nie będziemy mogli się z nimi kontaktować". Amal pożegnała się z matką, nie wiedząc, dokąd jedzie ani co się z nią stanie. Osama podstawia samochód i w towarzystwie syna i niewielkiej eskorty wysyła ją na południe, do granicy z Pakistanem.

11 września to jego wielka chwila. W płomieniach rodzi się świat – taki, jaki sobie wymarzył. Tymczasem w Latakii Nadżwa odbiera telefon. Słyszy głos Omara, który z trudem mówi przez łzy.

Kiedy huk amerykańskich bomb spadających na afgańskie zbocza ogłasza erę odwetu, Maha i Zaynab, które schroniły się w prowincji Logar na południe od Kabulu, słyszą pukanie do drzwi. Na podeście stoi Azza Zawahiri. Potargana, prawie do nie poznania, trzyma w ramionach swoją upośledzoną córeczkę. Obok stoi jej bosy syn, drżąc z zimna. Azza zdołała uciec przed bombami, ale mąż został. Gorączkowo wyznaje swój sekret. „Dopiero teraz odkryła, kim naprawdę jest jej mąż. »Nie sądziłam, że bin Laden wyznaczył go na swego następcę. To wciąż nie mieści mi się w głowie«", mówi. Następnego ranka zamierza szukać schronienia u wiernego taliba, jakieś piętnaście minut stąd. Tymczasem Amerykanie przekonani, że ukrywa się tam doktor Zawahiri, obierają budynek za cel. Azza, na którą spada ciężki betonowy sufit, umiera, nim zdąży dotrzeć pomoc. Ocalała tylko jej czteroletnia upośledzona córeczka, która przez całą noc płakała u boku nieruchomej matki i dopiero rano zemdlała z wyczerpania i zimna.

> O, żony moje. (...) Od pierwszego dnia wiedziałyście, że przed wami ciernista droga pełna pułapek. Porzuciłyście wygodę i pociechę rodzeństwa, a wybrałyście pełne przeciwności życie u mego boku. Razem ze mną wyrzekłyście się rozkoszy tego świata. Wyrzeknijcie się ich znowu, gdy mnie już nie będzie. Nie szukajcie nowych mężów. Musicie bowiem zaopiekować się dziećmi, poświęcić się dla nich i otaczać je modlitwą[58].

Przypisy

FIDEL CASTRO – DON FIDEL, CZYLI KAMIENNY GOŚĆ

[1] Serge Raffy, *Castro l'infidèle*, Paris: Fayard, 2003.
[2] Juanita Castro, *Fidel et Raúl, mes frères. L'histoire secrète*, Paris: Plon, 2011.
[3] Max Lesnik w rozmowie z Ann Louise Bardach, w: Ann Louise Bardach, *Cuba Confidential. Love and Vengeance in Miami and Havana,* New York: Vintage Books, 2003.
[4] Jack Skelly w: *ibidem.*
[5] Carlos Franqui, *Vie, aventures et désastres d'un certain Fidel Castro*, Paris: Belfond, 1989. W rozmowie z Carlosem Franquim.
[6] Rafael Díaz-Balart, rozmowa przytoczona w: A.L. Bardach, *Cuba Confidential, op. cit.*
[7] Barbara Walker Gordon, rozmowa przytoczona w: *ibidem.*
[8] *Ibidem.*
[9] C. Franqui, *Vie, aventures…, op. cit.*
[10] Relacja porucznika Felipe Mirabala, dowódcy jednostki wojskowej w Banes, w: A.L. Bardach, *Cuba Confidential, op. cit.*
[11] C. Franqui, *Vie, aventures…, op. cit.*
[12] Wspomnienia Maksa Lesnicka w: A.L. Bardach, *Cuba Confidential, op. cit.*
[13] J. Castro, *Fidel et Raúl…, op. cit.*
[14] Martha Frayde, *Écoute, Fidel*, Paris: Denoël, 1987.
[15] *Ibidem.*
[16] Rozmowa z Tadem Szulcem z 24 kwietnia 1985 roku, Cuban Heritage Collection, biblioteka Uniwersytetu Miami.
[17] Barbara Walker Gordon, rozmowa przytoczona w: A.L. Bardach, *Cuba Confidential, op. cit.*
[18] Betsy Maclean, *Haydée Santamaría, Rebel Lives,* New York: Ocean Press, 2003.
[19] Rozmowa z Tadem Szulcem z 2 maja 1985 roku, *loc. cit.*
[20] Melba Hernández, *Setenta y dos horas, Granma,* w: Antonio Rafael De la Cova, *The Moncada Attack. Birth of the Cuban Revolution*, Columbia: University of South Carolina Press, 2007.

[21] Obecnie Isla de la Juventud (przyp. tłum.).

[22] Wystąpienie Fidela Castro przed sądem 16 października 1953 roku. Polski przekład *Historia mnie uniewinni*, tłum. Halina Lubicz-Trawkowska, w: *Wielkie mowy historii*, red. Marek Gumkowski, t. 3: *Od Hitlera do Eisenhowera*, Warszawa: Polityka, 2006.

[23] B. Maclean, *Osobista relacja z Moncady*, w: *eadem*, *Haydée Santamaría*, *op. cit.*

[24] A.R. De la Cova, *The Moncada Attack*, *op. cit.*

[25] J. Castro, *Fidel et Raúl…*, *op. cit.*

[26] Wendy Gimbel, *Havana Dreams. A Story of a Cuban Family*, New York: Knopf Doubleday Publishing Group, 1999.

[27] Alina Fernández, *Fidel, mon père. Confessions de la fille de Castro*, Paris: Plon, 1998.

[28] Rozmowa Naty Revuelty z Fernandem Garcią, Hawana, 2 lutego 2009.

[29] *„Cartas de amor". Lettres écrites depuis la prison de l'île de Pins*, „ABC cultural" (Madryt), 21 lutego 1997 (nr 277).

[30] *Ibidem.*

[31] Wspomnienia Jacka Skelly'ego w: A.L. Bardach, *Cuba Confidential*, *op. cit.*

[32] Wspomnienia Myrny Torres w: Joseph Hart, *Che: The Life, Death, and Afterlife of a Revolutionary*, New York: Thunder's Mouth Press, 2003.

[33] O tym okresie i przyjaźni z Myrną Torres zob.: Ernesto Guevara, *Back on the Road. A Journey to Latin America* (prywatne archiwa Che), London: The Harvill Press, 2001.

[34] Hilda Gadea, *My Life with Che*, New York: Doubleday & Company, 1972.

[35] Pierre Vayssière, *Fidel Castro, l'éternel révolté*, Paris: Payot, 2011.

[36] J. Castro, *Fidel et Raúl…*, *op. cit.*

[37] Rozmowa Naty Revuelty z Fernandem Garcią, Hawana, 2 lutego 2009.

[38] Jack Skelly, *How Fidel Snatched Fidelito from Mirta*, „Insight on the News", 14 lutego 2000.

[39] Teresa Casuso, *Cuba and Castro*, New York: Random House, 1961.

[40] Isabel Custodio, *No me beses*, Mexico: Terracota, 2009. Rozmowa z autorką, październik 2011.

[41] *Ibidem.*

[42] Myrna Torres, *Ernesto. A Memoir of Che Guevara*, w: J. Hart, *Che*, *op. cit.*

[43] J. Castro, *Fidel et Raúl…*, *op. cit.*

[44] Richard Haney, John Van Houten Dippel, *Celia Sánchez. The Legend of Cuba's Revolutionary Heart*, New York: Algora Publishing, 2005.

[45] Listy wysłane przez Celię Sánchez do Nory Peters w: *ibidem.*

[46] Anonim, rozmowa w: A.L. Bardach, *Cuba Confidential*, *op. cit.*

[47] C. Franqui, *Vie, aventures…*, *op. cit.*

[48] *An American Mother's Terrifying Story*, „Confidential", maj 1960, s. 18.

[49] Marita Lorenz, Wilfried Huismann, *Cher Fidel*, Paris: L'Archipel, 2001.

[50] Brodacze – tak określano Castro i jego towarzyszy (przyp. red.).

[51] Rozmowa z Maritą Lorenz, listopad 2011.

[52] Zob. Betty Sicre w: Lee Server, *Ava Gardner. Love Is Nothing*, New York: St. Martin's Press, 2006.

[53] Marita Lorenz, Ted Schwarz, *Marita. One Woman's Extraordinary Tale of Love and Espionage from Castro to Kennedy*, New York: Thunder's Mouth Press, 1993.

[54] Rozmowa z Maritą Lorenz.

[55] Silvana Pampanini, *Scandalosamente perbene*, Rome: Gremese Editore, 2004.

[56] Rozmowa z Maritą Lorenz.

[57] Gaeton Fonzi (przewodniczący Senackiej Komisji ds. Wywiadu), *The Last Investigation*, New York: Thunder's Mouth Press, 1994.

[58] Rozmowa z Paulem Meskilem, „New York Daily News", 3 listopada 1977.

[59] G. Fonzi, *The Last Investigation*, *op. cit.*

[60] Rozmowa z Maritą Lorenz.

[61] B. Maclean, *Haydée Santamaría…*, *op. cit.*

[62] Celia Maria Hart Santamaría, *Yeye's Victory*, „Tricontinental Magazine", 2004.

[63] Celia Maria Hart Santamaría, *A Butterfly against Stalin*, 14 stycznia 2005, w 25. rocznicę śmierci Celii Sánchez Manduley.

[64] Listy Celii Sánchez do Nory Peters w: R. Haney, J. Van Houten Dippel, *Celia Sánchez*, *op. cit.*

[65] A.L. Bardach, *Cuba Confidential*, *op. cit.*

[66] Rozmowa z autorką, listopad 2011.

[67] Lázaro Ascencio w rozmowie z Anne Louise Bardach, w: A.L. Bardach, *Cuba Confidential*, *op. cit.*

SADDAM HUSAJN – ROPA ZA ŻYWNOŚĆ

[1] Ala Bashir, *Le Médecin de Saddam*, Paris: J.-C. Lattès, 2004.

[2] Khalil al-Doulaïmi, *Saddam, les secrets d'une mise à mort*, Paris: éditions Sand, 2010.

[3] Haitham Rashid Wihaib, *Dans l'ombre de Saddam*, Paris: Michel Lafon, 2004.

[4] Świadectwo Alii Salbi w: Zainab Salbi, Laurie Becklund, *Escape from Tyranny. Growing up in the Shadow of Saddam*, New York: Gotham Books, 2005.

[5] Ruch może liczyć na wsparcie wielkiego muftiego Jerozolimy Mohammada Amina al-Husajniego, przebywającego na wygnaniu w Iraku, który następnie udał się do Niemiec, by wywalczyć u Hitlera uznanie niepodległości państw arabskich pod dominacją Francji i Wielkiej Brytanii.

[6] Wspomnienia Mohameda al-Dżabiriego opowiedziane przez jego żonę Selmę Masson. Rozmowa z autorką w marcu 2011 roku.

[7] Amir Iskander, *Saddam Hussein, le militant, le penseur et l'homme*, Paris: Hachette, 1980. Oficjalna biografia dyktatora.

[8] Ahmed al-Sabah, syryjski opozycjonista, blisko związany z partią BAAS. Rozmowa z autorką, maj 2011.

[9] Abdel Karim Shaikhally (przywódca opozycji na wygnaniu), *Saddam Hussein, the Politics of Revenge*, London: Bloomsbury Publishing, 2000.

[10] A. Bashir, *Le Médecin de Saddam*, *op. cit.*

[11] Wspomnienia Mohameda al-Dżabiriego opowiedziane przez jego żonę Selmę Masson. Rozmowa z autorką w marcu 2011 roku.

[12] Rozmowa z autorką, marzec 2011.

[13] Świadectwo Alii Salbi w: Z. Salbi, L. Becklund, *Escape from Tyranny...*, *op. cit.*

[14] Przemówienie wygłoszone na III Kongresie Związku Kobiet Iraku, 17 kwietnia 1971.

[15] Bernard A. Cook, *Women and War. A Historical Encyclopedia from Antiquity to the Present*, t. 1, Santa Barbara, Calif.: ABC-CLIO, 2006.

[16] Ahmed al-Sabah, syryjski opozycjonista blisko związany z partią BAAS, towarzysz Abu Hudy. Rozmowa z autorką.

[17] Ashti Marben, *Im Schatten des Diktators. Mein Leben im Irak*, Berlin: Ullstein, 2003.

[18] Saïd K. Aburish, *Le vrai Saddam Hussein*, Paris: Saint-Simon, 2003.

[19] Rozmowa z autorką. Więcej szczegółów w: Michelle McDonald, *Le baiser de Saddam*, Paris: Balland, 2010.

[20] Rozmowa z autorką.

[21] Rozmowa z autorką.

[22] Wypowiedź Husajna skierowana do Ali Baszira. Rozmowa z autorką.

[23] Ahmed al-Sabah, syryjski opozycjonista blisko związany z partią BAAS, towarzysz Abu Hudy al-Kobejsiego. Rozmowa z autorką.

[24] Rozmowa z autorką.

[25] Rozmowa z autorką, marzec 2011.

[26] A. Bashir, *Le Médecin de Saddam*, *op. cit.*

[27] Szkoła Al-khorkh al-Namouthajiya.

[28] Latif Yahia, Karl Wendl, *I Was Saddam's Son*, New York: Arcade Publishing, 1994.

[29] Hassan Omar el-Ali, dziś przywódca opozycji.

[30] A. Bashir, *Le Médecin de Saddam*, *op. cit.*

[31] Ahmed Allawi w: S.K. Aburish, *Le vrai Saddam Hussein*, *op. cit.*

[32] *Ibidem.*

[33] Ijad Aflak, syn współzałożyciela partii BAAS Michela Aflaka. Rozmowa z autorką.

[34] Abbas Al-Janabi, „Al-Hayat", 18 października 1998.

[35] Wywiad dla „Al-Hayat", 1 czerwca 2003. Przetłumaczony dla autorki przez Ouassilę Aissę.

[36] A. Bashir, *Le Médecin de Saddam*, *op. cit.*

[37] Fadhil Barak, kierujący Muchabaratem w latach 1983–1989.

[38] A. Bashir, *Le Médecin de Saddam*, *op. cit.*

[39] Ijad Aflak, rozmowa z autorką.

[40] S.K. Aburish, *Le vrai Saddam Hussein*, *op. cit.*

[41] Z. Salbi, L. Becklund, *Escape from Tyranny...*, *op. cit.*

[42] Wywiad z Samirą Szahbandar, „The Sunday Times", 15 grudnia 2003.

[43] Z. Salbi, L. Becklund, *Escape from Tyranny...*, *op. cit.*

[44] Ahmed Sabah i Ijad Aflak. Rozmowa z autorką.

[45] Odkrycie dokonane w 2003 roku przez amerykańskich żołnierzy, zgłoszone przez Chrisa Cartera, kapitana Kompanii A 3, Batalionu 7. Pułku Piechoty.

[46] S.K. Aburish, *Le vrai Saddam Hussein*, *op. cit.*

[47] Wywiad zatytułowany *I Don't Want to Be Anyone's Puppet*, „The Telegraph", 12 października 2004.

[48] Słowa przywołane przez Amal al-Mudarris, szwagierkę Sabihy, w wywiadzie Petera Beaumonta, *Alive and Well. The Radio Star Helping Iraq to Find Its Voice* „The Observer", 13 czerwca 2004.

[49] Jego pomniki do dziś stoją na ulicach Bagdadu. Nie zniszczono ich razem z pomnikami przywódcy.

[50] L. Yahia, K. Wendl, *I Was Saddam's Son*, *op. cit.*

[51] Ofra Bengio, *Saddam Speaks on the Gulf Crisis*, zbiór dokumentów Ośrodka Badań nad Bliskim Wschodem i Afryką Moshe Dayana, Tel-Aviv: Shiloah Institute, Tel-Aviv University, 1992.

[52] Zob. Saddam Hussein, *Zabiba et le roi*, tłum. Gilles Munier, Paris: Editions du Rocher, 2003.

[53] Rozmowa z autorką.

[54] Rana Husajn w wywiadzie z Halą Jaber, *Saddam Was My Father*, „The Sunday Times", 7 stycznia 2007.

[55] Parisoula Lampsos, Lena Katarin Swanberg, *Mitt lev met Saddam*, Stockholm: Forum Bokförlag: 2010 (tłum. z rosyjskiego Natalia Clerzau) (wydanie polskie:

Moje życie z Saddamem, tłum. Małgorzata Kłos, Warszawa: Wydawnictwo Czarna Owca, 2011), i rozmowa z autorką.

[56] Rozmowa z autorką.

[57] Słowa Richarda Perle'a, członka komisji rządowej Pentagonu, „Newsweek", 23 września 2002.

[58] Rozmowa z autorką.

[59] Rozmowa autorki z Parisulą Lampsos, ukrywającą się w Szwecji pod przybranym nazwiskiem.

[60] Rozmowa z autorką.

[61] Rozmowa autorki z Robertem Ellisem. Zob. również Robert Ellis, Marianna Riley, *Caring for Victor*, Saint Louis: Reedy Press, 2009.

[62] Przekład autorki za zgodą Roberta Ellisa.

[63] Kh. al-Doulaïmi, *Saddam…*, *op. cit.*

[64] Rozmowa z autorką, maj 2011, za pośrednictwem Roberta Ellisa.

[65] Wywiad dla „The Sunday Times" w Bejrucie.

[66] Kh. al-Doulaïmi, *Saddam…*, *op. cit.*

[67] Przekazana przez mecenasa Ahmeda Assedika.

CHOMEJNI – IMAM SWOJEJ PANI

[1] Amir Taheri, *The Spirit of Allah. Khomeini and the Islamic Revolution*, Bethesda: Adler & Adler, 1986.

[2] Relacja Chadidży Sakafi w czasopiśmie „Neda", t. 3: 1993 (w języku perskim).

[3] Tara Bahrampour, *To See and See Again. A Life in Iran and America*, New York: Farrar, Straus and Giroux, 1999. Świadectwo jej ciotki Ammejun.

[4] Ahmad Salamatian, irański sekretarz stanu ds. zagranicznych w 1979 roku. Rozmowa z autorką.

[5] Baqer Moin, *Khomeini. Life of the Ayatollah*, New York: I.B. Tauris, 1999.

[6] Ósmego imama Rezy.

[7] Nie ma zgodności co do daty urodzin Chadidży Sakafi. W zależności od źródeł mówi się o 1913 lub 1916 roku. Oficjalne źródła irańskie w komunikacie o jej śmierci podały jednak rok 1916, czyli w chwili poznania mogła mieć najwyżej 15 lat.

[8] Mohamed Heikal, *Iran. The Untold Story*, New York: Pantheon Books, 1982.

[9] Rozmowa z Chadidżą przywołana przez jej krewnego (zob. strona internetowa imam-khomeini.org).

[10] Wywiad z Chadidżą w „Resalat", 1 lutego 1994. Rozmowa z okazji piętnastej rocznicy powrotu Chomejniego do Iranu (w języku perskim).

[11] Rozmowa z autorką, Londyn, czerwiec 2011.

[12] Przekład wg: A. Taheri, *The Spirit of Allah*, *op. cit.*

[13] *Imam Khomeini. The Complete Man*, święte miasto Kom, lipiec 2005, tłum. S. Merali, M. Raza.

[14] Wywiad z Chadidżą, „Neda", *op. cit.*

[15] Mehdi Ha'iri w wywiadzie dla „Tim", 16 lipca 1979.

[16] Kazanie wygłoszone siódmego dnia po śmierci poległego syna Mostafy.

[17] Bruce Mazlish, *The Hidden Khomeini*, „New York", 22 grudnia 1979.

[18] Ruhollah Khomeini, *Pour un gouvernement islamique*, Paris: Fayolle, 1979.

[19] *Imam Khomeini*, *op. cit.* Anegdota przytoczona przez ajatollaha Baniego Fadhiego.

[20] Geraldine Brooks, *Nine Parts of Desire. The Hidden Wolrd of Islamic Women*, New York: Anchor Books, 1995.

[21] *Le Sahih de l'iman al-Bukhari*, „Hadith", nr 62.

[22] Elaine Sciolino, *Persian Mirrors. The Elusive Face of Iran*, New York: The Free Press, 2007.

[23] M. Heikal, *Iran. The Untold Story*, *op. cit.*

[24] Farhang Rajaee, *Islamism and Modernism. The Changing Discourse in Iran*, Austin: University of Texas Press, 2007.

[25] Pani Tabatabai. Rozmowa autorki z jej synem Adnanem Tabatabaiem, Londyn 2011.

[26] Sandra Mackey, *The Iranians. Persia, Islam and the Soul of a Nation*, New York: Penguin Group, 1996.

[27] Rozmowa z autorką, kwiecień 2011.

[28] *Imam Khomeini*, *op. cit.* Anegdota opowiedziana przez Atife Esraghi.

[29] Listy imama Chomejniego, autentyczność potwierdzona przez rodzinę Tabatabai.

[30] Rodzaj islamskiego Lourdes – miejsce pochówku ósmego imama Rezy, miejsce pielgrzymkowe dla szyitów.

[31] *Imam Khomeini*, *op. cit.* Anegdota opowiedziana przez Islama Fourqaniego.

[32] Wywiad z żoną szacha Farah Dibą nakręcony do filmu dokumentalnego *Iran and the West. The Man Who Changed the World*, scenariusz i realizacja Delphine Jaudeau.

[33] Rozmowa autorki z Fauzim Czalhubem, architektem Saddama Husajna, marzec 2011.

[34] Ataollah Mohadżerani, rozmowa z autorką, Londyn 2011.

[35] Javad Bishetab, *Rexy*, Paris: Gil Wern Editions, 1996.
[36] Teheran, 6 lutego 1982.
[37] A. Taheri, *The Spirit of Allah*, *op. cit.*
[38] Prezydent Abolhassan Bani Sadr w rozmowie z autorką, maj 2011.
[39] Gérard Beaufils, *Tous otages de Khomeiny*, Paris: Ségiuer, 1987.
[40] Wspomnienia Ziby Hindi w: B. Moin, *Khomeini*, *op. cit.*
[41] Rozmowa z autorką.
[42] Telefoniczna rozmowa z autorką, listopad 2011.
[43] Ahmad Salamatian, rozmowa z autorką.
[44] Sadegh Ghotbzadeh, bliski współpracownik imama Chomejniego na wygnaniu we Francji (1978) w: Carole Jerome, *The Man in the Mirror. A True Inside Story of Revolution, Love and Treachery in Iran*, London: Unwin Hyman, 1988.
[45] *Ibidem.*
[46] Pani Tabatabai, rozmowa autorki z jej synem Adnanem Tabatabaiem, Londyn 2011.
[47] Farnaz Fassihi, *Waiting for an Ordinary Day*, New York: PublicAffairs, 2008.
[48] Relacja Mohsena Rafigha w: *Imam Khomeini*, *op. cit.*
[49] Rozmowa z autorką.
[50] C. Jerome, *The Man in the Mirror*, *op. cit.*
[51] Historia przytoczona przez Firuze Bani Sadr, rozmowa z autorką, Paryż 2011.
[52] Przykłady podane przez Abolhassana Baniego Sadra. Zob. też Harvard Iranian Oral History Project, 21 maja 1984, rozmowa z Zią Sedghi.
[53] Prezydent Abolhassan Bani Sadr, rozmowa z autorką.
[54] Ulotka wydana przez bojowników Baniego Sadra w maju 1981 roku, w której zacytowano wystąpienie z czerwca 1980 roku. Przekład na język francuski: Amir Taheri.
[55] Relacja Firuze Bani Sadr, rozmowa z autorką, listopad 2011.
[56] Historia opowiedziana Firuze Bani Sadr przez przyjaciółkę, rozmowa z autorką.
[57] E. Sciolino, *Persian Mirrors*, *op. cit.*
[58] G. Brooks, *Nine Parts…*, *op. cit.*
[59] *Imam Khomeini*, *op. cit.*
[60] 10 lutego 1980.
[61] „Corriere della Sera", 26 września 1979.
[62] Imam Khomeini, *Sahifeh-ye Imam*, t. 7: 1979, s. 341.
[63] *Ibidem.*
[64] *Khadijeh Saqafi, Khomeini's Wife, Is Dead at* 93, „The New York Times", 23 marca 2009.

[65] Rozmowa z autorką, Londyn, czerwiec 2011.
[66] Said Aburish, *Le vrai Saddam Hussein*, Paris: Saint-Simon, 2003.
[67] G. Brooks, *Nine Parts...*, *op. cit.*
[68] Firouze Bani Sadr w rozmowie z autorką.
[69] *Divân de l'Imam*, s. 88, radżab 1409.

MIRA MARKOVIĆ – CZYLI RÓŻA WE WŁOSACH

[1] Adam LeBor, *Milošević. A Biography*, London: Bloomsbury, 2003. Rozmowa z autorką.
[2] Giuseppe Zaccaria, *Mira Marković. Erinnerungen einer roten Hexe*, Frankfurt am Main: Zambon Editore, 2005, według przekładu autorki. Zaccaria to jedyny pisarz, który bezkarnie mógł zadawać Mirze Marković wnikliwe, często niewygodne pytania. Jego książka stanowiła dla nas podstawowe źródło informacji.
[3] Rozmowa Adama LeBora z Ljubicą Marković, Belgrad 2002. Zob. A. LeBor, *Milošević. A Biography*, *op. cit.*
[4] Rozmowa Adama LeBora z Ljubicą Marković, Belgrad, sierpień 2001. Zob. *ibidem.*
[5] Rozmowa z Adamem LeBorem, zob. *ibidem.*
[6] Rozmowa Adama LeBora z Drażą Markoviciem, Belgrad 2001. Zob. *ibidem.*
[7] Nebojša Popov w rozmowie z Vesną Perić-Zimjonić, Belgrad, kwiecień 2002. Zob. *ibidem.*
[8] Wywiad dla czasopisma „Žena", czerwiec 1993.
[9] Florence Hartmann, *Milosevic. La diagonale du fou*, Paris: Denoël, 2002.
[10] Vidosav Stevanović, *Milosevic. Une épitaphe*, Paris: Fayard, 2000.
[11] Ljiljana Habjanović-Djurobić, przyjaciółka i biografka.
[12] Slavoljub Djukić, *Milošević and Marković. A Lust for Power*, Montreal – Kingston, McGill-Queen's Univeristy Press, 2001.
[13] Slavoljub Djukić, *On, ona i my* (po serbsku), Radio B92, Belgrad 1997.
[14] Milica Kovać, rozmowa z Vesną Perić-Zimjonić, Požarewac, marzec 2002 r. Milica Kovać to pseudonim.
[15] *Milosevic Family Values*, „The New Republic", 30 sierpnia 1999.
[16] Dušan Mitević w rozmowie z Adamem LeBorem, Budapeszt 2001–2002. Zob. A. LeBor, *Milošević. A Biography*, *op. cit.*
[17] Cytaty zaczerpnięte z książki Miry Marković *Answers*, Kingston: Quarry Press, 1995, oraz z rozmowy z Aleksandarem Tijaniciem, „Start", 26 listopada 1988.

[18] S. Djukić, *Milošević and Marković*, *op. cit.*

[19] Rozmowa z Gordaną Samardziski w „Novosti Plus", listopad 1990.

[20] Rozmowa Miry Marković z Adamem LeBorem, Belgrad, marzec 2002. Zob. A. LeBor, *Milošević. A Biography*, *op. cit.*

[21] M. Marković, *Answers*, *op. cit.*

[22] Rozmowa z Brankiem Rakiciem przeprowadzona dla autorki przez Patricka Barriota. Belgrad, październik 2011.

[23] Zob. film dokumentalny Briana Lappinga *The Death of Yugoslavia*, prod. BBC, 1995.

[24] Mihailo Crnobrnja w rozmowie z Adamem LeBorem, Belgrad, marzec 2003. Zob. A. LeBor, *Milošević. A Biography*, *op. cit.*

[25] Rozmowa Dessy Trevisan z Adamem LeBorem, Londyn 2001. Zob. A. LeBor, *Milošević. A Biography*, *op. cit.*

[26] Wspomnienia Momsila Selicia. Zob. Dusko Doder, Louise Branson, *Milosevic. Portrait of a Tyrant*, New York: The Free Press, 1999.

[27] Rozmowa z Adamem LeBorem. Zob. A. LeBor, *Milošević. A Biography*, *op. cit.*

[28] Massimo Nava, *Milosevic. La tragedia di un popolo*, Milano: Rizzoli, 1999.

[29] Louis Sell, *Slobodan Milosevic and the Destruction of Yugoslavia*, Durham, NC: Duke University Press, 2002.

[30] *The First Lady of Serbia often Has the Last Word*, „The New York Times", 31 maja 1999.

[31] Mira Marković, *Night and Day. A Diary*, London: Minerva Press, 1996.

[32] Rozmowa z Brankiem Rakiciem przeprowadzona dla autorki przez Patricka Barriota.

[33] G. Zaccaria, *Mira Marković*, *op. cit.*

[34] V. Stevanović, *Milosevic*, *op. cit.*

[35] Wywiad dla czasopisma „Politika International", czerwiec 1992.

[36] *Direct implication of the Milosevic couple*, styczeń 2003. Materiał opracowany przez Renauda de la Brosse'a dla Międzynarodowego Trybunału Karnego dla byłej Jugosławii; dostępny na stronie internetowej Międzynarodowego Trybunału Karnego w Hadze.

[37] Dokument haskiego Trybunału Karnego, styczeń 2003. Więcej na ten temat zob. Jelena Grujic, *Milosevic brandit l'arme parapsychologique*, The Institute for War and Peace, 6 czerwca 2000.

[38] „Mladina", luty 1991.

[39] Robert Thomas, *Serbia under Milošević. Politics in 1990s*, London: Hurst, 1999, s. 138.

[40] Maya Shatzmiller, *Islam and Bosnia. Conflict Resolution and Foreign Policy in Multi-Ethnic States*, Montreal – Kingston: McGill-Queen's Press, 2002.
[41] Janine di Giovanni, *Madness Visible. A Memoir of War*, New York: Knopf, 2003.
[42] A. LeBor, *Milošević. A Biography*, *op. cit.*
[43] Rozmowa Miry z Massimem Navą. Zob. M. Nava, *Milosevic*, *op. cit.*
[44] Lord David A. Owen, brytyjski negocjator z ramienia NATO.
[45] Marko Vešović w: M. Nava, *Milosevic*, *op. cit.*
[46] R. Thomas, *Serbia under Milošević. Politics in 1990s*, *op. cit.*, s. 229.
[47] Rozmowa z 28 czerwca 1989.
[48] S. Djukić, *Milošević and Marković*, *op. cit.*
[49] Äsne Seierstad, *With Their Backs to the World. Portraits from Serbia*, London: Virago Press, 2005.
[50] S. Djukić, *Milošević and Marković*, *op. cit.*
[51] Dokumenty sesji Zgromadzenia Parlamentarnego Rady Europy.
[52] Mladen Lazić, *Protest in Belgrade. Winter of Discontent*, Budapest: Central European University Press, 1999.
[53] Vidosav Stevanovic, *Milosevic. The Peoples Tyrant*, red. Trude Johanson, London: I.B. Tauris, 2004.
[54] Marko Zivković, *Serbian Dreambook. National Imaginary in the Time of Milosevic*, Bloomington: Indiana University Press, 2011.
[55] S. Djukić, *Milošević and Marković*, *op. cit.*
[56] L. Sell, *Slobodan Milosevic…*, *op. cit.*
[57] Stephen T. Hosmer, *The Conflict over Kosovo. Why Milosevic Decided to Settle When He Did*, Santa Monica: Rand, 2001.
[58] Catherine Baker, *Sound of the Borderland: Popular Music, War and Nationalism in Croatia since 1991*, Surrey: Ashgate 2010.
[59] G. Zaccaria, *Mira Marković*, *op. cit.*
[60] *The First Lady of Serbia…*, *op. cit.*
[61] Opowiedziane przez Ljubišę Risticia w BBC Radio 4, 17 stycznia 2002.
[62] Rozmowa z autorką, listopad 2011.
[63] Rozmowa z autorką, listopad 2011.
[64] „The Independent", wydanie niedzielne, 29 grudnia 2001.
[65] Wywiad z Ljubišą Risticiem w BBC Radio 4, 17 stycznia 2002.
[66] Ian Traynor, *Search for the Missing Millions*, „The Guardian", 29 marca 2001. Traynor powołuje się na jugosłowiańskie źródła rządowe i zachodnich dyplomatów.
[67] Ed Vulliamy, *Profile. Mira Milosevic*, „The Observer", 8 lipca 2001.
[68] Wspomnienie doktora Patricka Barriota. Rozmowa z autorką.

KIM DZONGIL – CZYLI TRZY GRACJE

[1] Kim Ok-sun, *Kim Jong Suk. The Anti-Japanese Heroine*, Pyongyang: Foreing Language Publishing House, 1997 (Juche 86).

[2] Kim Jong-suk, biografia wydana w okazji jej 85. urodzin, grudzień 2002 (Juche 91).

[3] Kim Ok-sun, *Kim Jong Suk*, *op. cit.*

[4] Rozmowa z Lee Min, bliską towarzyszką pary w latach czterdziestych. Zob. Bradley K. Martin, *Under the Loving Care of the Fatherly Leader. North Korea and the Kim Dynasty*, New York: St. Martin's Press, 2006.

[5] *Kim Il Sung. With the Century*, t. 5, Pyongyang: Foreing Language Publishing House, 1992–1996.

[6] *Ibidem*, t. 8.

[7] Kim Ok-sun, *Kim Jong Suk*, *op. cit.*

[8] *Ibidem*.

[9] *Kim Il Sung. With the Century*, *op. cit.*, t. 5.

[10] *Kim Jong Il Biography*, Pyongyang: Foreign Languages Publishing House, 2005 (Juche 94).

[11] *Kim Il Sung. With the Century*, *op. cit.*, t. 5.

[12] O Yong-Jin, *An Eyewitness Report*, Pusan: Kungmin Sasang Chidowŏn, 1952.

[13] Jasper Becker, *Rogue Regime. Kim Jong Il and the Looming Threat of North Korea*, Oxford: Oxford University Press, 2005.

[14] *Kim Il Sung. With the Century*, *op. cit.*, t. 8.

[15] *Kim Jong Il Biography*, *op. cit.*

[16] Świadectwo Kang Myong-do, potwierdzone przez Tae Won-Ki w „Djoong Ang Ilbo" z kwietnia 1995 roku. Informację o poronieniu ujawnił komunistyczny dziennik japoński „Akahata" 28 września 1949 roku. Zob. też Dae Sook-suh, *Kim Il Sung*, New York: Columbia University Press, 1995.

[17] Anonimowy rozmówca Bradleya Martina. Zob. B.K. Martin, *Under the Loving Care…*, *op. cit.*

[18] Baik Bong, *Kim il Sung, Biography*, t. 3, Tokyo: Miraisha, 1969–1970.

[19] Kim Jong-min w rozmowie z Bradleyem Martinem. Zob. B.K. Martin, *Under the Loving Care…*, *op. cit.*

[20] Won Tay Sohn w liście do Bradleya Martina. Zob. *ibidem*.

[21] Luise Rinser, *North Korean Travelogue*, w: *Another Motherland*, Frankfurt: Fischer Taschenbuch Verlag, 1981.

[22] *Kim Il Sung. With the Century*, *op. cit.*, t. 2.

[23] *Ibidem*, t. 3.

[24] *North Korea. General Secretary Kim Jong Il*, praca zbiorowa, Washington: USA International Business Publications, 2011.

[25] Sung Chull Kim, *North Korea under Kim Jong Il. From Consolidation to Systemic Dissonance*, Albany: State University of New York Press, 2006.

[26] Li Nam-ok w rozmowie z Imogen O'Neil. Zob. *The Golden Cage. Life with Kim Jong Il, a Daughter's Story as Told to Imogen O'Neil by Li Nam-ok*. Wywiad rzeka nie został opublikowany, wkrótce będzie dostępny w internecie: www.imogeno-neil.com.

[27] Wspomnienia (po koreańsku) siostrzeńca Kim Dzongila: Lee Il-nama, zamordowanego przez nieznanych sprawców rok po ukazaniu się książki. Yi Han-yong, *Taedong River Royal Family*, Soeul: Donga Ilbo, 1996. Książkę z języka koreańskiego przetłumaczyła dla autorki Seolin Ha. Dostęp do wspomnień cytowanych niżej osób związanych z reżimem autorka zawdzięcza pracowitości, cierpliwości i zdolnościom translatorskim Seolin Ha, która odszukała dla nas te wyjątkowe dokumenty, w większości niedopuszczone do powszechnego obiegu.

[28] Song Hye-rang, *Wisteria House. L'autobiographie de Song Hye-rang*, tłum. z koreańskiego Seolin Ha, Soeul: Chisiknara, 2000. Kilka egzemplarzy zachowało się w bibliotekach Korei Południowej.

[29] Wspomnienia przywołane dzięki uprzejmości Imogen O'Neil, utalentowanej współautorki.

[30] Song Hye-rang, *Wisteria House*, *op. cit.*

[31] Zwierzenia Kim Yong-sun, wygnanej do Korei Południowej, dla południowokoreańskiej agencji prasowej Yonhap, Seul, sierpień 2009.

[32] Lee Young-kuk, *J'étais le garde du corps de Kim Jong-il*, Soeul 2002 (tłum. z koreańskiego na potrzeby autorki Seolin Ha).

[33] Yi Han-yong, *Taedong River Royal Family*, *op. cit.*

[34] Song Hye-rang, *Wisteria House*, *op. cit.*

[35] Lee Young-kuk, *J'étais le garde du corps de Kim Jong-il*, *op. cit.*

[36] Yongho Kim, *In North Korean Foreign Policy. Security Dilemma and Succession*, Lanham, MD: Lexington Books, 2001.

[37] Yi Han-yong, *Taedong River Royal Family*, *op. cit.*

[38] Son Kwang-ju, *Kim Chong-il lip'out*, Soeul: Pada Puks, 2003 (tłum. z koreańskiego na potrzeby autorki Jae-Cheon Lim).

[39] Hwang Jang-yop, *Memoirs – 34, Zeitgeist*, Soeul 2005.

[40] Yi Han-yong, *Taedong River Royal Family*, *op. cit.*

[41] Kim Young-sook, pierwsza żona Kim Dzongila.

[42] Hwang Jang-yop, *The Problems of Human Rights in North Korea*, Soeul 2000.

[43] Choi Eun-hee, Sin Sang-ok, *Je suis Kim Jong-il*, Soeul: Haengrim, 1994 (tłum. z koreańskiego na potrzeby autorki Seolin Ha).
[44] *Ibidem.*
[45] Song Hye-rang, *Wisteria House*, *op. cit.*
[46] Shin Young-hee, *Until Azaleas Bloom*, Soeul, 1996 (tłum. z koreańskiego na potrzeby autorki Seolin Ha).
[47] Anonimowe świadectwo zacytowane prze Kiyohito Kokitę w dzienniku „Asahi", 1 grudnia 2010.
[48] Kenji Fujimoto, *I was Kim Jong-il's Cook. True Stories from the Dear Leader's Onetime Chef*, Japan, 2003 (tłum. z koreańskiego na potrzeby autorki Seolin Ha).
[49] Kim Young-sun, cytat przytoczony przez „The Sunday Times", 9 sierpnia 2009.
[50] Ken E. Gause, *North Korea under Kim Chong Il. Power, Politics, and Prospect for Change*, Santa Barbara: ABC-CLIO, 2011.
[51] „Będziemy aż do śmierci bronić najwyższego dowództwa rewolucji, którą kieruje najwyższy towarzysz Kim Dzongil".
[52] K. Fujimoto, *I was Kim Jong-il's Cook op. cit.*
[53] Shin Young-hee, *Until Azaleas Bloom*, *op. cit.*
[54] K. Fujimoto, *I was Kim Jong-il's Cook op. cit.*
[55] Yi Han-yong, *Taedong River Royal Family*, *op. cit.*
[56] Shin Young-hee, *Until Azaleas Bloom*, *op. cit.*
[57] Madeleine Korbel Albright, William Woodwart, *Madam Secretary. A Memoir*, New York: Miramax Books, 2005.
[58] Wspomnienia Chang Jin-songa, byłego działacza partii robotniczej: *Ostatnia kobieta Kim Dzongila*, maj 2009 (tłum. z koreańskiego na potrzeby autorki Seolin Ha).
[59] Shin Young-hee, *Until Azaleas Bloom*, *op. cit.*
[60] Konstantin Pulikowski, *Wostocznyj Ekspriess. Po Rossiji s Kim Czen Irom*, Moskwa: Gorodiec, 2002 (tłum. z rosyjskiego na potrzeby autorki Yvana Duchêne).
[61] Wspomnienia Chang Jin-songa: *Ostatnia kobieta Kim Dzongila*, *op. cit.*
[62] *The Truth about Kim Jong Il's Fourth Wife*, „Shindong-A", 1 września 2006.
[63] *Kim's Consort, a Key Player in North Korea*, Associated Press, Carley Petesch i Robert Seavey (Nowy Jork) i Jean H. Lee (Seul), 18 września 2008.

WOJNA I POKÓJ MIĘDZY ŻONAMI

[1] Malika el-Aroud, *Les soldats de lumière*, Paris: éditions La Lanterne, 2004.
[2] Janny Groen, Annieke Kranenberg, Robert Naborn, *Women Warriors for Allah, an Islamist Network in the Netherlands*, Philadelphia: University of Pennsylvania Press, 2010.

[3] Abdul Van de Ven, „Lettres piégées", zob. *ibidem.*

[4] Najwa bin Laden, Jean Sasson, Omar bin Laden, *Growing up Bin Laden. Osamas's Wife and Son Take Us Inside Their Secret World*, New York: St. Martin's Press, 2009. Jean Sasson, jedyna dziennikarka, z którą zgodziła się rozmawiać pierwsza żona bin Ladena, napisała poruszającą książkę. (Wydanie polskie: *Musiałam odejść. Wspomnienia żony i syna Osamy bin Ladena*, tłum. Adriana Sokołowska-Ostapko, Kraków: Wydawnictwo Znak, 2011).

[5] Soliman Ganem, 15 listopada 2001, Agence France-Presse.

[6] Rozmowa z Joem Ashkarem, zob. Steve Coll, *The Bin Ladens. An Arabian Family in the American Century*, New York: Penguin, 2006.

[7] *Ibidem.*

[8] Rozmowa Davida Ensora z przyrodnim bratem Osamy Ahmedem al-Attą, CNN, 19 marca 2002.

[9] Chaled Batarfi, *An Interview with Osama Bin Laden's Mother*, „The Mail on Sunday, 23 grudnia 2001.

[10] Rozmowa z Sulejmanem al-Katebem, 15 listopada 2001, Agence France Press.

[11] „Al-Ahram", Kair, 28 listopada 2001.

[12] Wspomnienie Solimana Ganema zacytowane w „Al-Qabas", 14 listopada 2001.

[13] S. Coll, *The Bin Ladens, op. cit.*

[14] Michael Slackman, *Bin Laden Kin Wait & Worry*, „Los Angeles Times", 13 listopada 2001.

[15] Carmen Ben Laden, *Le voile déchiré*, Paris: Michel Lafon, 2004.

[16] *Ibidem.*

[17] Wywiad z Leilą Ganem: *No Man's an Island*, „Al-Ahram", Kair, 28 listopada 2001.

[18] Peter L. Bergen, *The Osama Bin Laden I Know*, New York: Free Press, 2006.

[19] Lawrence Wright, *The Looming Tower. Al-Qaeda and the Road to 9/11*, New York: Knopf, 2006.

[20] Chaled Batarfi, zob. Thomas R. Mockaitis, *Osama Bin Laden. A Biography*, ABC-CLIO, 2009.

[21] Słowa Osamy bin Ladena z 16 grudnia 2004 roku.

[22] Peter L. Bergen, *Ben Laden, l'insaisissable*, Paris: Michel Lafon, 2006.

[23] M. Slackman, *Bin Laden Kin…, op. cit.*

[24] Dżamal Chalifa w rozmowie z Lawrence'em Wrightem, zob. L. Wright, *The Looming Tower, op. cit.*

[25] Maha el-Samnah, żona Ahmeda Khadra w rozmowie z Lawrence'em Wrightem, zob. *ibidem.*

[26] Abdullah Azzam, *The Lofty Mountain*, London: Azzam Publications, 2003.

[27] Naheel Sharhuri, *Interview with Umm Mohammed, the wife of Ben Laden's Spiritual Mentor*, „Arshaq al-Awsat", 30 kwietnia 2006.

[28] Essam Deraz, cyt. w: *Ayman Al-Zawahiri, le stratège d'al-Qaida*, „Courrier International", 26 grudnia 2002.

[29] *Ibidem.*

[30] Chanaa Rostom, *Ayman Al-Zawahiri's Latest Victims*, „Akher Sa'a", 12 grudnia 2001.

[31] Abdullah Anas w rozmowie z Peterem Bergenem, zob. P.L. Bergen, *Ben Laden…*, *op. cit.*

[32] Khalid al-Hammadi, *The Inside Story of al-Qa'ida*, cz. 3, „Al-Quds al-Arabi", 22 marca 2005.

[33] Nasser al-Bahri, Georges Malbrunot, *Dans l'ombre de Ben Laden. Révelations de son garde du corps repenti*, Paris: Michel Lafon, 2010.

[34] Rozmowa z Samem Dealeyem, lipiec 2005.

[35] *Bin's Laden Brother in Law Speaks.* Program Nica Robertsona i Henriego Schustera, CNN, 24 listopada 2004.

[36] Wypowiedź dla autorki, dzięki pośrednictwu Baszira al-Mohalleha, październik 2001. Wojna domowa trwająca wówczas w Jemenie uniemożliwiła autorce spotkanie z krewnymi bin Ladena. To świadectwo zawdzięcza wyłącznie uporowi i przemyślności Baszira al-Mohalleha.

[37] Rozmowa Osamy bin Ladena z Taysirem Alunim, Al Dżazira, październik 2001.

[38] Rozmowa Chaleda Batarfiego z Peterem Bergenem, zob. P.L. Bergen, *Ben Laden…*, *op. cit.*

[39] Za Halidem Mirem, rozmowa z Peterem Bergenem, zob. *ibidem.*

[40] Robert Fisk, *Small Comfort in Saudi Rebel's Dangerous Exile*, „The Independent", 11 lipca 1996.

[41] *The Story of the Arab Afghans from the Time of Arrival in Afghanistan until Their Departure with the Talibans*, cz. 3, „Al-Sharq al-Ahuzat", 10 grudnia 2004.

[42] Rozmowa z Mahą el-Samnah i Zaynab Khadr, PBS.com, 22 lutego 2004.

[43] Michelle Schephard, *Guantanamo's Child. The Untold Story of Omar Khadr*, Mississauga, ON: John Wiley & Sons, 2008.

[44] Rozmowa Mahy el-Samnah z Lawrence'em Wrightem, zob. L. Wright, *The Looming Tower*, *op. cit.*

[45] Rozmowa z Abdelem Barim Atwanem, zob. P.L. Bergen, *Ben Laden…*, *op. cit.*

[46] N. al-Bahri, G. Malbrunot, *Dans l'ombre…*, *op. cit.*

[47] Wspomnienie specjalnie dla autorki, za pośrednictwem Baszira al-Mohalleha.

[48] Wypowiedź specjalnie dla autorki.

[49] Sally Neighbour, *The Mother of Mohammed. An Australian Woman's Extraordinary Journey into Jihad*, Melbourne: Melbourne University Press, 2010.

[50] M. Schephard, *Guantanamo's Child*, *op. cit.*

[51] Wypowiedź specjalnie dla autorki.

[52] Wypowiedź specjalnie dla autorki, za pośrednictwem Baszira al-Mohalleha, listopad 2011.

[53] Wywiad z Tomem Finnem, „The Guardian", 11 maja 2011.

[54] Wypowiedź żony szejka specjalnie dla autorki, za pośrednictwem Baszira al-Mohalleha, listopad 2011.

[55] Khalid al-Hammadi, *The Inside Story of al-Qa'ida*, cz. 6, „Al-Quds al-Arabi", 24 marca 2005.

[56] Wywiad z Waleedem Hashemem Abdelem Fatahem al-Sadahem, „Daily Mail Reporter", 12 maja 2011.

[57] Wywiad z Amal al-Sadah opublikowany w „Al-Majalah", 15 marca 2002.

[58] Brad K. Berner, *Jihad. Bin Laden in His Own Words: Declarations, Interviews and Speeches*, New Delhi: Peacock Books, 2007.

Podziękowania

Dziękuję Jeanowi-Louisowi Gouraudowi, bez którego ten dyptyk pozostałby w sferze planów.

Dziękuję Laurentowi Theisowi, wydawcy pasjonatowi, dzięki któremu ta książka ujrzała światło dzienne.

Baszirowi al-Mohallehowi za zapał oraz nieocenioną pomoc i współpracę.

Delphine Jaudeau za cenną pomoc.

Patrickowi Barriotowi, Imogen O'Neil, Seligowi Harrisonowi, Markowi Lorenzowi, Wilfriedowi Huismannowi za ich wyrozumiałość i rady.

Seolin Ha za przekłady i cierpliwość.

A także tym wszystkim, których imion nie mogę podać, ale którzy rozpoznają się na kartach tej książki.

Społeczny Instytut Wydawniczy Znak,
ul. Kościuszki 37, 30-105 Kraków. Wydanie I, 2013.
Printed in EU.